史料編・藩士・風間家の研究

福山藩（江戸定府）藩主譜代大名・阿部公御仕え

江戸時代から明治時代への変遷

風間　誠　編著者

（中央）蟲喰鷹ノ羽　代表理事
阿部正紘様（福山藩主・阿部家十三代御当主）
（左）東京事務所長（当時）福田　等様
（右）筆者　風間　誠
福田所長のご紹介で風間家文書集などを、
阿部正紘（まさひろ）様にご説明したときの写真
２０１７年（平成二十九）七月一日　東京霞会館で

『江戸定府』と「江戸詰」について

江戸で勤める藩士のうち、自藩の江戸屋敷に常勤している者、あるいは、江戸定勤のお家柄の者を「江戸定府」と呼んだ。「江戸定府」の藩士の多くは、江戸の家族と菩提寺・旦那寺を持ち、江戸で亡くなっても遺骸や遺骨などを国許などに持ち帰らない。

福山藩阿部藩主は、正方公以外は、墓所は江戸・台東区谷中墓地である。

一方、「江戸詰《えどづめ》」は、藩主の参勤交代とともに、国許に帰還する者を呼び、「江戸定府《えどじょうふ》」と分けて考えられていた。

風間家系図 2015-7-13☆2016-05-09*819

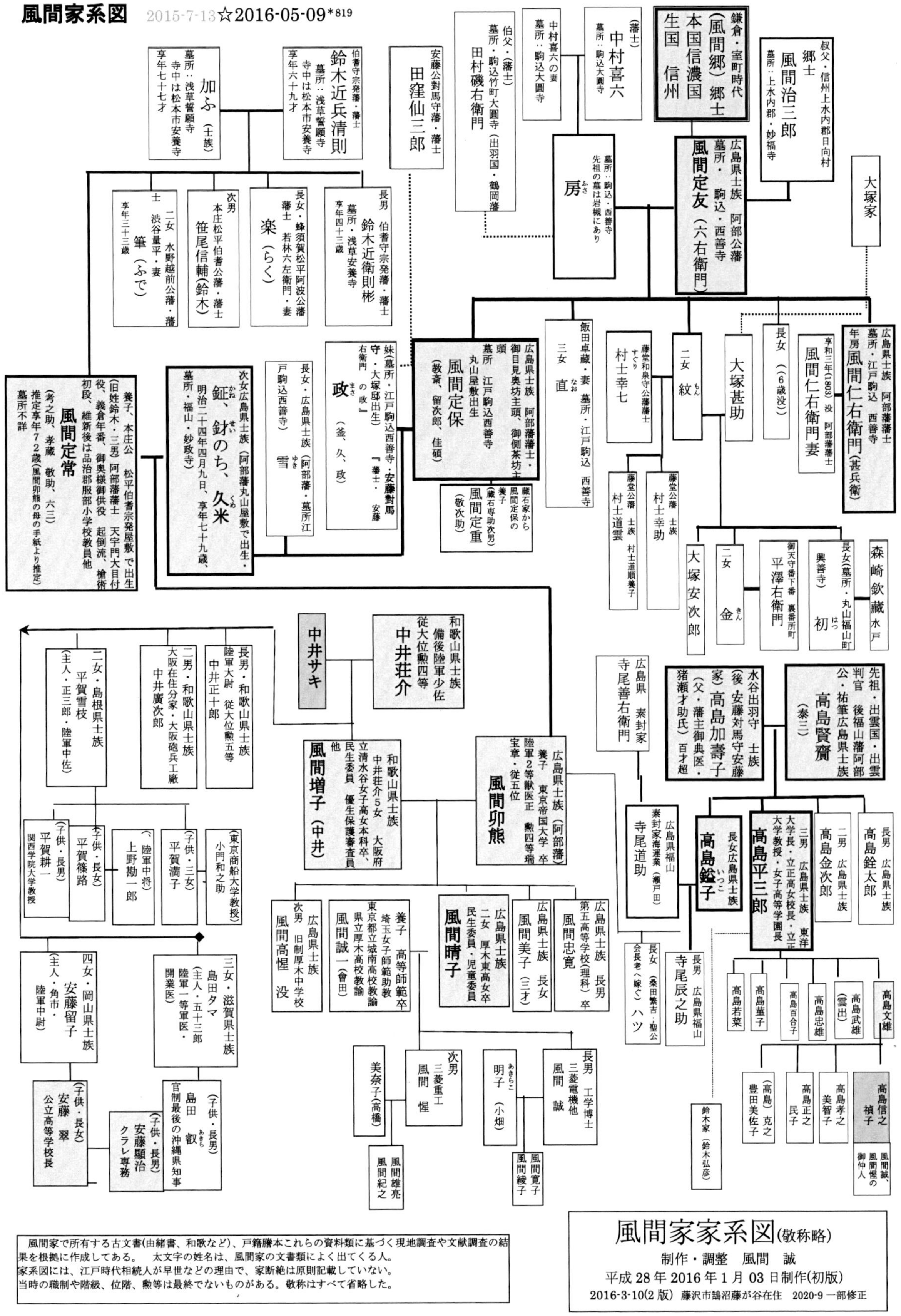

風間家で所有する古文書(由緒書、和歌など)、戸籍謄本これらの資料類に基づく現地調査や文献調査の結果を根拠に作成してある。　太文字の姓名は、風間家の文書類によく出てくる人。
家系図には、江戸時代相続人が早世などの理由で、家断絶は原則記載していない。
当時の職制や階級、位階、勲等は最終でないものがある。敬称はすべて省略した。

風間家家系図(敬称略)

制作・調整　風間　誠

平成28年2016年1月03日制作(初版)

2016-3-10(2版)　藤沢市鵠沼藤が谷在住　2020-9 一部修正

史料編・「藩士・風間家の研究」について

２０１７年5月１5日発行の書籍「藩士・風間家の研究」の内、江戸時代に残された「文書《もんじょ》」の詳細を『史料編』としてまとめた。

意図は次のとおりである。

一、歴史的資料を後世に残すため

一、江戸末期から明治時代への移行は、おそらく毎日の生活への不安があり、多くの資料は保存されず散逸しているのではないか又、福山の場合は、原爆投下による史料類の焼失があるので今残っている資料は残したいと考えた。

まとめ方は、「和歌」と、「崩し字文書」の2種類があるが、出来るだけ次のように整理した。

一、「翻字」、「読み下し」、「現代語訳」

これ等の解読には、くずし字や和歌の専門家の方々や古文書研究者等多数の方々にご指導とご協力を頂いた。

原稿作成は、すべてマイクロソフトワードを使用した。翻字への変換や、複雑な漢字の場合文字化けを起こすことがあるので、その際は原文そのものによっていただきたい。

目次の構成

一、江戸時代以前の文書は、作成年順とした。但し、作成年が不明な文書は筆者の推定で行った。

一、西暦の下に「頃」の付いている文書は、文書策定年等を参考に推定した。

一、原則、文書等は、原文と現代語訳、翻字訳、読み下し訳を原則としたが、和歌などはできる所までとした。原文と現代語訳、翻字訳、読み下し訳を原則まとめた理由は、後世の人の理解の一助とするためである。

文書を見ての筆者の感想

一、作成の年月日、詳細な地名、作成者の記載がないので、分類わけや解釈に困った。

一、「崩し字」の文書は、時代背景を学んだ専門の先生や、公立の図書館などのご指導を頂いた。

「福山藩士・風間家文書資料保存箱」の取扱い

一、これらの資料類は、祖父・風間卯熊の母・鎰子（旧姓・高島）から祖母・風間増子、母・晴子へ「家宝」として伝えられてきたものであり、世代が続く限り文書類の現品「福山藩士・風間家文書資料保存箱」を残してほしい。

一、保存不可能と判断した場合は、東北大学災害科学国際研究所の佐藤大介先生とＮＰＯ法人・宮城歴史保全ネットワークの皆様で作っていただいた「福山藩士・風間家文書資料保存箱」を保存箱の表面に記載通り国立国会図書館に収めてほしい。

目次

風間家文書の目次

（注）

一、風間六三定常は、風間定常、風間六三と書く場合があると同様に風間定保なども同じです。

一、資料番号表示は、「資料番号」と記載する場合と記載しない場合がある。

本国「信濃」・生国「信劦」・
風間家ふるさと訪問記

本国「信濃」・生国「信劦」・風間家ふるさと訪問記

福山藩（広島県）藩士・風間家の本国と生国である長野県を拙著「藩士・風間家の研究」（２０１７年五月発行）に記述したが今回ふるさと訪問した。

訪問先は次の通りとした。

一、長野県長野市に地名「風間」がある場所。
二、風間家一族の発祥地点である、式内社・風間神社。
三、明治十五年作成の地図にある、「上水内（かみのち）郡風間村」（風間神社も記載されており また、「諏訪御符礼之古書」等にもある。）
三、叔父の郷士・風間治三郎が住んでいた信州芋川の日向（ひなた）村。
四、江戸時代、風間家の過去帳がある菩提寺「妙福寺」。
「妙福寺」は『芋川氏館』でもあることがわかり、芋川氏による芋川神社も近隣に存在していた。

（『芋川氏館』は、中世、芋川庄における芋川氏代々の根拠地となった館で、現在は跡である。）

五、長野県麻績（おみ）村に日向神社があるが、風間治三郎が住んでいた日向村は上水内郡にあることの確認ができた。
六、善光寺、大豆島（まめじま）、川中島、姥捨（うばすて）など文書（もんじょ）から読み取れる主な場所を訪問した。
七、今は長野市に町名変更されそれ以前は、上水内郡であった「鬼無里（きなさ）村」は、風間俊宜村長のお話を伺い将来訪問することにした。
八、「大塔合戦」参加武士として、守護勢側でなく国人勢側に村上満信主将のもと参戦した『風間宮内少輔』がいるが、今後の調査とした。
（出典：麻績村誌上巻２０３頁表5、等）

長野にあるアルピコ交通(株)
路線バスの「風間」バス停

下に、長野駅からの路線図（抜粋）を示す。

風間神社の近くに「大豆島（まめじま)」がある。中世には風間家が関係した地域であるかもしれない。
信濃国の中世とは、約 1100 年～1500年位、近世は、1500年～1868年位である。

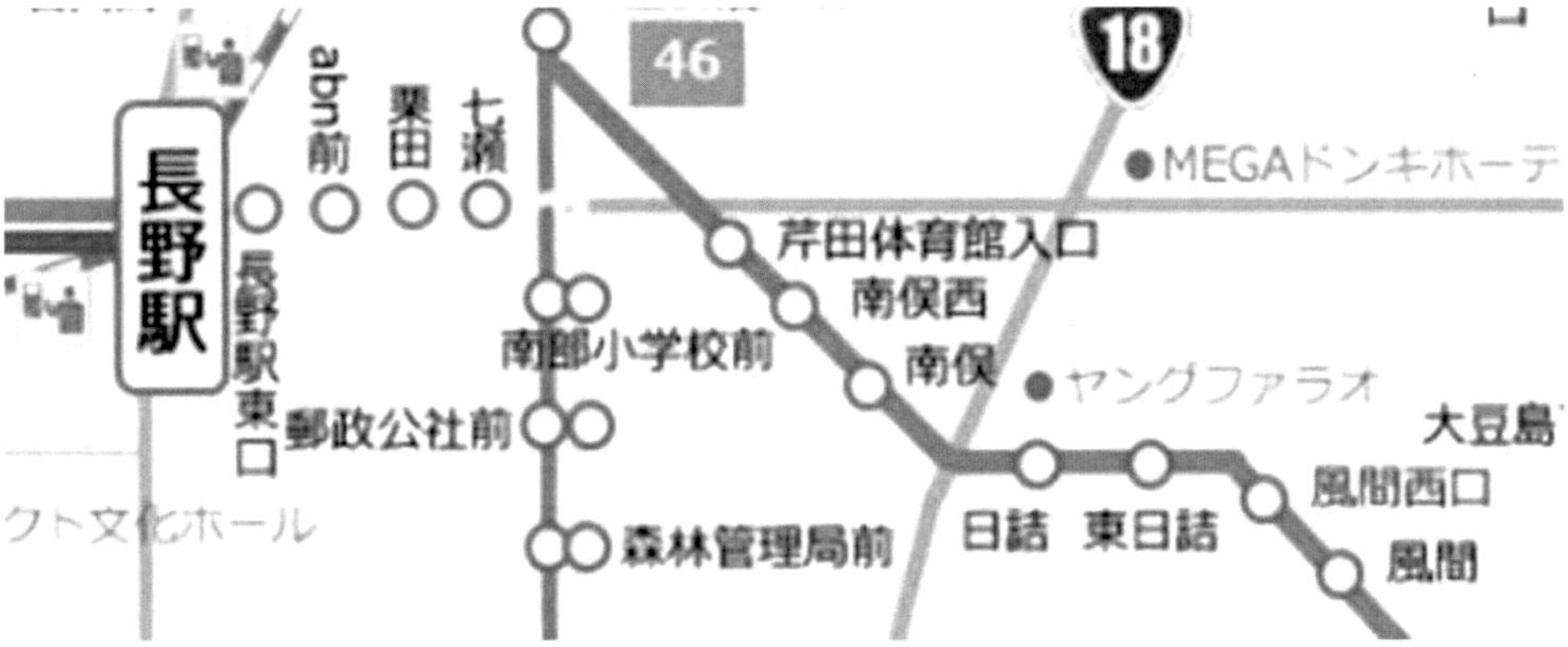

アルピコ交通(株)**路線バスの長野駅から「風間」迄の路線図。**

風間神社参拝の目安は、バス停の「風間」から信号を曲がり角にある立派な建築の**「西風間公民館」**である。
これを見て、斜め右側に**風間神社**がある。
交差点の反対側道路の先に、風間さんが経営している薬屋さんがあり、江戸時代から続いていると伺った。

風間神社

式内社；延喜式内社，式社ともいい，『延喜式』の神名帳（じんみょうちょう）に記載されている神社をさす。したがって『延喜式』成立の927年（延長5）以前創建の神社である。

927年前に出来た鳥居の色は、朱色系でそれ以降現在まで白色系である。

風間神社　本殿

長野市大字風間
781−1

（写っている人は筆者の家内）

しなの鉄道「牟礼駅」（長野県上水内郡飯綱町）から、江戸時代に風間治三郎氏が住んでいた場所や菩提寺の妙福寺などを訪問した。

長野県上水内郡飯綱町
大字牟礼１１８８−１
「いいづな歴史ふれあい館」

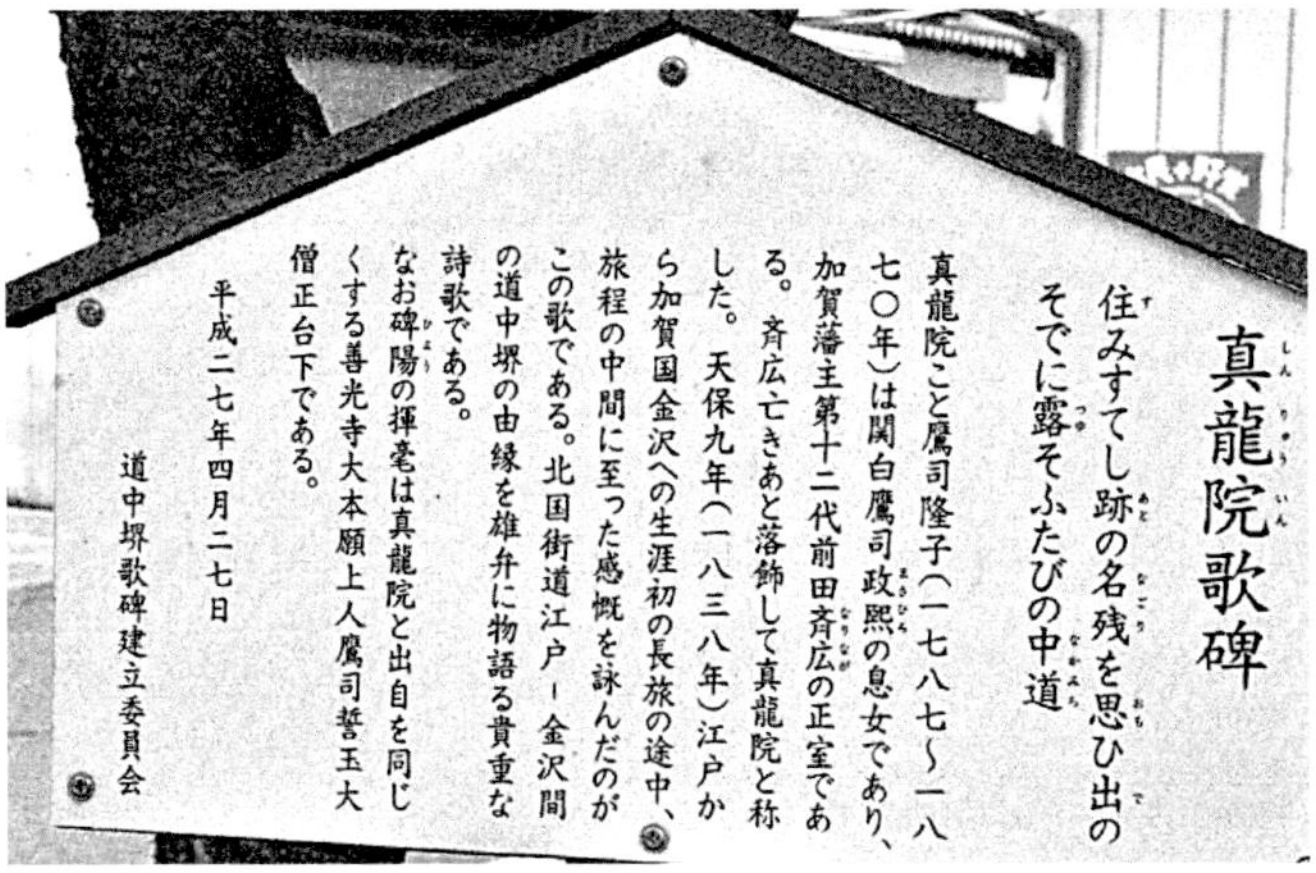
真龍院歌碑
住みすてし跡の名残を思ひ出の
そでに露そふたびの中道
真龍院こと鷹司隆子(一七八七～一八七〇年)は関白鷹司政熙の息女であり、加賀藩主第十二代前田斉広の正室である。斉広亡きあと落飾して真龍院と称した。天保九年(一八三八年)江戸から加賀国金沢への生涯初の長旅の途中、旅程の中間に至った感慨を詠んだのがこの歌である。北国街道江戸ー金沢間の道中堺の由縁を雄弁に物語る貴重な詩歌である。
なお碑陽の揮毫は真龍院と出自を同じくする善光寺大本願上人鷹司誓玉大僧正台下である。
平成二七年四月二七日
道中堺歌碑建立委員会

武州(武蔵国)加州(加賀国)の丁度中間地点。

真龍院歌碑『住みてし跡の名残を思い出の　そでに露そふたびの中道』鷹司隆子《たかつかさたかこ》

加賀の前田家が建立。　「小玉道中境碑」;長野県上水内郡飯綱町小玉
参勤交代でここまで来たときに、江戸と金沢に無事を知らせた地点。

芋川神社

長野　飯綱《いいづな》町

芋川《いもかわ》神社（妙福寺の近隣にある。）
長野県上水内郡飯綱町大字芋川３９８８

芋川氏の守り神。京都神祇官領《じんぎかんれい》から芋川神社の社号が許され改称。明治39年芋川の14社が合祀された。

（出典;信濃芋川一族、歴研発行　平成30年12月発行P172より）

芋川神社本殿は、丘の上にある。

妙福寺

風間家の檀家寺;長野県上水内郡（かみみのちぐん)。

江戸時代の過去帳があるお寺で、すべて風間姓のお寺でもある。長野県上水内郡飯綱町芋川(妙福寺)は、信濃国芋川氏館の場所でもある。

(写っている人は筆者)

飯綱町　日向（ひなた）
センター道案内

江戸時代、叔父・風間治三郎氏の家族が住んでいた場所。この場所に住んでいた人たちは、現在丘の下「溝口」等に移り、日向センターも閉館していた。江戸時代は、風間姓の家が多くあった場所。江戸時代は松代藩域である。

日向地区の地図

標高　約770m（出典「飯綱町遺跡詳細分布調査報告書 2016」第二章遺跡分布図３より）

今も雪深い山。冷蔵庫がない江戸時代では、一年中食料保存でき、しかも山なので、食料になる木の実や動物、野菜が採れ、不法侵入者の監視が出来る場所。今は、風間姓の一族は下の溝口などに移り住んでいる。

長野県　上水内郡飯綱町
大字芋川にある
日向（ひなた）センター（使用されていない。）
すぐそばに、稼働中の
「三水《さみず》・日向浄水場系日向配水池」がある。

次に、**日向神社**がある**麻績（おみ）村**を訪問、風間治三郎氏他は麻績村ではなく上水内郡日向村であることを確認した。長野駅から麻績村（聖高原駅下車）への途中に「川中島駅」や「姨捨駅」「安茂里駅」があり歴史を残していた。

下に**JR 東日本信越本線長「長野」～「松本」の路線図**を示す。

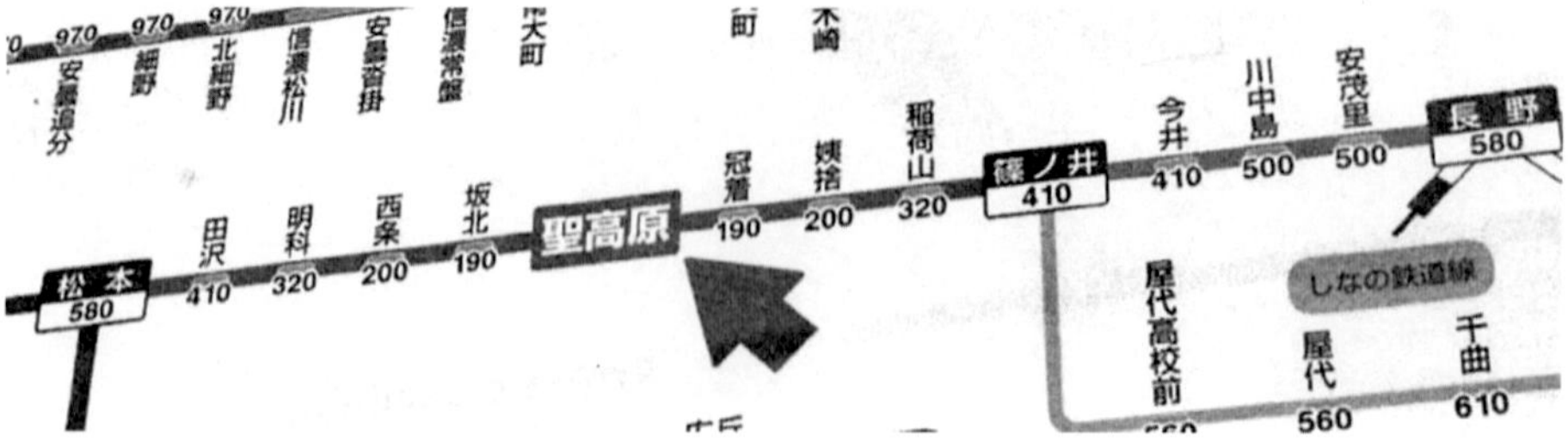

JR 東日本信越本線
「川中島」駅

「川中島」や「安茂里」地区は、日本一の「あんずの里」である。

姨捨（うばすて）駅から「川中島古戦場」を見る。　かなり広い平原で篠ノ井線、しなの鉄道線、北陸新幹線、長野線など複数の鉄道が通る平野で一望できる。

長野県麻績村にある日向神社を訪問、写真は、**隣接した「高城跡」（通称；日向城）。**

風間家の日向は、上水内郡の日向である事を確認した。

「高城」は、平成元年発行「麻績村誌上巻（歴史）」によると、「高野氏が城主で、諏訪氏との関係が深いといわれているが、城主高野氏の史料が少ない。」とある。

JR 長野駅
新築された、雨降る
JR 長野駅

宿泊は、
駅近くの「東急イン」と駅裏の「メルパルク長野」であった。

「善光寺」の額は、通称「鳩字の額」と呼ばれている。

5 羽の鳩が確認できる。
（善の字に 2 羽、光の字に 2 羽、寺の字に 1 羽の鳩がいる。）
また、「善」の字は、牛の顔に見え、「牛に引かれて善光寺参り」といわれるゆえんでもあるそうです。

額は享和元年（1801）輪王寺宮公澄法親王の筆
輪王寺宮は寛永寺と日光山を治めた宮家。後水尾天皇皇子が輪王寺宮初代

撮影；筆者

長野　善光寺の前で、「令和」の額を持つ家内

撮影；筆者

牛にひかれて
善光寺参り
（丑年の人と牛の像）

「善光寺」門のすぐそばに案内所があり、写真の牛の像がある。　また、善光寺の歴史などをビデオで見られる。

写真；牛の角を握る、丑年の人

長野からの帰り道、立ち寄った**群馬県世界遺産の**
「富岡製糸場」
キャラクタ；「おエイちゃん」と「アキちゃん」が手をつないで・・・・。
「エイ」の由来は、最初の女工であった和田エイのエイが由来。

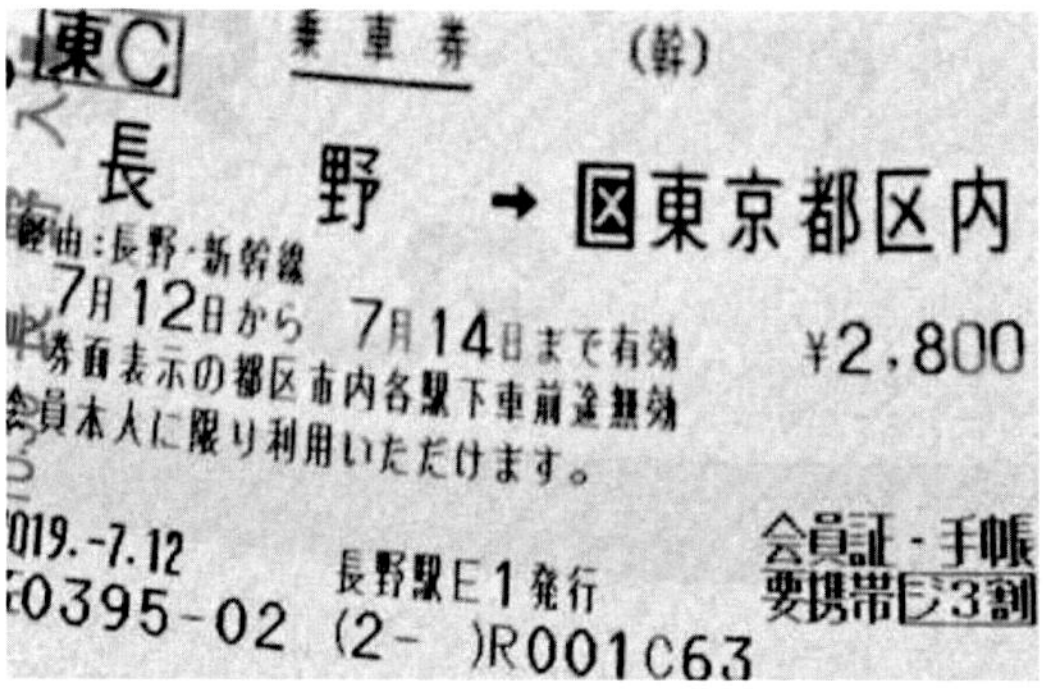
東C　乗車券　（幹）
長　野　→　区東京都区内
経由：長野・新幹線
7月12日から　7月14日まで有効　¥2,800
券面表示の都区市内各駅下車前途無効
会員本人に限り利用いただけます。
2019.-7.12　長野駅E1発行　会員証・手帳
要携帯　ジ3割
0395-02　(2-　)R001C63

訪問年月日；**2019 年 7 月 12 日～7 月 14 日**　　　主な視察先
牟礼（上水内郡日向）（飯綱ふるさと舘）、長野（風間神社）（善光寺）、川中島、聖高原（麻績（おみ））
（訪問年月日を忘れないように持ち帰った記念の切符。）

（資料番号九〇〇―一―三）

風間家系図由緒書

現代語訳、翻字、読み下し

この資料は、風間定友、仁右衛門、定保、定重、定常がその時代ごとに作成したものと思われ、最後の作成者は風間定常と考えている。

風間家系図由緒書

現代語訳

（資料番号九〇〇―一―三）

（注）文書の上下の横太線は、原本の線の色は朱色で人との関連性を示している。

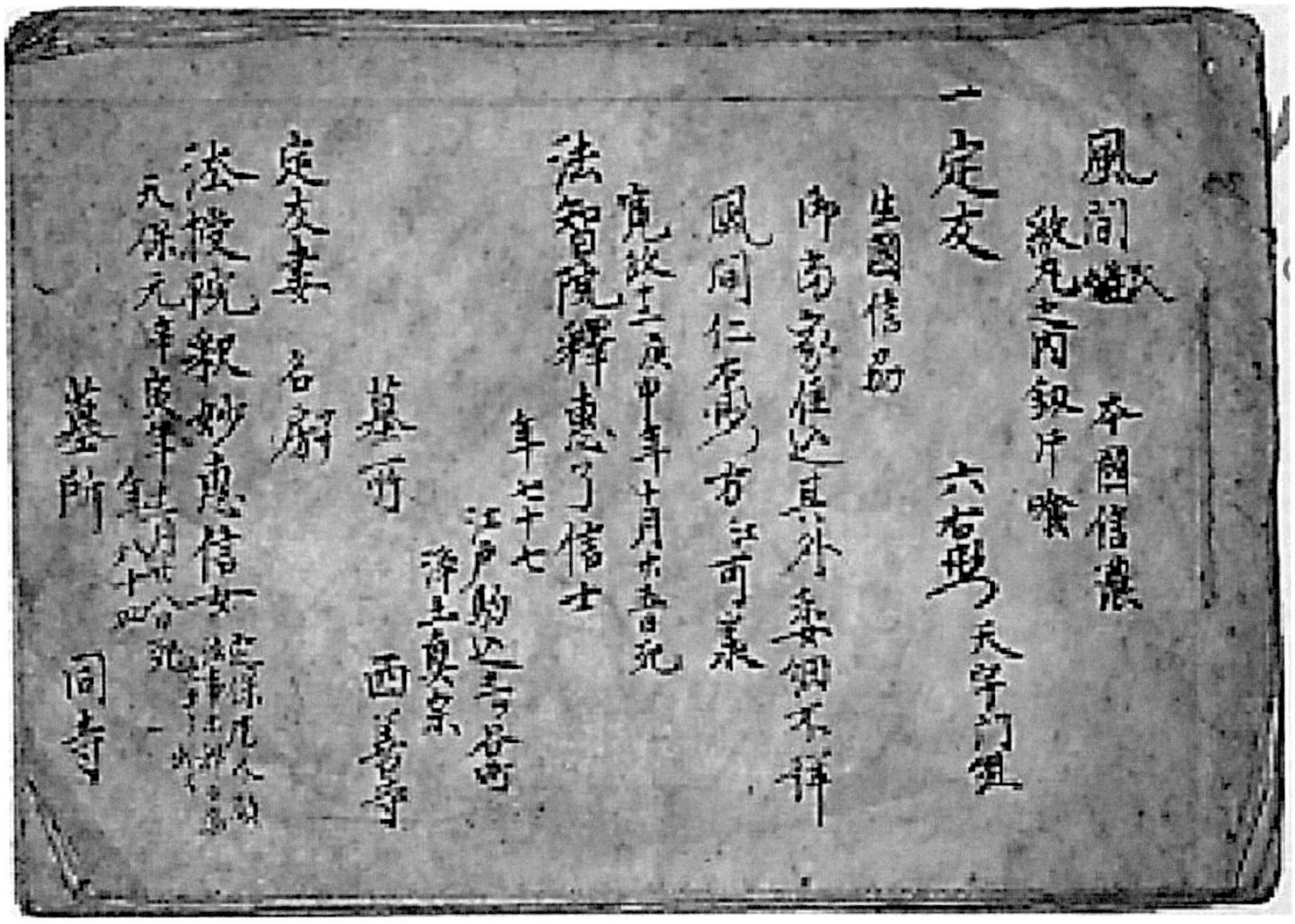

一頁

風間氏

本国（先祖が出た国） 信濃

紋は丸に剣片喰

（丸にけんかたばみ）

一 定友　六右衛門　天宇門組

生国（生まれた国）は信劦（信州）

ご当家住み込み、そのほか委細不詳

風間仁右衛門方で伺ってください。

寛政十二（１８００年）庚申年　１０月２５日死亡

法名　法智院釈恵了信士

享年　七十七歳

墓所　江戸駒込三ツ谷町

浄土真宗

西善寺

定友　妻　房　フサ

法名　法授院妙恵信女　定保厄介殿

（周りの人）法事などすべて当家ヨリ出ス

天保元年辛寅年　１２月２８日死亡

享年　八十四歳

墓所　同寺（江戸駒込三ツ谷町

浄土真宗　西善寺）

（注）黒い横線は、原本は人との関連を示す朱色の線です。この文書全部同じです。

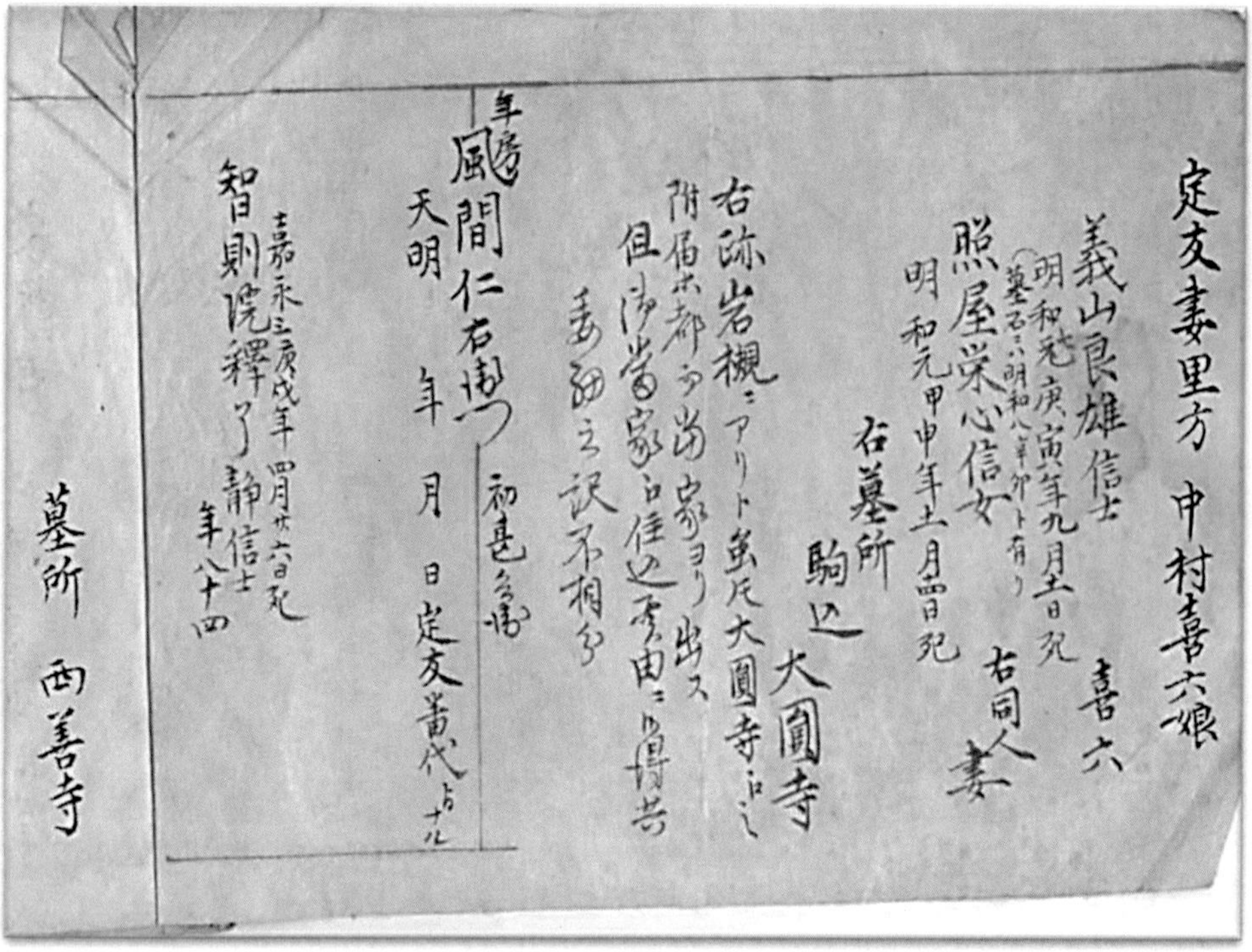

定友妻里方　中村喜六娘
義山良雄信士　喜六
（明和七庚寅年九月十一日死
（墓石ニハ明和八年卯ト有リ）
照屋栄心信女　右同人　妻
明和元甲申年十一月四日死
右墓所　駒込　大圓寺
右跡岩槻ニアリト雖モ大圓寺ヘ之
附届ケ都テ当家ヨリ出ス
但シ当家ヘ住込候由ニ候得共
委細之訳不相分
年房
風間仁右衛門　初甚兵衛
天明　年　月　日　定友番代
嘉永三庚戌年四月廿六日死
智則院釋了静信士　年八十四
墓所　西善寺

二頁

風間定友妻里方（実家）**中村喜六　娘**

義山良雄信士　喜六

明和七庚寅年（一七七〇）九月十一日死

墓石には明和八年卯と有る

照屋栄心信女　右同人　妻

明和元甲申年十一月十四日死

右墓所

駒込

大圓寺

右の跡《あと》は**岩槻**にあるということですが（ありと雖《いえど》も）、大圓寺への付届け等は全て（都《すべ》て）当家より出す

但し、御当家へ住込みましたことに由りますが、詳しい（委細）訳《わけ》は分らない（不詳）

年房

初め甚兵衛

風間仁右衛門

天明　年　月　（一七八一～一七八九頃）、

定友の役職を番を追って交代（番代）する

嘉永三庚戌年（一八五〇）四月廿六日死

智則院釋了静信士

年八十四

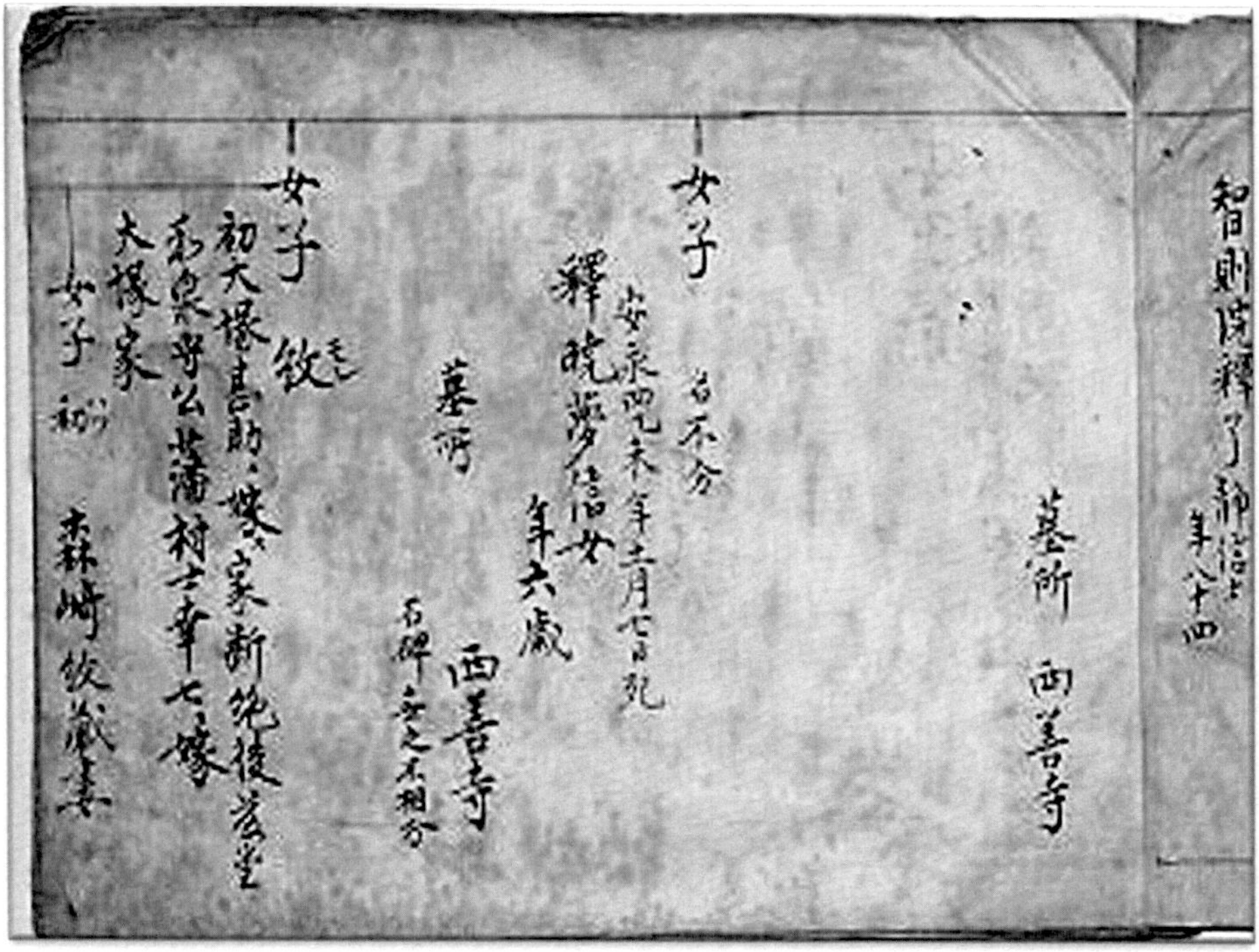

三頁

墓所　西善寺

（西善寺は２０２０年現在；文京区向丘一丁目）

女子　名前わからず

安永四（１７７５）乙未年十一月七日死亡

法名　**釋暁夢信女**

年齢　六歳

墓所　西善寺

石碑無く細かいことはわからない。

女子

紋　モン

初め大塚甚助に嫁ぐ　家断絶後

藤堂和泉守公藩　村士《すぐり》幸七に嫁ぐ

大塚家

女子　初（ハツ）

森崎紋蔵の妻

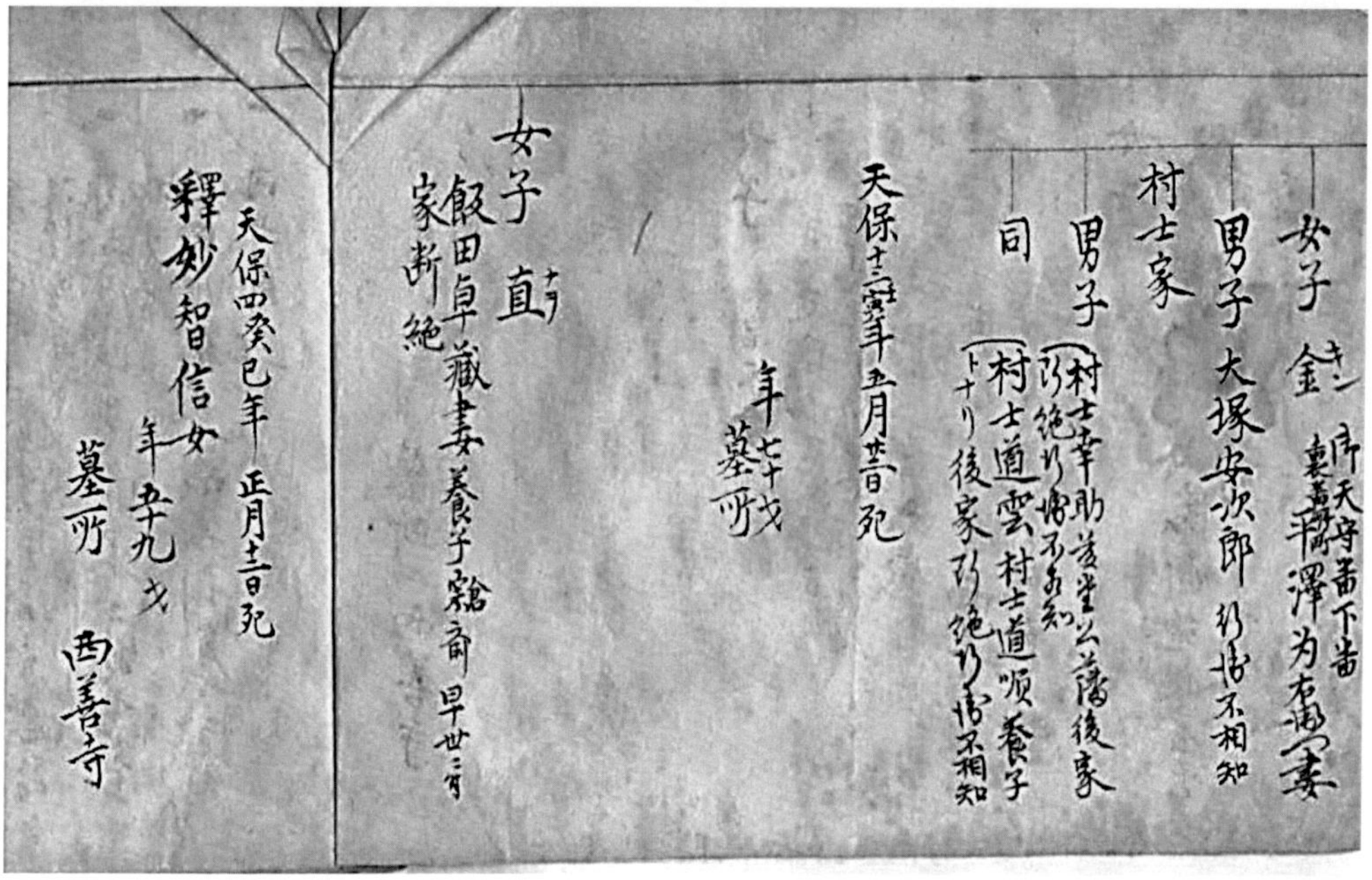

四頁

女子　金（キン） 御天守番下番
裏番所町　平澤為右衛門の妻

男子　大塚保次郎 その後相知れず

村士（すぐり）家

男子（村士幸助藤堂公藩、のち家は斬絶、
他は知れず）

同（村士道雲　村士道順の養子となり、
後ち家は断絶、行方は分からない）

天保十三（1842）壬寅年五月二十二日死亡
年齢　七十歳
墓所（記入なし）

女子　直　なを
飯田卓藏妻　養子倉斎が早世したので、
家は断絶

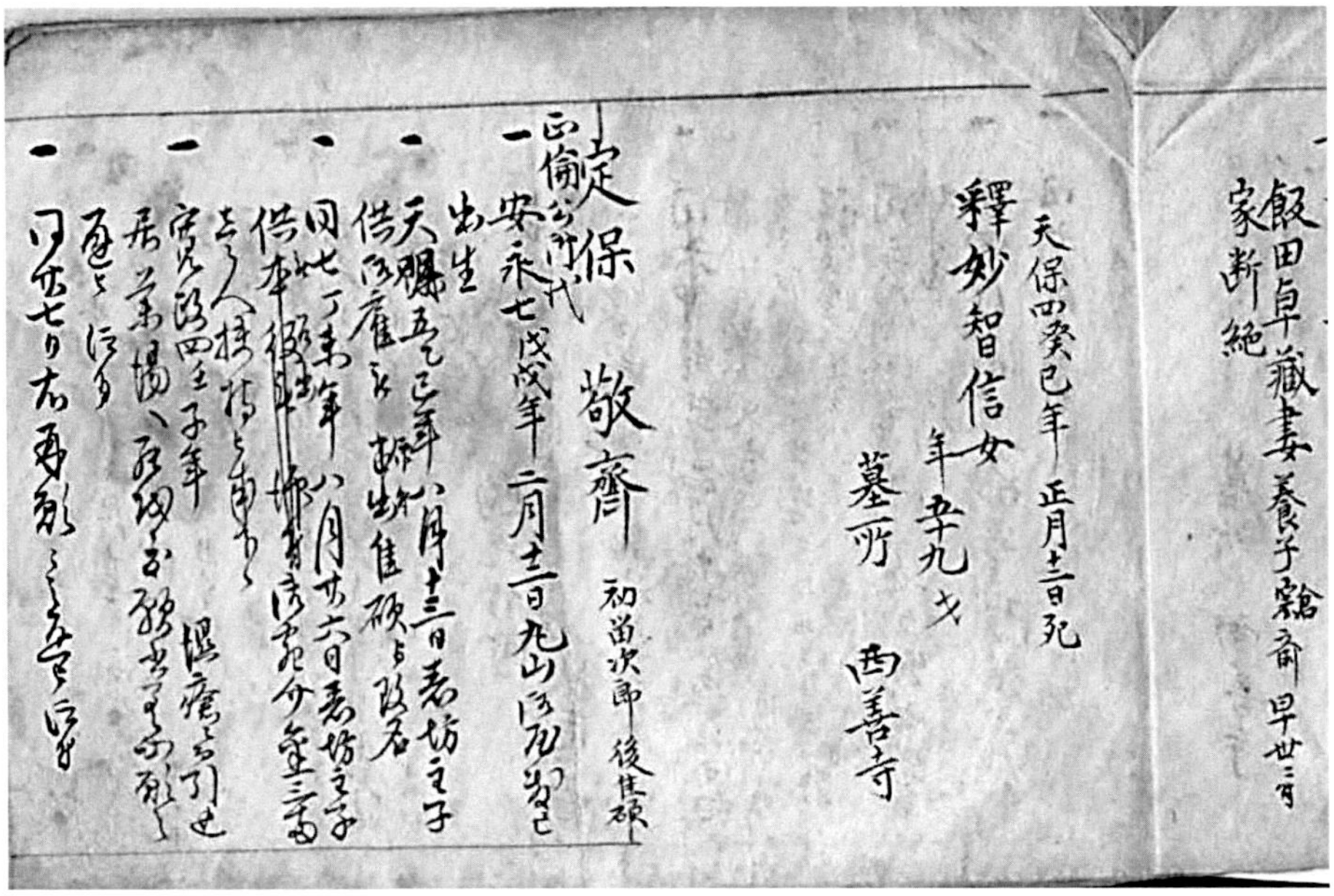

五頁

天保四癸巳年（１８３３）正月十二日死亡

法名　釋妙智信女　年齢　五十九歳

墓所　西善寺

定保　敬齋　最初・留次郎　後・隹碩

一 正倫公御代

一 安永七戊戌年（１７７８）二月十二日、丸山御屋敷（福山藩、江戸中屋敷、現在の文京区西片）にて出生

一 天明五乙巳年（１７８５）八月十三日表坊主子供御雇われを仰せ付けられ、隹碩と改名・表坊主子供；表坊主は殿中で給仕などを担当した剃髪者等）

一 天明七丁未年（１７８７）八月廿六日、表坊主子供本役に召し出され、御宛介金（雇い給料）は、三両一人扶持となされた。）病にて引き込んでいて、薬湯に行きたい願書を提出し、願いの通り仰せつけられる。

一 寛政四年壬子（１７９２）、濕瘡（しっそう）（皮膚病）にて引込（ひきこ）んでいて、薬湯（くすりゆ）に行きたい願書を差出し、願いの通り仰せ付けられる

一 寛政四年廿七日、右の事を再願、願いの通り仰せつけられる。

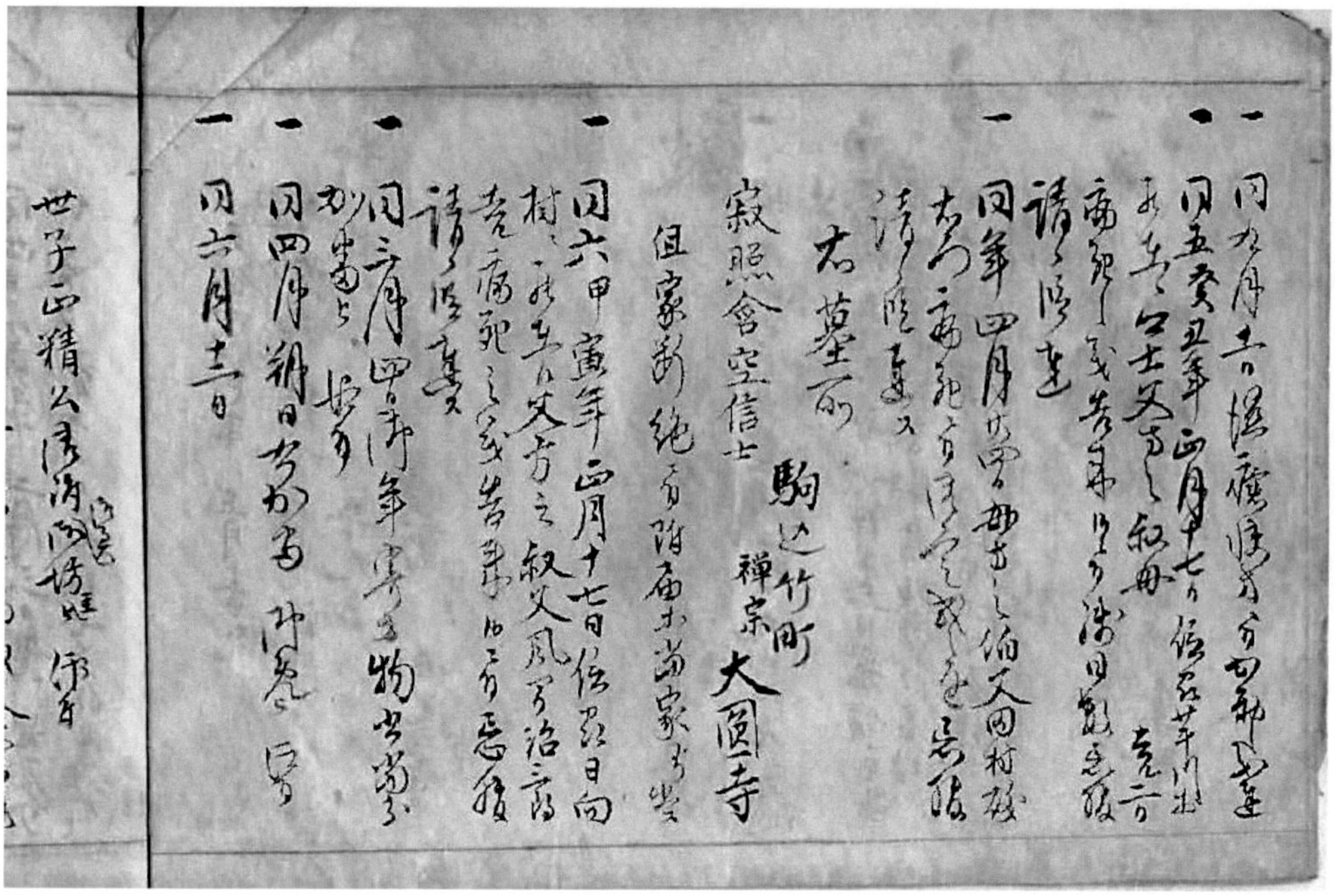

六頁

一 同九月十一日湿瘡が快方になってきたので、出勤の事を届ける。

一 寛政五癸丑年（１７９３）正月十七日、信州芋川村に住んでいる郷士《ごうし》・父方の叔母が、去る二日病死の事を知らせてきましたので、残りの日数の忌服（一定の期間喪に服すること）をとることを届出ました。

一 同（寛政五）年四月二十四日、母方の伯父・田村磯右衛門が病死しましたので、お定式のとおり、忌服を取ることを届け出る。

右墓所　駒込竹町

寂照舎空信士　禅宗　**大圓寺**

但し　家断絶に付、附届等は当家より出す

一 同（寛政）六甲寅年（１７９４）正月十七日信州日向村に罷在（居られました）父方の（郷士）**叔父・風間治三郎病死**を知らせてきましたので忌服を取ることを届け出る。

一 同（寛政六年）三月四日　御年寄（重臣）方物書（物や書の管理）の役を当分追加して仕事（加番）をすることが仰せつけられた。

一 同（寛政六年）四月朔日、右の加番の御免（免除）が仰せつけられる。

一 同（寛政六年）六月十二日

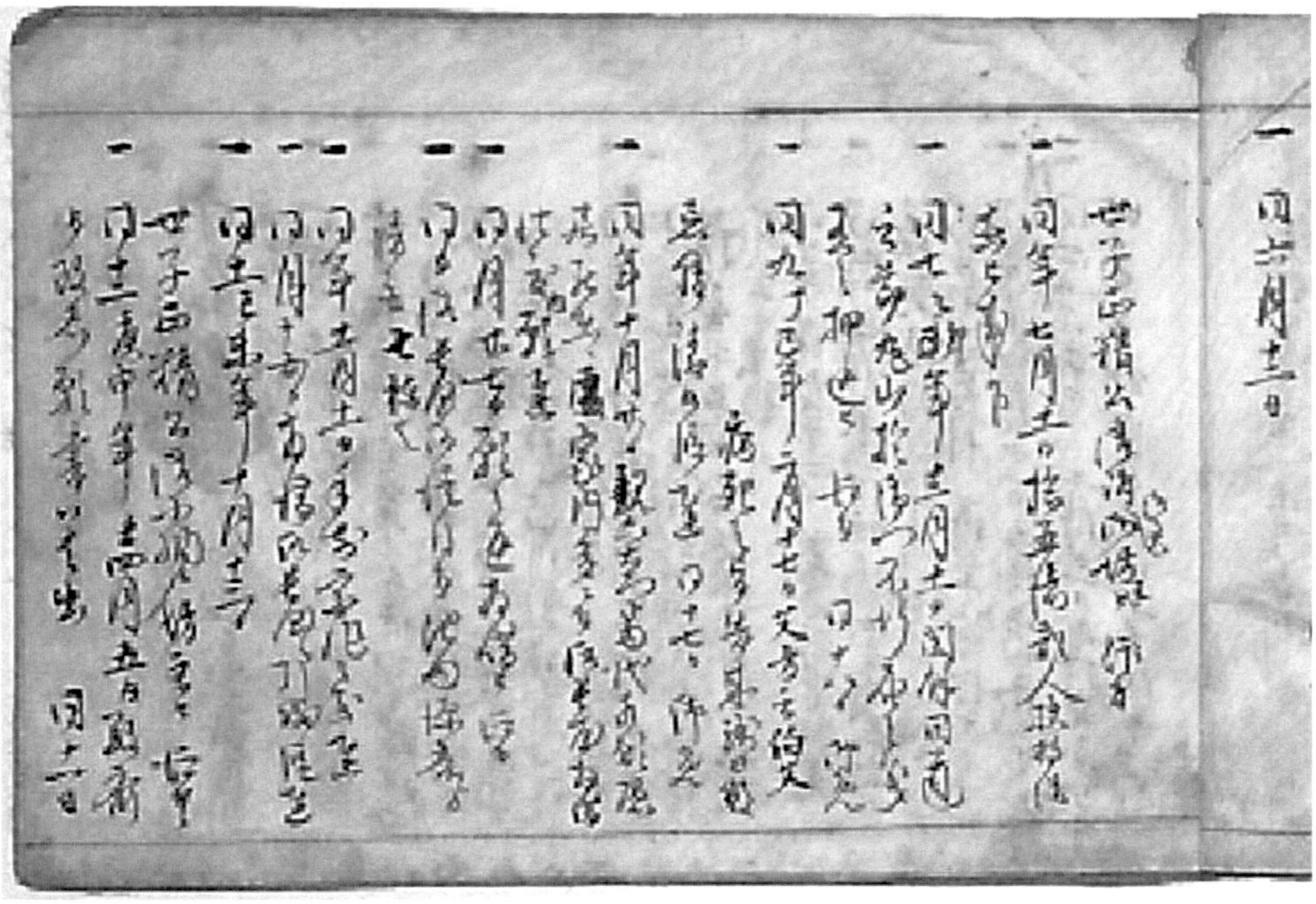

七頁

世子（せいし）（世継ぎ）（阿部）
正精（まさきよ）公御附き奥御
坊主を仰せつけられる。

（第五代藩主、江戸幕府幕閣の老中を
務めた。）

一　同（寛政六年）七月十一日十五俵二人扶持にお直し（改め）下さる。

一　同（寛政）七乙卯年十二月十一日閏、余堂々の節、丸山御門において不行き届きの事があり、押し込み（監禁）が仰せ付けられ、同十八日赦免（解放）された。

一　同（寛政）九丁巳年（１７９７）二月十七日、父方の伯父病死を知らせてきました。残り日数の忌服（喪にふくす）を取ることを届けました。同十七日御免（了承）いただいた。

一　同（寛政九丁巳）年十月廿日、親・（風間）六右衛門の番代（仕事を次に送る）を願い出、隠居致されましたところ、家内（使用人）が多いので御長屋を拝借したい願いを出す。

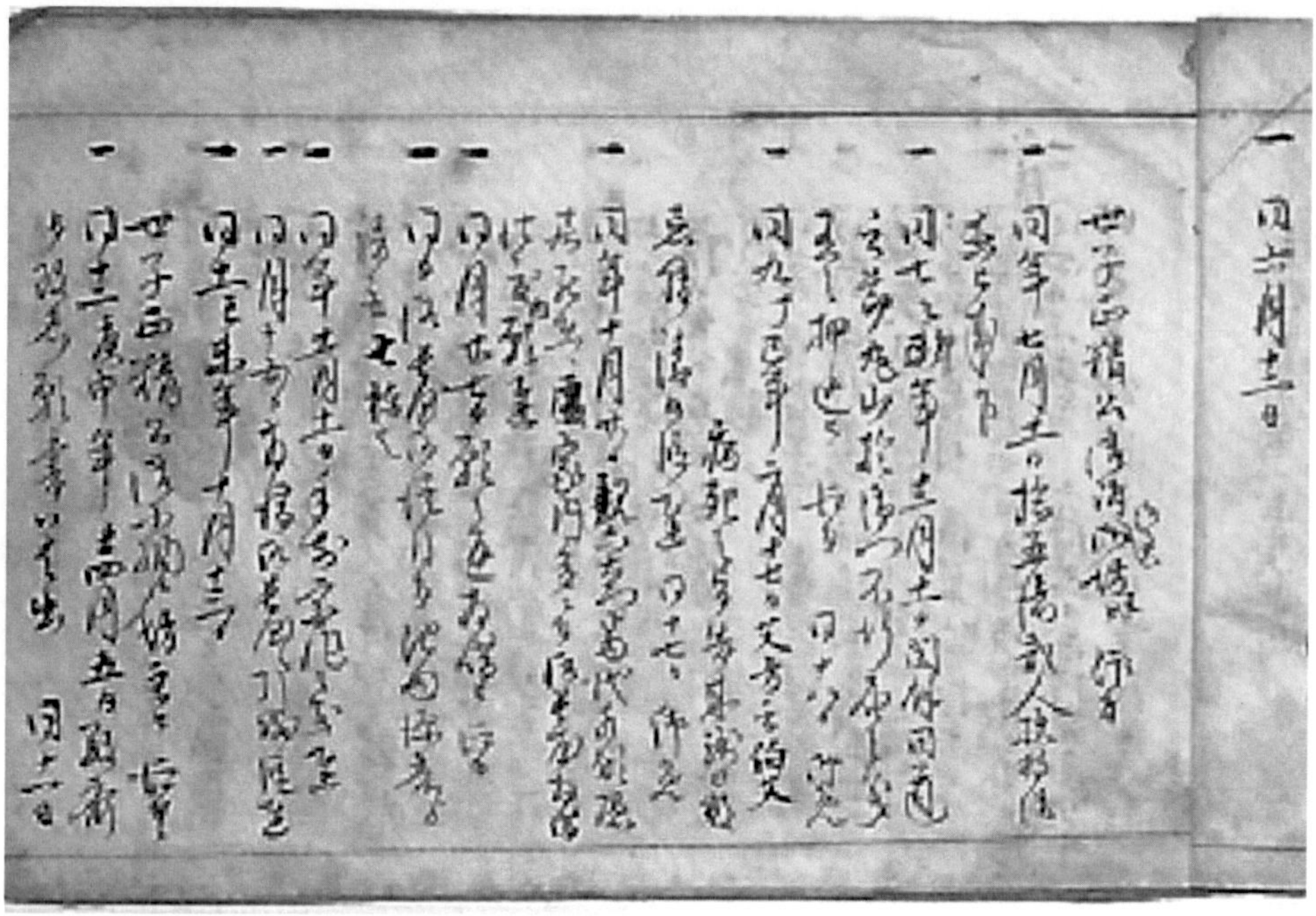

七頁続き

一　同（寛政九丁巳年十月）二十七日、願いの通り拝借が仰せ付けられる。

一　同日、御長屋を御徒目付（警護等の役職）池田源吾より、七棟受け取る。

一　同（寛政九丁巳）年十一月十一日、自分の家屋の事を届け出る。

一　十一月十五日、拝借の御長屋へ引っ越したことを届ける。

一　同十一己未年（１７９９）十月十三日、世子・正精公の御小納戸《おこなんど》坊主（朱君に近侍して食事や散髪等の身の回りの細かなことを行う役）を仰せ付けられました

一　同十二庚申年（１８００）閏四月五日、敬斎と改名の願書を提出す　同十一日

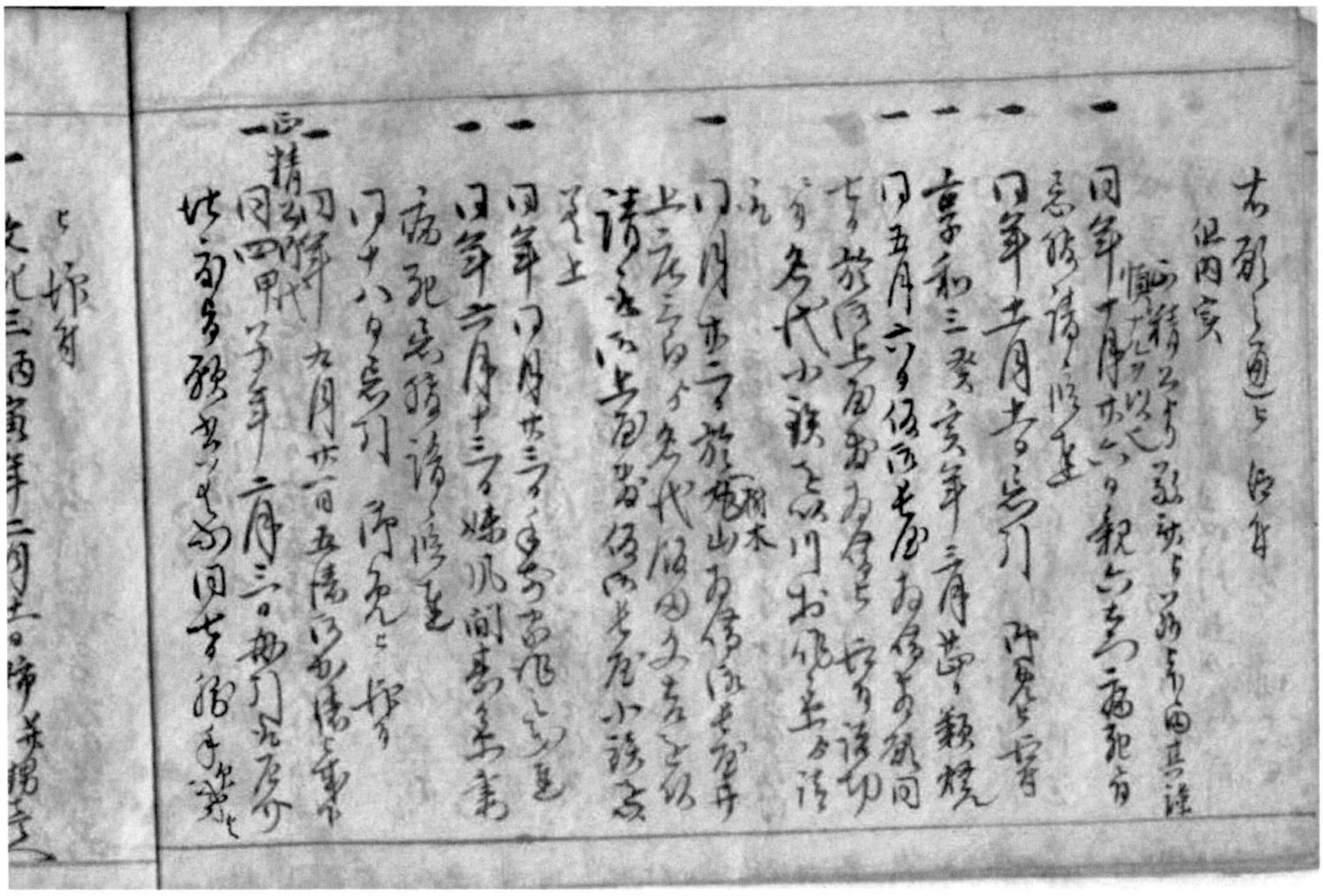

八頁 右願いの通り願書提出
但し　内実
正精公より敬斎へ落とされたので、謹慎であるからです。

一同（十二庚申）年十月廿六日、親・風間六右衛門が病死したで、忌服を取ることを届ける。

一同年十一月十一日、忌引きの許可が仰せつけられる。

一享和三癸亥年（１８０３）三月二十四日、類焼
一同五月六日、仮御長屋拝借を願い、同七日御上屋敷において拝借を仰せ付けられました、**詰切り**（その場を離れずに上屋敷にいる）ので、**名代**《みょうだい》・小鉄によって川村作兵衛より受け取る。

一同月廿二日、樹木山において拝借する。御長屋は、井上庄三郎より**名代**《みょうだい》・飯田文吉より受け取る（請取る）。　御上屋敷仮御長は**名代**《みょうだい》・小鉄によって差し上げる。

一同年同廿三日、自分の家作の事を届ける。

一同年六月十三日、姉・風間甚兵衛の妻病死、忌服を取ることを届ける。

一同十八日、忌引きの許可を仰せつけられる。

一同年九月廿一日、五俵五加俵を下される。

正精（まさきよ）公時代

一同四甲子（１８０４）二月三日、母を引き取り扶養したいことの願書を届を出す。　同七日に都合が良いようにと回答あり（仰せつけられる）

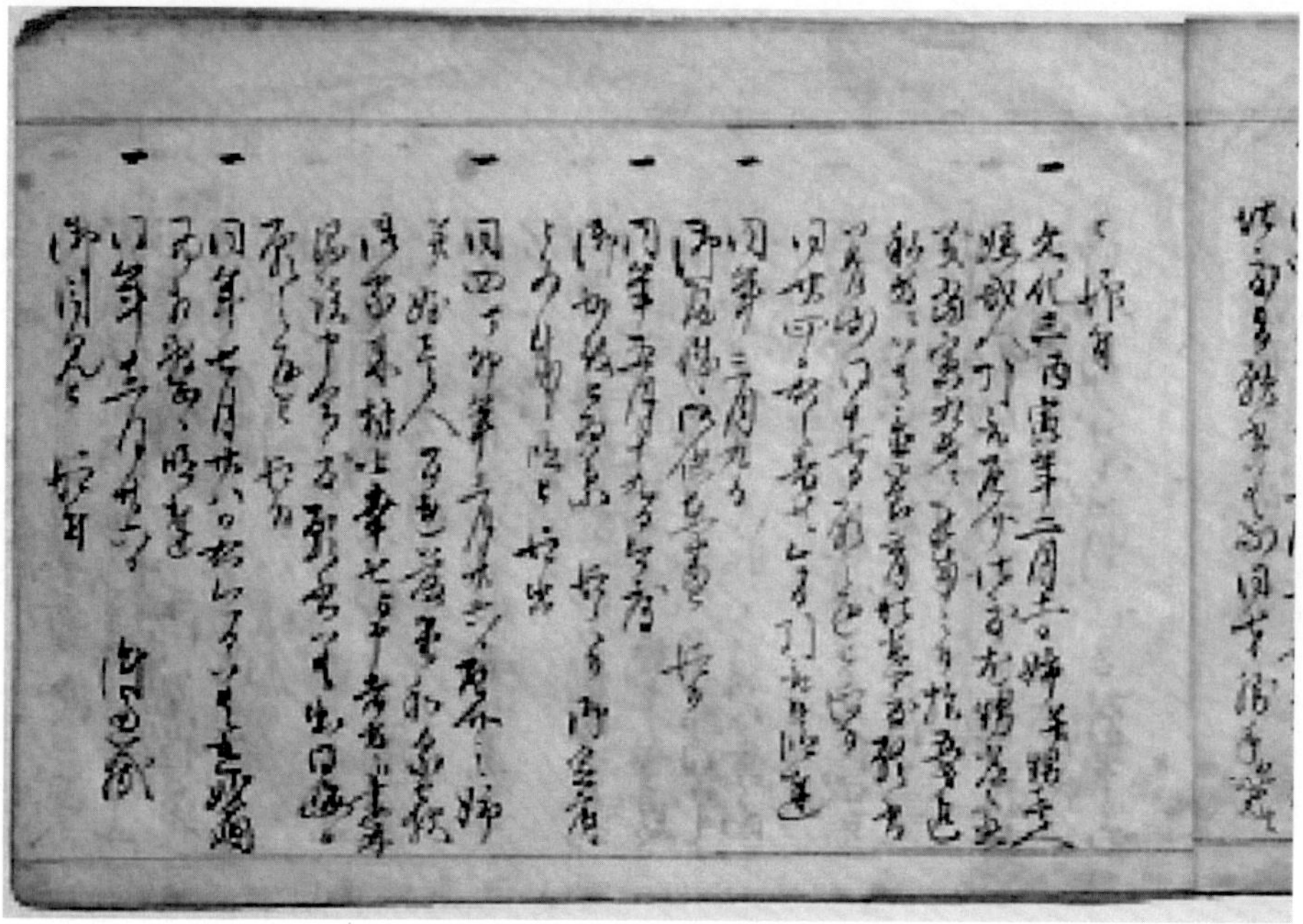

九頁

一　文化三丙寅（１８０６）二月十一日、姉並びに甥（おい）一人姪（めい）二人引き取り厄介（扶養）したい。　尤も（もっとも）甥の**（大塚）常之丞義当**は、今年寅年ぬ九才になられましたので、十五歳まで私の所に置いて養育したいので、願書を提出いたしました。　同十七日、願い出の通り仰せ付けられる。　同廿四日、右の者ども今日引き取りましたことを届ける。

一　同年三月九日、**御帰城御供番**を仰せつけられる。

一　**同年五月十九日**、こ（今）のたび、**御加級**の仰せを蒙らせられましたので、**御定府（家臣が参勤交代をしないで江戸に定住すること）**になさせられた

一　**同（文化）四丁卯年（１８０７）三月廿六日、芙蓉の姉並びに姪一人を召し連れ、**

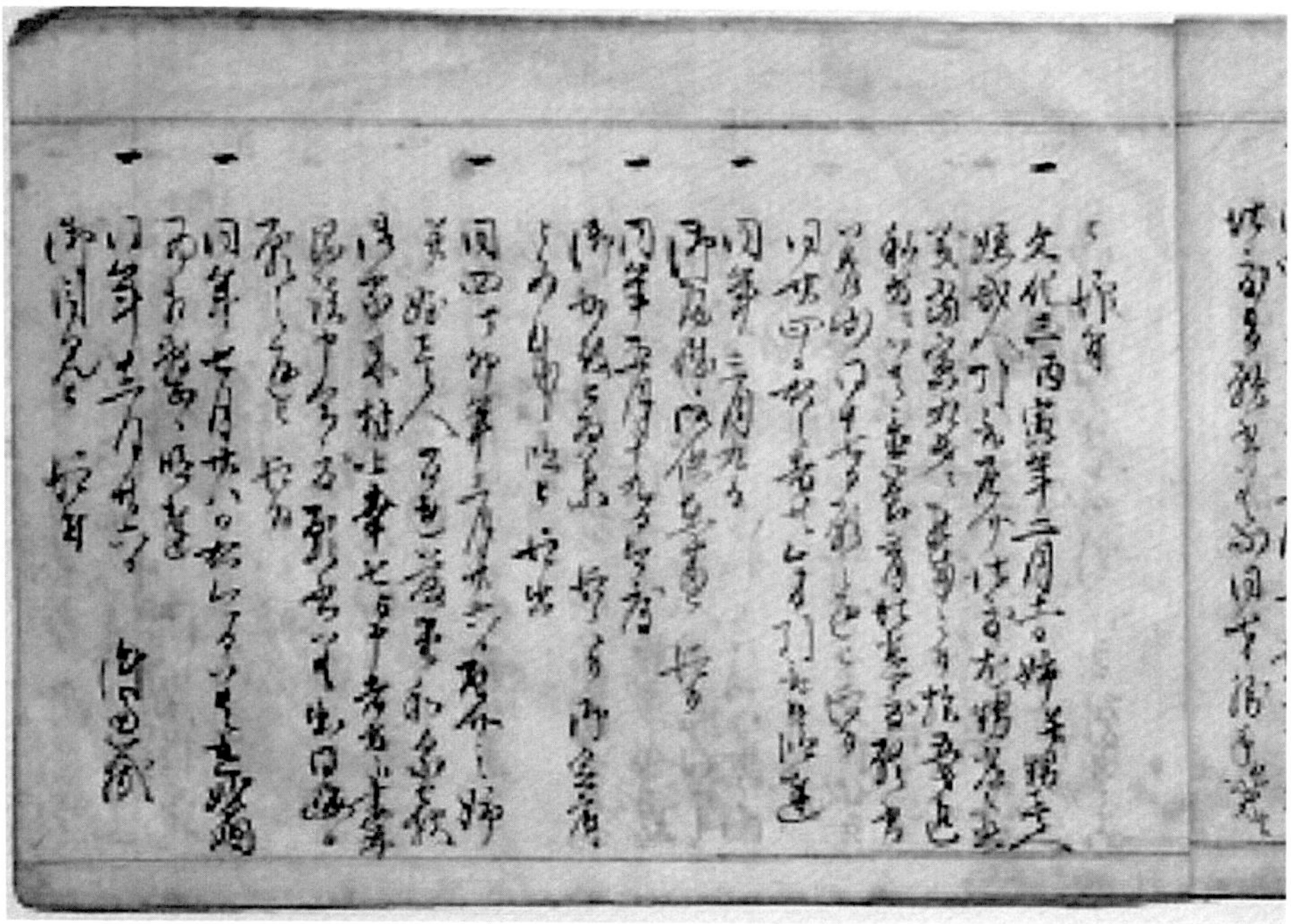

九頁続き

和泉守様、御家来・村士（すぐり）幸七と申す者方へ、妻・再縁談を相談したく願い書を差出す。同晦日に願いの通り仰せつけられる。

一　同（文化四）年七月廿八日、右、本日（今日）差し遣わし、婚姻が整ったことを届ける。

一　同（文化四）年十二月廿六日、御通掛御目見を仰せつけられる。

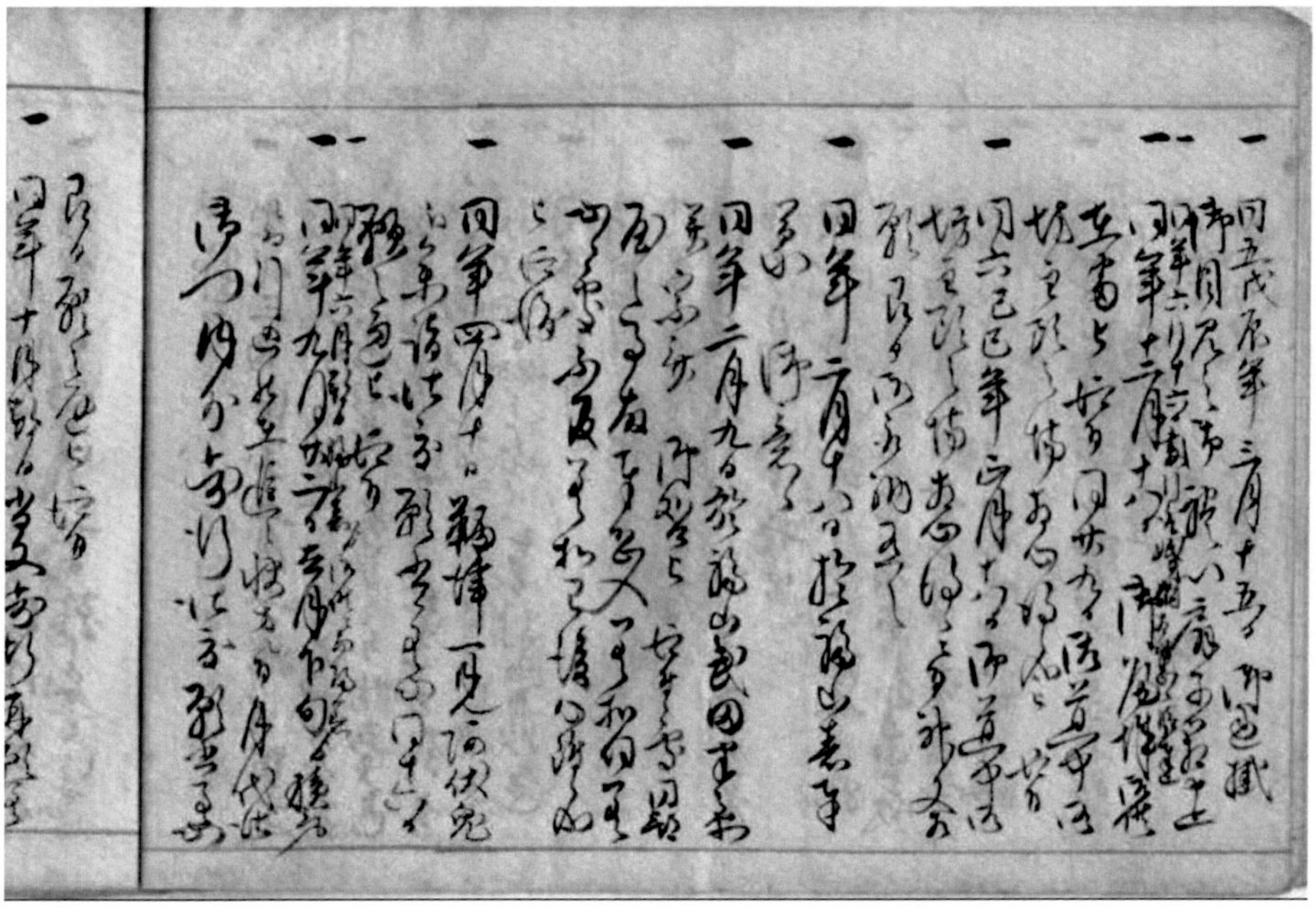

十頁

一　同（文化）五戊辰《つちのえたつ》年（1808）三月十五日、御通掛御目見の御礼により扇子箱申進しました。

一　同（文化五）年六月十六日、妻を引き取り、婚姻が整いましたことを届ける。

一　同（文化五）年十二月十八日、御帰城御供在番を仰せつけられる。

同（文化五年廿十二月）九日　御道中で、御坊主頭の現場を心得ておくように仰せつけられる。

一　同（文化）六己巳年（1809）正月十八日、御道中御坊主頭の現場の心得について、誓約書（神文）を提出し、即日御取納（ご受理）された。

一　同年（文化六）二月十八日、福山表において、主君にお会いいたしました。

（当時は簡単には許されなかった）

一　同年二月九日、福山において武田半兵衛、並びに宗斎が、御咎《とが》（罰）を仰せ付けられましたので、同じ部屋のものの立場から、恐れ入って出勤停止（差控、差扣《さしひかえ》）の伺いを提出したところ、出勤停止には及ばない、以後心がけておく用にと仰せ付けられる。

一　同年（文化六）四月十日、鞆津《ともつ》（鞆の浦）を一見して阿伏兎（（あぶと）観音）へ参詣致したく願書を提出した。

注）５行目〜13 行目の塗りつぶしは不要（入力上の不具合）

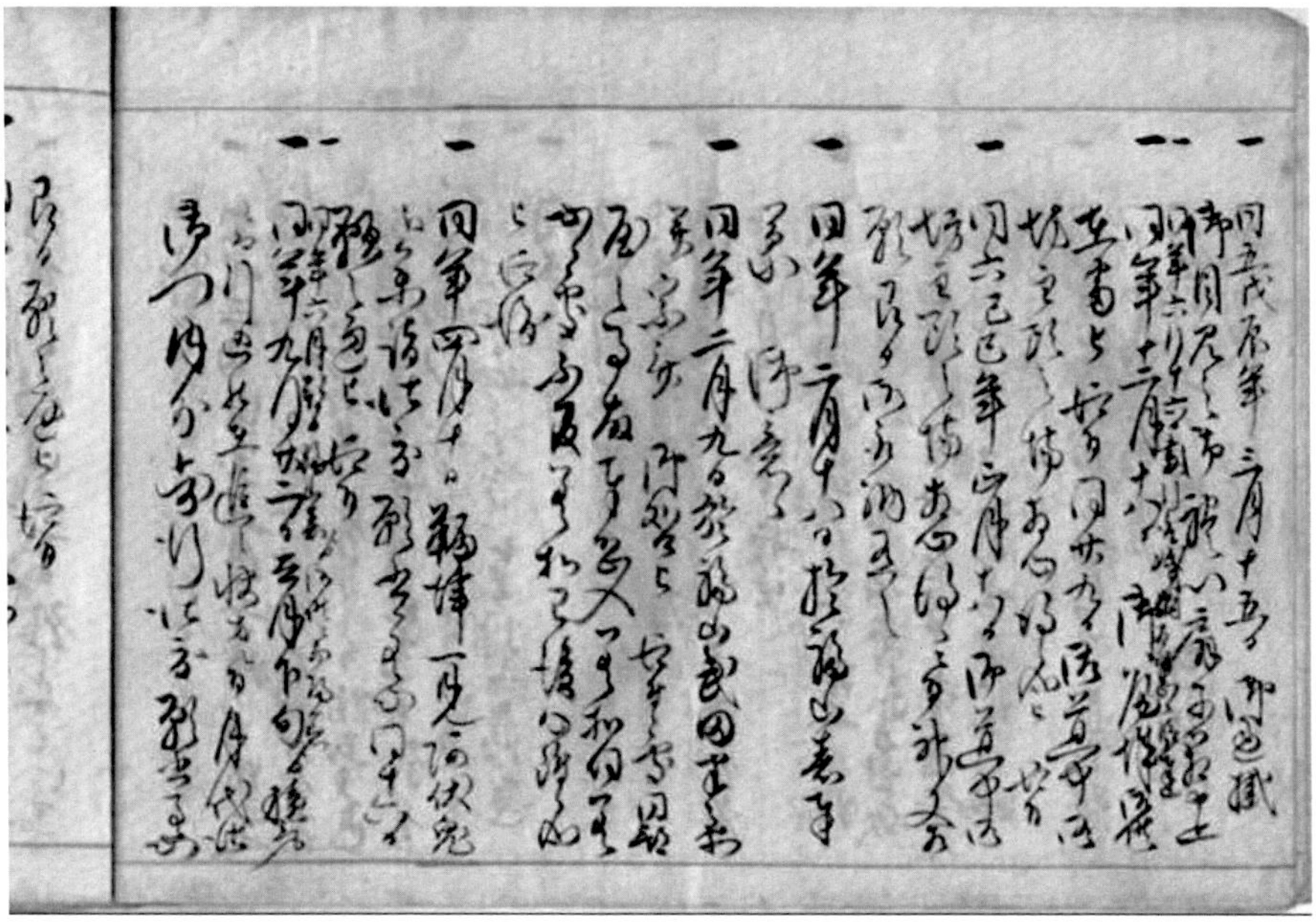

十頁続き

同十六日願いどおり仰せつけられる。

一　同年（文化六年）六月朔日（一日）、福山表より（江戸阿部上屋敷へ戻る）

一　同年（文化六年）九月廿二日、　去月下旬より癪気《しゃくけ》にて引き込み（休み）になりました。段々と快方に向かいましたので、月代《さかやき》をして、御門内外を歩きたく願書を差出し

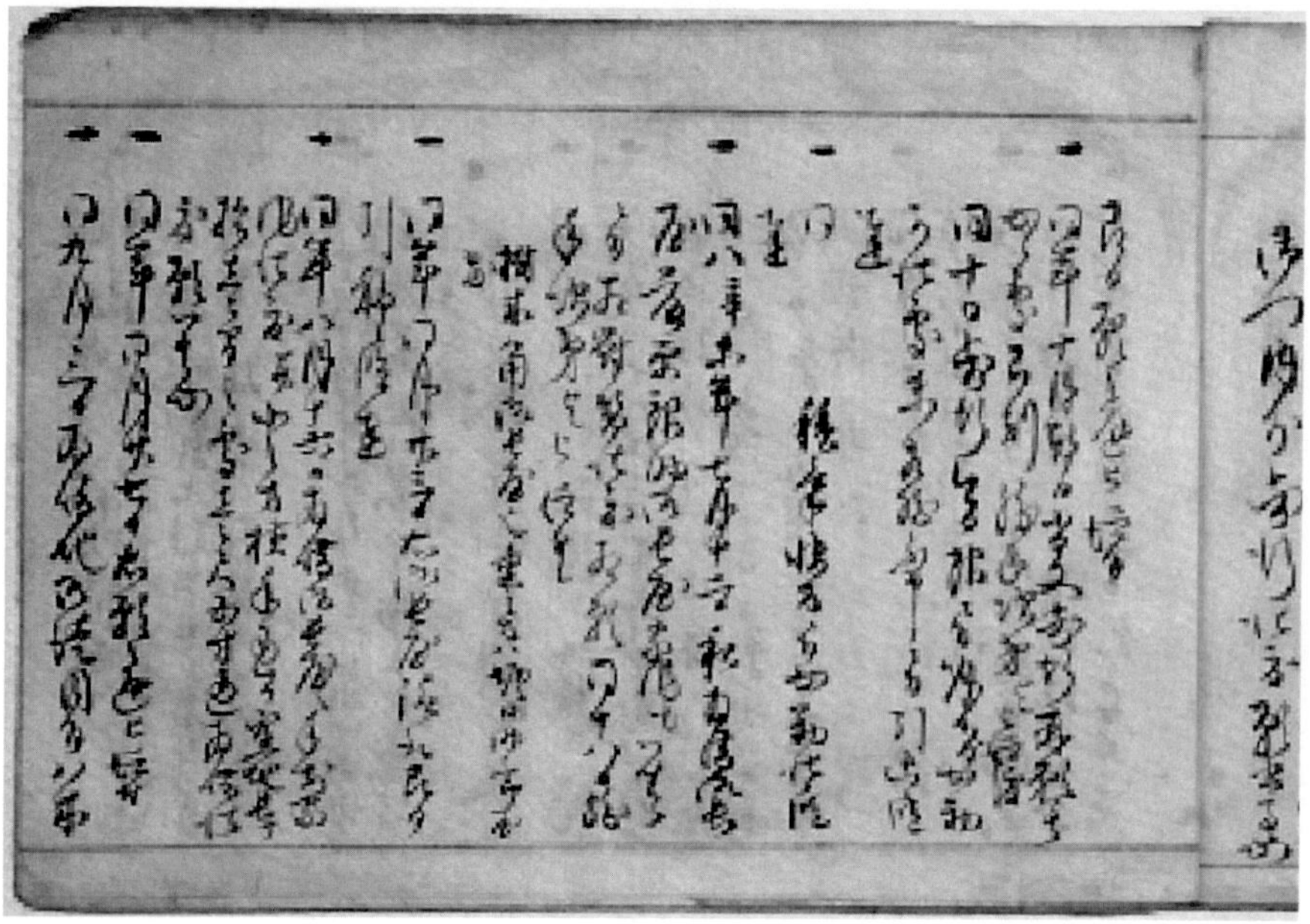

十二頁

即日願の通り仰せ付けられる。

一　同年（文化六年）十月朔日（月の初め、一日）なお、また、歩行の再願いを差出したところ、即刻都合のよいようにと仰せ渡される。

一　同十月十日、歩行は今日限りなので、明日より出勤いたすべきの処、まだ（体調が）整って（揃う(そろう)）いないので休む（引込む）事を届ける。

一　同、積気（癪家）快方しましたので、出勤致しますことを届ける。

一　同（文化）八辛未年（１８１１）七月十二日、私拝借の御長屋・藤平銀助御長屋・御家作もございましたので、長屋の入れ替え（相対‥両者納得）を致したく届出、同日十八日、勝手次第（都合のよいように）と仰せ付けられました、樹木角(かど)の御長屋です。裏の方は、堀口助三郎屋敷です。

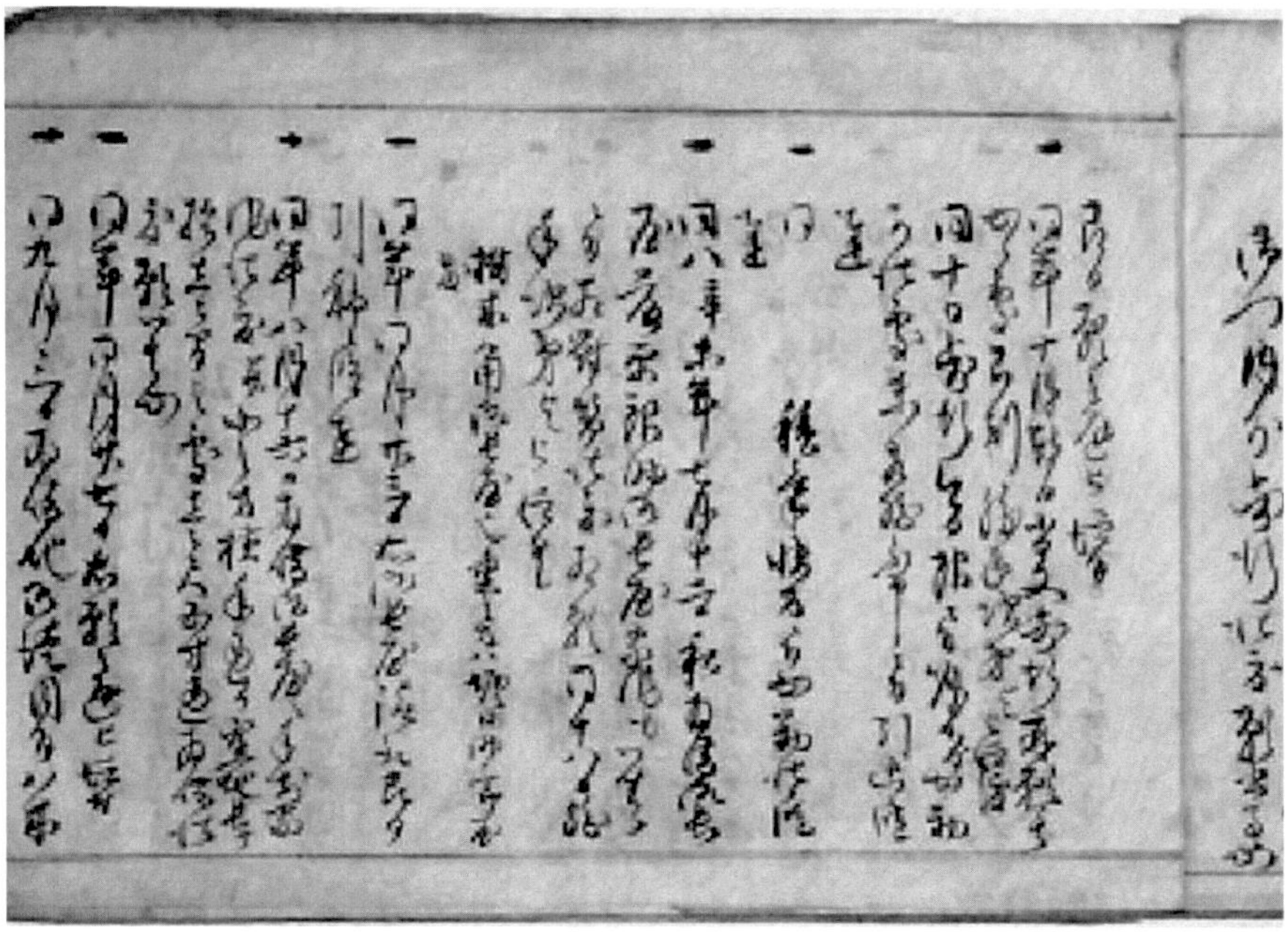

十一頁続き

一　同年（文化六年）、拝借の御長屋へ手前の家作を致したく、並びに、北の方の横手通りの空き地、長さ十一間の所の内、壱尺五寸通り拝借いたしたいので、願を出す。

一　同九月三日、拝借地**御徒歩（おかち）目付（めつけ）**八木

（用語）

「癪（しゃく）」は胸から腹のあたりに激痛が走る症状で、胃痙攣（けいれん）、胃痛、胆石症、急性膵炎をはじめ、心筋梗塞や滲出性肋膜炎（しんしゅつせいろくまくえん）も含まれたと考えられている。

「疝気」は男性特　有の下半身が痛む症状を指し、神経性腸炎、寄生虫症、筋肉痛、睾丸炎、脱腸（ヘルニア）が含まれたとされる。

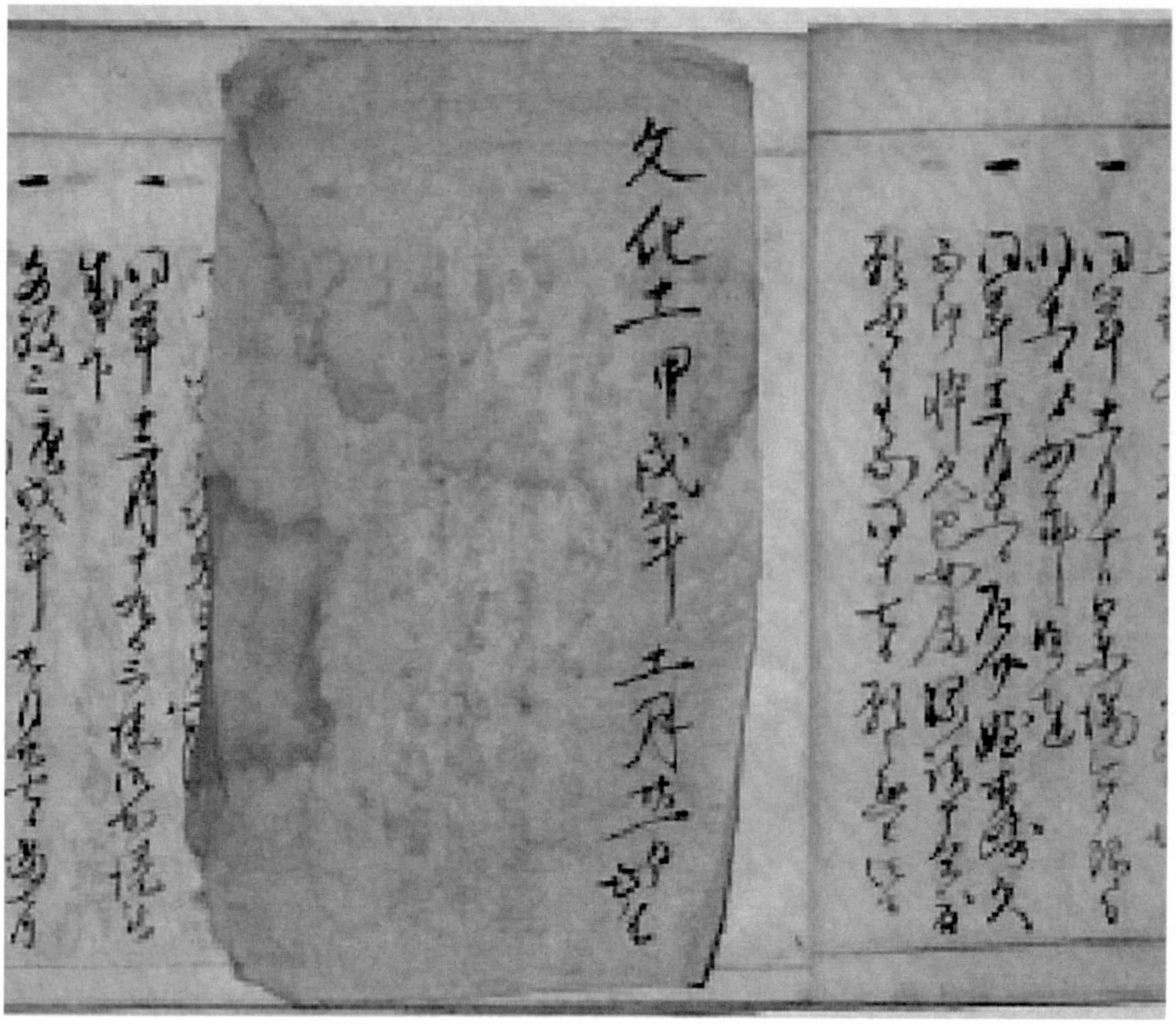

（別紙）

「文化十一甲戌年（１８１４）」
十一月廿一日出生

（風間定常の出生日か？）

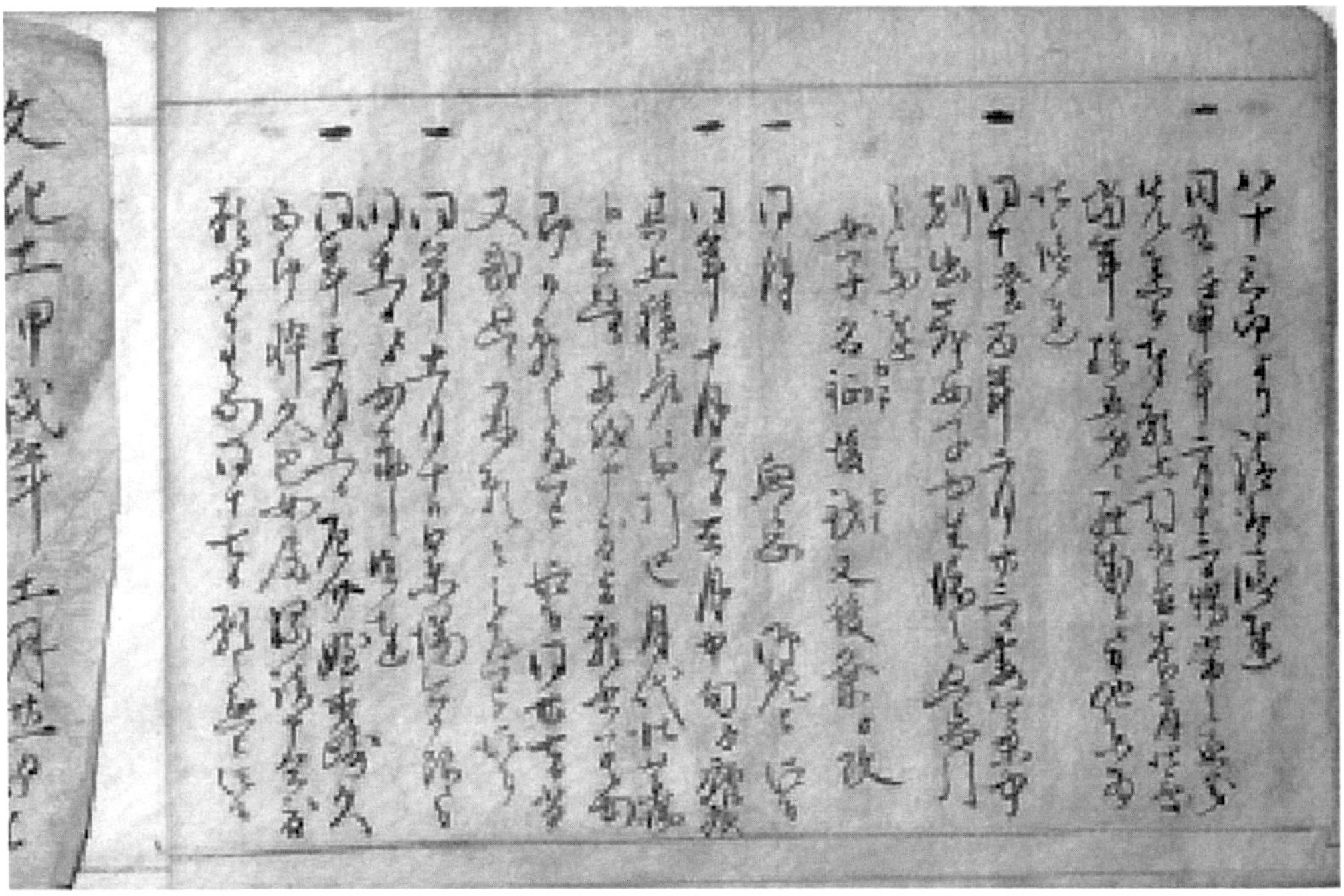

十二頁

八十三郎より請取りましたことを届ける。

一 （（文化六年））同（九）壬申年（１８１２）二月三日、甥・常之丞は、先達て長いあげまして、引き取り置き養育いたしましたところ、当年十五才になりましたので、他へ参らせますことを届ける。

一 同十葵酉（１８１３）二月廿三日、妻・今未中刻（午後二時頃）出産、女子出生、このため忌引を追々とすることを届ける。

女子名　**鉦《か子》（かね）　後、釮《せい》**

又後、粂《くめ》、と改める。

一 同月　血忌《ちいみ》の御免（解除）を仰せつけられる。

一 同年十月七日、去月中旬より瘧疾（ぎゃくしつ；病名でおこり等）、その上に、「積気」で引きこみ、月代《さかやき》をいたし、薬湯へ立ち寄りたいことの願いを差出す。　即日願の通り仰せつけられる。

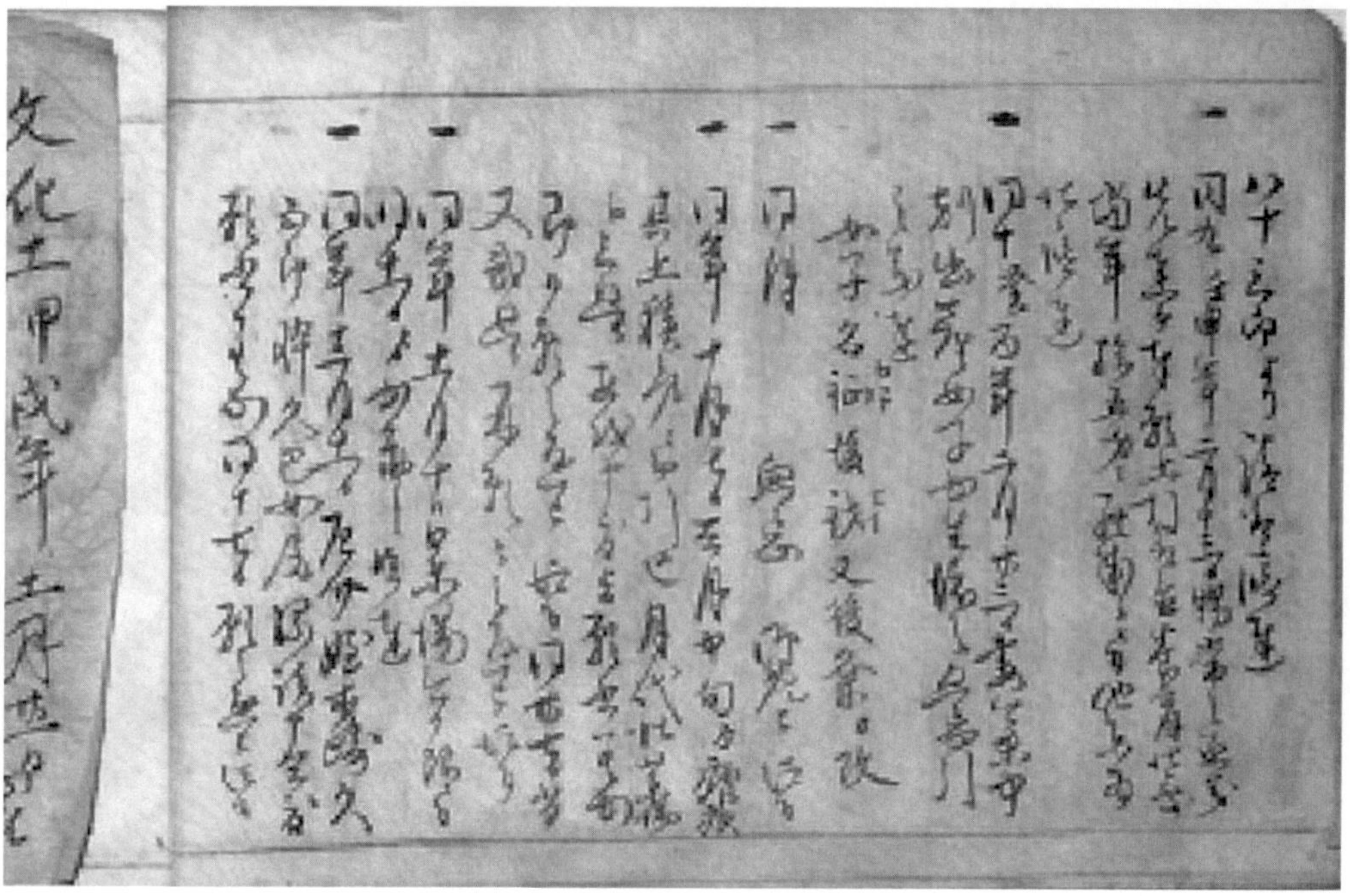

十二頁続き

同廿七日、尚、また弐廻り再願いをした。願書の通り仰せつけられる。

一、同年十一月十日、薬湯は今日限りなので同十一日より出勤のことを届ける

一、同年十二月十一日、扶養の姪松崎久五郎悴と久巴の女房縁談を相談したく願書を差出し、同十七日に願のとおり仰せ付けられる

（コメント）

同十葵酉（１８１３）二月廿三日、妻・今未中刻（午後二時頃）出産、女子出生

女子名　鉦《か子》（かね）

後、釮《せい》　又後、粂《くめ》

は、後に、筆者の祖父・風間卯熊の養母で、現在（２０１５）の風間が続いている。風間久米は曾祖母に当たる。

、明治二十四年四月九日、享年７５歳（７８歳ともある）墓所・福山市妙政寺にある。

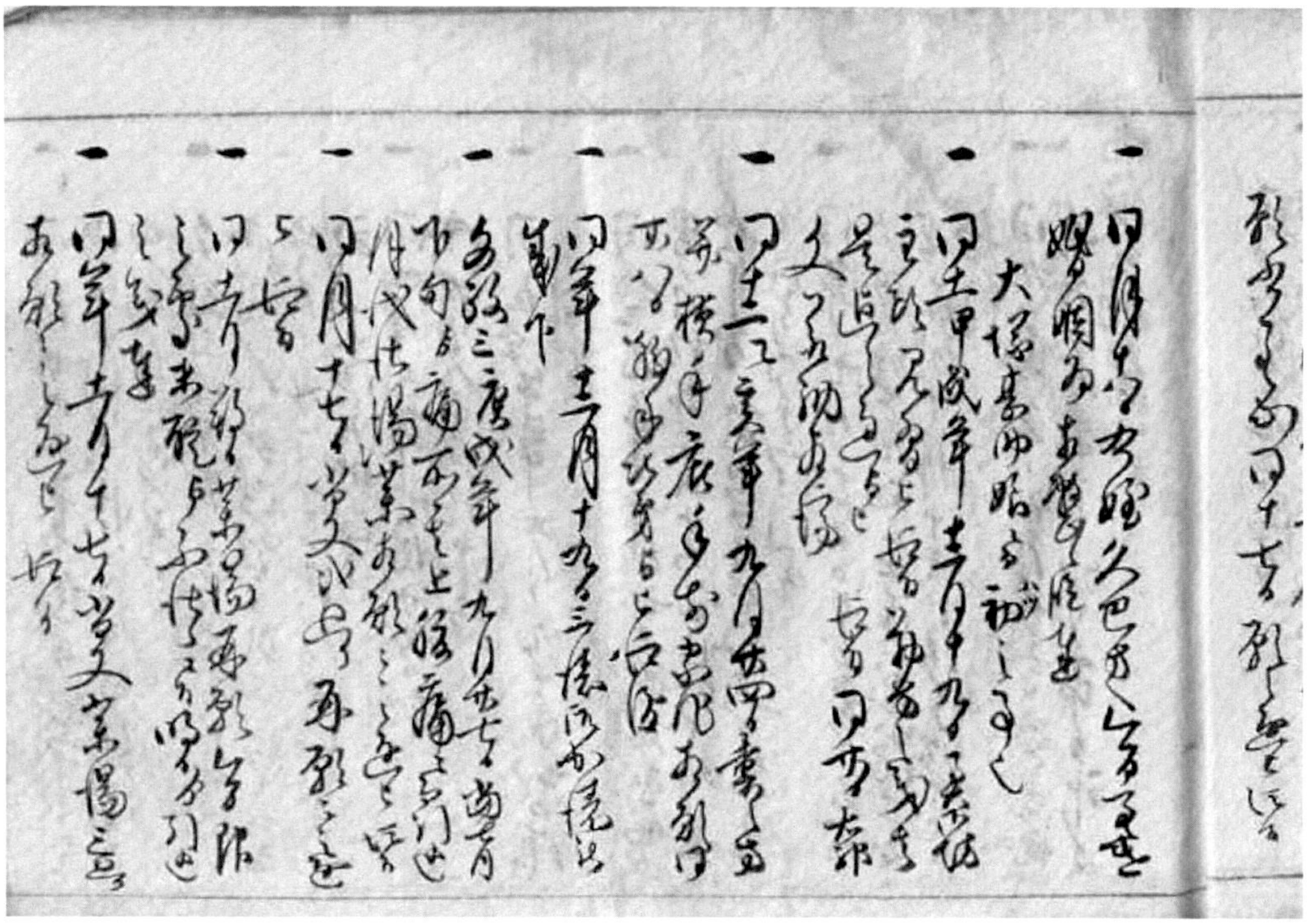

十三頁

一、同月十八日、右姪・久巴方へ今日差し遣わし、婚姻が整いましたことを届ける。**大塚甚助・娘で、初（はつ）のことです。**

一、同（文化）十一甲戌年（１８１４）十二月十九日、**奥坊主見習**を仰せつけられる。勤め方はこれまでの通りと仰せつけられる。同廿日、右神文（誓約書）の御取り納めが終わる。

一、同（文化）十二乙亥年（１８１５）九月廿四日、裏の方並びに、横手の庇（ひさし）の手前の家作を願出、同廿八日に、勝手次第（都合の良いように）と仰せ渡される。

一、同年十二月十九日、三俵御加俵を成し下される。

一、文政三庚戌年（１８２０）九月廿七日、当七月下旬より痛所、更に腹痛にて引き込み、月代《さかやき》（さかやき）を致して、湯薬を願出。願い出の通り仰せつけられる。

一、同年十一月十七日、尚、また薬湯三廻りを願出、願いの通り仰せつけられる。

一　同十一月朔日、薬湯再願今日限りの処、未《いま》だ聢《しか》と（しっかりと）直っていませんので、明日より引込むことを届ける

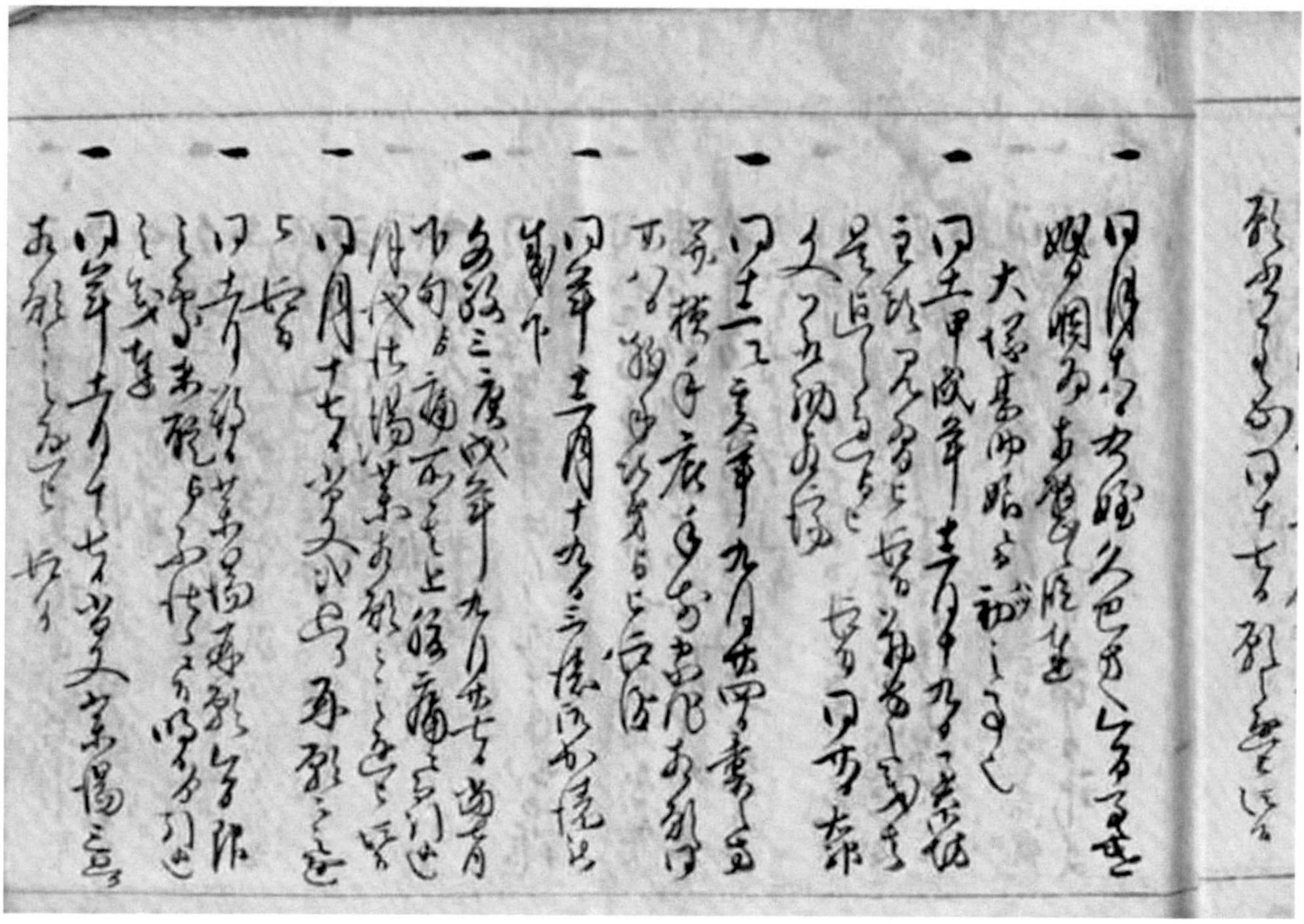

十三頁続き

一　同年十一月十七日、尚《なお》又薬湯三廻りを願出、願の通り仰せ付けられる

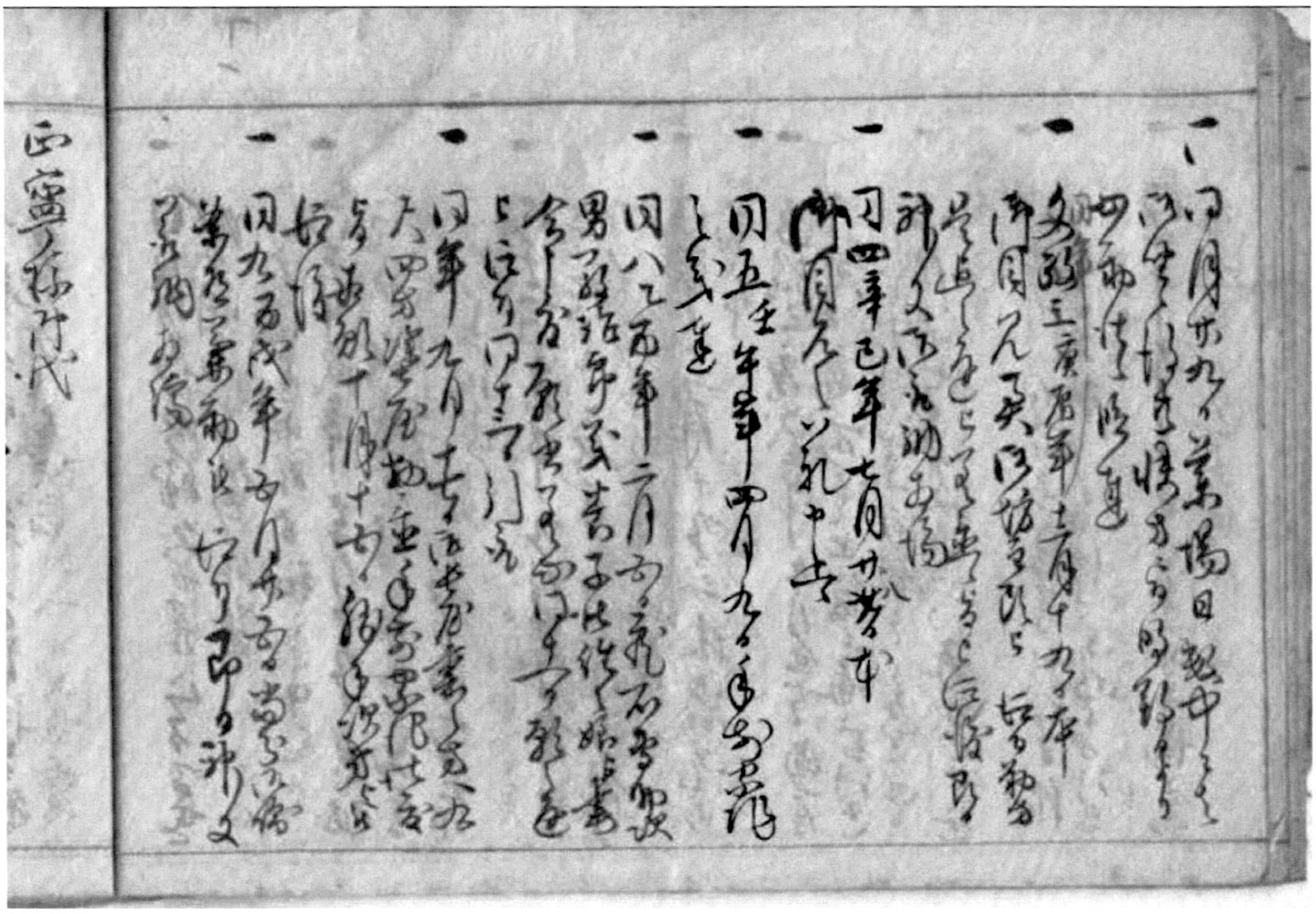

十四頁

一、文政三庚戌年（１８２０）同（十一）月廿九日、薬湯日数中ではございますが、快方しましたので明一日より出勤いたしますことを届ける。

一、同年十二月九日、本御目見奥坊主頭を仰せつけられる。　勤める方法は、これまでの通り置かれましたことが、仰せ渡される。　即日、神文（誓約書）の御取り納めは済ました。

一、同年四月辛巳年（１８２１）四月九日、自分の家の家作のことを届ける

一　同五壬午年（１８２２）四月九日、手前家作の事を届ける

一、同八乙酉年（１８２５）二月五日、蔵石専助の二男・敬治郎の事、養子いたし、行く行く（住く住く）娘と妻合致したく願書を差出し、同十一日、願いの通り仰せつけられる。　同十三日引き取る

一、同年九月十七日、御長屋裏の方へ九尺四方塗屋物置を手前家にしたいことを願出て、十月十五日勝手次第と仰せ渡される。

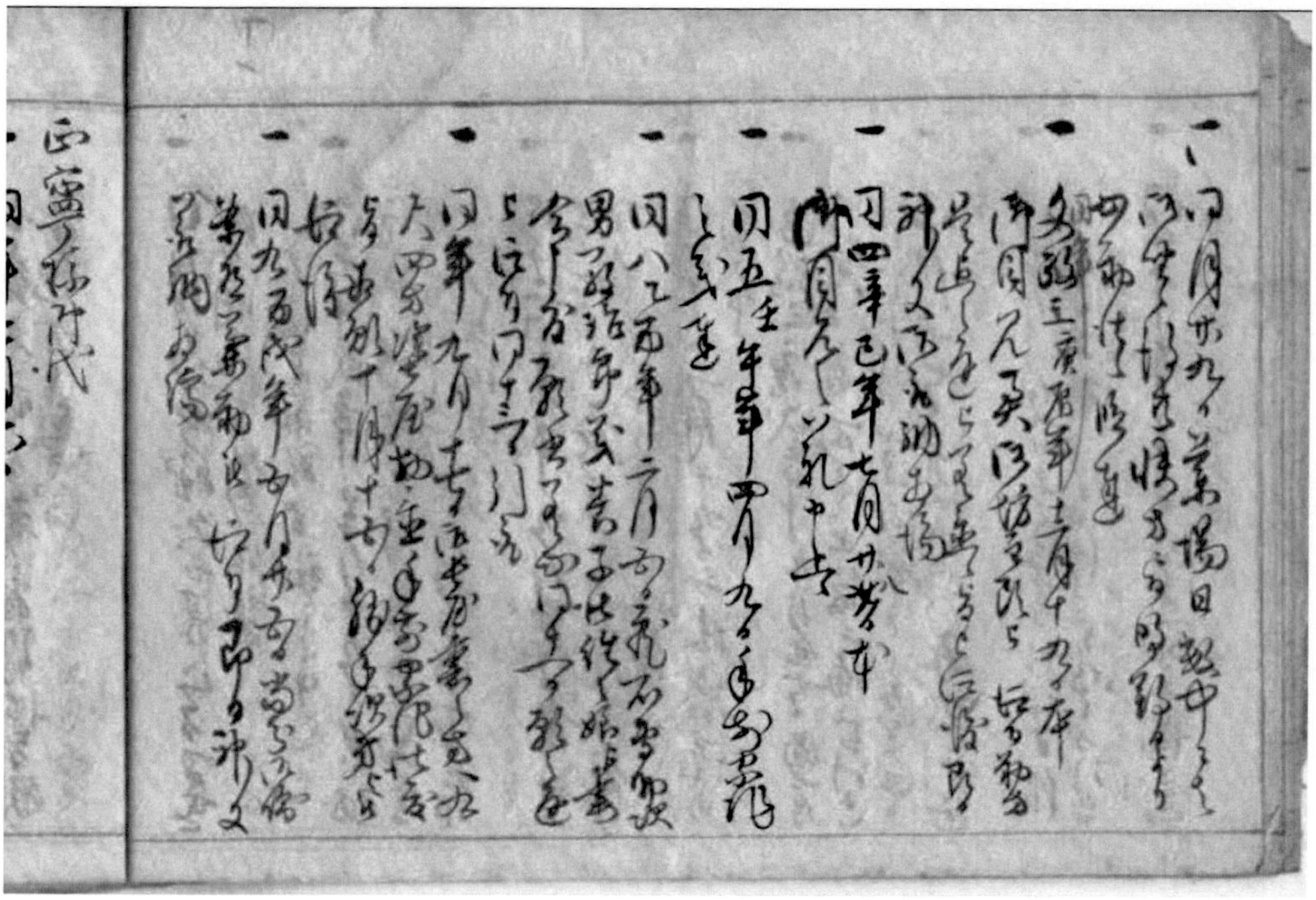

十四頁続き

一、同九丙戌年（１８２６）五月廿五日、当分、御側茶頭兼務を仰せ付けられる。

即日、神文（誓約書）の御取り納めは済ました。

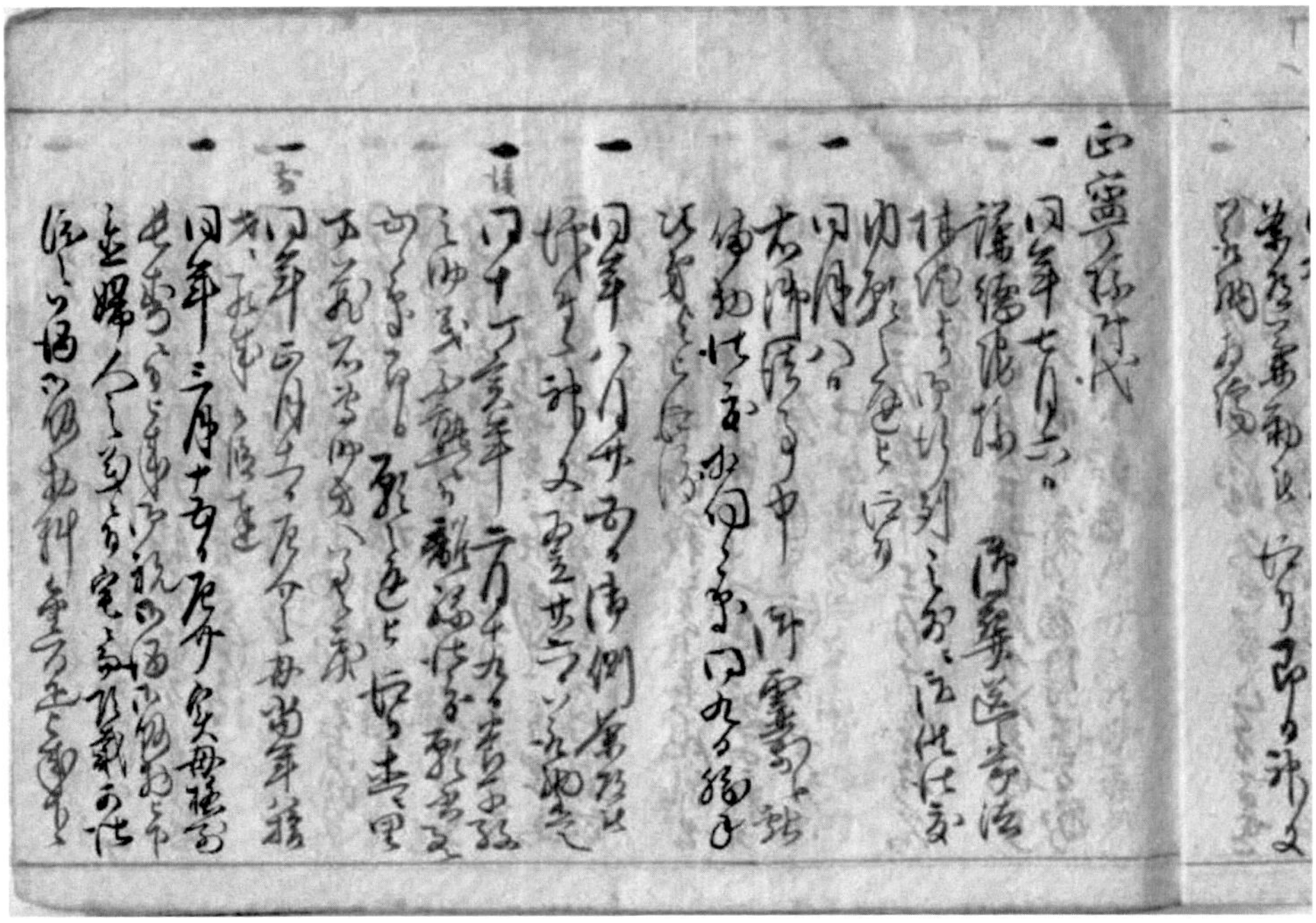

十五頁

正寧（まさやす）様御代

一　同年（**文政九丙戌年（１８２６）**）七月六日、謙徳院様　御葬送の時、法林院より御行列の他にお供いたしたい旨、内願の通り仰せつけられる。

一、同月八日、右御法事中へ献備物（献上の供物。供え物）をお供えしたいとお伺がい致しました処、同九日、勝手次第と仰せられる。

一、同年八月廿五日、**御側茶頭**を仰せ付けられました。　神文は、翌廿六日、御取納がありました。

一、同（文政）十丁亥年（１８２７）二月十九日、**養子・敬之助**は、不熟なので、離縁致したく願書を出したところ、即日願の通り仰せつけられる。　直ちに里方・蔵石専助方へ差し戻す。

一、**同（文政十）年正月十一日、扶養（厄介）中の母・当年八十歳になりましたことを届ける。**

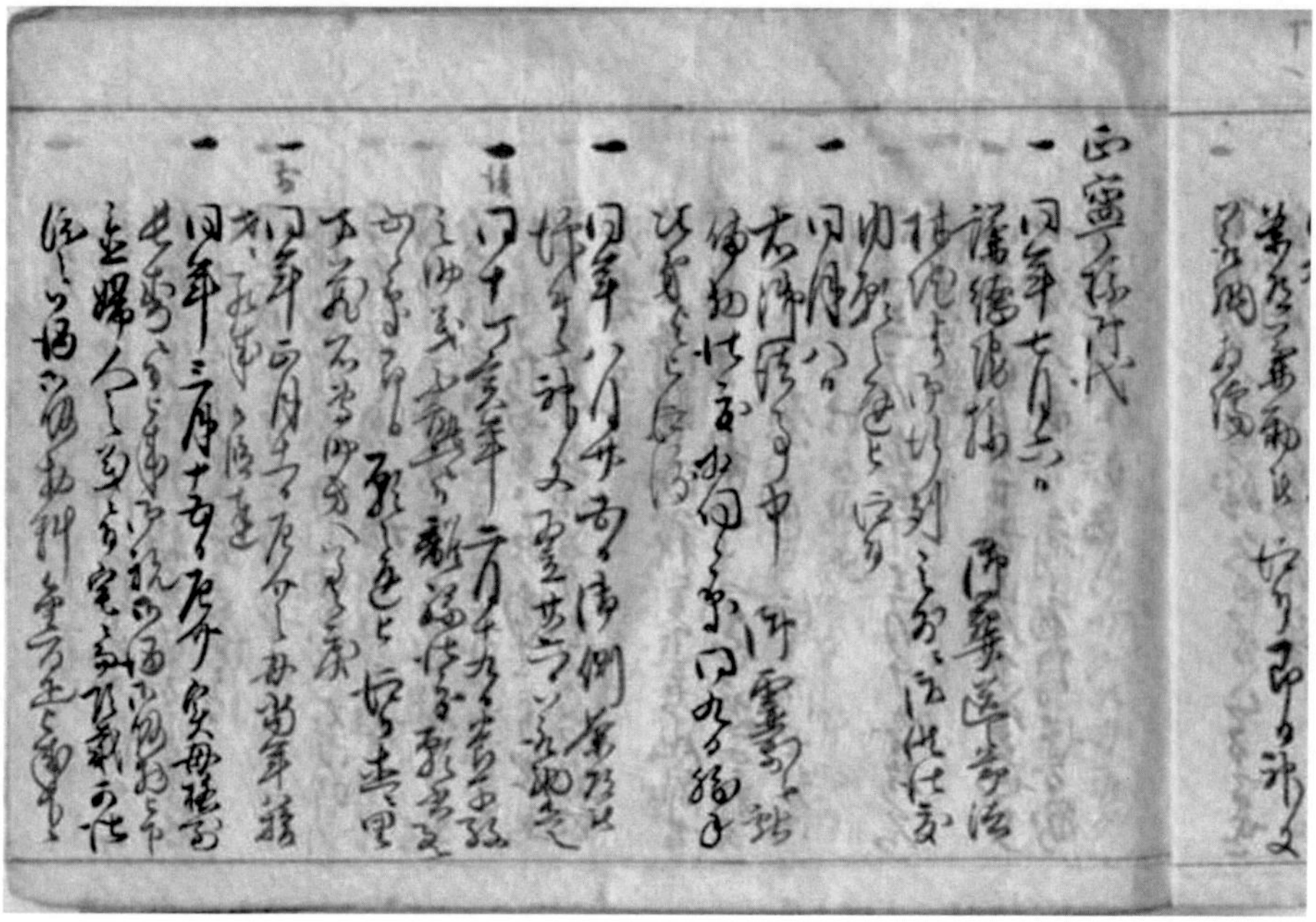

十五頁続き

一、同(文政十)年三月十五日、扶養家族の実母は、格別長寿なので、お祝を成される御酒、御吸物を下され置き、婦人の事なので、自宅にて頂戴すべきで、これによって御酒・御吸物料の金百疋を御くだしになりました。

(説明)

謙徳院様とは、備後福山藩・第5代藩主・阿部正精（あべ・まさきよ）公の戒名(院号)。謙徳院満譽清高良節と諡し、江戸浅草西福寺（法林院に葬られた。）享年53歳。西福寺は浄土宗江戸4ヶ寺の一つで、徳川家康の側室 於竹の方の菩提寺でもある歴史ある塔頭六か院ある寺院。

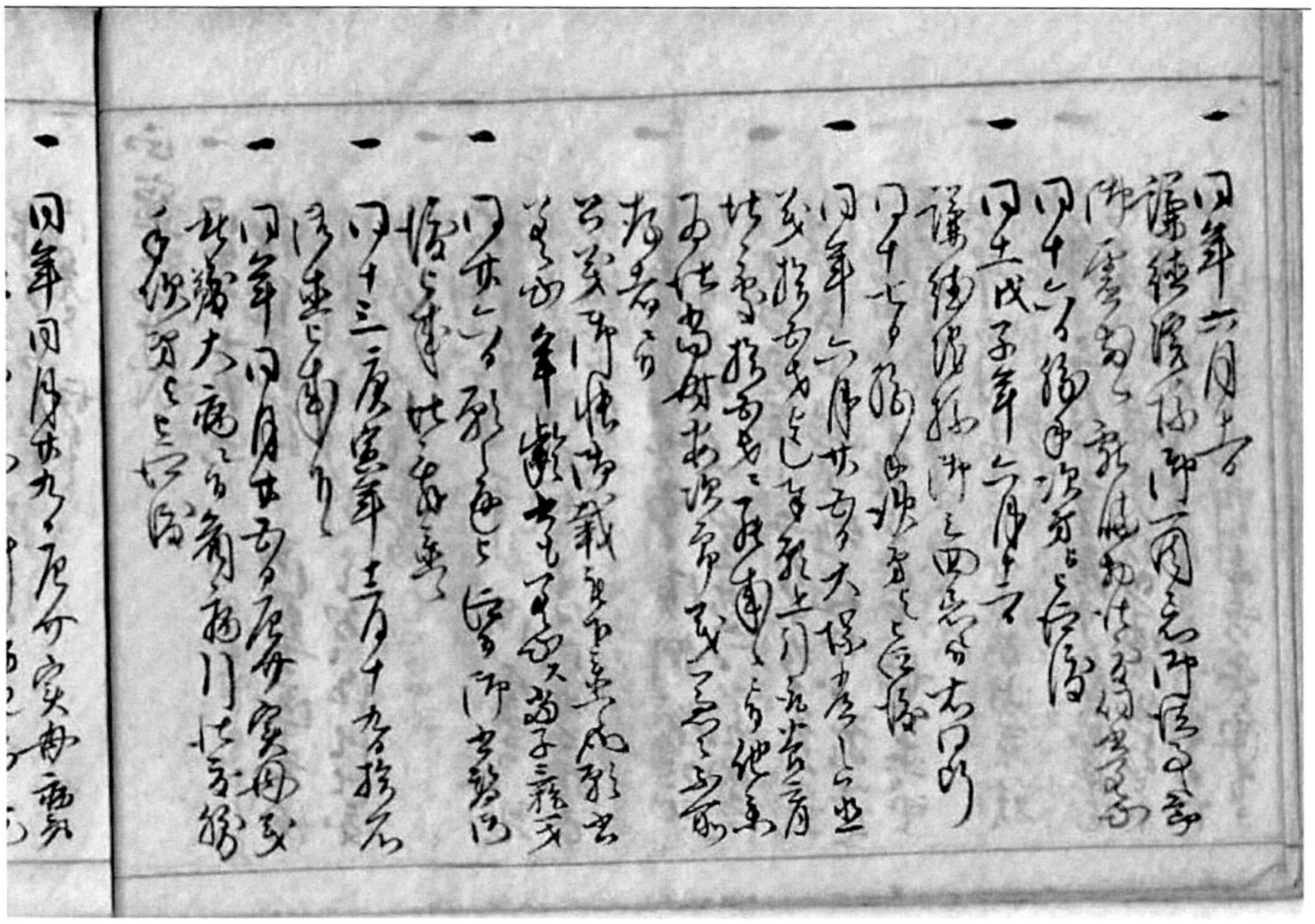

十六頁

一、　同（文政十）年六月十一日、謙徳院様御一周忌御法事の節、御霊前へ献備物致したい伺書を差出す。同十六日、勝手次第と仰せ渡せられる。

一、同（文政）十一戊子年（１８２８）六月十二日、謙徳院様御三回忌につて右の通り（同断）同十七日、勝手次第と仰せられる。

一、同年六月廿五日、大塚常之丞は、十五歳まで願い上げまして、引き取り養育致してきました処、十五歳になりましたので、他へ参らせられ、当時　安次郎は、兼々（かねがね）不所存（不心得、思慮が足りない）なので、公義の御帳に下しおかれますように、願書を提出し、年齢書も差出す。　当子（文政十一年子年）三拾一歳

一、同廿六日、願いの通り仰せつけられる。　御書替えを、御渡しなられ置きました。

一、同（文政）十三庚寅年（１８３０）十二月十九日、拾石の御直しが成し下されました。

一、同年同月廿五日、厄介（扶養）の実母は、この節大病でしたので、看病引き（看病のため引き込む、休職）いたしたく、勝手次第と仰せ渡される。

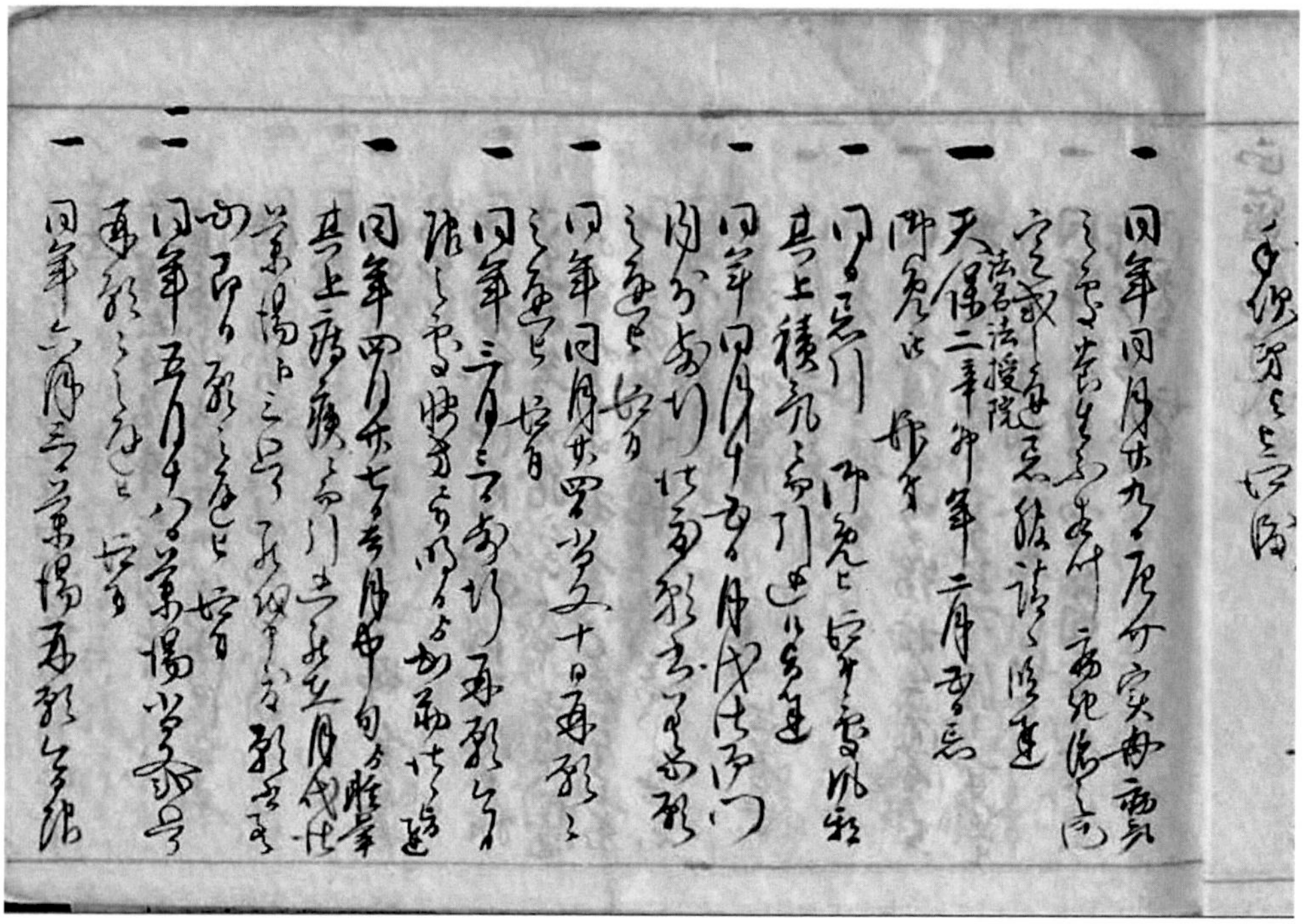

十七頁

一、　同年同月廿九日、扶養中の実母は病気の処、養生(病気の手当て)がかなわずに病死した。これにより、御定式(就業規則)の通り、忌服を取ることを届ける。(忌引きの手続きをとどけた。)

法名は、法授院

一、**天保二**辛卯年(1831)二月五日、忌の御免(解除)が仰せつけられる。

一、同日、忌引き御免が仰せ付けられました処、風邪その上、積気にて、引き込みましたことを届ける。

一、　同年同月十五日、月代(さかやき)を致して御門内外の歩行を致したく願書を差出す。　願の通り仰せつけられる。

一、　同年同月廿四日、尚また、十日に再願、願通り仰せつけられる。

一、同年三月三日、歩行の再願は、今日限りの処、快方しましたので明日より出勤いたしますことを届ける。

一、同年四月廿七日、去月中旬より腫痒(しゅよう、痒い《かゆい》はれもの)その上痔疾(じしつ)(痔の疾患)のために引込んでおります、月代をいたして薬湯へ三廻り参り申したく願書を差出す、即日願の通り仰付けられる

一　同年五月十八日、薬湯尚又弐廻り再願、願の通り仰付けれる

一　同年六月三日、薬湯の再願今日限り

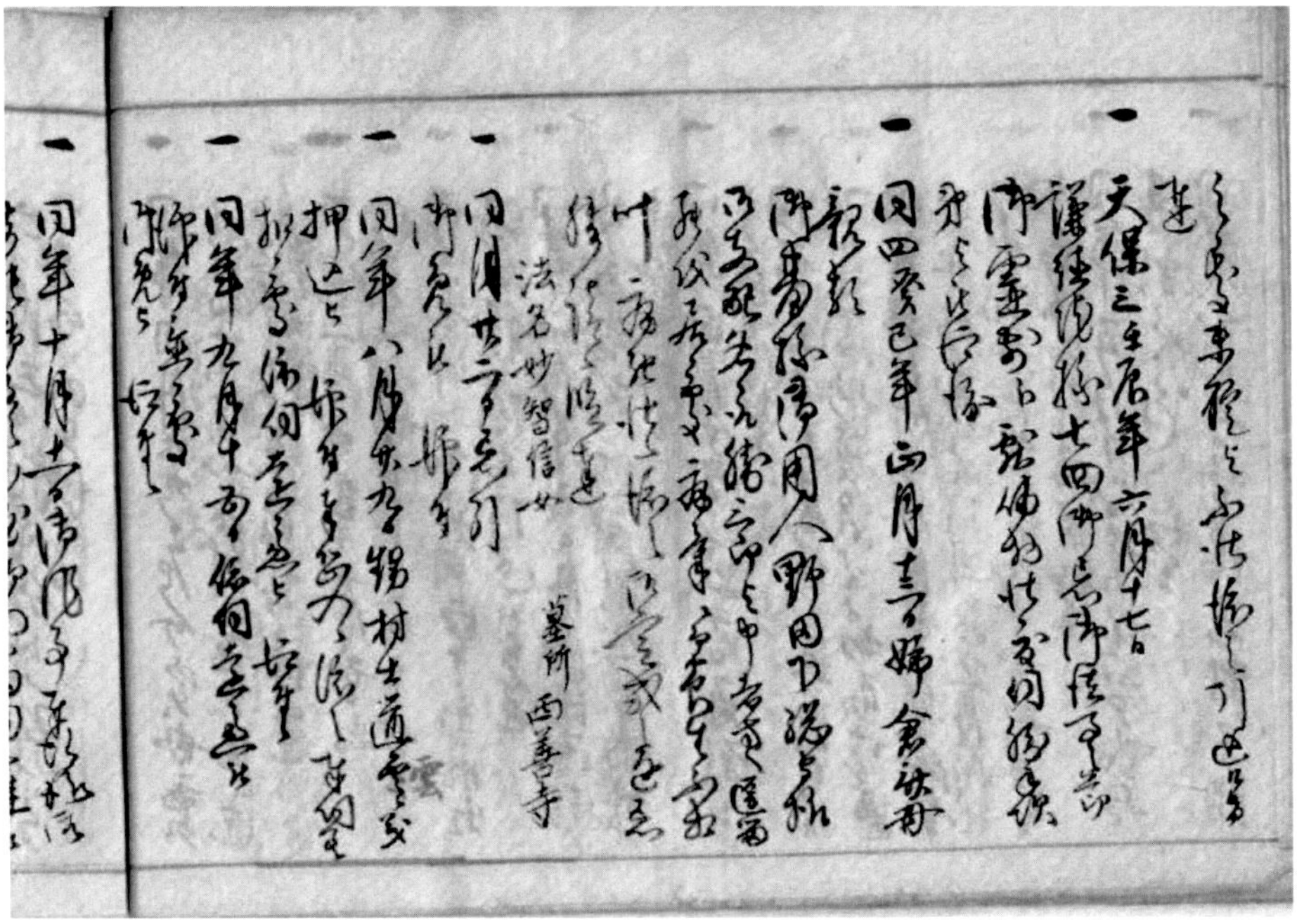

十八頁

の処、未《いま》だ碇《しかと》（しっかりと）となおっていない。　これによって引き込んでおりますことを届ける。

一、天保三壬申年（１８３２）六月十七日、**謙徳院様、七回御忌御法事の節**、御霊前への献備物を致したく伺う。
勝手次第と仰せ渡される。

一、同(天保)四癸巳年（１８３３）正月十三日、姉・倉竹〇母の親類・**御台様(殿様の奥方)の御用心・野田下総守様御支配・名取勝三郎**と申す方へ逗留《とうりゅう》(滞在)においでなさいました処、病気の養生(病気の手当て)がかなわず、病死いたしました。　これにより、御定式の通り、忌服を取りますので届ける。

　法名　妙智信女　　墓所　西善寺

一、四月廿二日忌引の御免(許可)が仰せつけられる。

一、同年八月廿九日、**甥《おい》・村士（すぐり）道雲**は、押込を仰せ付けられ恐れ入っております。
　これにより、御伺いするのを差控えてお

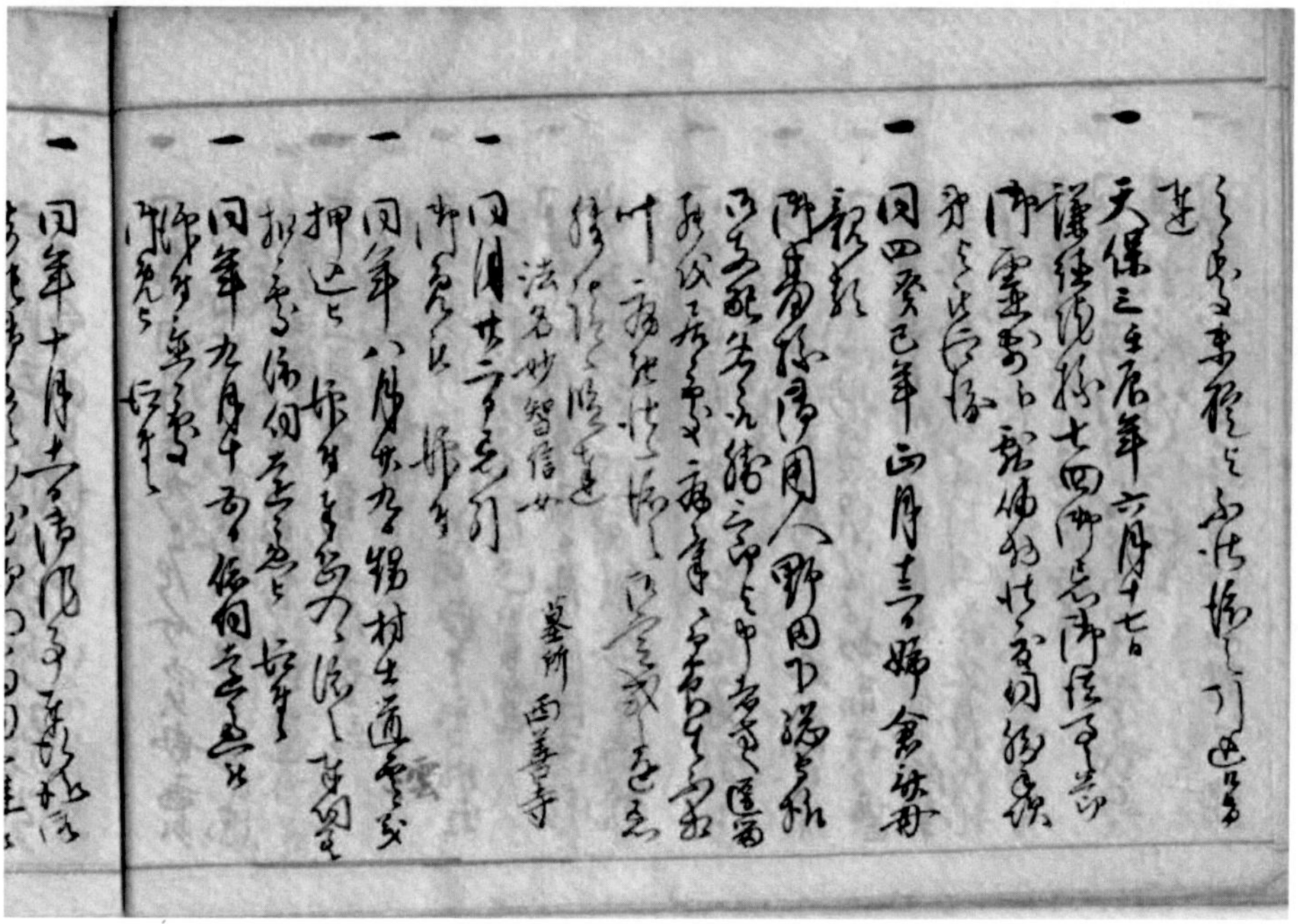

十八頁続き

りました処、伺いにより遠慮するように仰せ付けられました。

一、同年九月十五日、伺いにより遠慮を仰せつけられ置きました処、御免（お許し、解除）を仰せつけられる。

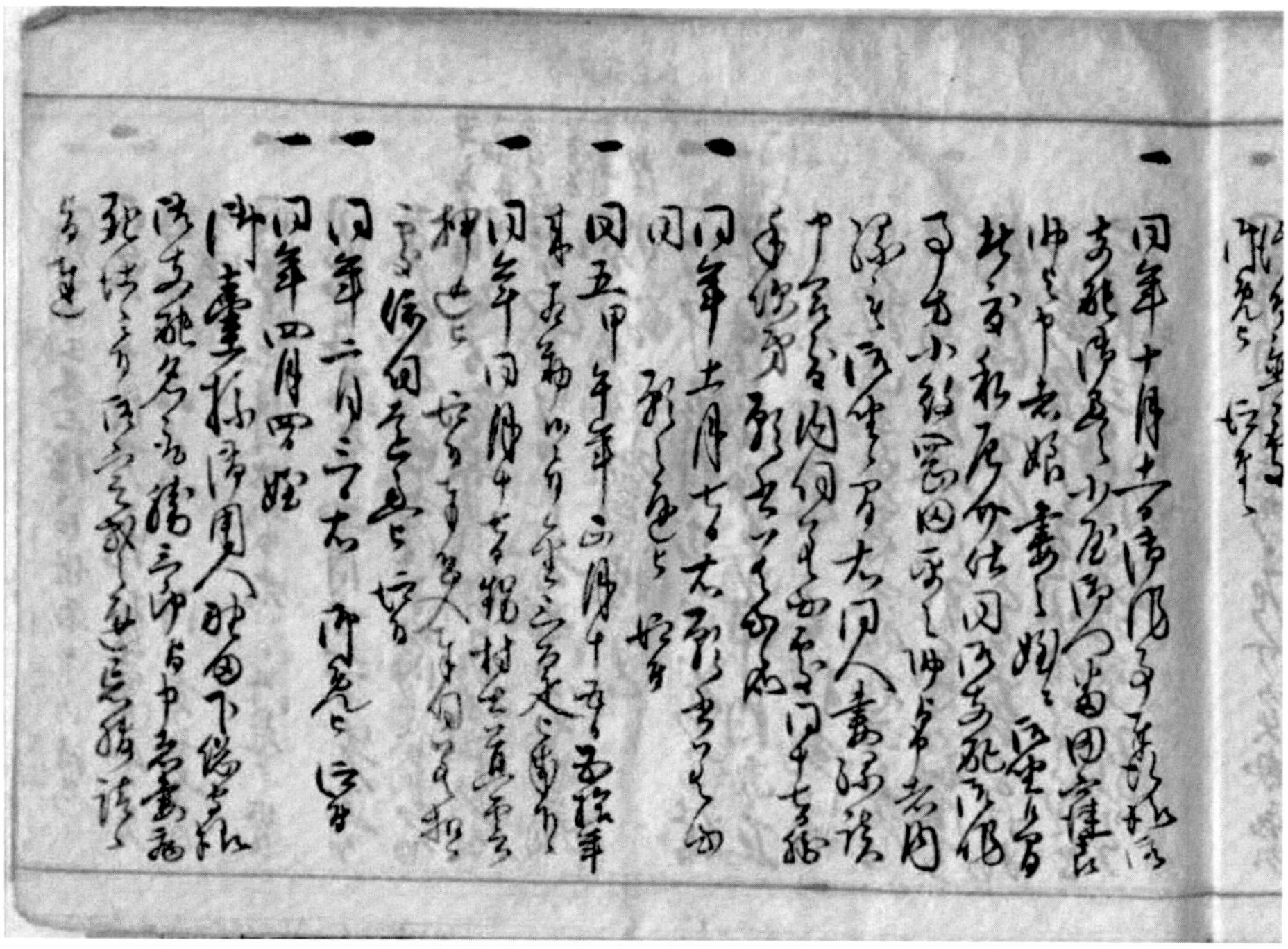

十九頁

一　同年十月十一日、**御作事奉行**様（表向きの造営修繕を担当する奉行）御支配の、御畳小屋御門番・**田窪郎助**と申すものが、娘妻の甥《おい》に、御望みになっているので、このたびの私の厄介（扶養）にいたし、同御支配御作事方小役・岡田平之助と申す者の内縁になられましたので右同人・妻の縁談を申し合わせたく内伺い（事前の御相談）を出しました処、同十七日に願書を差出します様に（と仰せつけられる。）

一　同年十一月七日、右願書を差し出す。同願いのとおり、仰せつけられる。

一　**同（天保）五甲午年（１８３４）**
　正月十五日、五十年来勤めてきましたので金・三百疋を成し下されました。

一、同年同月十七日、**甥《おい》・村士（すぐり）道雲**は、押込を仰せ付けられ恐れ入っております。これにより、御伺いするのを差控えておりました処、伺いにより御伺いの遠慮が仰せ付けられました

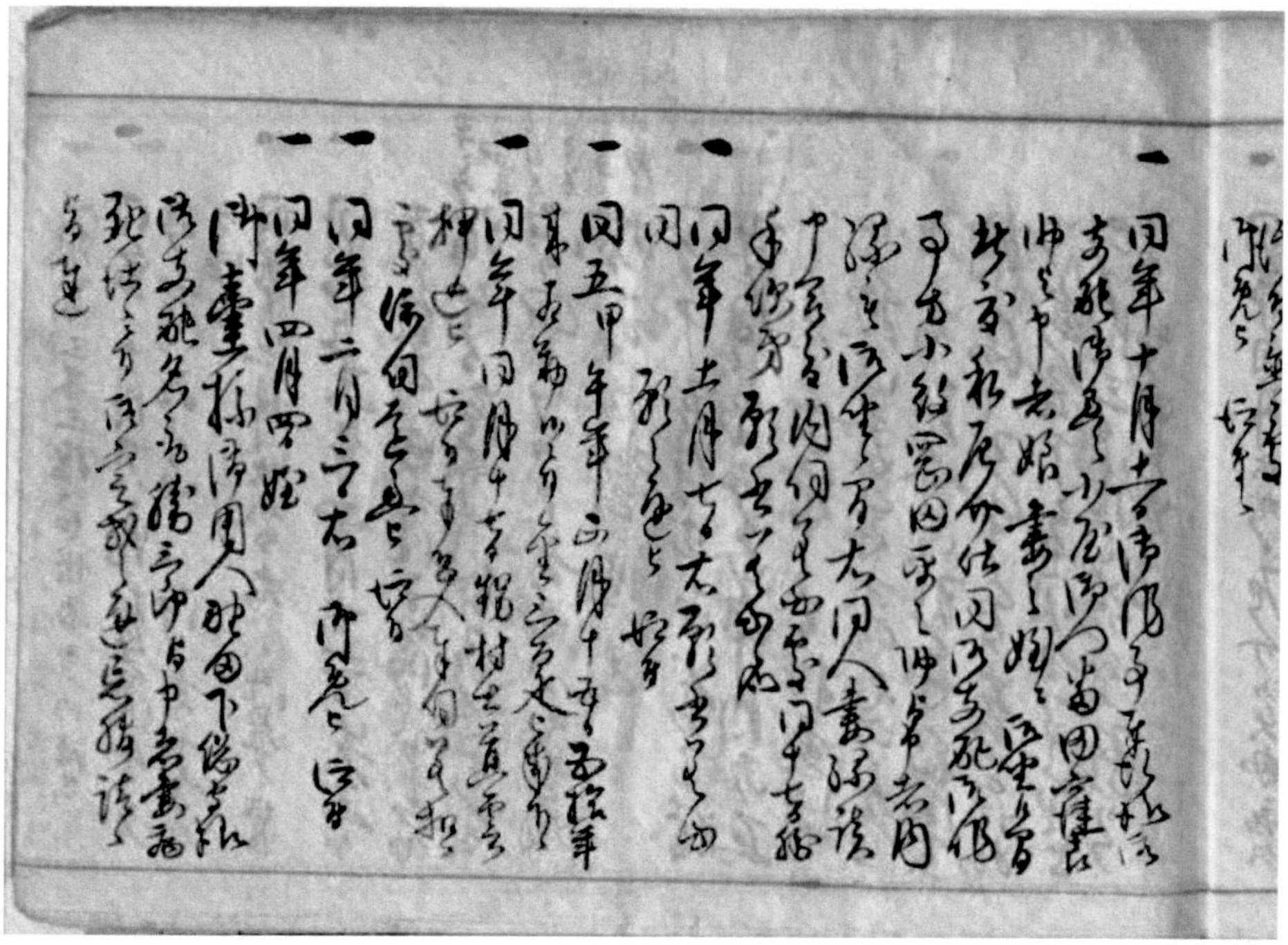

十九頁続く

一　同年二月三日、右の御免(解除) が仰せつけられる。

一、同年四月四日、姪《めい》の御台様御用人・野田下総守様御支配・名取勝三郎と申すものの妻が、病死いたしましたので、お定式の通り忌服を取ります旨届ける。

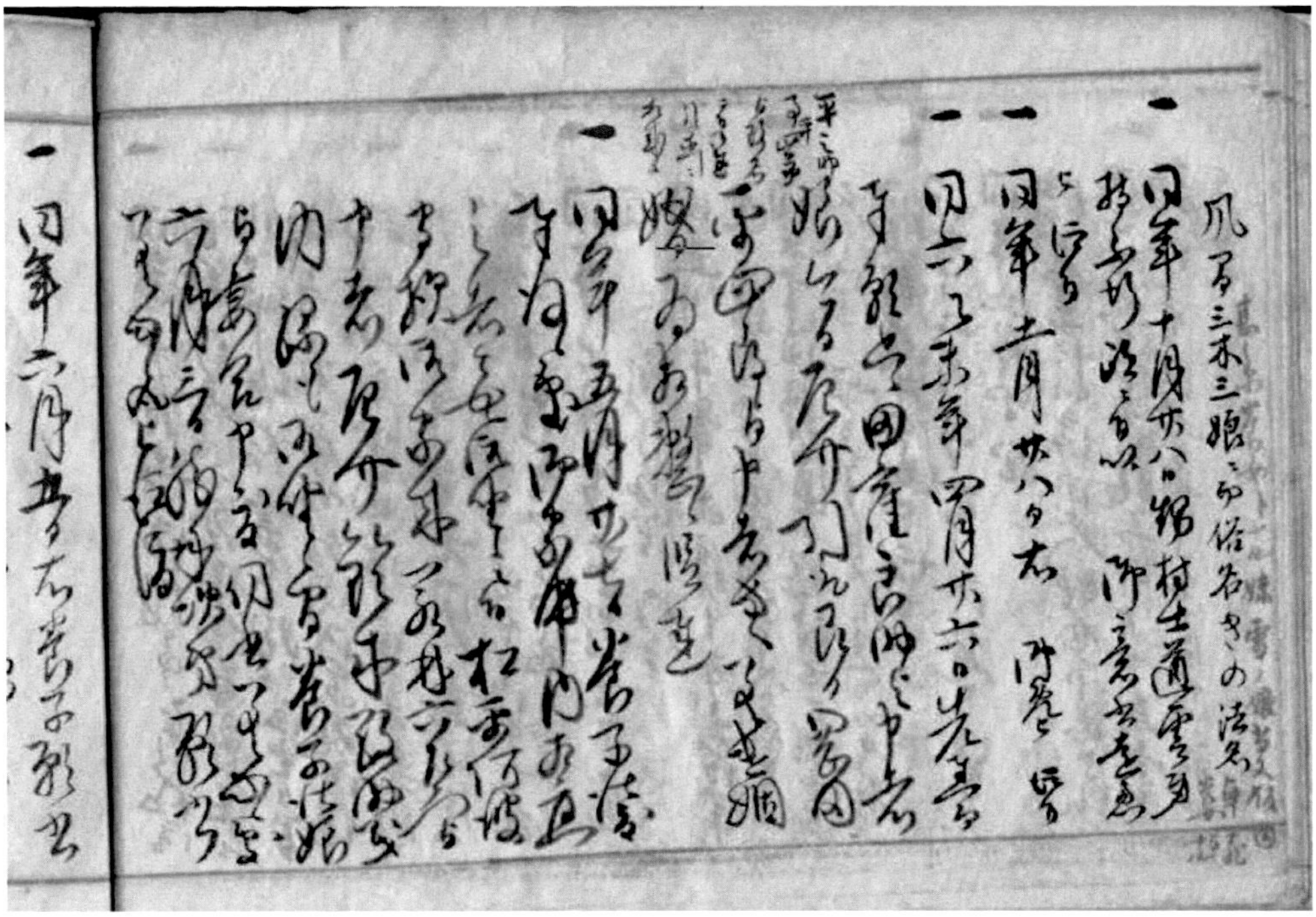

二十頁

（朱記）甚之丞の養女となる**姉・雪（ゆき）**の娘、
尚また、飯田卓蔵養女となる。

一、風間三木三の娘にて、俗名きの法名□□□

一、同（天保）年十月廿八日、**甥・村士（すぐり）道雲**は、身持ちが不行跡であるので、御意見書により遠慮（お役などの）が仰せつけられる。

一、同（天保）年十一月廿八日、右御免仰せつけられる。

一、同（天保）六乙未年（１８３５）四月廿六日、先達《せんだって》て願い上げました、**田窪平四郎**と申すものの娘、今日厄介（当家扶養者として）引き取り、即日、**岡田平四郎**と申す者方へ差し遣わし、婚姻が整いましたことを届ける。

（欄外上部の挿入文）　平之助は、平四郎と改名について、御届が引きなおしになりました。

一、同（天保）年五月廿七日、養子いたしたく伺いいたしました処、ご家中内に相当の者はございませんので、**松平阿波守様**、**御家来の若林六左衛門**と申す者の厄介（家族）・**鈴木啓助**は、内縁（縁もありましたので）もございましたので**養子**と

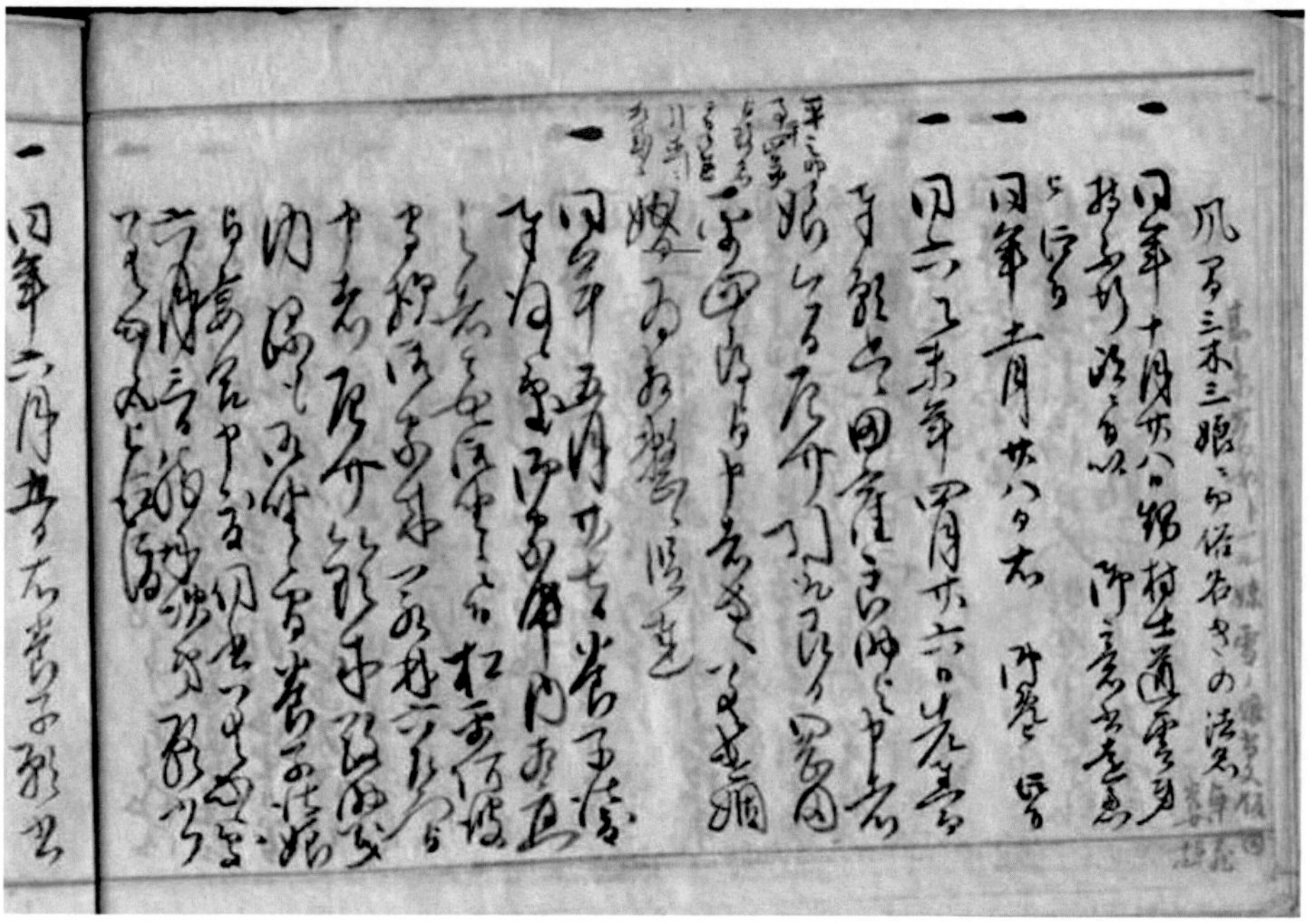

二十頁続き

致し、**娘（久米）と妻合申したい**と伺書を差出しました処、六月三日、勝手次第（了承するので）の願書差出し出してくださいと仰せ渡される

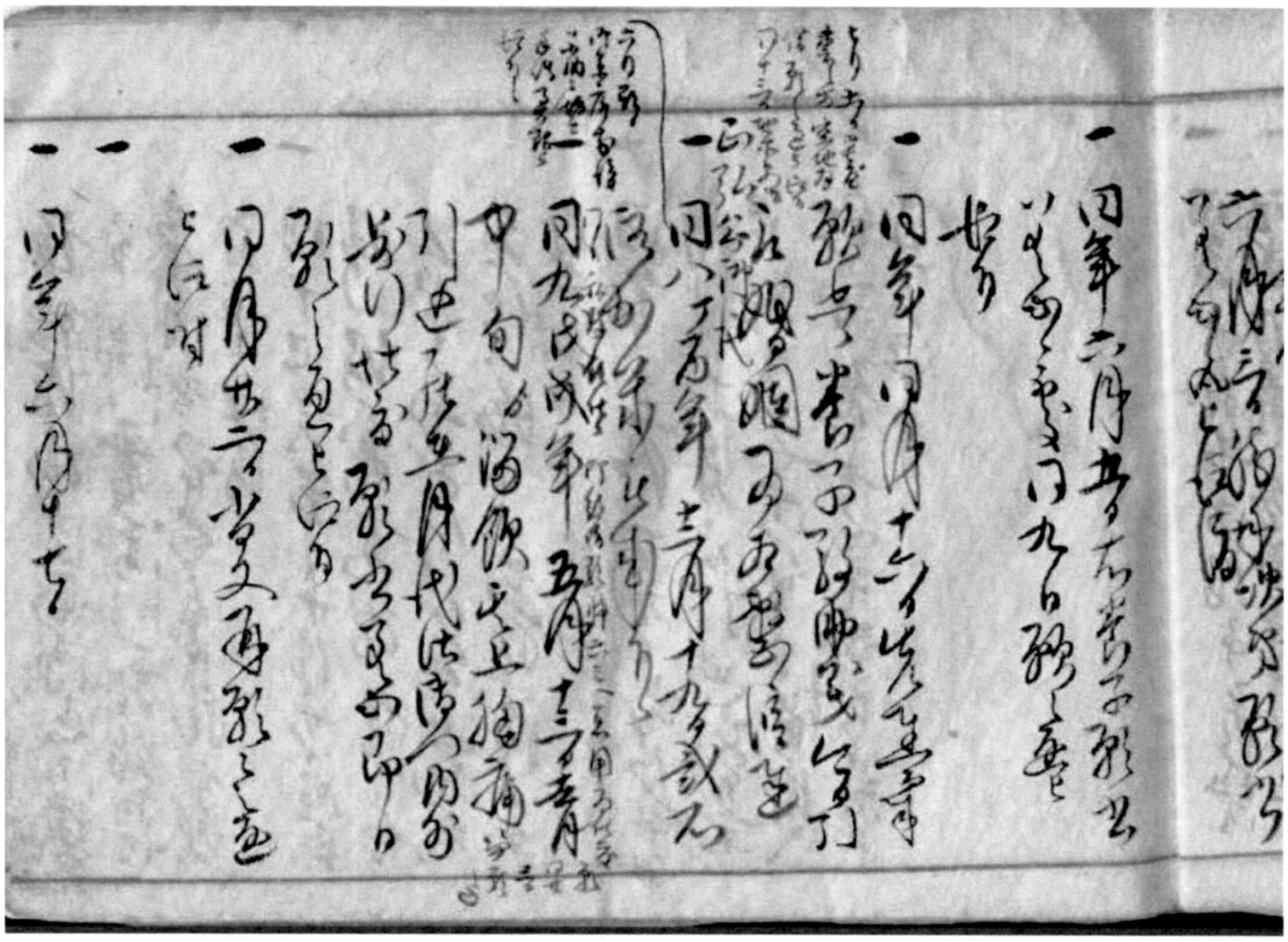

二十一頁

一、　同(天保)年六月五日、右養子・敬助(後の、風間六三定常)の願書を差出しました処、同九日願の通り仰付けられる

一　同年同月十六日、先達(せんだつ)て願上げいたしました養子敬助の事、今日引取り婚姻が整いましたことを届ける。

(欄外上部右の挿入文)
七月十一日、御長屋の裏の方空地拝借願の通り仰せつけられる。同十三日、地所を受け取りました。

正弘公御代

一、同(天保)八丁酉年(1837)十二月十九日、二石御加米が成し下されました。

(欄外上部左の挿入文)
六月一日、御参廟前後に、御小納戸坊主手伝奥改めをおおせつけられました。

(行間追記)同日、私□付け候、御□□類、倅・六三へ□いたさせたく願出同廿三日、願い出の通り(仰せつけられる)

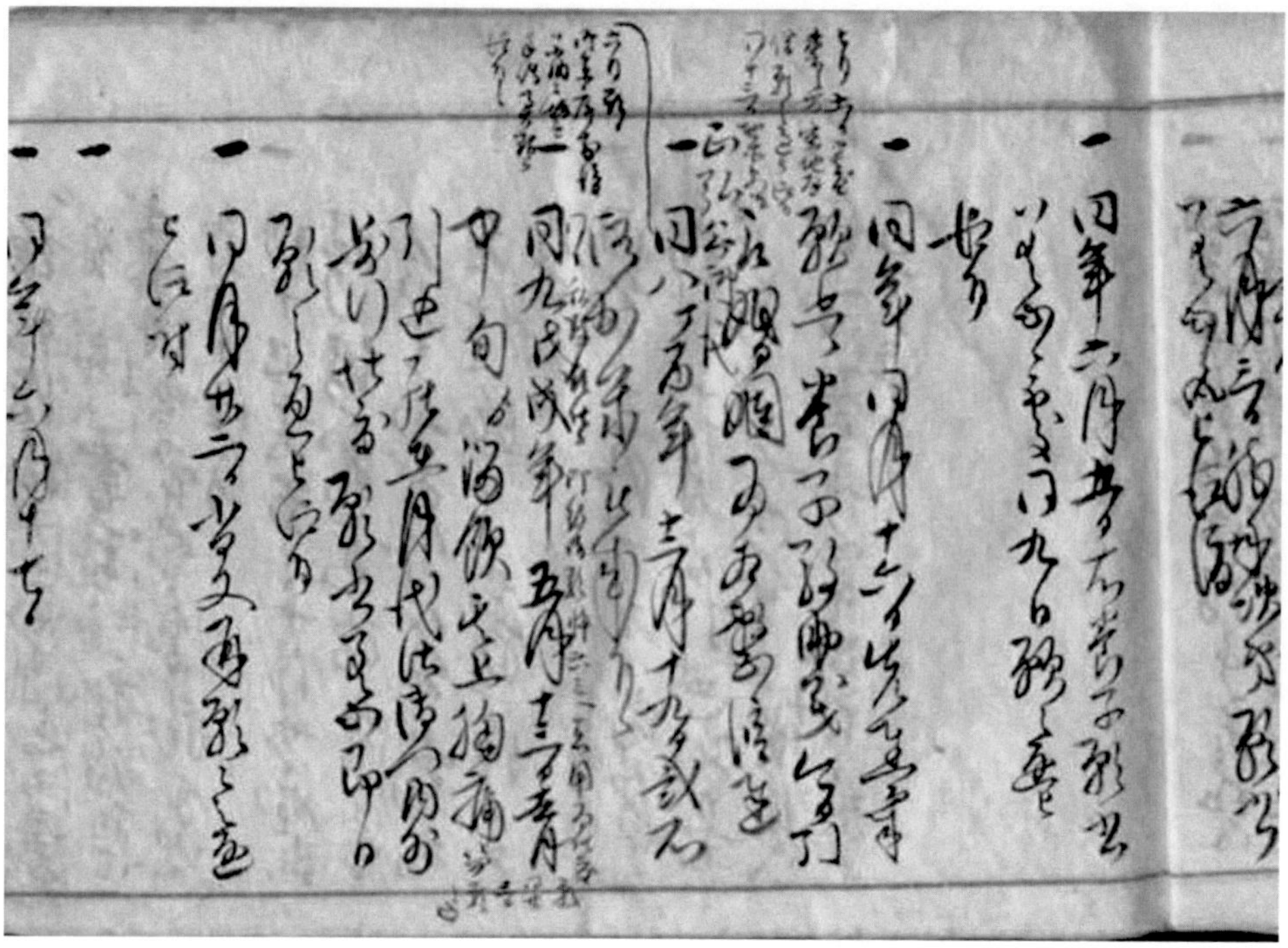

二十一頁続き

一、同九戊戌年（１８３８）五月十三日、去月中旬より溜飲、その上胸痛にて引き込んで居り、月代(さかやき)（さかやき）をいたして、御門(続き)内外歩行致したく願書を差し出す。　即日願いの通り仰せつけられる。

一、同月廿二日、尚また再願いたし、願いの通り仰せつけられる。

一、

一、同年六月十七日

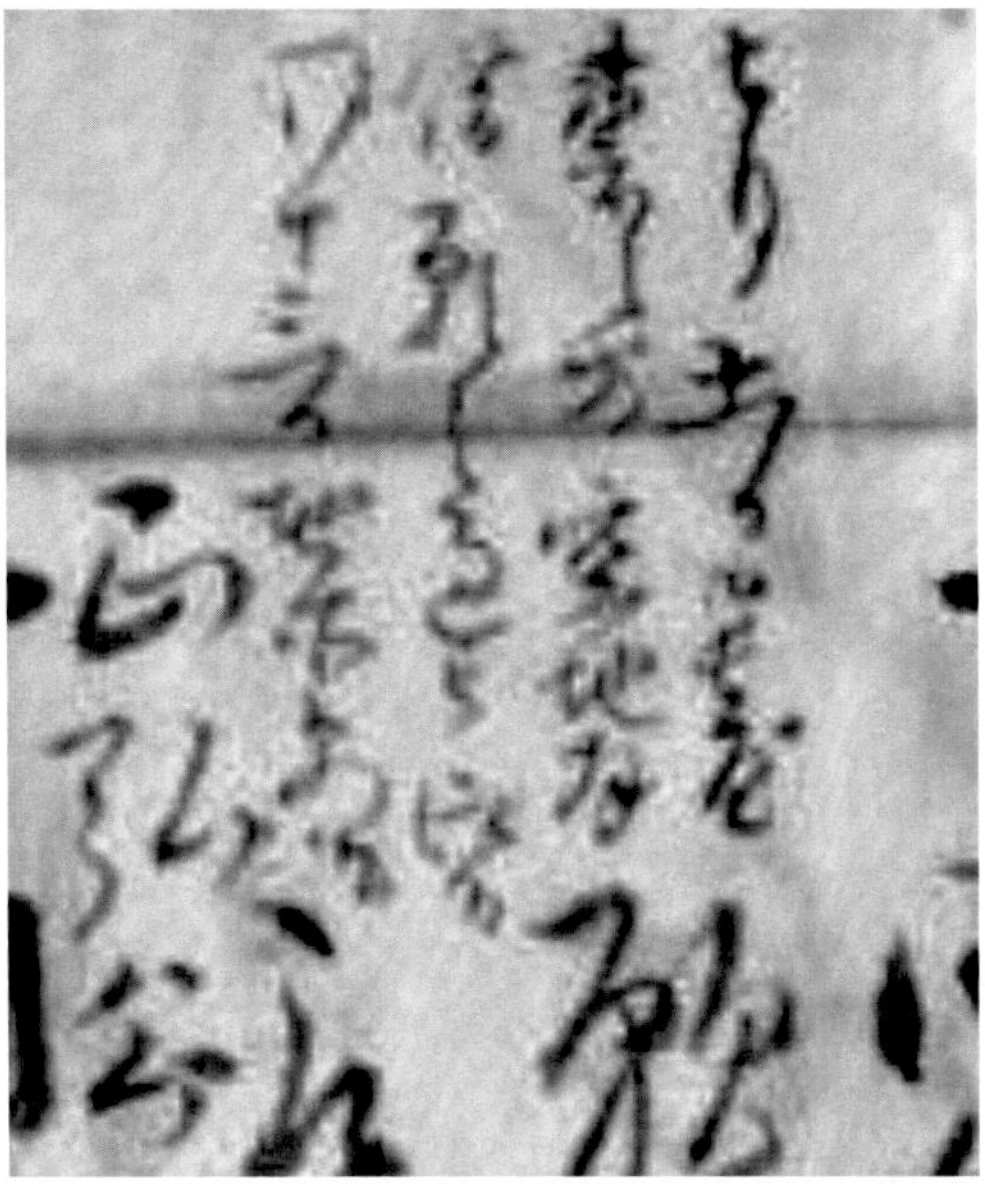

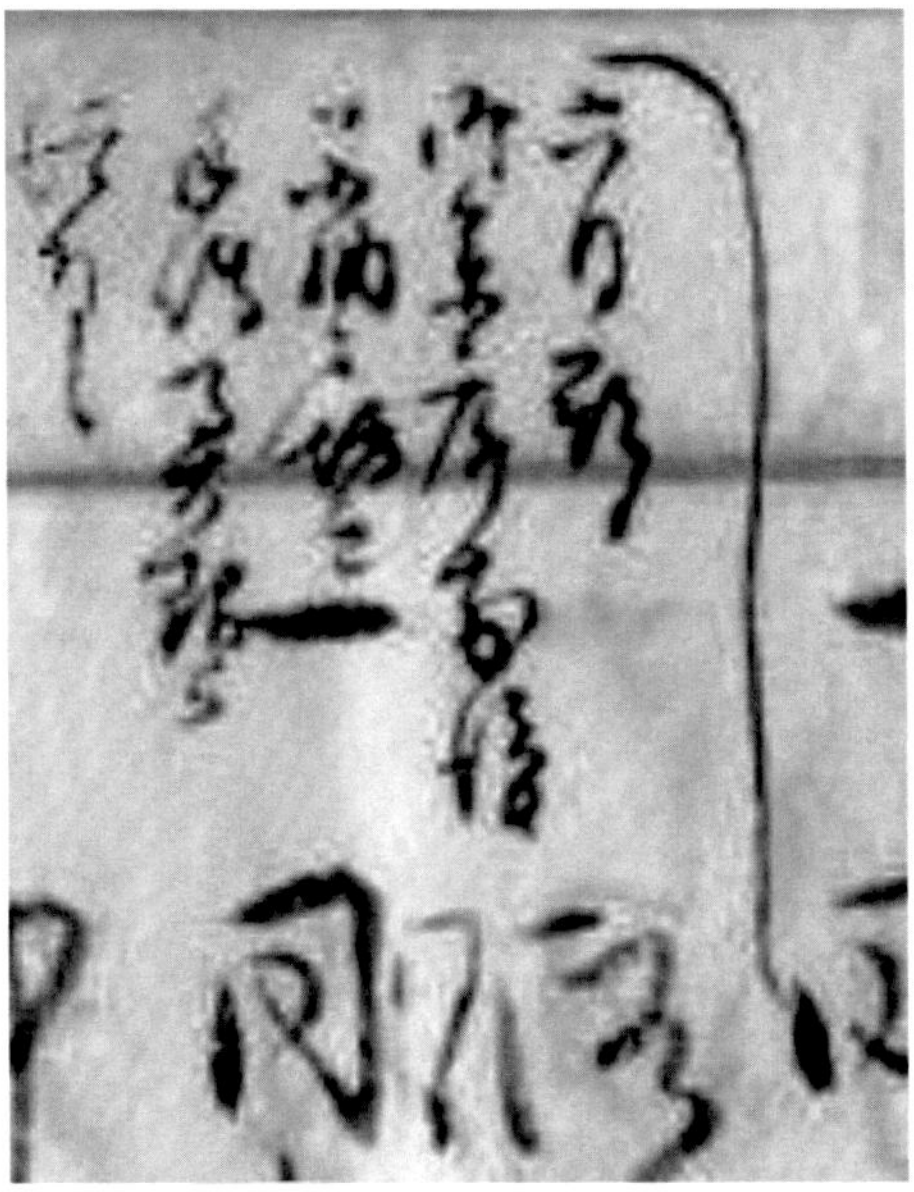

二十一頁文書上部加筆等

（欄外上部右側）

七月十一日、御長屋の裏の方空地拝借、
願の通り仰せつけられる。
同十三日、地所を受け取りました。

（欄外上部左側）

六月一日、御参廟前後に、
御小納戸坊主手伝奥改めを
おおせつけられました。

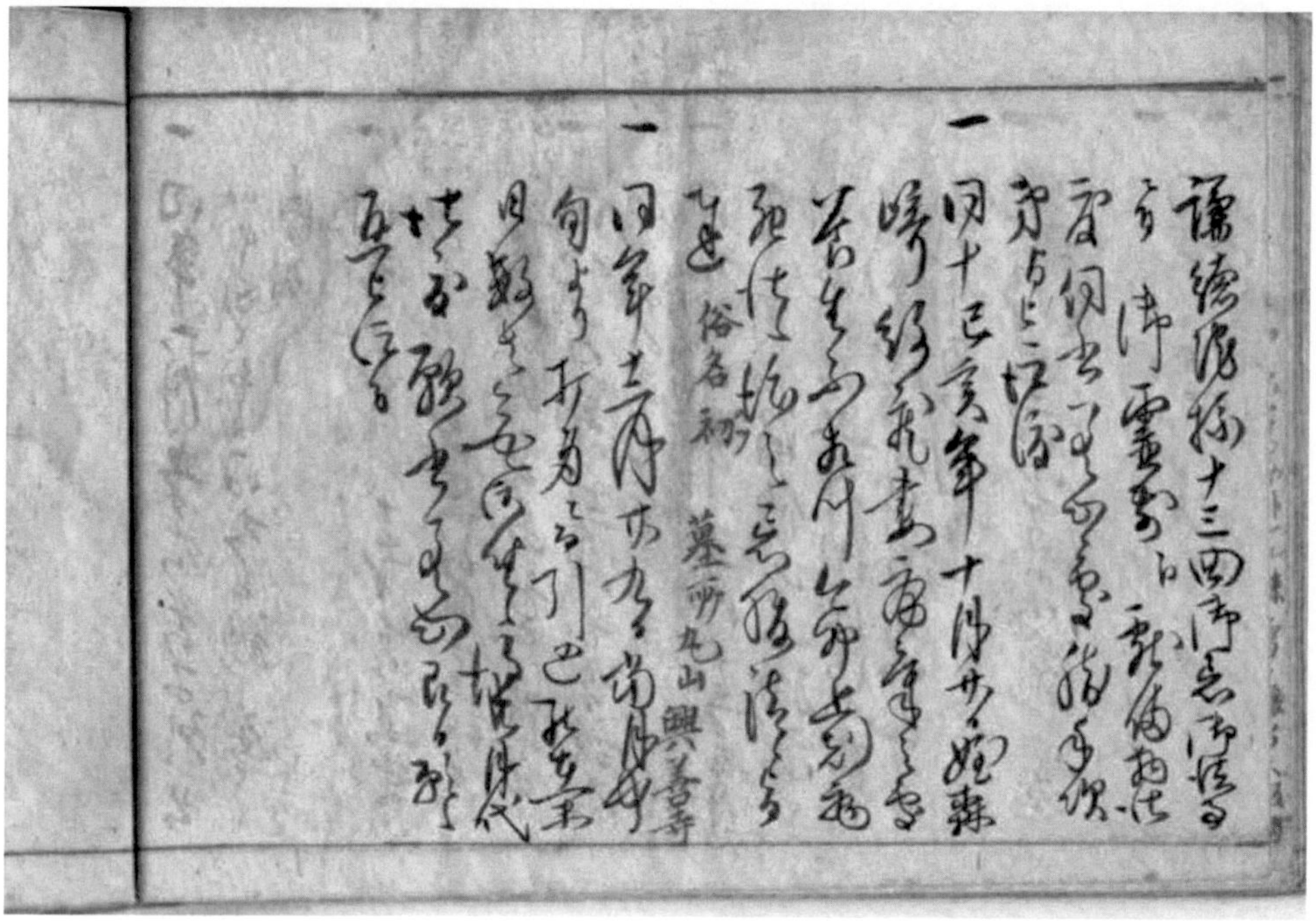

二十二頁

一、**謙徳院様、十三回御忌御法事について、**御霊前への献備物いたしたく、伺書を差出しました処、勝手次第（そのとおりにしなさし）と仰せ渡される。

一、同(天保）十己亥年(1839)十月廿日、**姪《めい》・森崎紋蔵**妻病気の処、養生かなはず今卯上刻に病死いたしました。
これにより忌服を取りますことを届け出る。

俗名　初（はつ）（朱色文字）
墓所　丸山　興善寺

一、同年十二月廿九日、当月中旬より打身（うちみ）にて引き込んでおり、未《いま》だ日数はございませんが、**月代《さかやき》（さかやき）**致したき願書を差出す。即日、願いの通り仰せつけられる。

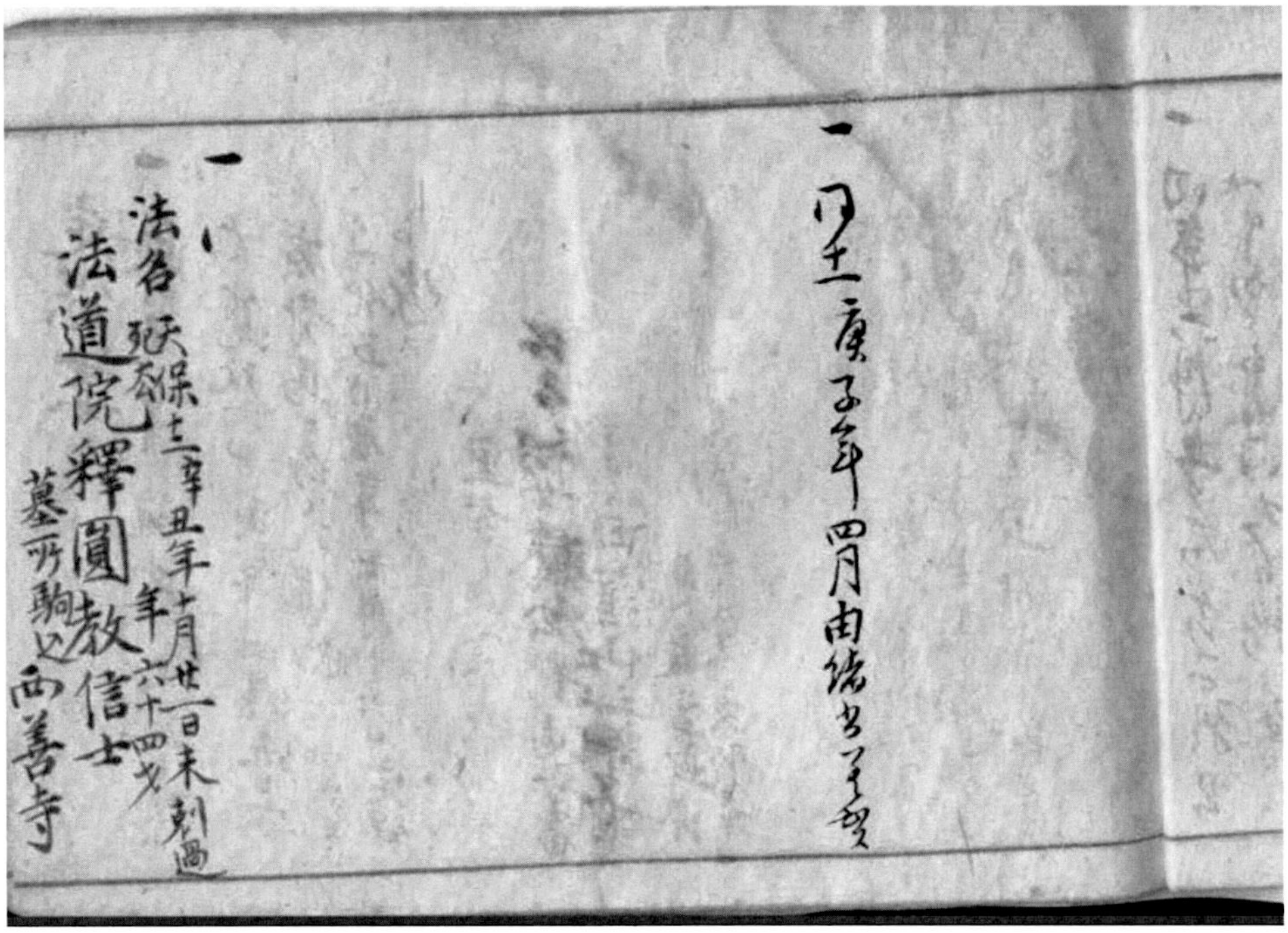

二十三頁

一、同十一庚子年（１８４０）四月、由緒書を差出す。

一、

法名天保十二年辛丑（１８４１）十月廿二日未刻死去　年齢　六十四才

法道院　釋圓教信士

墓所　駒込　西善寺

（コメント）風間定保死亡

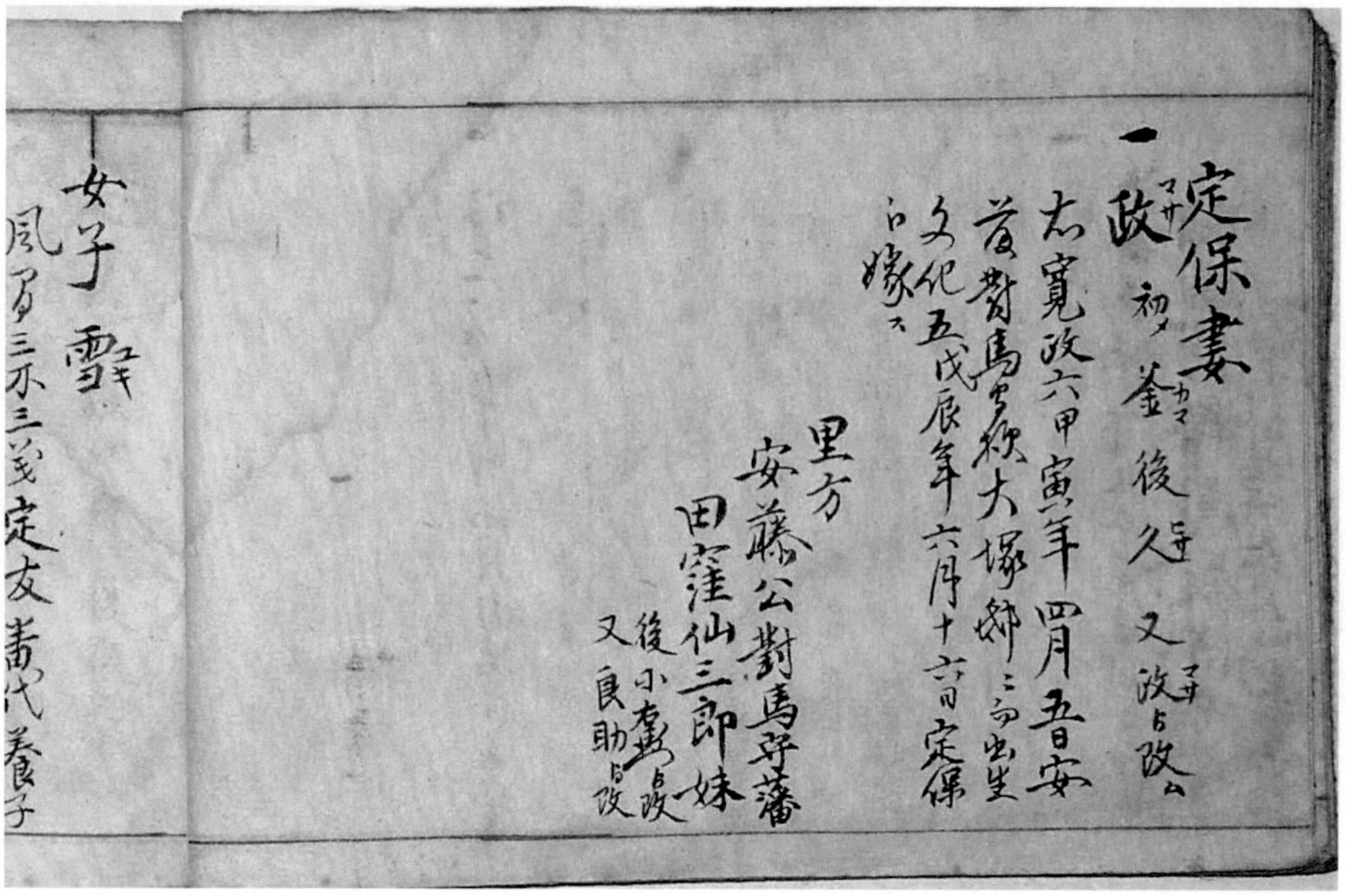

二十四頁

定保妻

一　政《マサ》（マサ）　初め↓　釜《カマ》（カマ）　後久《ヒサ》

又、政《マサ》（マサ）と改める。

右、寛政六甲寅年（１７９４）四月五日、
安藤対馬守様の大塚邸にて出生。
文化五戊辰年（１８０８）六月十六日、
（風間）定保へ嫁入りする。

里方
安藤公対馬守藩
田窪仙三郎・妹
後・小右衛門と改める。
又、良助と改める。

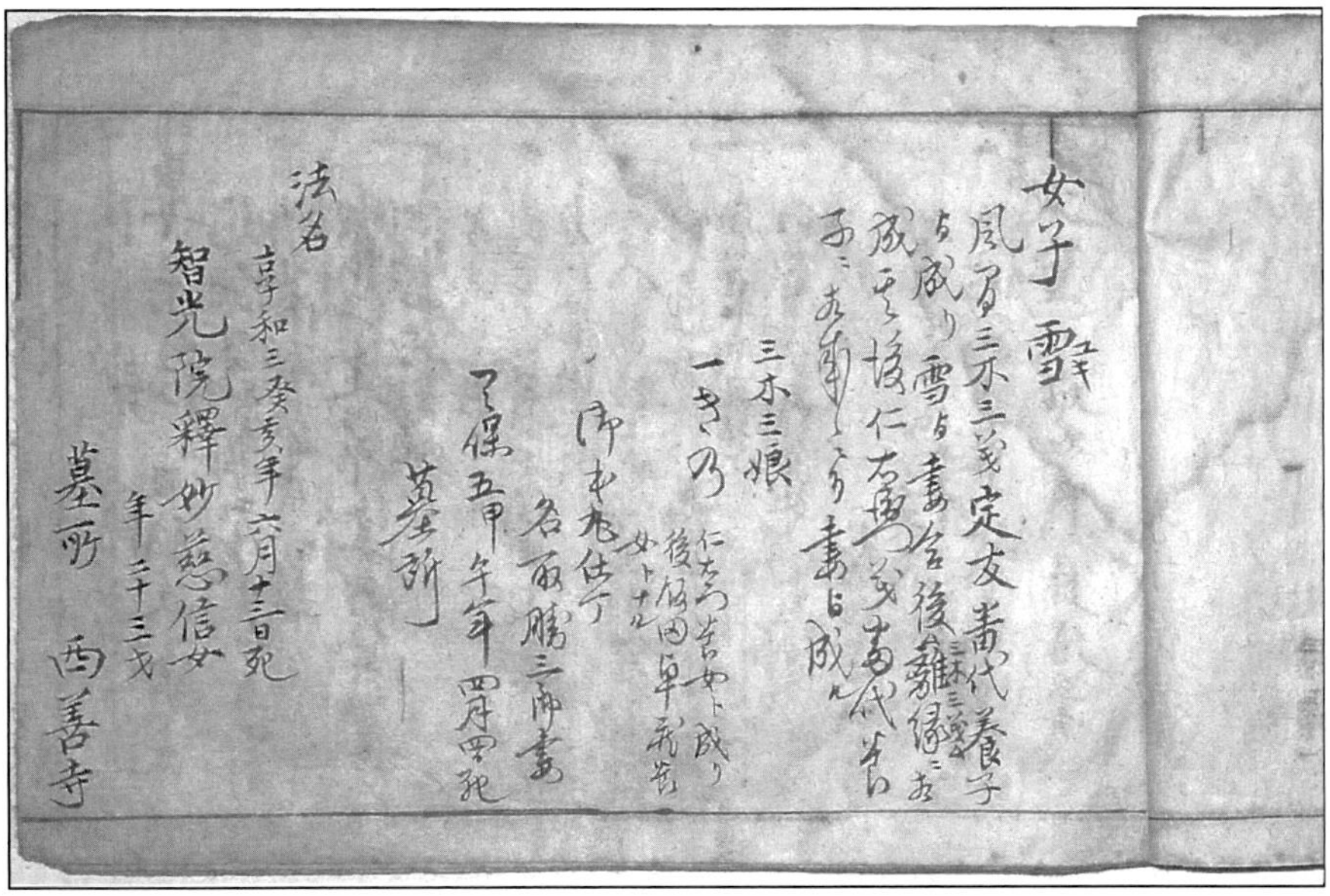

二十五頁

女子　雪（ユキ）

風間三木三は、風間定友番代の養子となり、雪と妻合せ（婚姻）後に、三木三は、離縁になり、その後、仁右衛門は番代養子に成りましたので、妻となる。

三木三・娘

一　きの　仁右衛門の養女となり、後に、飯田卓蔵の養女となる。

御本丸士丁（してい）（御台所（みだいどころ）：大奥様の身の回り役）

名取勝三郎・妻

天保五甲午年四月四日死亡

墓所

法名　享和三葵亥年六月十三日死亡

智光院　釋妙慈信女

年　二十三才

墓所　西善寺

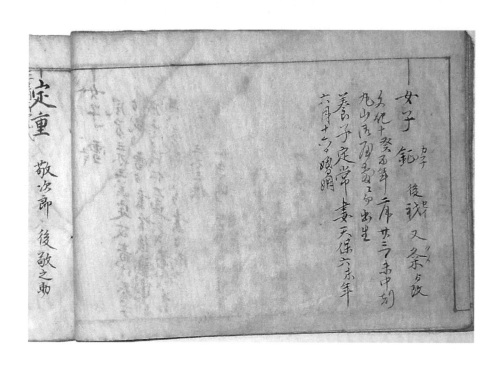

二十六頁

女子　**鉦**《カネ》**(カ子**《カネ》**)**　後、**釮**《セイ》　又、**粂**《クメ》と改める。

文化十葵酉年（１８１３）二月二十三日未中刻、

丸山御屋敷にて出生

養子・定常の妻、天保六年未年（１８３５）六月

十六日婚姻　（二十二歳の時結婚）

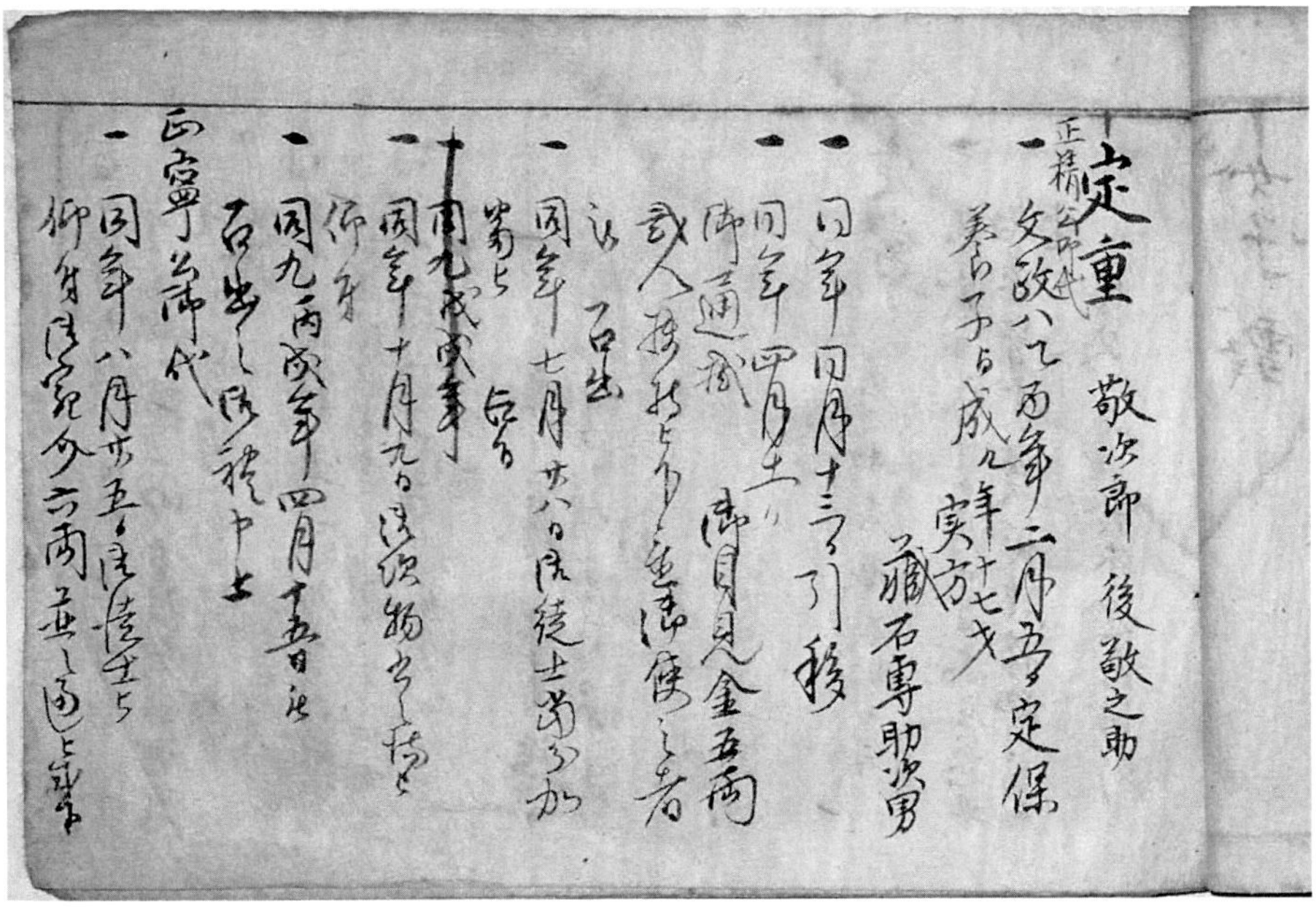

二十七頁

定重　敬次郎、後　敬之助

正精（まさきよ）公御代

一、文政八乙酉年（１８２５）二月五日、風間定保の養子となる。年十七才

実方（実家）、**蔵石専助の次男**

一、同年同月十三日、引移る。

一、同四年四月十一日、

御通掛　御目見金五両二人扶持くだしおかれる。

お使いの者召し出される。

一、同年七月廿八日、**御徒士**当分、加番仰せつけられる。

一、~~同年戌年~~

一、同年十月九日、**御次物書場（おつぎものかきば）**（次の間にいて、文書記録を作成する役）を仰せつけられる。

一、同九丙戌年（１８２６）四月十五日、召し出されの御礼申し上げる。

正寧（まさやす）公御代

一、同年八月二十五日、御徒士（かち）を仰せつけられる。

お宛（あて）介（がい）六両並（な）みの通り成し下さる

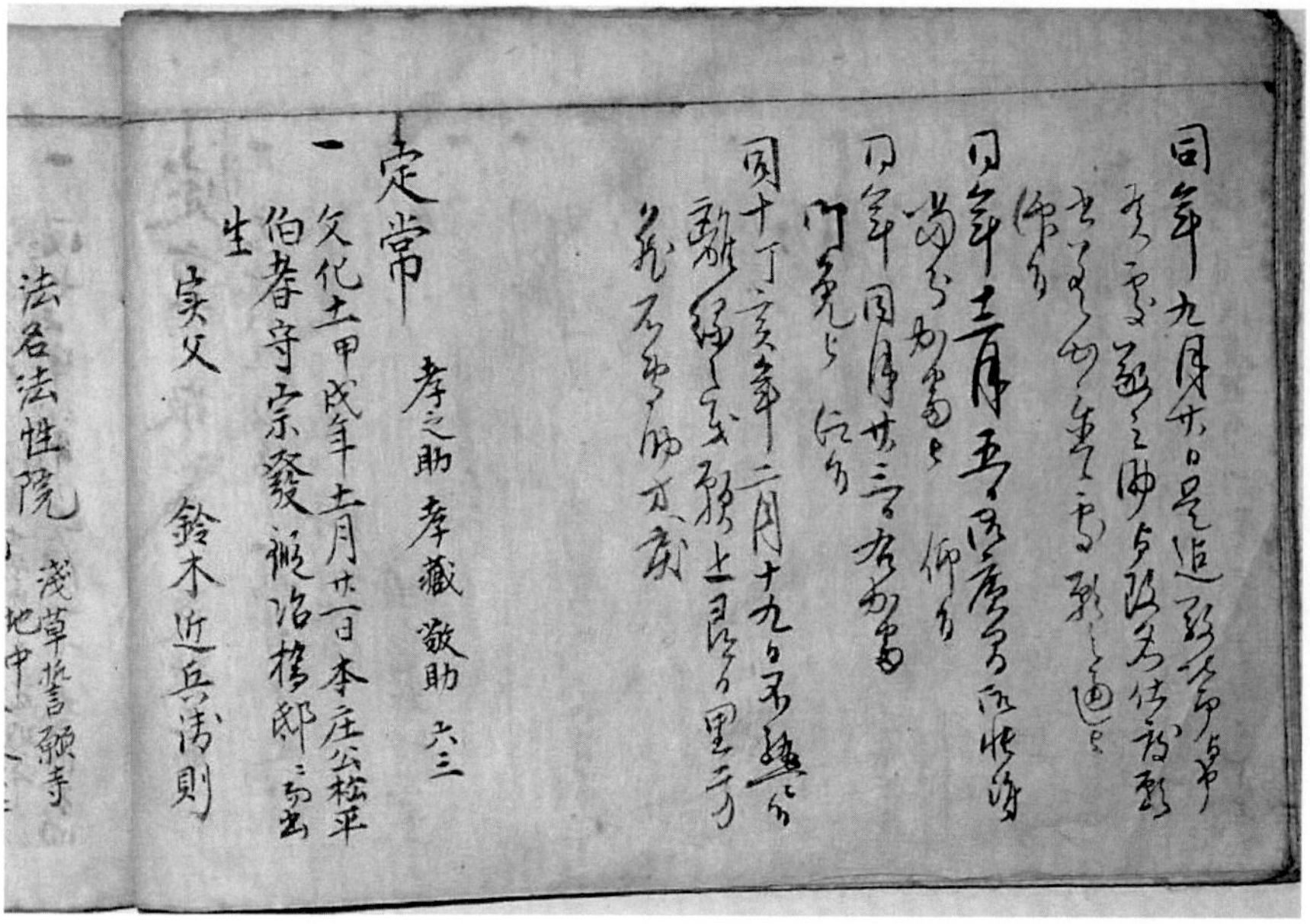

二十八頁

同（文政八）年九月廿日、これまで敬次郎と申しました処、敬之助に改名致したく、願書を差出し置きました処、願いの通り仰せつけられる。

同年十二月五日、**御広間御帳附**、当分加番仰せつけられる。

同年同月二十三日、右、加番御免（解除）仰せつけられる。

同年十丁亥年（１８２７）二月十九日、不熟につき離縁のことを願い上げ、即日、里方・蔵石専助方に戻す。

定常　孝之助、孝蔵、敬助、六三

一　文化十一甲戌年（１８１４）十一月二十一日、本庄公・松平伯耆《ほうき》守宗発鍛冶橋邸にて出生

実父　鈴木近兵衛則

法名　法性院　浅草・誓願寺

文政八酉年（１８２５）十二月四日死亡、享年六十九才

地中（寺中）（長野県松本市）　安養寺

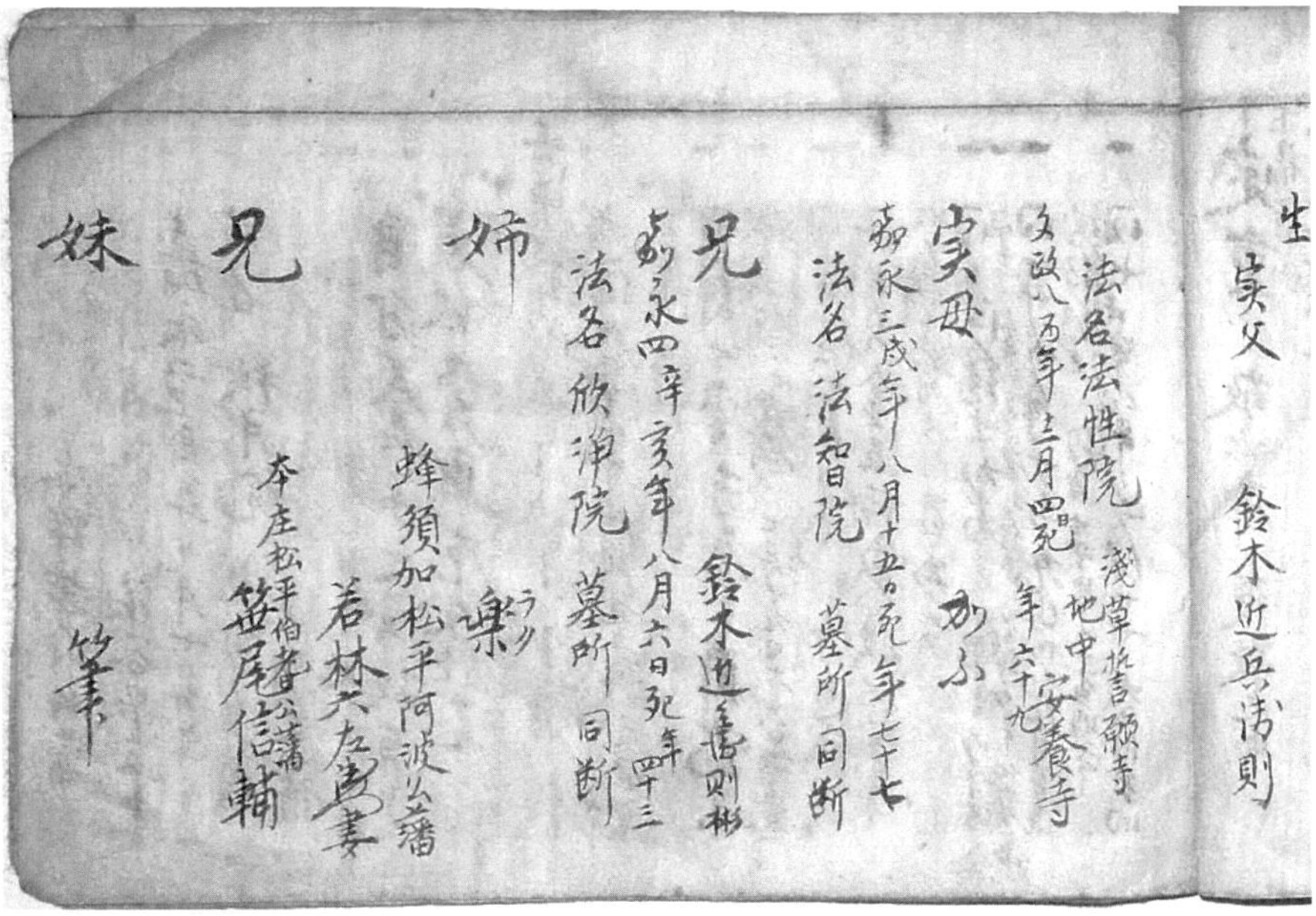
生
実父　鈴木近兵衛則
法名法性院　浅草誓願寺地中安養寺
文政八酉年三月四日死　年六十九
実母　加ふ
嘉永三戌年八月十五日死　年七十七
法名　法智院　墓所同断
兄　鈴木近兵衛則彬
嘉永四辛亥年八月六日死　年四十三
法名欣浄院　墓所同断
姉　楽《ラク》
蜂須加松平阿波公藩
若林六左衛門妻
兄　本庄松平伯耆公藩　笹尾信輔
妹　筆

二十九頁
（前三行は前頁に記載）

実母　（鈴木）加ふ
法名　法智院　墓所　右に同じ
嘉永三辛亥年（１８５０）八月十五日死亡、
享年七十七才
兄　鈴木近兵衛則彬（あきら）
嘉永四辛亥年（１８５１）八月六日死亡、
享年四十三才
法名　欣浄院　墓所　右に同じ
姉　楽（らく）
蜂須賀松平阿波公藩
若林六左衛門・妻
兄　本庄松平伯耆（ほうき）公藩
笹尾信輔
妹　筆

（三十頁に続く）

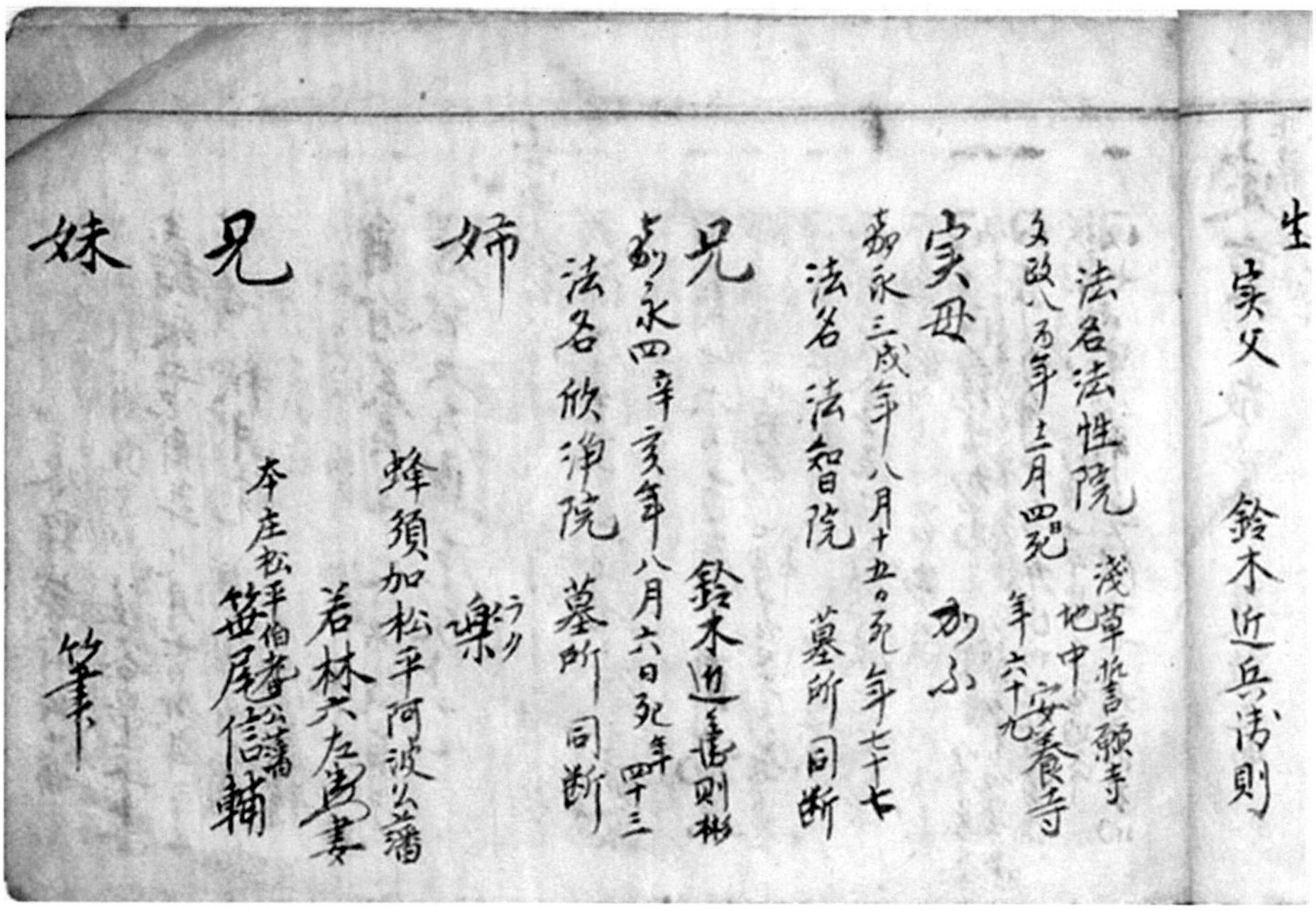
生
実父　鈴木近兵衛清則
法名法性院　浅草誓願寺地中安養寺
文政八酉年十二月四日死　年六十九
実母　かふ
法名法智院　墓所同断
嘉永三戌年八月十五日死　年七十七
兄　鈴木近之丞則彬
法名欣浄院　墓所同断
嘉永四亥年八月六日死　年四十三
姉　楽《ラク》
蜂須加松平阿波公藩　若林六左衛門妻
兄　本庄松平伯耆公藩　笹尾信輔
妹　筆

二十八、二十九頁説明

地中とは、寺内、塔頭、等を意味する。

安養寺（あんようじ）は、長野県松本市波田三溝にある浄土真宗本願寺派の寺院で真言の精舎であったとも言われる。親鸞聖人が信濃国をめぐった折にこの寺に止宿され、松本盆地における有力な浄土真宗の道場として発足したという。

鍛冶橋邸　**松平 宗発の上邸**、元禄11年（1698年）9月6日、江戸大火で焼失。

松平 宗発公（まつだいら むねあきら）（本庄宗発 **ほんじょう-むねあきら**）　本庄松平家八代（本庄氏）。江戸時代後期の大名、老中。丹後宮津藩第5代藩主。本庄松平家8代。

蜂須賀松平阿波公藩　姉楽の出生を十台後半とすると、十三代・蜂須賀斎裕公(実父・徳川家斉公)の時代。（徳島藩）

水野越前公藩　1840年代であれば、越前藩主は、16代松平慶永（よしなが）公。水野越前公の意味は不明。

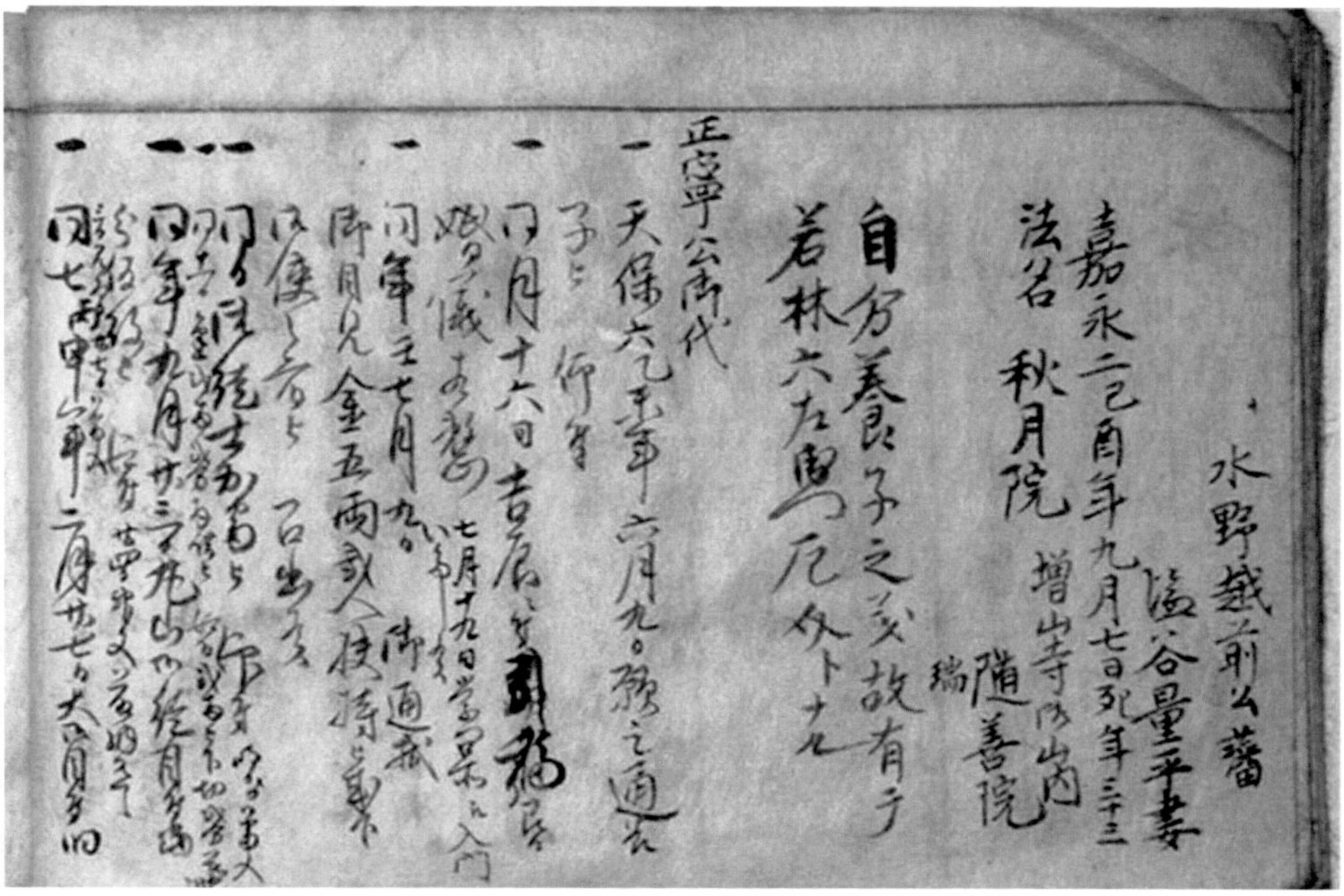

三十頁

妹　筆

水野越前公藩
塩谷量平・妻

嘉永二己酉年（１８４９）九月七日死亡
享年　三十三才

法名　**秋月院**　増山寺御山内　瑞（随）善院

自分（定常）養子は、故《ゆえ》あって、
若林六左衛門の扶養（厄介）となる。

正寧《まさやす》公御代

一、天保六乙未年（１８３５）六月九日、願いの通り養子を仰せつけられる。

一、同月十六日、吉辰《きっしん》（めでたい日）なので引き移る。即日、婚儀が整ふ。七月十九日、学問所に入門致しました。

一、同年壬七月九日、御通掛御目見え、金五両二人扶持成し下され、お使いの者が召し出されました。

一、同日、御徒士加番を仰せつけられる。明日より御番入り。

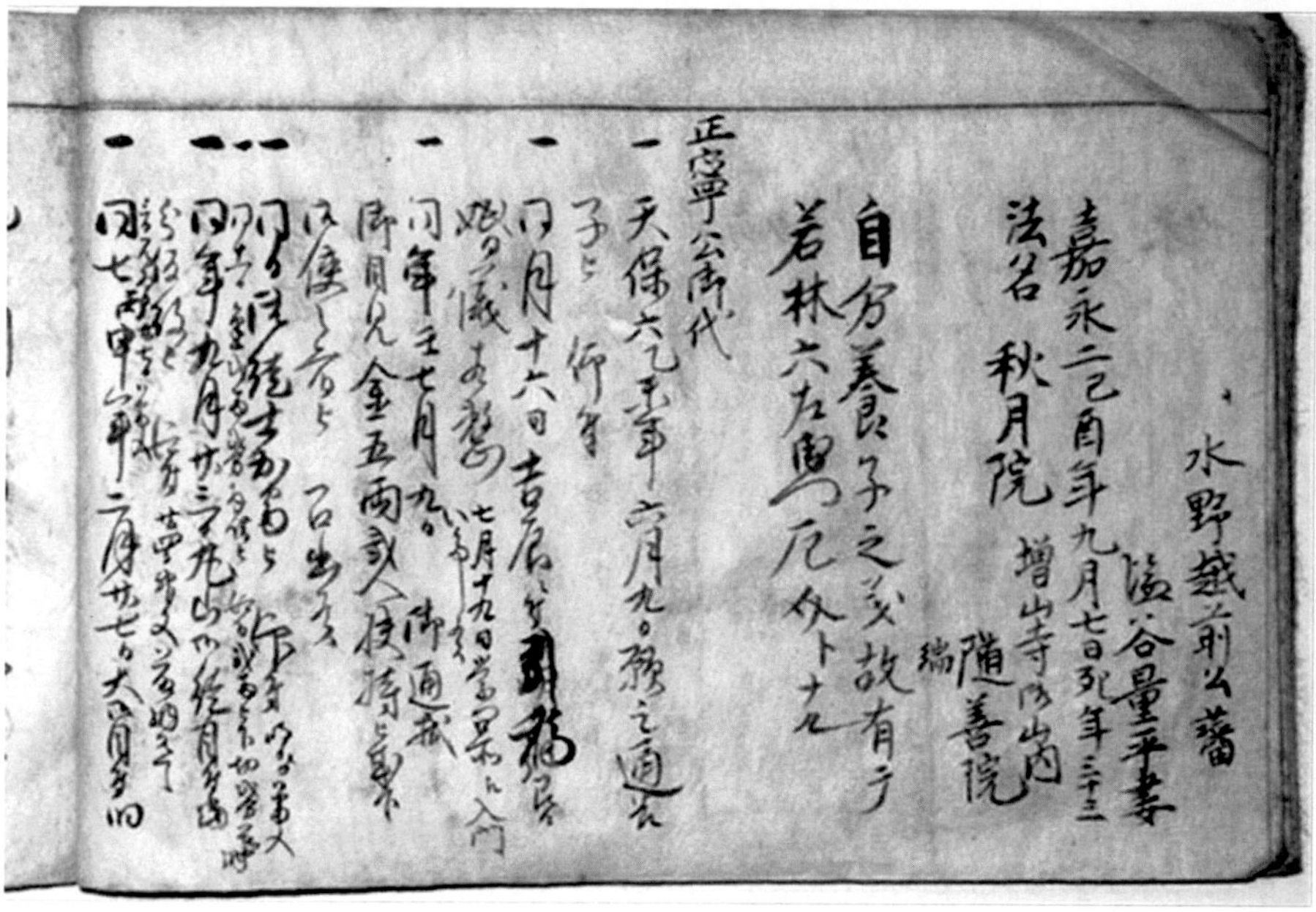

三十頁続き

一、同十一日、金・二両分、拝借を仰せつけられる。二両下され二分を切り落とし申しました。

一、同年九月二十三日、丸山御徒目付当役を仰せつけられる。二十四日、神文（誓約書）の御取納めがあり、見習いは二十七日に御番（仕事）である。

一、同七丙申年（１８３６）二月二十七日、大御目付が旧

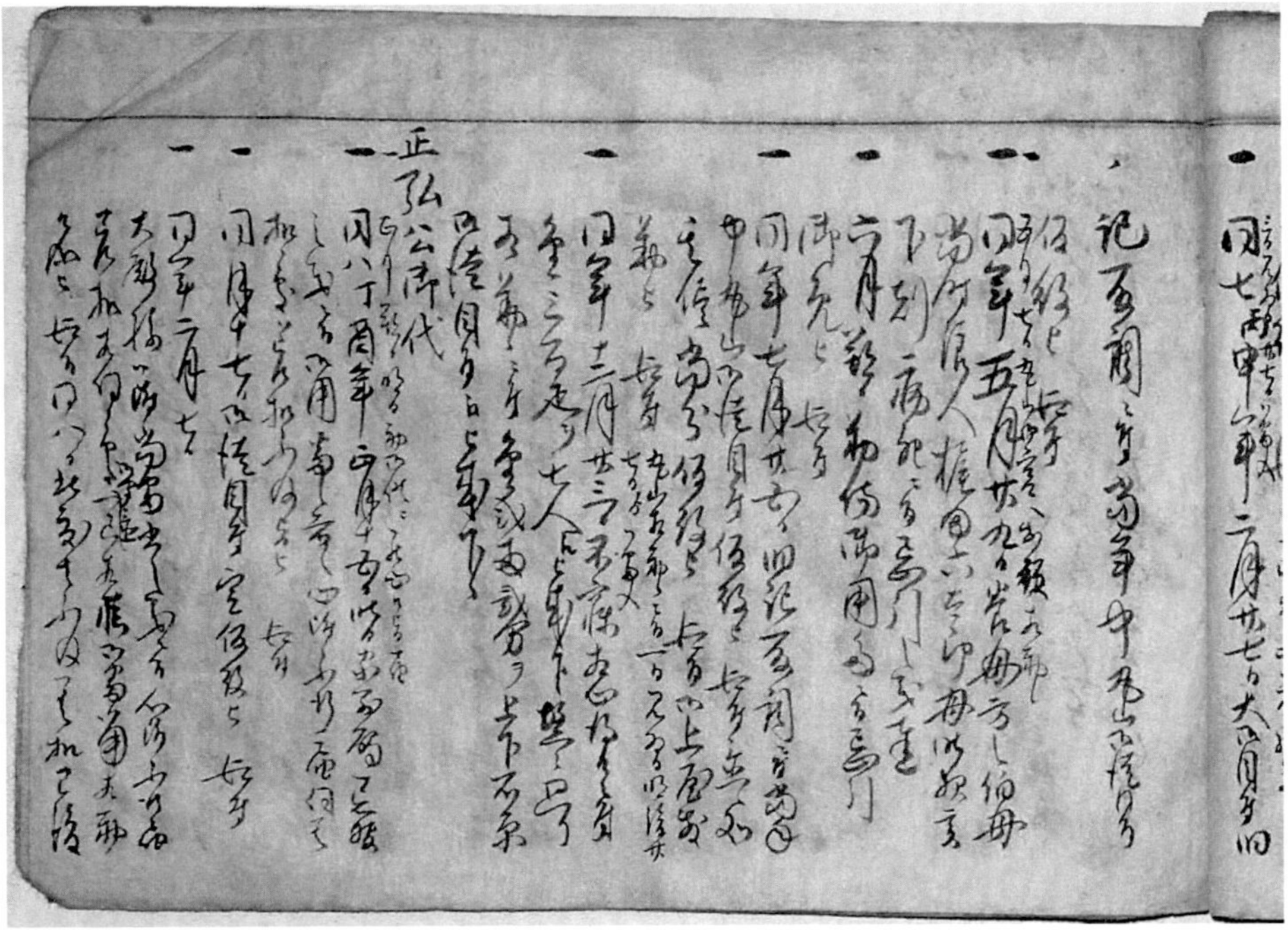

三十一頁

記取調べになるので、当年中、丸山御徒目付仮役を仰せつけられる。

一、五月七日、丸山御宮、□□に勤めました。

一、同年五月廿九日、養母方の伯母が当時浪人・梶田六太郎母、昨夜亥下刻に病死、忌引きを届ける。

一、六月朔日（一日）、勤場の御用多いので忌引き御免（許可？）が仰せつけられる。

一、同年七月二十五日、旧記（古い記録）の取調べについて、当年、丸山御徒目付仮役を仰せ付けられ置きました処、そのまま、当分仮役を仰せつけられ、御上屋敷勤めを仰せつけられる。

（下部追記）丸山で勤めましたので一日見習、明後二十七日より御番入り致します。

一、同年十二月二十三日、夜寝ない役目なので、金・三百疋を七人へ成し下される。しばらくは、順番に廻して勤めましたので、金・二両二分を、上下石原御徒目付けへ、成し下されました。

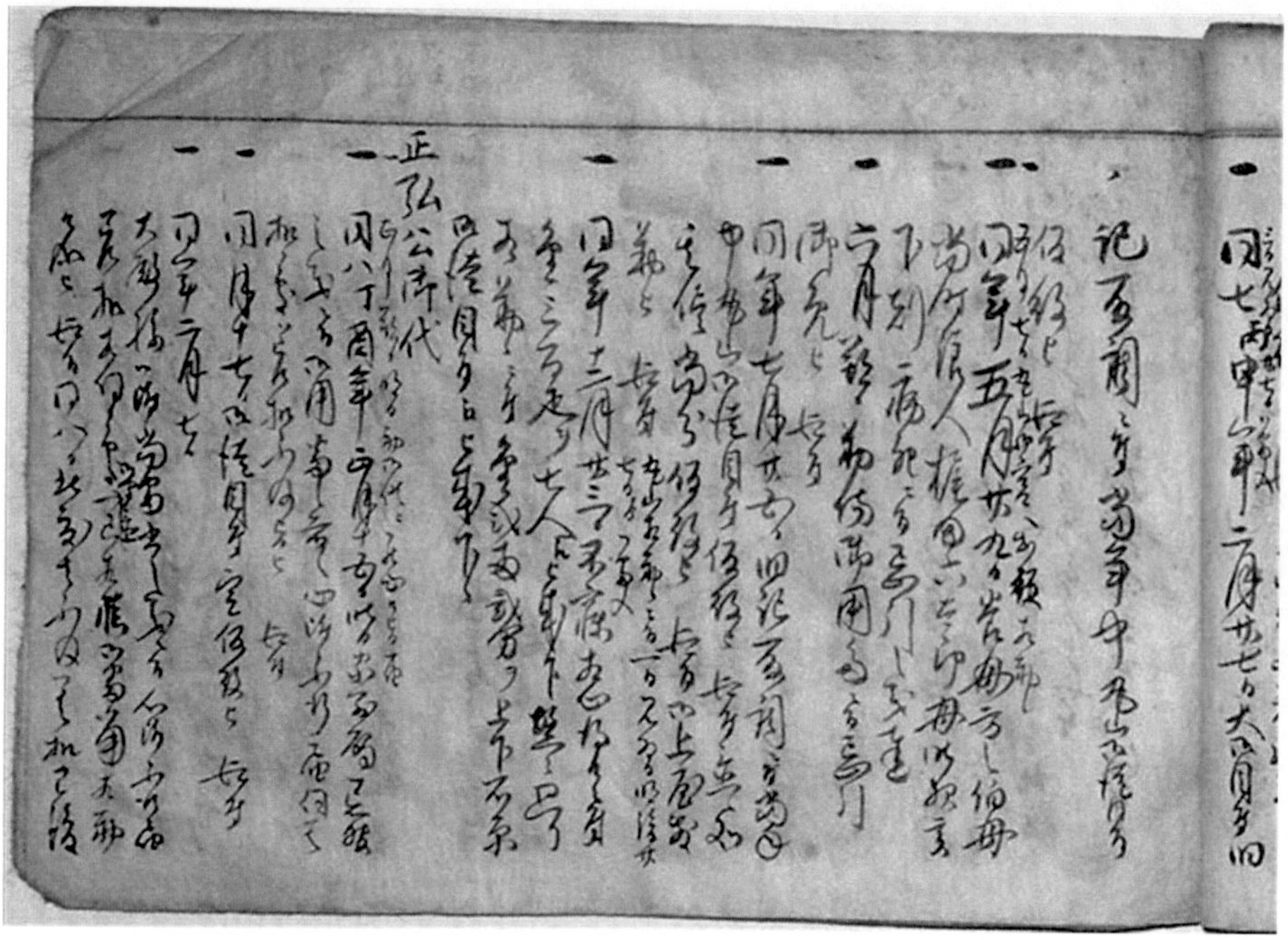

正弘公御代

三十一頁続き

一、正月朔日（一日）、明日初御供に罷《まか》り出ます旨を届ける。

一、同（天保）八丁酉年（１８３７）正月十五日、家別触れの忌服について、御用番の者への心付け、不行き届きの伺いは差控えました処、差控え致さない旨が仰せつけられる。

一、同月十七日、御徒目付け定仮役を仰せつけられる。

一、同年二月七日、御殿様御附当番の事について、心附不行届の差控えを伺いました処、御聞き置き一己《いっこ》（自分ひとり）慎み、御番御用を勤めます様に仰せつけられる。　同八日は、差し控えには及ばず、巳後、

（次頁・三十二頁）入念に致します様に仰せ渡される。

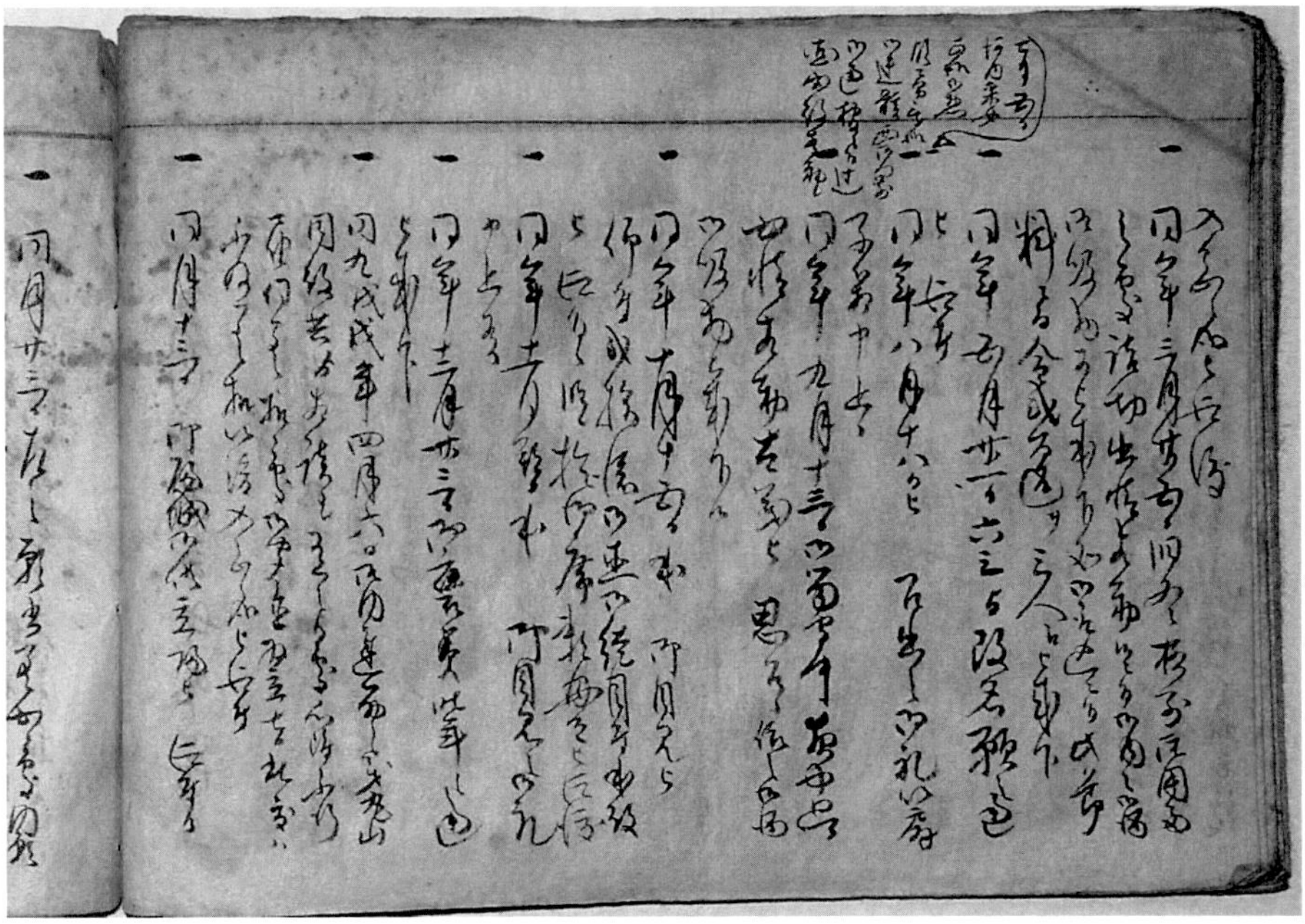

三十二頁

入念に致します様に仰せ渡される。

一、同（天保八）年（１８３７）三月二十五日、旧冬は格別ご多用の処、いつも詰め切って勤めましたので、御内々に、御酒と御吸い物を下さるべき処、御取込（お忙しい）みなので、この時は料（金銭）にて、金・二百疋を、三人へ成し下さる。（下さった。）

一、同（天保八）年（１８３７）五月二十一日、（風間）六三（・定常）と、改名す。願出の通り仰せつけられる。

（欄外・上部追記）
△一、同（天保八）年（１８３７）七月五日、河内采女正様・御惣領（跡取り）なので、無様な御遺骸の西門前、御通い橋は、辻（つじ）の警護の固めを行うために出かけ勤めました。

一、同（天保八）年（１８３７）九月十三日、御留守中、夜中見回り出精に相勤めたことを、大義に思召《おぼしめ》されて、これにより、御酒・御吸物が成し下されました。

一、**同年十月十五日、本御目見を仰せつけらる。二十石御直し、御徒目付本役を仰せ《おおせ》付けられましたので、**御席において頼母公《たのもこう》（偉い上司）から仰せ渡されました

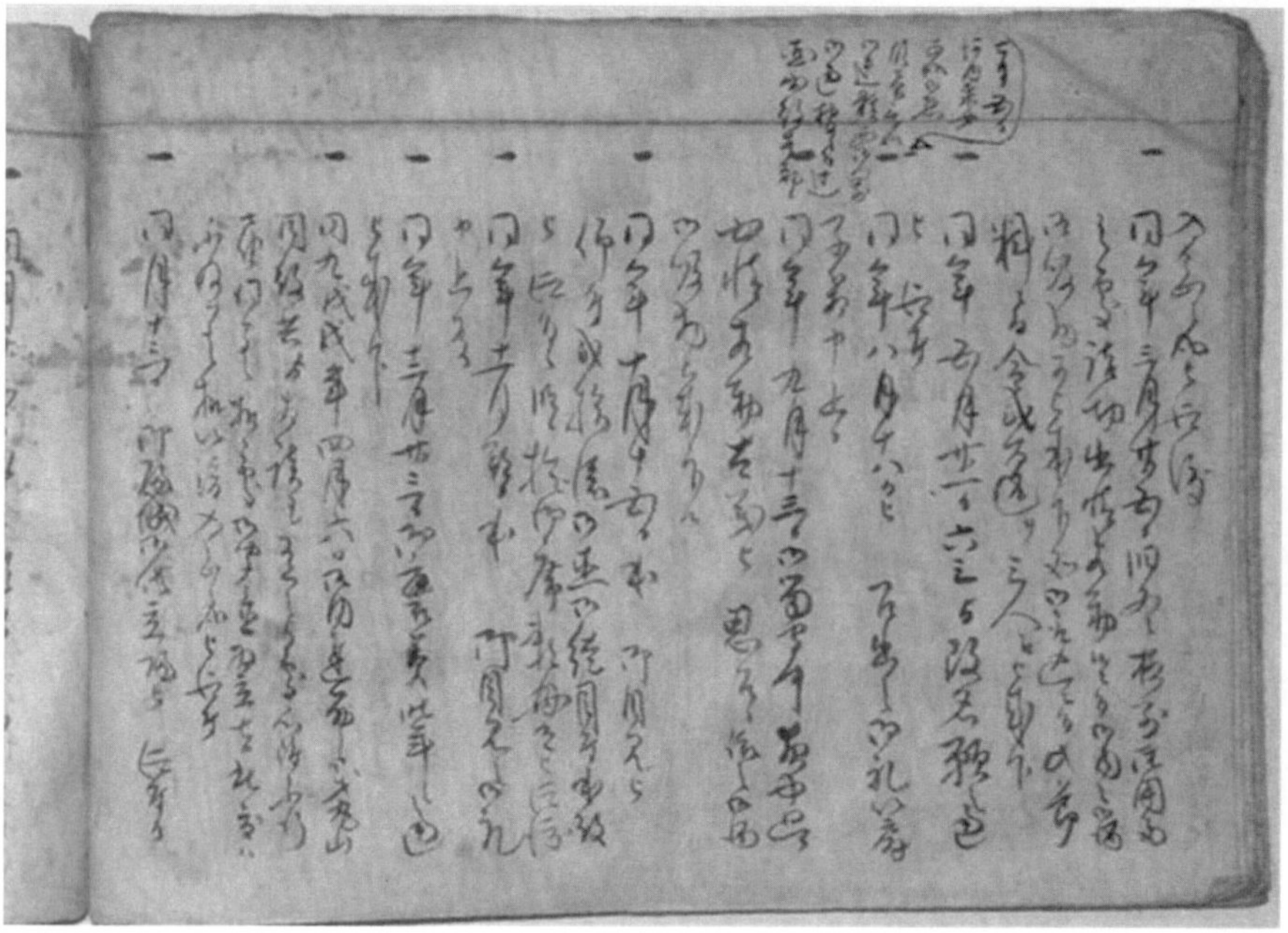

三十二頁続き

一、同年十一月朔日（一日）、本御目見の御礼を申し上げました。

一、同年十二月二十三日、御褒美は昨年の通り成し下さる。

一、同（天保）九年戊戌年（１８３８）四月六日、御内達筋の情報は、丸山同役共寄り相談がありました処、心附不行届きの伺いを、差し控えました処、御お聞きおいて、翌七日、このたびは、その差控えに及ばず、以後入念にいたすように仰せ付けられる。

一、同月十三日、御帰城御供立ち帰りを仰せつけられる。

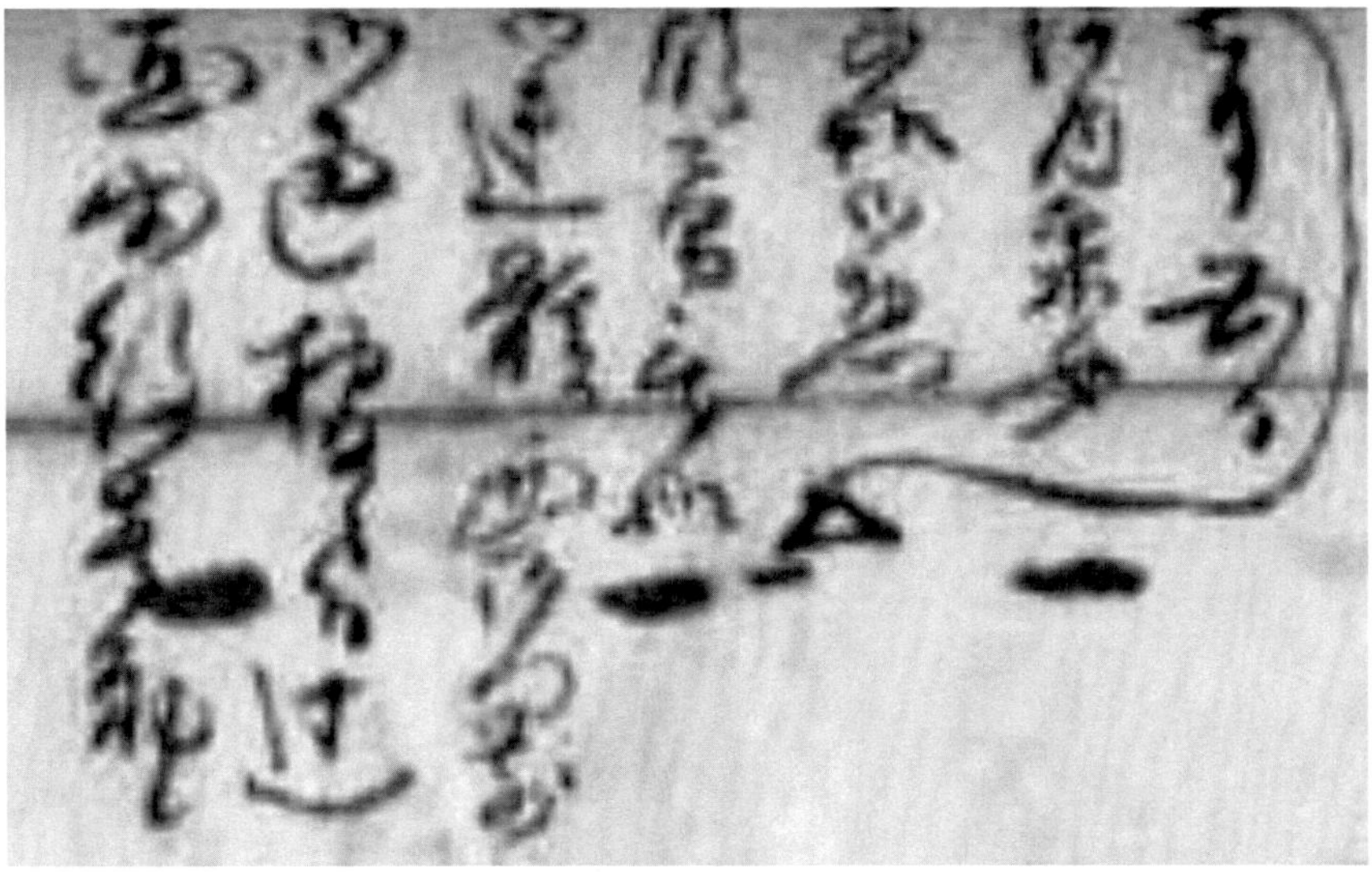

三十二頁続き

（欄外・上部追記）重複記載

△一、同（天保八）年（１８３７）七月五日、河内采女正様・御惣領（跡取り）なので、無様な御遺骸の西門前、御通い橋は、辻（つじ）の警護の固めを行うために出かけ勤めました

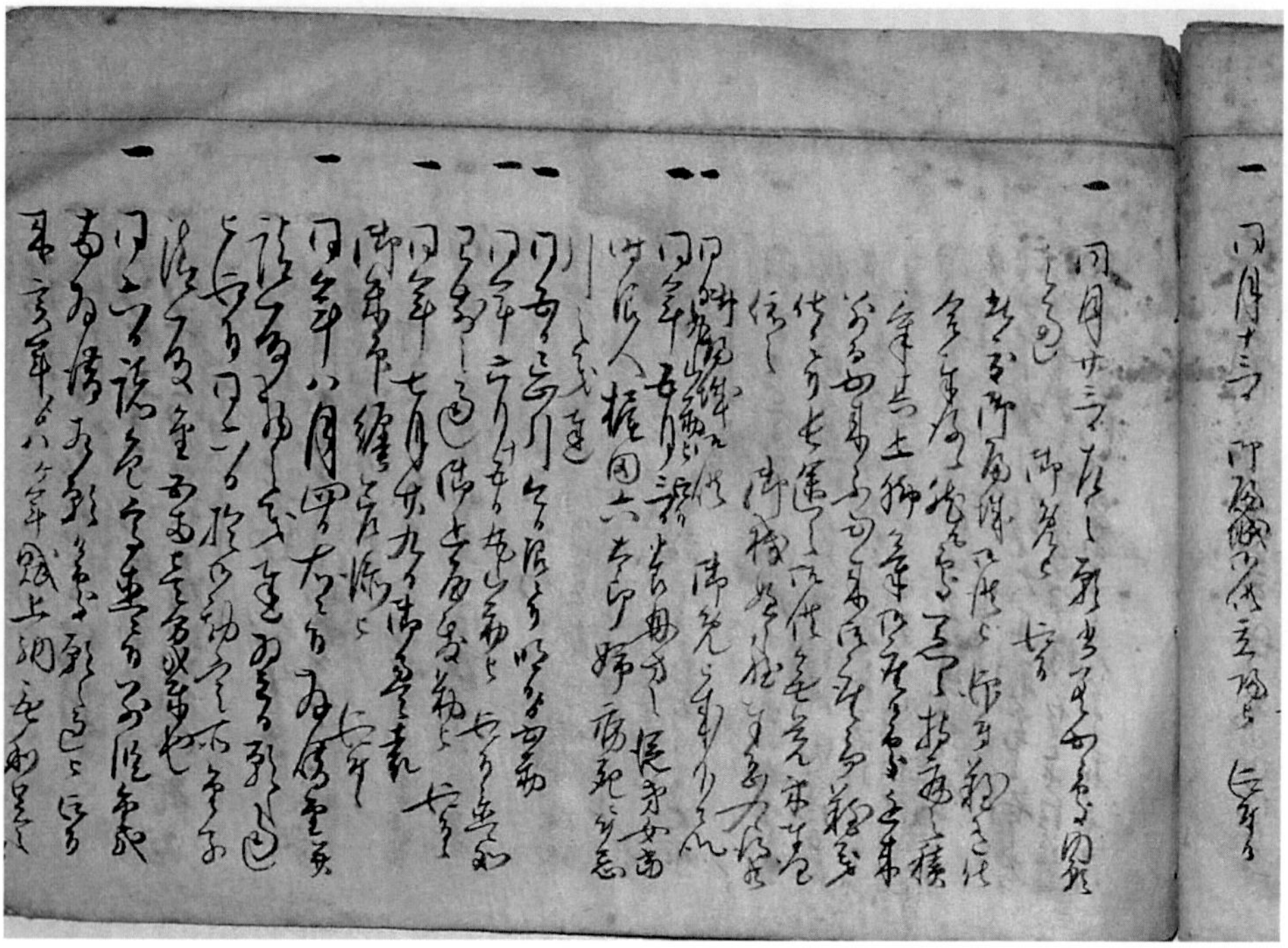

三十三頁

一、（天保九年）同月二十三日、左の願書差出しました処、内願の通り、御免（了承）を仰せつけられる。このたび、**御帰城御供**を仰せ付けられ有りがたき仕合《しあわ》せに思っております。このような大事な仕事ですが、兼ねて持病の積気、その上に脚気があり、近頃難儀しておりますので、長い道中の旅の御供は、覚束《おぼつか》なく存じております。これにより、御機嫌の程恐れ入っておりますけれど、御帰城御供の御免（解任）を成し下されます様（お願い申しあげます。）

一、同日、**丸山勤務**を仰せつけられる。

一、同年五月三日、養母方の従弟女、当時浪人・**梶田六太郎**・**姉病死**について、忌引きの事を届ける。

一、同五日、忌引きは今日限りなので、明日より出勤する。

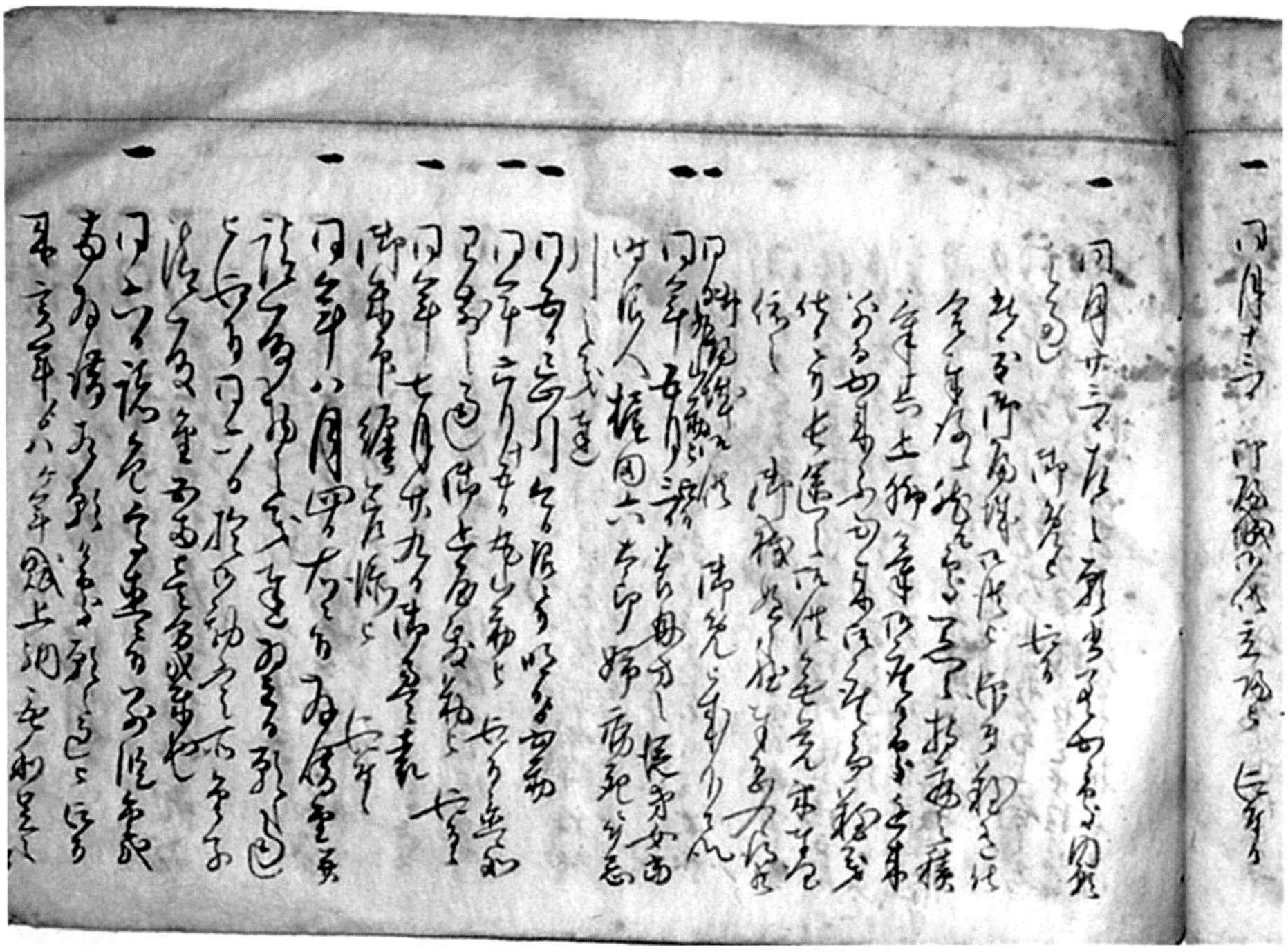

三十三頁続き

一、同年六月従五日、**丸山勤務**を仰せ付けられ置きました処、己然の通り**御上屋敷勤務**を仰せ付けられました。

一、同年七月二十九日、**御畳表御朱印纏差添**を仰せ付けられました。。

一、同年八月四日、右について拝借金ならびに、請取物の事を届ける。翌日、願の通り仰せつけられる。同六日、**御勘定所**において金子《きんす》を請け取る。　金五壱分弐朱である。

一、同六日、諸色定直なので、別段、金・二両拝借を相願いました処、願の通り仰せつけられる。来る亥年より八ケ年賦で上納。無利息之旨、（次頁）談（話）がありました。

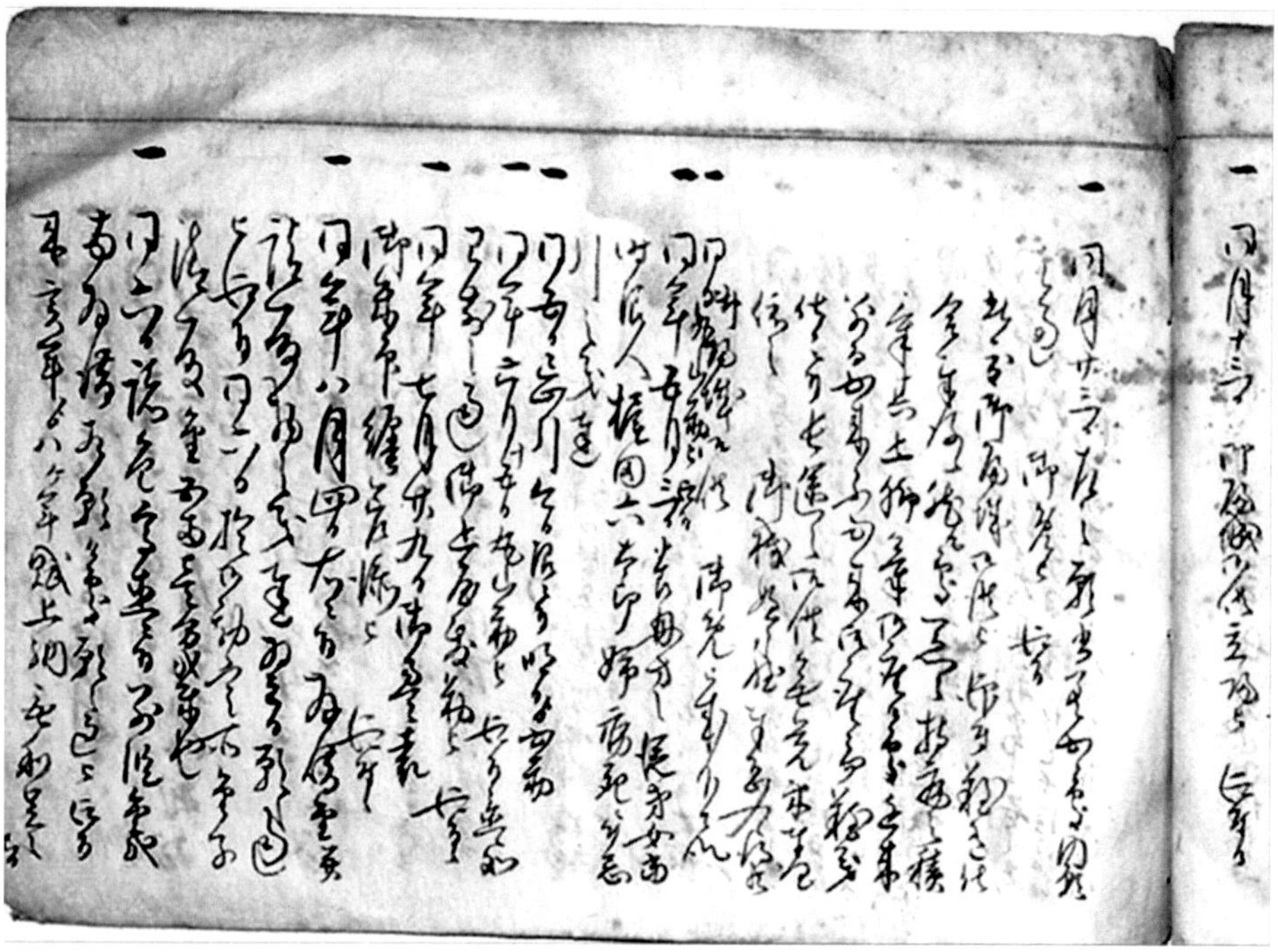

用語の説明

三十三頁続き

詰め切り（詰切）；その場所に絶えずいること。

出精（しゅっせい）；精を出して努めること。精励。

河内采女正《うねめのかみ》様

（1）当所（西光院；足立区竹の塚））に土着し後ご家人へ召出され、御代官となれり、其男弥兵衛父の家を継ぐ今旗下の士**河内采女正**《うねめのかみ》は其子孫なり、名主久蔵はかの興兵衛が二男嘉右衛門と云し者の子孫なりと云、按に伊興村氷川社に納る慶長十四年の棟札に、大旦主御代官河内興兵衛．．（新編武蔵風土記稿）

（2）天保12（1841）年正月21日、邦三郎は**新御番への御番替**が命じられて**河内采女正組**への配属となったため、甲府から江戸に戻った。組頭となった「河内采女正」も千葉一族の旗本河内氏であろう。相馬邦三郎はその後体調を崩したようで、同年9月10日に亡くなった。法名は**深霜院秋岳元涼居士**。菩提寺の**松源寺**に葬られた。

采女正《うねめのかみ》；うねめ-の-つかさ【采=女▽司】

律令制で、宮内省に属し、采女に関することをつかさどった役所の長官。

うねめ【采=女】；宮中の女官の一。天皇・皇后の側近に仕え、日常の雑事に従った者。

御惣領

惣領（そうりょう・**総領**）とは、跡取り、家督相続予定者のこと

頼母（たのも）；無官の武家の名乗りとして使われる。ほかにも、伊織、多門、十内、左内、藤馬、数馬など、色々ある。例えば、家老の場合、無官なので、「重み」を付けるために「頼母」を使ったといわれている。

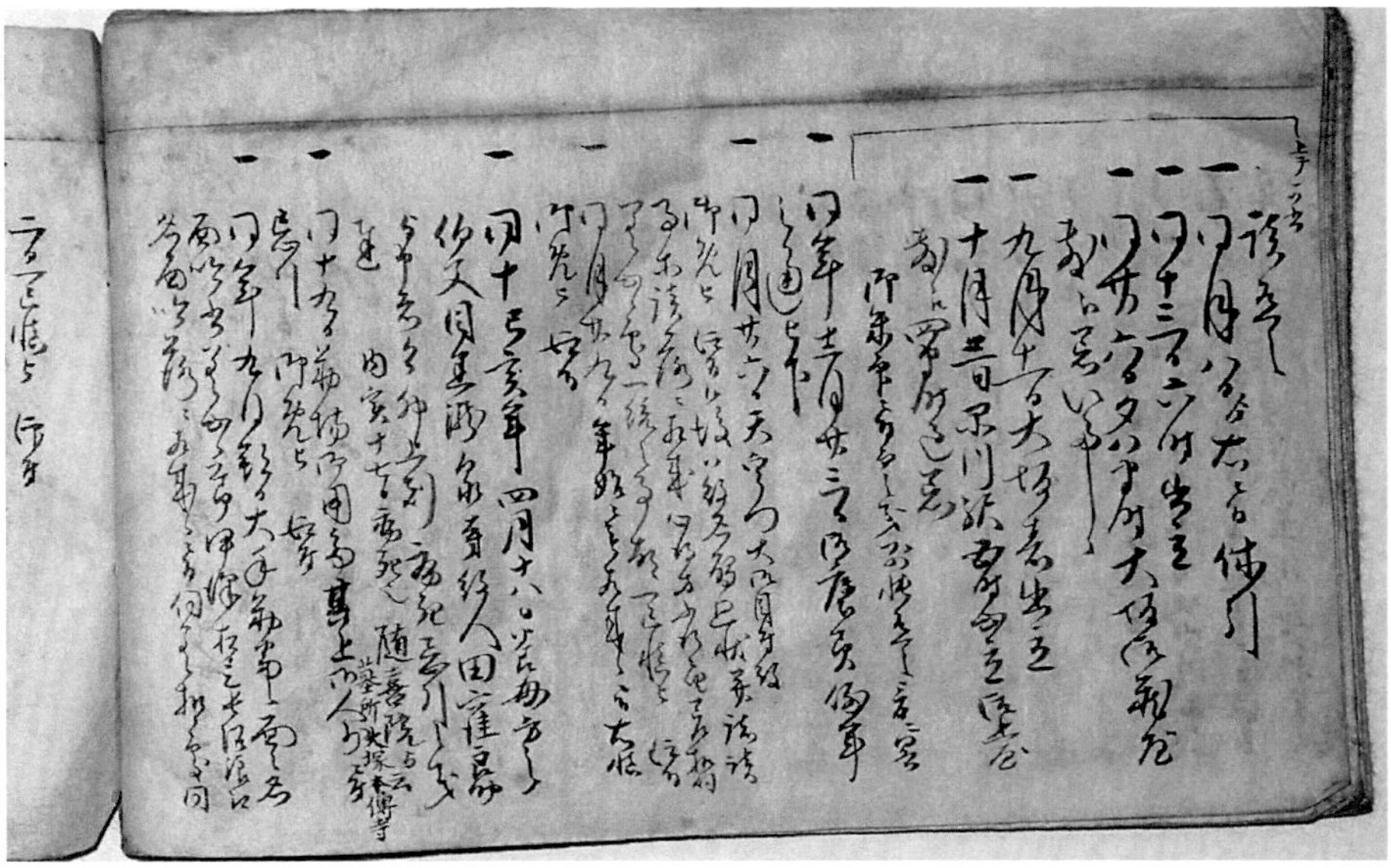

三十四頁

（『談之有』の行より十行目まで（網掛け部）は、「上テ可書」の注がある。
原本は、一時下がり。）

（前頁）無利息之旨、（ここから）談（話）がありました。

一、同月八日より、右について休引き

一、同十三日、六時出発

一、同二十六日夕方八半時、大坂御蔵屋へつきました。

一、同九月十一日、大坂表を出発。

一、十月三日、品川駅五時出発、御上屋敷へ四半時過《す》ぎに着する。

御朱印についてのこと。別帳（簿）があります。
爰《ここ》に略す。

一、同年十二月二十三日、御褒美、例年通り下さる。

一、同月二十六日、天宇門大目付役御免を仰せ付けられました儀は、御役目触廻状ならびに、諸替事等の談落に相なり、心得方不行届差控の伺いを差出しました処、一統（一同、全体）の事であるので、一己（自分ひとり）の慎みを仰せつけられる。

一、同月二十九日、年始にもなりましたので、右の慎みの御免が仰せ付けらる。

一、同（天保）十己亥年（1839）四月十八日、**養母方の伯父・目黒瀧泉寺（通称・目黒不動尊）役人・田窪良助**と申す者、今、卯上刻病死、忌引の義を届ける。

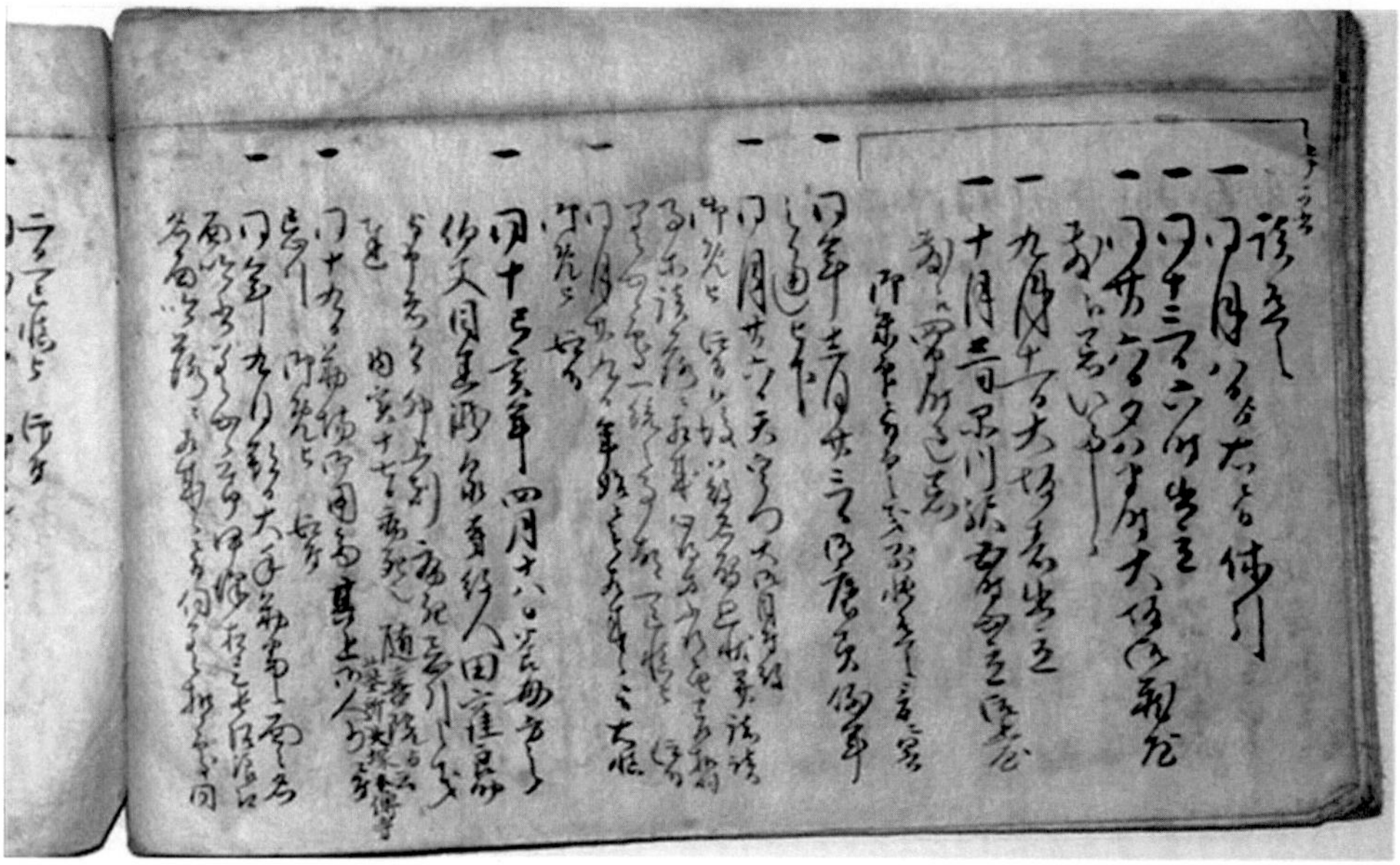

三十四頁続き

内実十七日病死也、瑞(随)善院という墓所・大塚本伝寺(文京区大塚)

一、同十九日、勤務場所多忙でその上、御人数は少ないので、忌引き御免が仰せつけられる。

一、同年九月朔日(一日)、大手勤番である同僚たちの名面吟書を差し切りました時、伊澤松三、長沼銀治の名面吟落としになりましたので、伺いを差し控えました処、同(次頁)二日まで慎みが仰せつけられる。

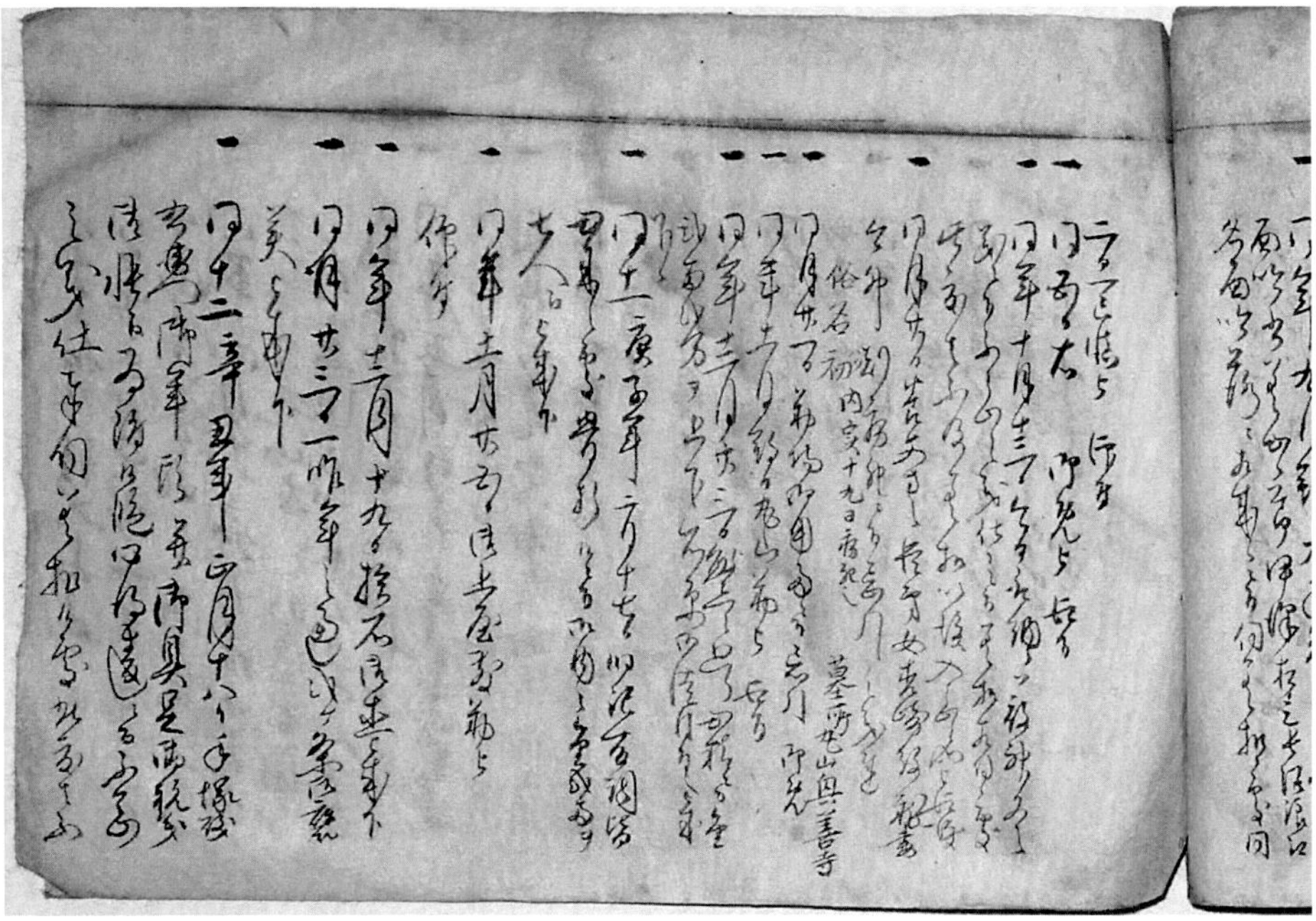

三十五頁

同二日まで慎みが仰せつけられる。
一、同五日、右御免が仰せつけられる。
一、同(天保十)年十月十三日、今日取納めます御役の神文(誓約書)の義について、不出の義といたしますので、差し控えを伺いました処、この度は差し控えに及ばず、以後は、年入れ致します様と仰せ渡される。
一、同月二十日、養父方の従弟女・森崎紋蔵・妻、今卯の刻病死について、忌引きも義を届ける。

俗名　初、内実は十九日病死です。
墓所は丸山　興善寺

一、同月二十一日、勤場御用が多いので、忌引き御免
一、同年十一月朔日、**丸山勤**を仰せつけられる。
一、同年十二月二十三日、繁々《しげしげ》に廻り出精なので、金・二両二分を、**上下石原御徒目付けへ**、成しくだされました。

(31頁　にも同意文あり。左側
一、同年十二月二十三日、夜寝ない役目なので、
金・三百疋を七人へ成し下される。
しばらくは、順番に廻して勤めましたので、
金・二両二分を、上下石原御徒目付けへ、成し
下されました。

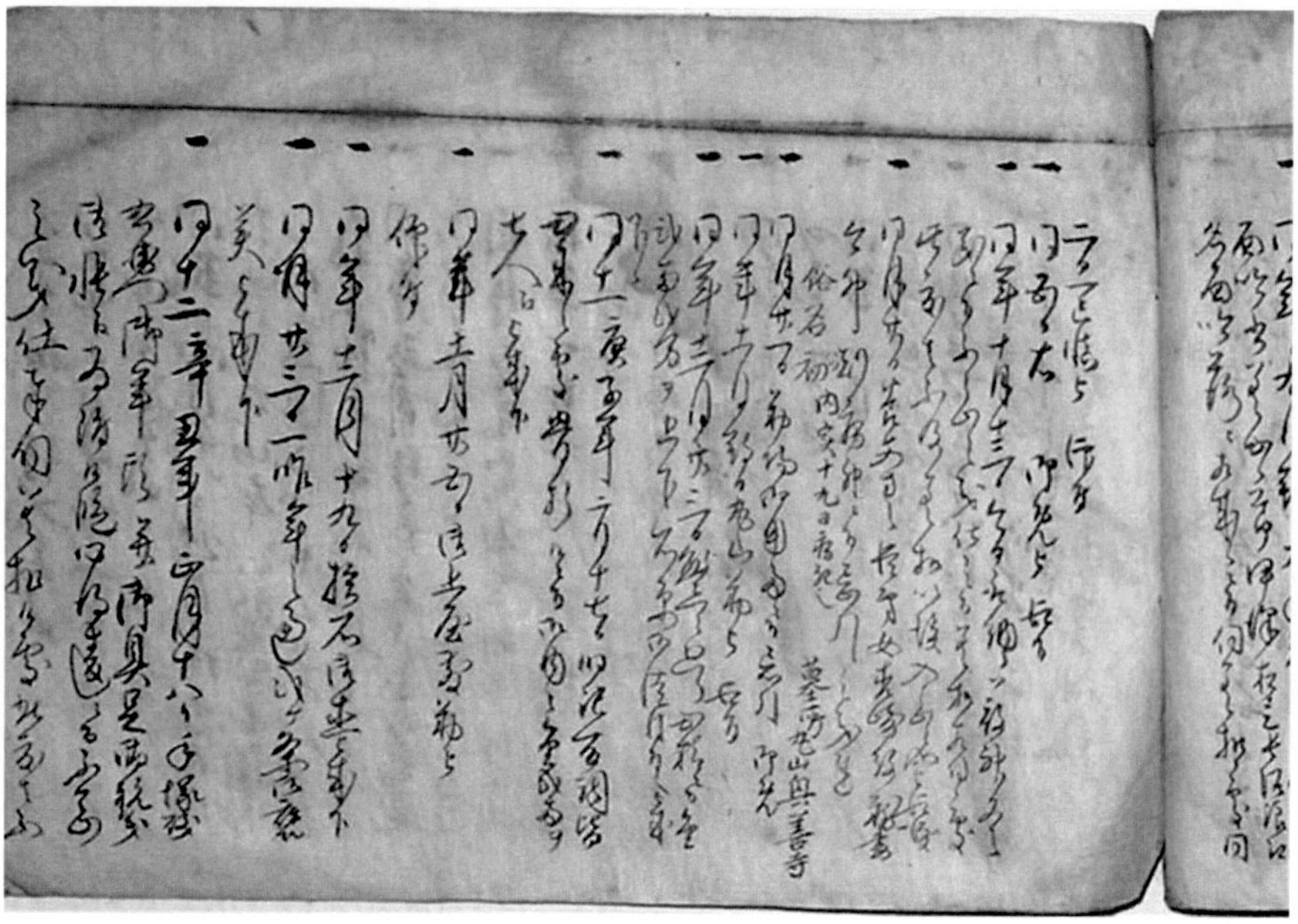

三十五頁続く

一、天保十一丙子年(１８４０)二月十七日、旧記取調べは皆できました処、骨折りいたしましたので、御内々に金・二両を七人に成し下される。

一、同年十一月二十五日、**御上屋敷勤務**を仰せつけられる。

一、同年十二月十九日、十石御直しを成し下される。

一、同月二十三日、一昨年の通り二カ条の御褒美を成し下される。

一、同(天保)十二年辛丑年(１８４１)正月十八日、**手塚磯右衛門**、御年頭並びに、御具足を御祝義御帳に附けさせましたこと、心得違いにて不念の義といたし差し控え伺い、致しました処、この度は(次頁)差し控えに及ばない、巳後は入念に致します様。

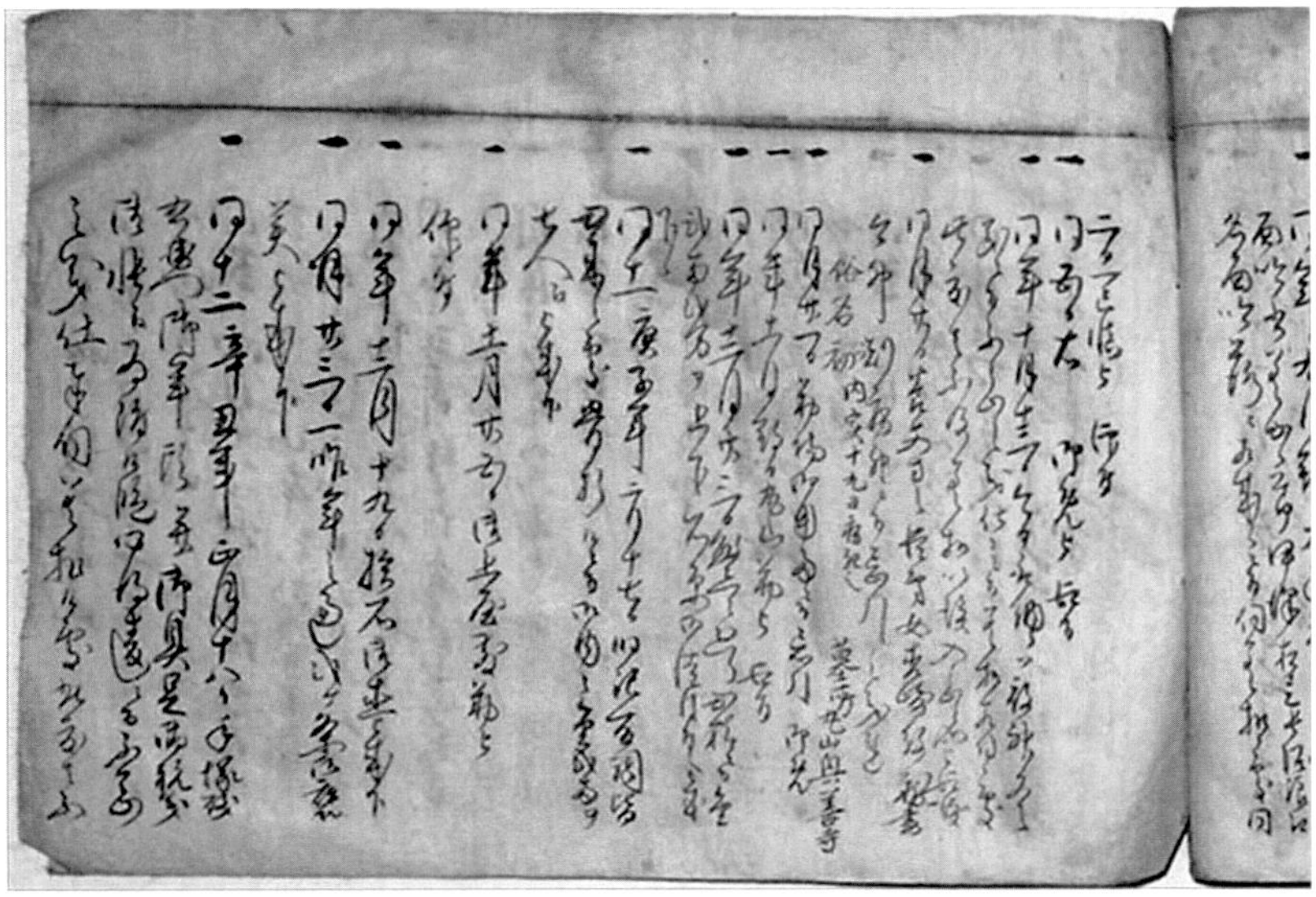

（用語の説明など）

三十五頁続き　用語

目黒瀧泉寺：叡山護國院瀧泉寺（通称：**目黒不動尊**）**目黒区下目黒三丁目**、瑞（随）善院という墓所・大塚本伝寺

法仙院日影上人（正保4年1647寂）が元和年間（1615-1624）に開山。

文京区大塚4　日蓮宗

丸山興善寺：文京区西片にある日蓮宗寺院。興善寺は、正行院日圓聖人（正保五年1648年寂）が開山、心覚院妙見大姉（寛永14年1637年）が開基、寛永元年（1624）創建したといわれている。心覚院妙見大姉は水戸藩徳川頼房の息女で、心覚院妙見大姉の葬儀より**水戸藩徳川家の祈願所**となっていた。文京区西片

しげしげ（繁繁）：①同じ所に何度も行くさま。たびたび。ひんぱんに。

1-15-6　② 目をこらしてよく見るさま。

出精《しゅっせい》：精を出して事にはげむこと。精励

柔術：福山藩江戸詰の柔術は次の通り

備後福山藩（阿部家）の武術（①～⑫は、藩校・郷校で教授されていた流派、又は、藩の主流を成した流派

⑩，⑪は、福山藩（阿部家）の江戸藩邸のみ教授されていた流派

①無三自現流剣術、②心捨流剣術・居合・小具足、③玉心琢磨流剣術、④一伝流棒術、⑤無辺流槍術（無辺無極流）⑥佐分利流槍術、⑦日置流弓術、⑧印西流弓術、⑨大坪流馬術、**⑩起倒流柔術（江戸阿部藩邸）、⑪転心流柔術（江戸阿部藩邸）**⑫鑑極流剣術、⑬柳剛流岡田派剣術、⑭心形刀流剣術静流長刀術、⑮真心流柔術、直言流柔術、⑰古田流砲術、⑱富田流砲術⑲榊山流砲術・軍馬術

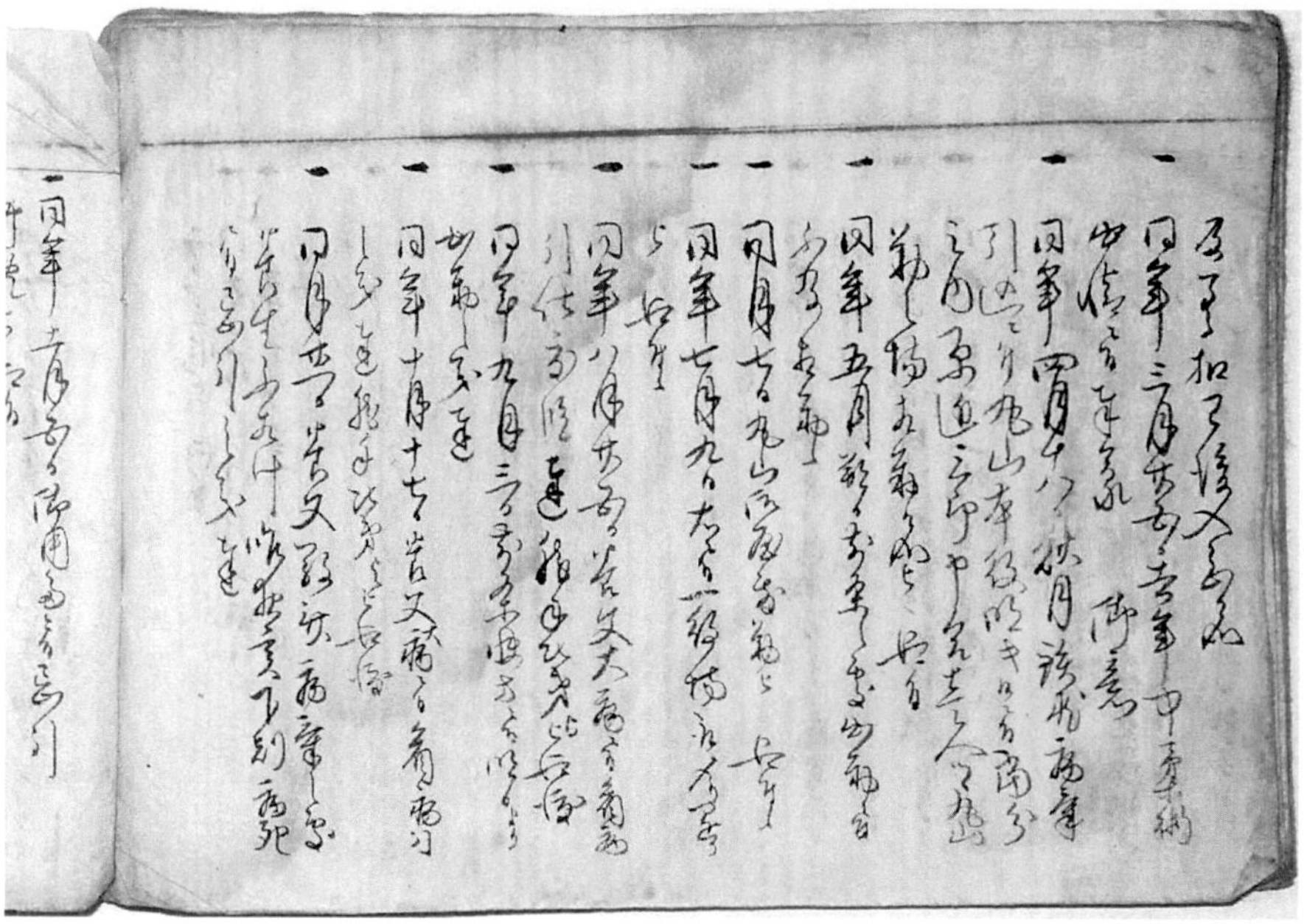

三十六頁

差し控えに及ばない、已（その）後は入念に致します様。

一、同年三月二十五日、去年中、柔術に出精《しゅっせい》について御意（同意、理解を示す。）を頂きました。

一、同年四月十八日、**秋月鉄蔵**病気引き込みについて、丸山本役が明きましたので、当分の間、**内原近三郎**と申し合わせ、一人づつ丸山勤の場、相勤めます様に仰せつけられる。

一、同年五月朔日、前条の処、出勤について相勤むに及ばないとのことです。

一、同月七日、**丸山御屋敷勤を仰せ付けられました。**

一、同年七月九日、右について、**一役場取り締まり掛**（係）を仰せ付けられました。

一、同年八月二十五日、**養父（風間定保）が大病なので看護のために役をやめたいこと**を届ける。

勝手次第（意見の通り）と仰せ渡らされる。

一、同年九月三日、前条快方について、明日より出勤の義を届ける

一、同年十月十七日、養父大病について看病引きの義を届ける、勝手次第と仰せ渡される

一、**同（天保十二年）十月二十一日、祖父・（風間）敬斎（定保）病気の処、養生がかなわないで昨夜、亥下刻病死について、忌引きの義を届ける**

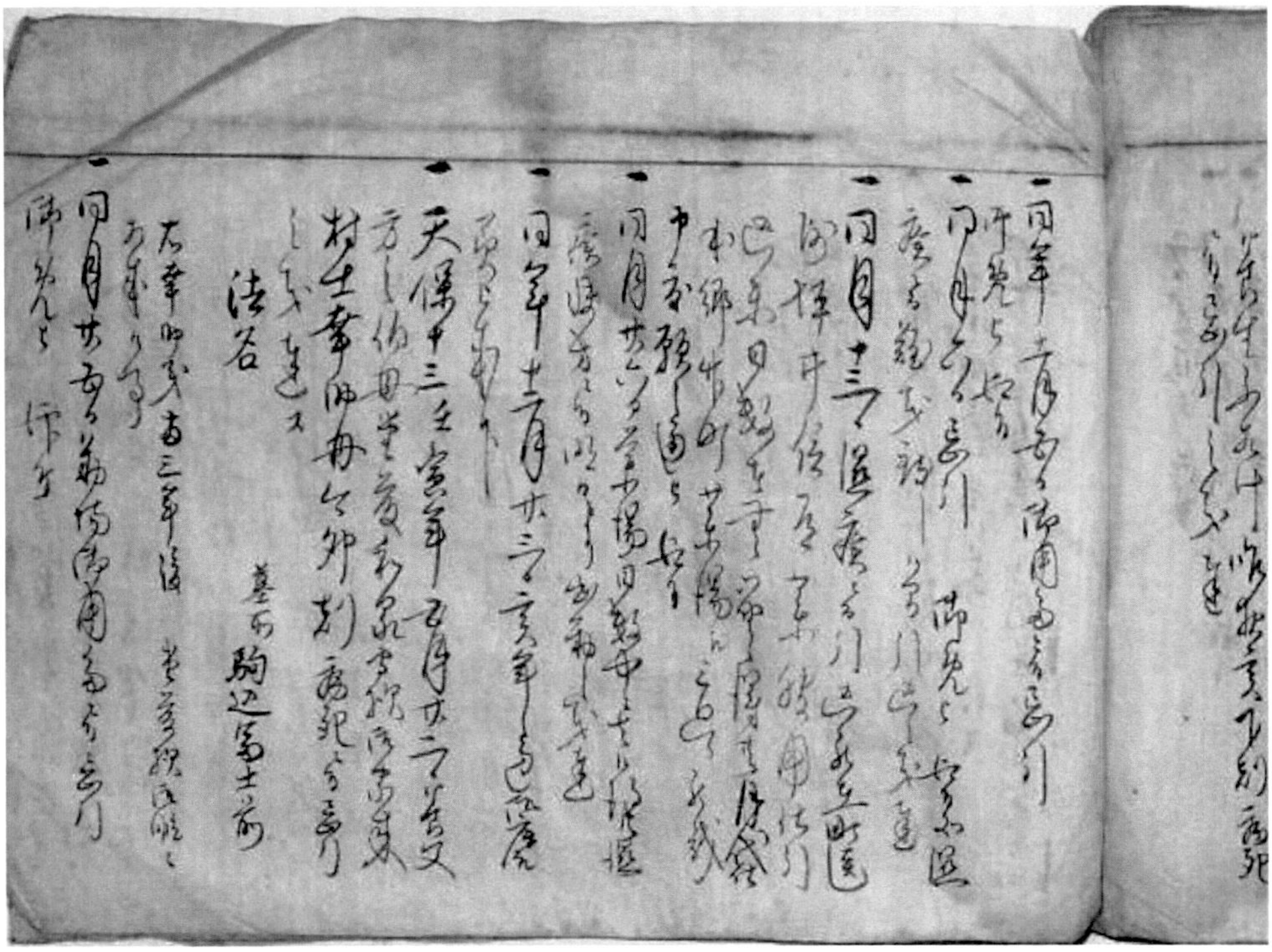

三十七頁

一、同（天保十二）年十一月五日、御用が多いので忌引き御免がおおせつけられた。

一、同月六日、忌引御免を仰付られるましたが、湿疾にて難義いたしているので役引込の義を届ける

一、同月十三日、湿疾にて引込みをいたしており、**町医師・坪井信道**へ参り薬を服用いたし、引き込みはまだ日数はございませんが、**月代**《さかやき》を致し、**本郷竹町薬湯**へ立ち廻り参り申したく、願の通り仰せつけられる。

一、同月廿六日、薬湯日数中ではありますが、湿疾《しっしつ》が快方しましたので、明日より出勤の義を届ける。

一、同年十二月二十三日、亥年《いとし》（いのししのとし）の通り御褒美を成し下さる。

一、天保十三壬寅年（１８４２）五月二十二日、**養父方の伯母・藤堂和泉守様御家来・村士**《すぐり》**幸男・母**、今卯刻剋病死について忌引きの義を届ける。

（説明）

湿疾《しっしつ》　文書から判断すると、かなり重いアトピー性皮膚炎のイメージがある。

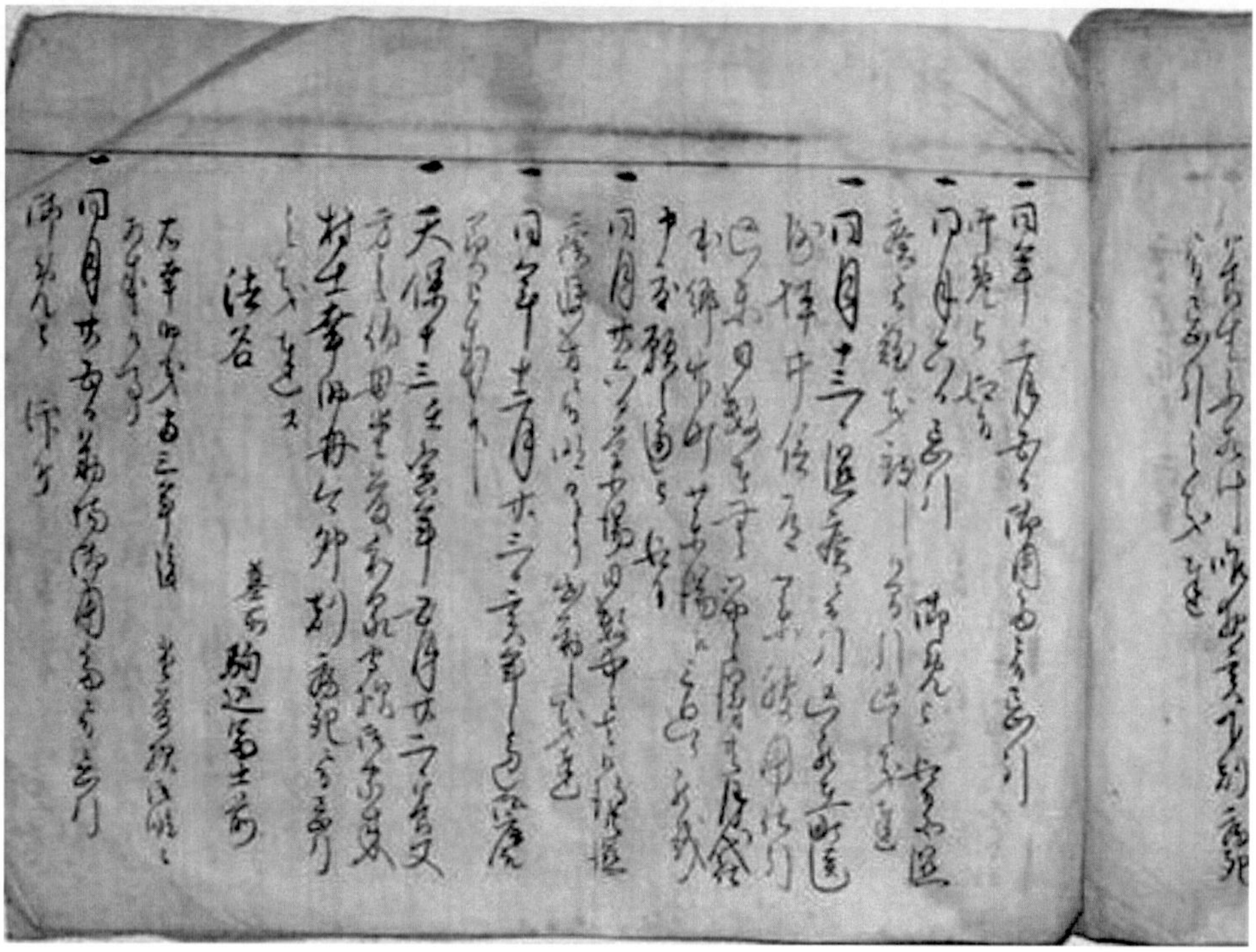

三十七頁続き

（一部全前文と重複する）

一、天保十三壬寅年（１８４２）五月二十二日、**養父方の伯母・藤堂和泉守様御家来・村士《すぐり》幸男・母**、今卯刻剋病死について忌引きの義を届ける

法名　　墓所　　駒込富士前

右（村士《すぐり》）幸助の義、両《？》三年後、藤堂様御暇《いとま》に相なりました事。

一、同月二十五日、勤場御用多きについて、忌引き御免が仰せつけられる。

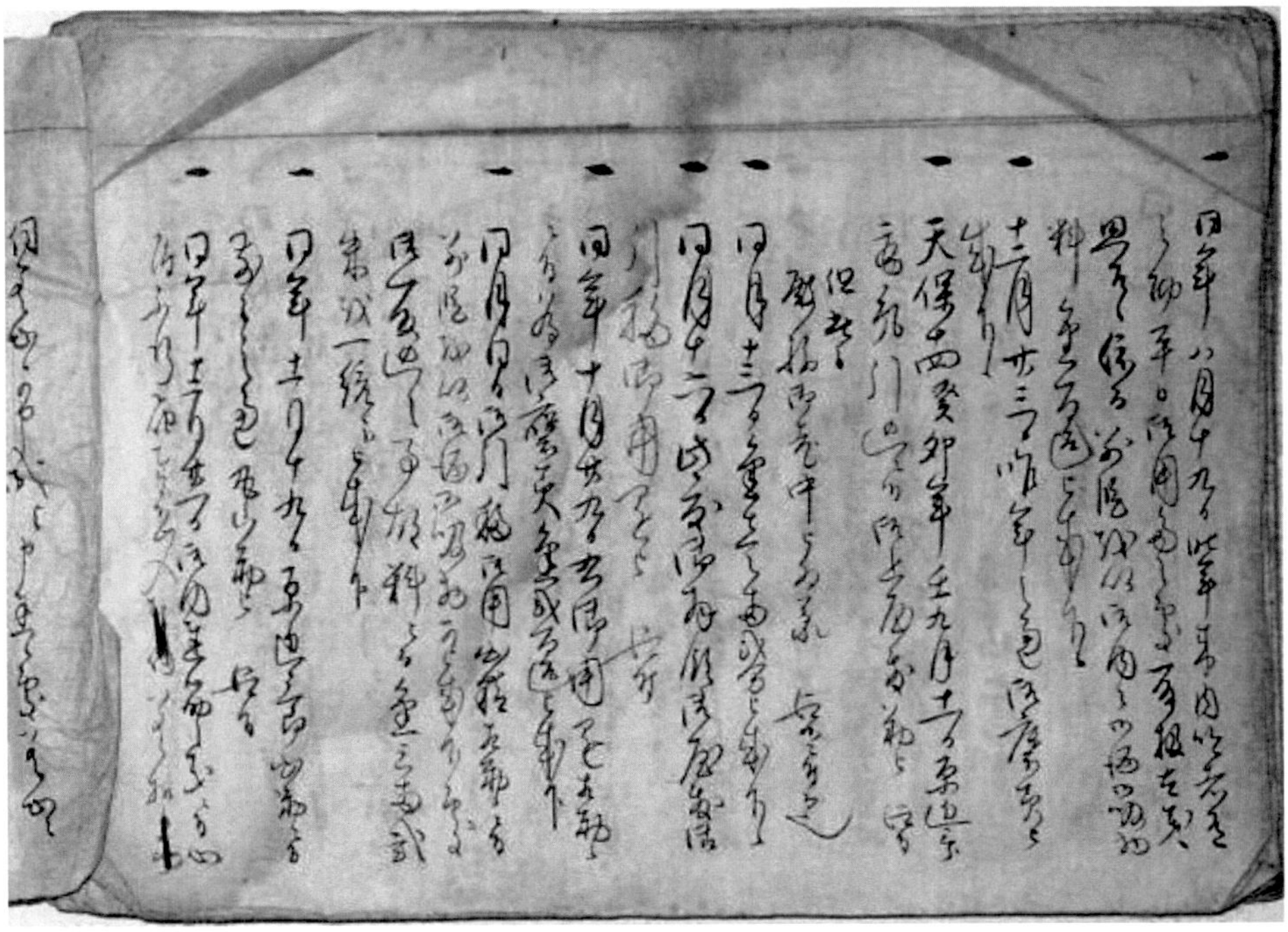

三十八頁

一、同（天保十三）年八月十九日、昨年来内吟者がある砌《みぎり》、平日御用多きの処、取扱、大義に思召されました。よって、別段を以て御酒、御吸物相当の料金・百疋成し下されました。（頂戴いたしました。）

一、十二月二十三日、例年の通り御褒美を成し下されました。

一、天保十四葵卯年（１８４３９）閏九月十一日、**原近三郎**　病気引っ込みについて、御上屋敷勤を仰せつけられる。但し、この日、殿様は御老中に、仰《おお》せを蒙《こうむ》らせられましたからです。

一、同月十三日、金・一両二分を成し下されました。

一、同月十六日、この度、ご拝領の御屋敷へ御引移る御用懸（係）を仰せつけられる。

一、同年十月二十九日、右、御用懸（係）を相勤めましたので、御褒美として金・二百疋が成し下される。

一、同月同日、御引移御用を出精勤めましたので、別段を以て、御酒、御吸い物を成し下さるべき処、御取込みの事ゆえ、料（金銭）・金三両二朱を一統（一同をまとめて）へ成し下されました。

一、同年十一月十九日、**原　近三郎**出勤について、前々の通り、丸山勤を仰せつけられる。

一、同年十二月二十一日、御内達筋の義について、心附不行届きを恐れ入り　奉《たてまつ》り□□《末梢末梢》差控□□《末梢末梢》

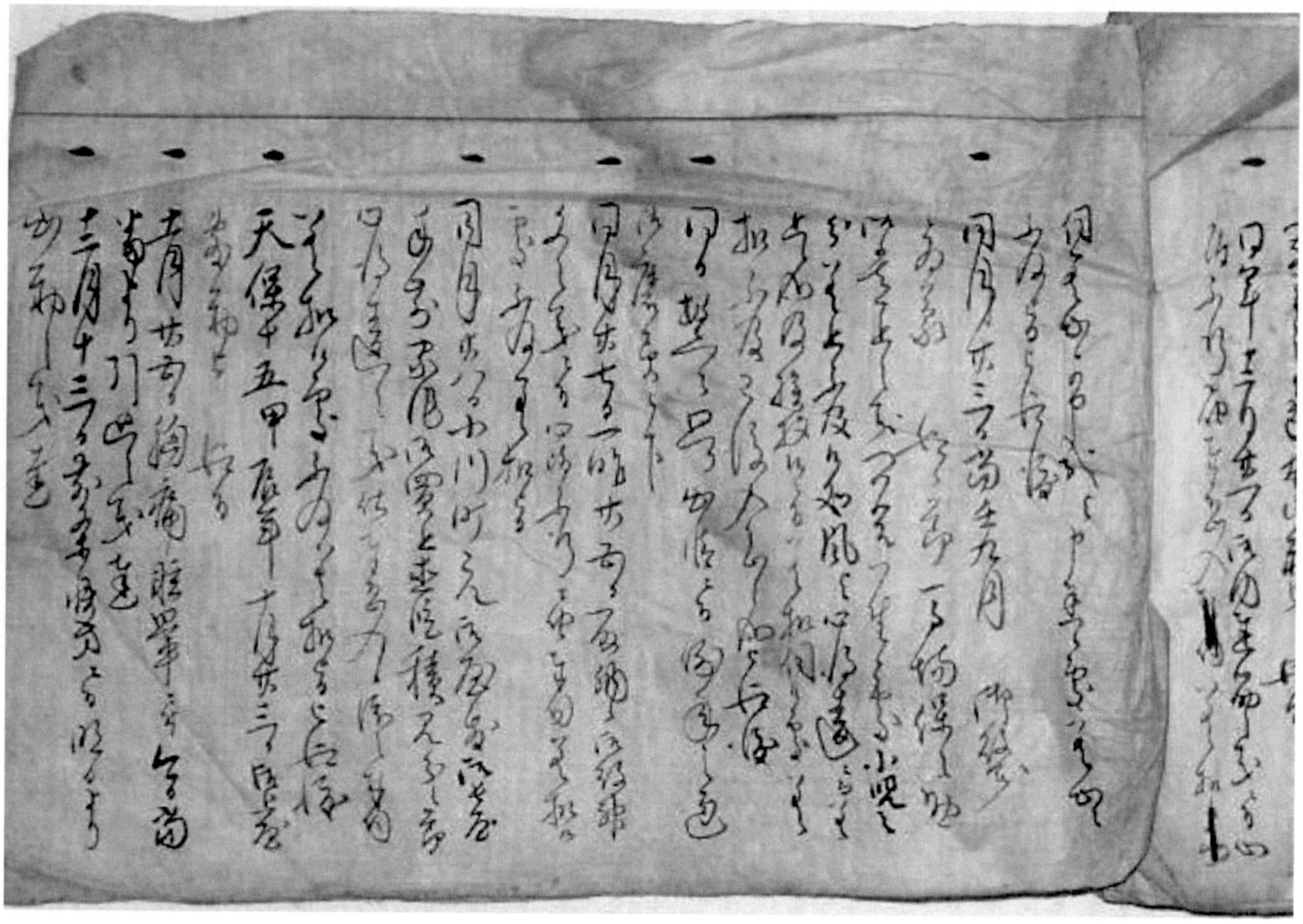

三十九頁

伺いを出すべきかと届けました処、差出に□及ばない旨が、仰せられました。

一、同月二十三日、当閏九月御役義（仕事）の命令を頂きました　**馬場保之助**のこと、役義（仕事）の差上げ（返上）の問い合わせがありましたが、小児（子供）の場合は取り上げないとのことです。ふとした、心得違い（考え違い）で、役義取上げの御挨拶に行きました。　役義(仕事)の差し(扣《ひかえ》)控えを伺いました。すると、役義（仕事）遠慮は必要ない、巳後は、入念（細かいところまで注意して）に勤めます様に指令されました。

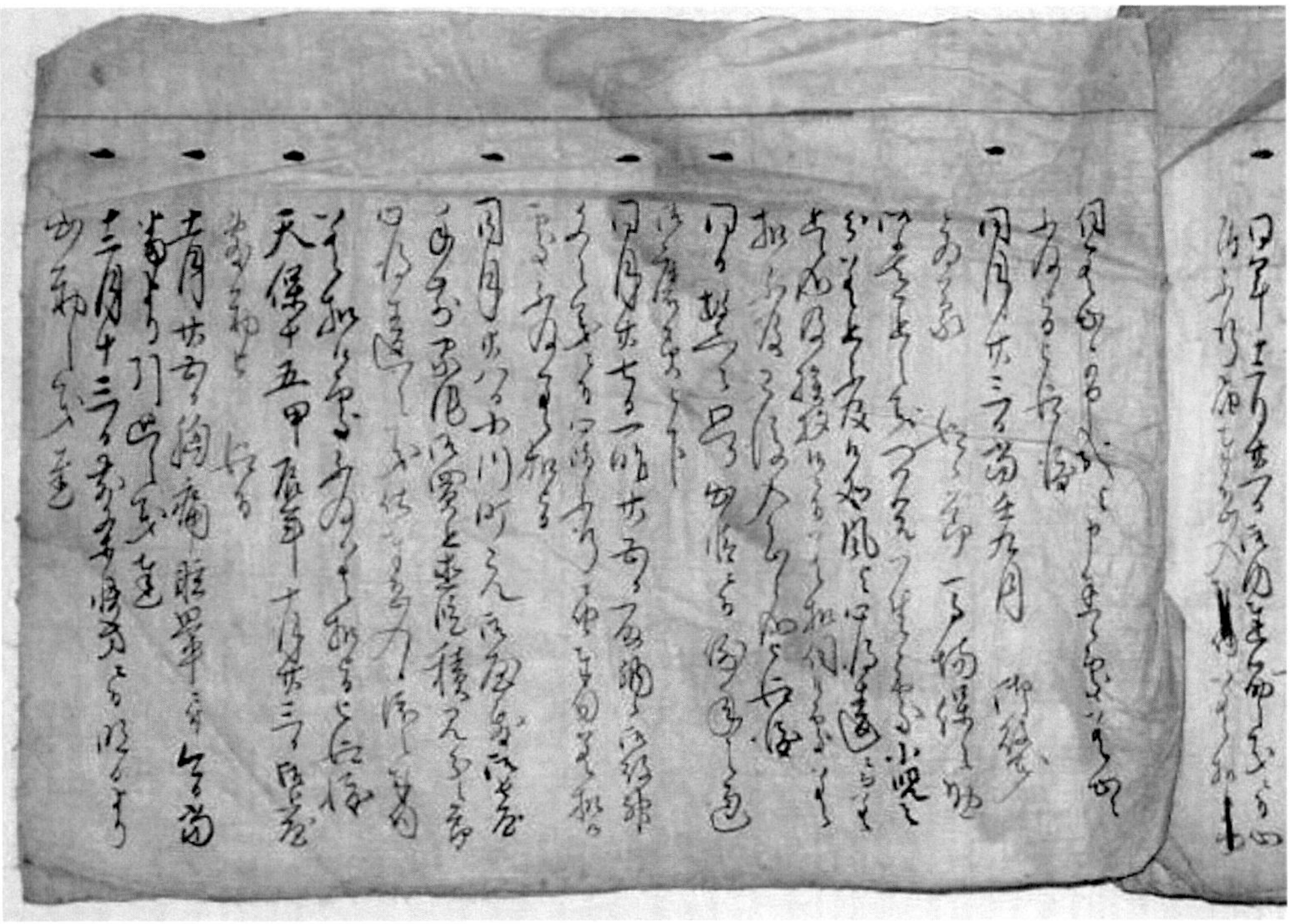

三十九頁続き

一、同日、繁々《しげ》（頻繁に）の廻り出精について、例年の通り御褒美を下さる。

一、同月二十七日、二十五日に取納めた（提出し、受理された）御役（役義、仕事）の神文（誓約書）について、**心附不行届（注意不十分）**のため、役義出仕のの遠慮差し伺い出ました。　遠慮はいらないとのことです。

一、同月二十八日、**小川町・元御屋敷御長屋**の手前の家作（借家）の**直段**《ねだん》の見積もり心得違いをしてしまい申し訳ございませんでした。　これによって、役義の出仕遠慮を伺いました。遠慮には及ばないことが、仰せ渡らされました。

一、天保十五甲辰年（１８４４）十月二十三日、御上屋敷勤を仰せつけられる。

一、十一月二十五日、胸痛、眩暈《めまい》について、今日の当番より、引っ込み義（休み）を届ける。

一、十二月十三日、前条、快方に付、明日より出勤の義《ぎ》（こと）を届ける。

み‐ぎり【×砌】

《「水限（みぎり）」の意で、雨滴の落ちるきわ、また、そこを限るところからという》

1 時節。おり。ころ。「暑さの―御身お大事に」「幼少の―」

2 軒下や階下の石畳。

3 庭。

4 ものごとのとり行われるところ。場所。

5 水ぎわ。水たまり。池

扣《ひかえ》：控えの異体字、遠慮を意味する。

お‐ちょう（御帳）

1 江戸時代、犯罪者の罪状や所在などを記録した奉行所の帳簿。

2 江戸時代、勘当・除籍された者を記載した帳簿。

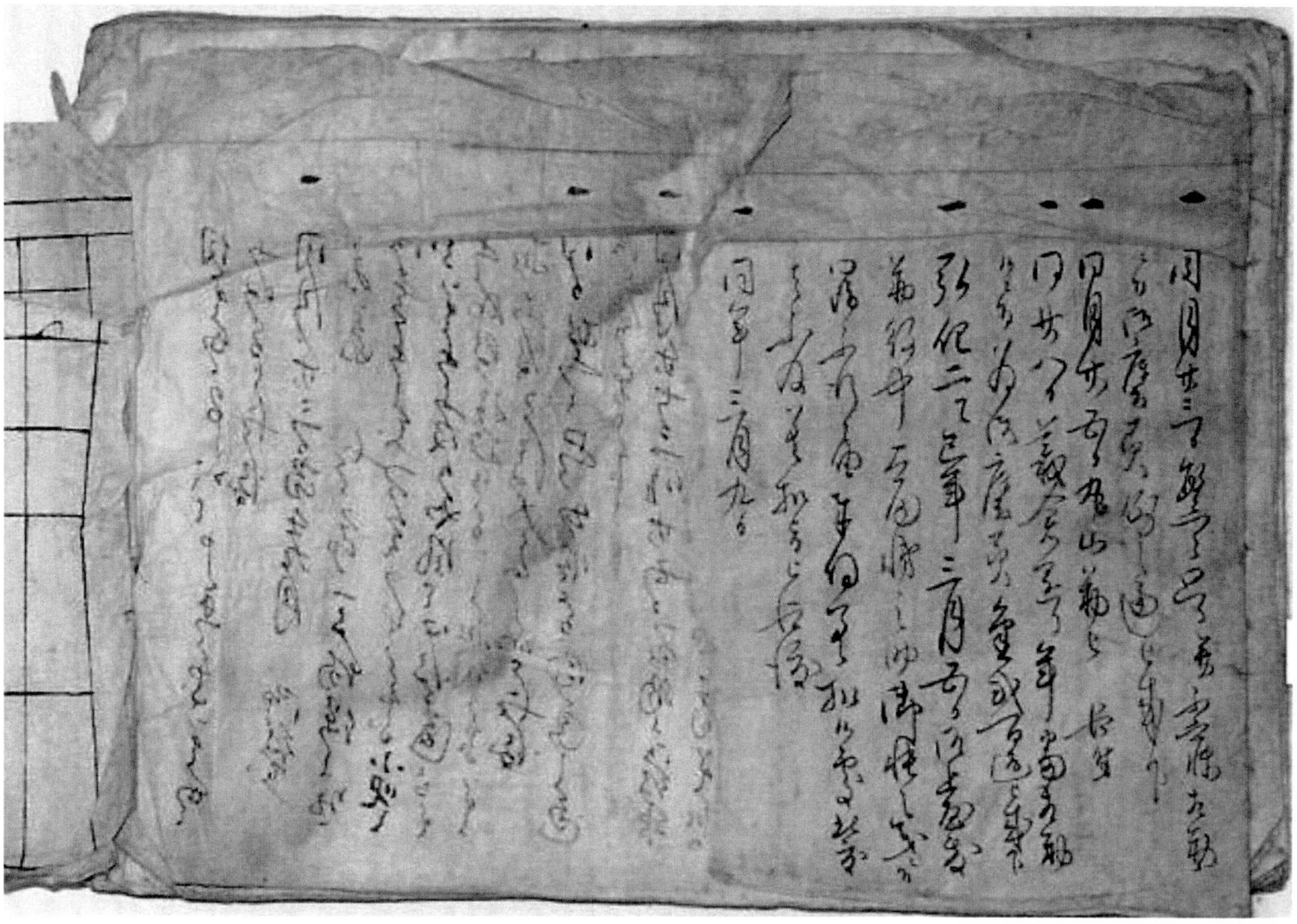

四十頁

一、同（十二）月二十三日、繁々《しげ》（頻繁に）ならびに、**不寝相勤（深夜警護）**について、御褒美、いつもの通り成し下される。

一、同月二十五日、**丸山勤**を仰せつけられる。

一、同二十八日、**義倉《ぎそう》懸（係）**を、年番で相勤めてきましたので、御褒美として金・二百疋を、成し下される。

一、弘化二年乙巳年（１８４５）三月五日、**御上屋敷勤役中**、**大田梯之助**、御帳の義について、心附不行届の伺いを奉《たてまつ》り差し控えました処、この度は、差し控えに及ばない旨を仰せ渡される。

□　同年三月九日

後は、文書破損されている。

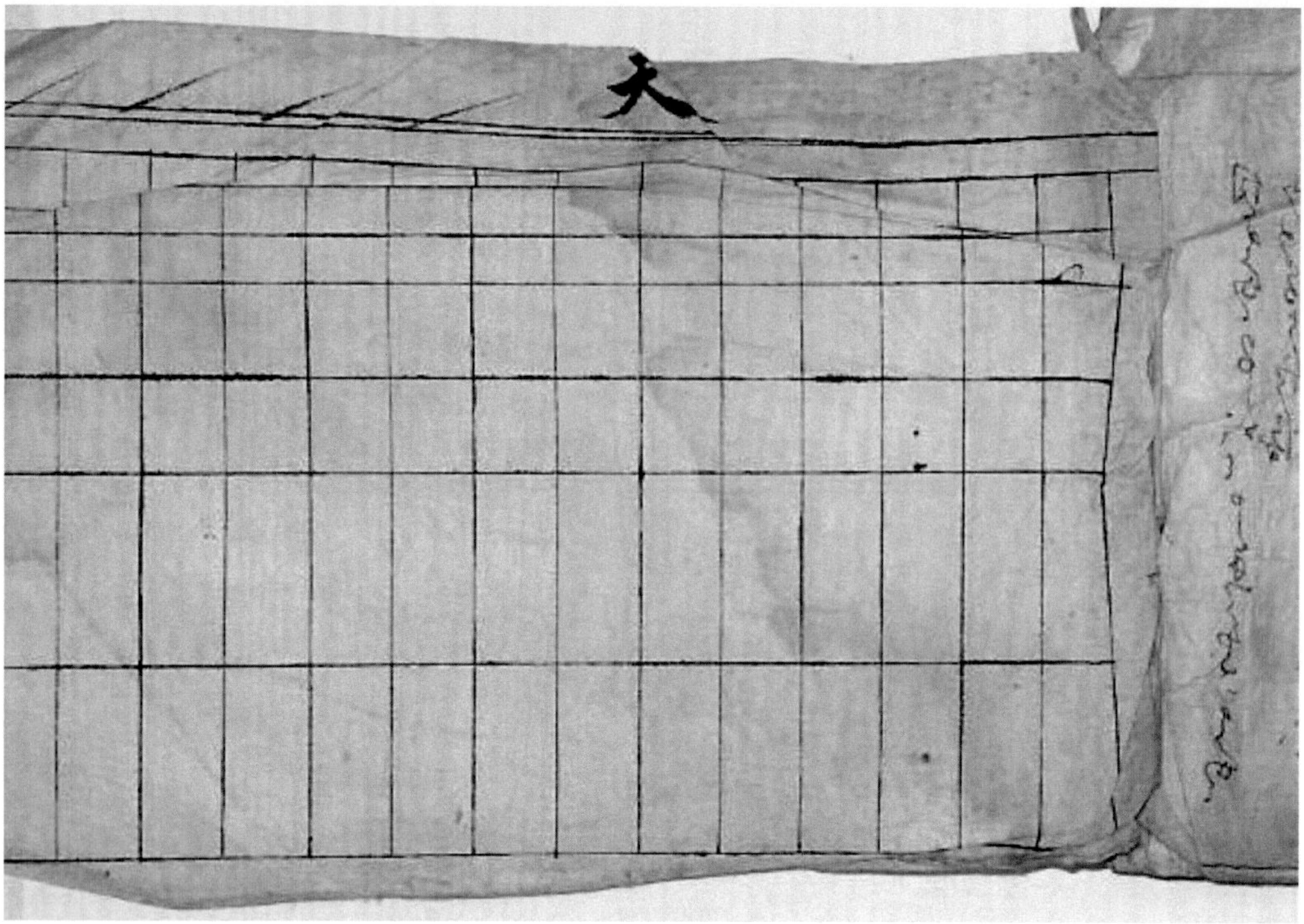

四十一頁

文書の上部に、「天」の文字が記載されている。

「天」は、天宇門組の印文字かもしれない。

罫線が引かれているのは、おそらく、書く時の定規として使用したのではなかろうか。

(参考)

風間房の実家墓所が「岩槻」にある事を特に言っている。その「岩槻」は、藩の初代藩主・青山忠俊公の次の藩主は、阿部正次公をはじめ、政澄公、重次公、定高公、正春公、1671寛文11年には岩槻城主を阿部正邦公が継ぎ、宮津、宇都宮のあと1710宝永7年には、備後国福山に移っている。阿部正次公は、阿部家宗家初代。従って、あえて風間政が「岩槻」と言ったのは、政の実家(里方)中村家と岩槻藩あるいは藩主阿部公との関係を残したかったのではないかと思われる。

風間家系図由緒書 翻字

（資料番号九〇〇ー一ー三）

一、文書中の各氏との「関係線」（上、下横線）は省略した。原文を参照。

二、原文は意識した文字の大きさになっているが、文字の大きさに大小は付けない文字もある。

三、原文の文字は、行対応を原則行っているが、紙面の都合で次の行になっている場合もある。

一頁

風間（姓）氏　本国信濃
紋丸之内釼片喰
一　定友　六右衛門　天字門組
生國信刕
御当家住込其外委細不詳
風間仁右衛門方江可承
寛政十二庚甲年十月廿五日死
法智院釋恵了信士
年七十七
江戸駒込三ツ谷町
浄土真宗
墓所　西善寺
定友妻　名　房《フサ》
法授院釈妙恵信女　定保厄介故法事等都テ当家ヨリ出ス
天保元辛寅年十二月廿八日死
年八十四
墓所　同寺

二頁

定友妻里方　中村喜六娘

義山良雄信士　喜六

明和（走）七庚寅年九月十一日死

墓石ニハ明和八辛卯ト有リ

照屋栄心信女　右同人 妻

明和元甲申年十一月十四日死

右墓所

駒込

大圓寺

右跡岩槻アリト雖トモ大圓寺江之

附届等都而当家ヨリ出ス

但御當家江住込候由ニ候得共

委細之訳不二相分一

年房　初甚兵衛

風間仁右衛門

天明　年　月　日定友番代与ナル

嘉永三庚戌年四月廿六日死

智則院釋了静信士

年八十四

三頁

墓所　西善寺

女子　名不レ分

安永四乙未年十一月七日死

釋暁夢信女

年六歳

墓所　西善寺

石碑無レ之不二相分一

女子　紋《モン》

初大塚甚助ニ嫁ス家断絶後藤堂

和泉守公藩士村幸七ニ嫁

大塚家

女子　初《ハツ》　森崎紋蔵妻

四頁

御天守番下番
女子　金《キン》　裏番所町　平澤為右衛門妻
男子　大塚安次郎　行衛不二相知一
村士家
男子　村士幸助藤堂公藩後家断絶行衛不二相知一
同　村士道雲村士道順養子トナリ後家断絶行衛不二相知一
天保十三壬寅年五月廿二日死
年七十才
墓所
女子　直《ナヲ》
飯田卓蔵妻養子（宗）倉斎早世ニ付
家断絶

五頁

天保四癸巳年正月十二日死
釋妙智信女
年五十九才
墓所　西善寺

定保　敬齋　初留次郎後隹碩

正倫公御代
一　安永七戊戌年二月十二日丸山御屋敷ニて出生
一　天（明）保五乙巳年八月十三日表坊主子
供御雇被二　仰付（被召出）一隹碩与改名
一　同七丁未年八月廿六日表坊主子
供（本役被七　仰付七）被二　召出一御宛介
金三両壱人扶持被二成下一候
一　寛政四壬子年　濕瘡ニ而引込
居薬湯治へ罷越度願書差出願之
通被二　仰付一
一　同廿七日右再願々之通被二　仰付一

一　同九月十一日濕瘡快方ニ付出勤之義達

六頁

一　同五癸丑年正月十七日信刕芋川村
罷在候郷士父方之叔母　去ル二日
病死之義告来候ニ付残日数忌服
請候段達

一　同年四月廿四日母方之伯父田村磯
右衛門病死ニ付御定式之通忌服
請候段達ス

右墓所　駒込竹町

寂照空信士　禅宗 **大圓寺**

但家断絶ニ付附届等当家より出ス

一　同六甲寅年正月十七日信刕日向
村ニ罷在候父方之**叔父風間治三郎**
去ル病死之義告来候ニ付忌服
請候段達ス

一　同三月四日御年寄方物書當分
加番被二　仰付一

一　同四月朔日右加番御免被二　仰付一

一　六月十二日

七頁

世子正精公御附（御奥）御坊（主）被二仰付一

一　同年七月十一日拾五俵弐人扶持御
直被二成下一

一　同七乙卯㊥年十二月十一日閏餘同道
之節丸山於二御門一不行届之義
有レ之押込被二　仰付一　同十八日　御免

一　同九丁巳年二月十七日父方之伯父
病死之旨告来残日数
忌服請候段達同十七日御免

一　同年十月廿日親六右衛門番代相願隠
居罷在候處家内多ニ付御長屋拝借
仕度（内）願達

一　同月廿七日願之通拝借被二　仰付一

一　同日御長屋御徒目付池田源吾より
請取七棟也

一　同年十一月十一日手前家作之義達

一　同月十五日拝借御長屋へ引越候段達

一　同十一己未年十月十三日
世子正精公御小納戸坊主被二　仰付一候

一　同十二庚申年壬四月五日敬斎
与改名願書差出　同十一日

右願之通被二　仰付一

八頁

但内実

正精公より敬斎江落被レ下候由其謹

慎ナルヲ以也

一　同年十月廿六日親六右衛門病死ニ付

忌服請候段達

一　同年十一月十一日忌引　御免被二　仰付一

一　享和三癸亥年三月廿四日類焼

一　同五月六日仮御長屋拝借相願同

七日於二御上屋敷一拝借被二　仰付一候

詰切ニ付名代小鉄を以川村作兵衛より

請取

一　同月廿二日於二（丸）樹木山一拝借御長屋

井上庄三郎より名代飯田文吉を以請取

御上屋敷仮御長屋小鉄を以差上

一　同年同月廿三日手前家作之義達

一　同年六月十三日妹風間甚兵衛妻

病死忌服請候段達

同十八日忌引御免被二　仰付一

八頁続き

一　同年九月廿一日五俵御加俵被二成下一

正精公御代

一　同四甲子年二月三日母引取厄介

仕度旨願書差出同七日勝手次第与

九頁
被二　仰付一
一　文化三丙寅年二月十一日姉并甥一人
姪弐人引取厄介仕度尤甥常之丞
義當寅九才ニ罷成候ニ付拾五才迄
私方ニ差置養育仕遣度願書
差出同十七日願之通被二　仰付一
同廿四日右之者共今日引取候段達
一　同年三月九日
御帰城御供在番被二　仰付一
一　同年五月十九日今度
御加級被レ為二蒙レ　仰一候ニ付御定府
ニ被レ為レ成候段被二　仰出一
一　同四丁卯年三月廿六日厄介之姉
并姪壱人召連藤堂和泉守様
御家来村士幸七与申者方江妻再
縁談申合度願書差出同晦日
願之通被二　仰付一
一　同年七月廿八日右今日差遣婚姻
為相整候段達
一　同年十二月廿六日　御通掛
御目見被二　仰付一

十頁
一　同五戊辰年三月十五日御通掛
御目見之御禮以扇子箱申進
一　同年六月十六日妻引取婚姻整候段達
一　同年十二月十八日御帰城御供
在番被二　仰付一同廿九日御道中御
坊主頭之場相心得候様被二　仰付一
一　同六己巳年正月十八日御道中御
坊主頭之場相心得ニ付神文相
願即日御取納有レ之
一　同年二月十八日於二福山表一奉
蒙二　御意一候
一　同年二月九日於二福山一武田半兵衛
并宗斎　御咎被二　仰付一候處同部
屋之事故奉二恐入一差扣伺差
出候處不レ及二差扣一已後心附候様
被二　仰渡一
一　同年四月十日鞆津一見阿伏兎
江参詣仕度願書差出同十六日
願之通被二　仰付一

十頁続き

一　同年六月朔日福山表より御供ニ而帰着

一　同年九月廿二日去月下旬より積気

ニ而引込罷在追々快方ニ付月代仕

御門内外歩行仕度願書差出

十一頁

即日願之通被二　仰付一

一　同年十月朔日尚又歩行再願差

出候処即刻勝手次第与被二仰渡一

同十日歩行今日限ニ付明日より出勤

可レ仕処未相揃不レ申候ニ付引込候段達

一　同　積気快方ニ付出勤仕候段達

一　同八辛未年七月十二日私拝借御長

屋藤平銀助御長屋御家作も御座候

ニ付相對替仕度相願同十八日勝

手次第与被二　仰付一候

樹木角御長屋也裏之方ハ堀口助三郎屋敷

一　同年同月廿三日右御長屋請取即日

引移候段達

一　同年八月十六日拝借御長屋へ手前家

作仕度并北之方横手通り空地長サ

拾壱間之処壱尺五寸通拝借仕

度願差出

一　同年同月廿七日右願之通被二　仰付一

一　同九月三日拝借地御徒目付八木

十二頁

八十三郎より請取候段達

（別紙　？）

文化十一甲戌年十一月廿一日出生

一　同九壬申年二月十三日甥常之丞義
先達而奉二願上一引取置養育仕候処
當年拾五才ニ罷成候ニ付他参為レ
仕候段達

一　同十癸酉年二月廿妻今未中
刻出産女子出生依レ之追々忌引
之義達

一　同月
女子名鉦《カフナ》　後鈫《セイ》　又後粂与改
血忌　御免被二　仰付一

一　同年十月七日去月中旬より瘧疾
其上積気ニ而引込月代仕薬湯
江立廻り罷越申度旨願書差出
即日願之通被二　仰付一同廿七日尚
又弐廻り再願々之通被二　仰付一
願書差出同十七日願之通被二仰付一

十二頁続き

一　同年十一月十日薬湯今日限ニ付
同十一日より出勤之段達

一　同年十二月十一日厄介姪松崎久
五郎悴久巳女房縁談申合度
願書差出同十七日願之通被二仰付一

十三頁

一　同月十八日右姪久巴方へ今日差遣
婚姻為二相整一候段達
　大塚甚助娘ニ而初《ハツ》之事也
一　同十一甲戌年十二月十九日奥御坊
主頭見習被二仰付一勤方之義者
是迠之通与被二仰付一同廿日右神
文御取納相済
一　同十二乙亥年九月廿四日裏之方
并横手庇手前家作相願同
廿八日勝手次第与被二仰渡一
一　同年十二月十九日三俵御加俵被二
成下一
一　文政三庚戌年九月廿七日、当七月
下旬より痛所其上腹痛ニ而引込
月代仕湯薬相願々之通被二仰付一

十三頁続き

一　同月十七日尚又弐廻り再願々之通被二
仰付一
一　同十一月朔日薬湯再願今日限
之処未聢与不仕候ニ付、明日より引込
之義達
一　同年十一月十七日尚又薬湯三廻り
相願々之通被二仰付一

十四頁

一　同月廿九日薬湯日数中ニ者
御座候得共快方ニ付明朔日より
出勤仕候段達

一　同年
（文政三庚寅年）十二月九日本
御目見奥御坊主頭被一　仰付一勤方
是迠之通被二差置一候旨被二仰渡一即日
神文御取納相済

一　同四年巳年七月廿~~七~~（八）日本
御目見之御礼申上候

一　同五壬申年四月九日手前家作
之義達

一　同八乙酉年二月五日蔵石専助次
男敬治郎義養子仕往々娘与妻
合申度願書差出同十一日願之通
被二　仰付一同十三日引取

十四頁続き

一　同年九月十七日御長屋裏之方へ九
尺四方塗屋物置手前家作仕度
旨相願十月十五日勝手次第与被二
仰渡一

一　同九丙戌年五月廿五日当分御側
茶頭兼勤被二　仰付一即日神文
御取納相済

正寧様御代　［十五頁］

一　同年七月六日
謙徳印様　御葬送之節法
林院より御行列之外ニ御供仕度
内願之通被二　仰付一

一　同月八日
右御法事中　御霊前江献
備物仕度相伺候処同九日勝手
次第与被二　仰渡一

一　同年八月廿五日御側茶頭被二
仰付一候神文翌廿六日御取納有レ之

一　同十丁亥年二月十九日養子敬
之助義不熟ニ付離縁仕度願書差
出候処即日願之通被二　仰付一直ニ里
方蔵石専助方へ差戻

一　同年正月十一日厄介之母当年八拾
才ニ相成候段達

一　同年三月十五日厄介実母格別
長寿ニ付被レ成二御祝一御酒御吸物被二下
置一婦人之義ニ付宅ニ而頂戴可レ仕
依レ之御酒御吸物料金百疋被レ成レ下候

［十六頁］

一　同年六月十一日
謙徳院様御一周忌御法事之節
御霊前へ献備物仕度伺書差出
同十六日勝手次第与被二仰渡一

一　同十一戊子年六月十二日
謙徳院様御三回忌ニ付右同断
同十七日勝手次第与被二仰渡一

一　同年六月廿五日大塚常之丞
義拾五才迄奉願上引取養育
仕候処拾五才ニ罷成候ニ付他参
為レ仕当時安次郎義兼々不所
存ニ付
公義御帳御載被二下置一候様願書
差出年齢書も差出ス当子三拾一才

一　同廿六日願之通被二　仰付一、御書
替御

一　同十三庚寅年十二月十九日拾石
御直被二成下一候

一　同年同月廿五日厄介実母義
此（度ヵ）節大病ニ付看病引仕度勝
手次第与被二仰渡一

一　同年同月廿九日厄介実母病気
十七頁
之處養生不二相叶一病死依レ之御
定式之通忌服請候段達
　法名　法授院
一　天保二辛卯年二月五日忌
御免被二　仰付一
一　同日忌引　御免被二　仰付一候處風邪
其上積気ニ而引込候旨達
一　同年同月十五日月代仕御門
内外歩行仕度願書差出願
之通被二　仰付一
一　同年同月廿四日尚又十日再願々
之通被二　仰付一
一　同年三月三日歩行再願今日
限之處快方ニ付明日より出勤仕候旨達
一　同年四月廿七日去月中旬より腫痒
其上痔疾ニ而引込罷在月代仕
薬湯江三廻り罷越申度願書差
出即日願之通被二　仰付一
一　同年五月十八日薬湯尚又弐廻り
再願々之通被二　仰付一
一　同年六月三日薬湯再願今日限
十八頁
之處未聢与不レ仕依レ之引込候旨
達被
一　天保三壬申年六月十七日
謙徳院様七回御忌御法事之節
御霊前江献備物仕度伺勝手次
第与被二仰渡一
一　同四癸巳年正月十三日姉倉竹母
親類
御臺様御用人野田下総守様
御支配名取勝三郎与申者方へ逗留
罷越居候處病氣ニ而養生不相
叶病死仕候依レ之御定式之通忌
服請候段達
法名妙智信女　　墓所　西善寺
一　同月廿二日忌引
御免被二　仰付一
一　同年八月廿九日甥村士（窐）雲義
押込二　仰付一奉二恐入一候依レ之奉レ伺差
扣候處依レ伺遠慮被二　仰付一候
一　同年九月十五日依レ伺遠慮被二
仰付一置候處
御免被二　仰付一

一　同年十月十一日御作事奉行様御
支配御畳小屋御門番田窪郎 【十九頁】
助与申者娘妻之姪ニ御望候間
此度私厄介仕同御支配御作
事方小役岡田平之助与申者内
縁被御坐候間右同人妻縁談
申合度内伺差出候処同十七日勝
手次第願書差出候様
一　同年十一月七日右願書差出
同　願之通被二　仰付一
一　同五甲午年正月十五日五拾年
来相勤候ニ付金三百疋被二成下一候
一　同年同月十七日甥村士道雲
押込被二　仰付二奉二恐入一奉レ伺差扣候
処依レ伺遠慮被二　仰付一
一　同年二月三日右　御免被二　仰付一
一　同年四月四日姪
御臺様御用人野田下総守様
御支配名取勝三郎与申者妻病
死仕候ニ付御定式之通忌服請候
旨達

（追加）
甚之丞養女トナル妹雪ノ娘尚又飯田卓蔵養女与ナル
風間三木三娘ニ而俗名　きの　法名

【二十頁】

一　同年十月廿八日甥村士道雲身
持不行届ニ付以二　御意書一遠慮
被二　仰付一
一　同年十一月廿八日右　御免被二　仰付一
一　同六乙未年四月廿六日先達而
奉願上候田窪良助与申者
娘今日厄介引取即日岡田
平四郎与申者方へ差遣姻
婚為二相整一候段達
（欄外上部追加）
平之助事平四郎与改名ニ付御達引直しニ相成候
一　同年五月廿七日養子仕度
奉レ伺候処御家中内相應
之者者無二御坐一候ニ付松平阿波
守様御家来若林六左衛門与
申者厄介鈴木敬助義
内縁の御坐候間養子仕娘
与妻合申度伺書差出候処
六月三日勝手次第願書
差出候様被二仰渡一

二十一頁

一 同年六月五日右養子願書
差出候處同九日願之通被二
仰付一

一 同年同月十六日先達而奉
願上候養子敬助義今日引
取婚姻為相整候段達

（欄外上部追加）
七月十一日御長屋
裏之方空地拝
借願之通被二 仰付一
同十三日地所受取候

正弘公御代

一 同八丁酉年十二月十九日弐石
御加米被二成下一候

（欄外上部追加）
六月朔日
御参廟前後
御小納戸坊主
手傳奥改被二
仰付一候

二十一頁続き

同廿日願之通

（行間追加）
同日私□仕候御□□類倅六三へ□用為レ仕度願

一 同九戊戌年五月十三日去月
中旬より溜飲其上胸痛ニ而
引込罷在月代仕御門内外
歩行仕度願書差出即日
願之通被二仰付一

一 同月廿二日尚又再願々之通
被二仰付一

一

一 同年六月十七日

二十二頁

謙徳院様十三回御忌御法事
ニ付　御霊前江献備物仕
度伺書差出候處勝手次
第与被二仰渡一

一 同十己亥年十月廿日姪森
崎紋蔵妻病氣之處
養生不相叶今卯上刻病
死仕候依之忌服請候旨
達

俗名　初《ハツ》　墓所丸山　興善寺

一 同年十二月廿九日当月中
旬より打身ニ而引込罷在未
日数者無二御坐一候得共月代
仕願書差出即日願之通被二仰付一

二十三頁

一 同十一庚子年四月由緒書差出ス

一 法名　天保十二辛丑十月廿二日未刻
死去　年六十四才
法道院釋圓教信士
墓所駒込　西善寺

二十四頁

定保妻

一 政《マサ》 初メ 後 久《ヒサ》 又 政《マサ》与改ム
右寛政六甲寅年四月五日安
藤對馬守様大塚邸ニ而出生
文化五戊辰年六月十六日定保
江嫁ス

里方
安藤公對馬守藩
田窪仙三郎妹
後 小右衛門与改
又 良助与改

二十五頁

女子 雪《ユキ》
風間三木三義定友番代養子
与成り雪与妻合後 △三木三義△
離縁ニ相
成其後仁右衛門義番代養
子ニ相成候ニ付妻与成ル
三木三娘
一 きの 仁右衛門養女ト成リ
後飯田卓蔵養
女トナル
御本丸仕丁
名取勝三郎妻
天保五甲午年四月四日死
墓所

法名
享和三癸亥年六月十三日死
智光院釋妙慈信女
年二十三才
墓所 西善寺

二十六頁

女子　鉦《カフナ》　後　釮《セイ》　又　粂《クメ》与改
文化十癸酉年二月廿三日未中刻
丸山御屋敷ニ而出生
養子定常妻天保六未年
六月十六日婚姻

二十七頁

定重　敬次郎　後敬之助
正精公御代
一　文政八乙酉年二月五日定保
養子与成ル　年十七才
実方
蔵石専助次男
一　同年同月十三日引移
一　同年四月十一日
御通掛　御目見金五両
弐人扶持被二下置一御使之者
被二召出一
一　同年七月廿八日御徒士當分加
番被二仰付一
十　同九戌年
一　同年十月九日御次物書之場被二
仰付一
一　同九丙戌年四月十五日被二
召出一之御禮申上
正寧公御代
一　同年八月廿五日御徒士被二
仰付一御宛介六両並之通被二成下一

［二十八頁］

同年九月廿日迠敬次郎与申
候處遂之助与改名仕度願
書差出候置候處願之通被二
仰付一
同年十二月五日御廣間御帳附
当分加番被二　仰付一
同年同月廿三日右加番
御免被二　仰付一
同十丁亥二月十九日不熟ニ付
離縁之義願上即日里方
蔵石専助方へ戻

定常　孝之助　孝蔵　敬助　六三

一　文化十一甲戌年十一月廿一日本庄
公松平伯耆守宗發鍛冶橋邸ニ而出生
実父　鈴木近兵衛則

［二十九頁］

法名　法性院　浅草誓願寺地中　安養寺
文政八酉年十二月四日死　年六十九

実母　加ふ
嘉永三戌年八月十五日死年七十七
法名　法智院　墓所同断

兄　鈴木近兵衛則彬
嘉永四辛亥年八月六日死　年四十三
法名　欣浄院　墓所同断

姉　楽《ラク》
蜂須賀松平阿波公藩
若林六左衛門妻

兄　笹尾信輔
本庄松平伯耆公藩

妹　筆

三十頁

水野越前公藩
澁谷量平妻
嘉永二己酉年九月七日死年三十三
法名　秋月院　増山寺御山内
（隋）瑞善院瑞
自分養子之義故有テ
若林六左衛門厄介トナル

正寧公御代

一　天保六乙未年六月九日願之通養
子被二　仰付一
一　同月十六日吉辰ニ付引移（中・・中）即日
婚儀相整
（下行追加）
七月十九日学問所江入門いたし候
一　同年壬七月九日　御通掛
御目見金五両弐人扶持被二成下一
御使之者二　召出一候

三十頁続き

一　同日御徒士加番被二仰付一明日より御番入
一　同十一日金弐両弐分拝借被二　仰付一
弐両被レ下切二弐分一落申候
一　同年九月廿三日丸山御徒目付當
分仮役被二　仰付一廿四日神文御取納有レ之
候間見習廿七日御番成
一　同七丙申年二月廿七日大御目付旧

記取調ニ付當年中丸山御徒目付 三十一頁
仮役被二　仰付一
一　五月七日丸山御宮へ出口相勤候
一　同年五月廿九日養母方之伯母
当時浪人梶田六太郎母昨夜亥
下刻病死ニ付忌引之義達
一　六月朔日勤場御用多ニ付忌引
御免被二　仰付一
一　同年七月廿五日旧記取調ニ付當年
中丸山御徒目付仮役被二　仰付一置候処
其侭当分仮役二　仰付一御上屋敷
勤被二　仰付一置
（下部追加）
丸山相勤候ニ付一日見習明後廿
七日より御番入
一　同年十二月廿三日不寝相心得候ニ付
金三百疋ヲ七人江被二成下一暫々廻り
相勤候ニ付金弐両弐分ヲ上下石原
御徒目付江被二成下一候

正弘公御代

三十一頁続き

一　正月朔日明日初御供ニ罷出候旨届
一　同八丁酉年正月十五日家別觸忌服
之義ニ付御用番之者へ心附不行届伺差
扣候處御差扣不レ致旨被二　仰付一
一　同月十七日御徒目付定仮役被二　仰付一
一　同年二月七日
大殿様御附当番書之義ニ付心附不行届
差扣相伺候處御聞置一己相慎御番御用
相勤候様被二　仰付一同八日此度
者不レ及二差扣一已後

三十二頁

一　入念候様被㆓仰渡㆒

一　同年三月廿五日旧冬格別御用多
之處詰切出精相勤候ニ付御内々御酒
御吸物可㆑被㆓成下㆒処御取込ニ付此節
料ニ而金二百匹ヲ三人江被㆓成下㆒

一　同年五月廿一日六三与改名願之通
被㆓　仰付㆒

（欄外上追加）
△一　七月五日河内采女正様御惣
領ニ間無様御遺骸西門前
御通橋ニ付辻固
出行相勤也

一　同年九月十三日御留守中夜中廻り
出精相勤大義被㆓　思召㆒依候依り㆑之
御酒御吸物被㆓成下㆒候

一　同年十月十五日本　御目見被㆓
仰付㆒弐拾石御直御徒目付本役

三十二頁続き

被㆓　仰付㆒候段々於御席頼母公被㆓仰渡㆒

一　同年十一月朔日本　御目見之御礼
申上候

一　同年十二月廿三日御褒美昨年之通
被㆓成下㆒

一　同九戊戌年四月六日御内達筋之義丸山
同役共より相談も有㆑之候處心附不㆒行
届㆒伺差扣候處御聞置翌七日此度ハ
不㆑及㆓差扣㆒以後入念候様被㆓仰付㆒

一　同月十三日　御帰城御供立帰被㆓　仰付㆒候

一　同月廿三日左之願書差出候處内願
之通　御免被ニ　仰付一　三十三頁
此度御帰城御供被ニ　仰付一難き仕（有脱カ）
合奉レ存候然ル處兼而持病之積
氣其上脚氣御座候處近来
別而出来不出来御座候而難義
仕候ニ付長途之御供無ニ覚束一奉レ存候
依レ之　御機嫌之程奉ニ恐入一候得共
御帰城御供　御免被成下候様
一　同日丸山勤被ニ　仰付一
一　同年五月三日養母方之従弟女當
時浪人梶田六太郎姉病死ニ付忌
引之義達
一　同五日忌引今日限ニ付明日より出勤
一　同年六月十五日丸山勤被ニ　仰付一置候処
已然之通御上屋敷勤被ニ　仰付一候

一　同年七月廿九日御畳表
御朱印纒差添被ニ　仰付一候　三十三頁津で右記
一　同年八月四日右ニ付拝借金并
請取物之義達翌日願之通
被ニ仰付一同六日於ニ御勘定所一金子
請取金五両壱分弐朱也
一　同六日諸色定直ニ付別段金弐
両拝借相願候處願之通被ニ　仰付一
来亥年より八ヶ年賦上納無利息之旨

（「談・」の行より「御朱印・・」の十行は「上テ可レ書」
の注。原本は一字下り）

三十四頁

談有レ之
一 同月八日より右ニ付休引
一 同十三日六時出立
一 同廿六日夕八半時大坂御蔵屋
敷江着いたし候
一 九月十一日 大坂表出立
一 十月三日品川駅五時出立御上屋
敷江 四半時迠着
御朱印ニ付而之義別帳有レ之爰ニ略
一 同年十二月廿三日御褒美例年
之通被レ下
一 同月廿六日天字門大目付役
御免被二 仰付一候儀ハ御役名触廻状
并諸替等談落ニ相成心得方不行届
差扣伺差出候處一統之事故一己慎
被二 仰付

三十四頁続き

一 同月廿九日年始ニも相成候ニ付右慎
御免被二 仰付一
一 同十己亥年四月十八日養母方之
伯父目黒瀧泉寺役人田窪良助
与申者今卯上刻病死忌引之義
達 内実十七日病死也
随善院与 云墓所大塚本傳寺
一 同十九日勤場御用多其上御人少ニ付
忌引 御免被二 仰付一
一 同年九月朔日大手勤番候面々
名面吟書差切候節伊澤松三長沼銀治
名面吟落ニ相成候ニ付伺差扣候處同

一　二日逼慎被二　仰付一 [三十五頁]

一　同五日右　御免被二　仰付一

一　同年十月十三日今日取納候御役神文之
義ニ付不出之義仕候ニ付差扣相伺候處
此度者不レ及二差扣一以後入念候様被二仰渡一

一　同月廿日養父方之従弟女森崎紋蔵妻
今卯之刻病死ニ付忌引之義達
　俗名初　内実十九日病死也
　墓所　丸山興善寺

一　同月廿一日勤場御用多ニ付忌引　御免

一　同年十一月朔日丸山勤被二　仰付一

一　同年十二月廿三日繁々廻り出精ニ付金
弐両弐分ヲ上下石原御徒目付へ被二成
下一候

一　同十一庚子年二月十七日旧記取調皆
出来之處骨折候ニ付御内々金弐両ヲ
七人江被二成下一

一　同年十一月廿五日御上屋敷勤被二
仰付一

[三十五頁続き]

一　同年十二月十九日拾石御直被二成下一

一　同月廿三日一昨年之通弐ケ条御褒
美被二成下一

一　同十二辛丑年正月十八日手塚磯
右衛門御年頭并御具足御祝義
御帳江為レ附候段心得違ニ而不念
之義仕奉レ伺二差扣一候處此度者不レ

及㆓差扣㆒已後入念候様
三十六頁
一　同年三月廿五日去年中柔術
出精ニ付奉㆑蒙㆓　御意㆒
一　同年四月十八日秋月鉄蔵病気
引込ニ付丸山本役明キ候ニ付当分
之内原近三郎申合壱人ツヽ丸山
勤之場相勤候様被㆓　仰付㆒
一　同年五月朔日前条之処出勤ニ付
不㆑及㆓相勤㆒候
一　同月七日丸山御屋敷勤被㆓　仰付㆒候
一　同年七月九日右ニ付一役場取〆り懸り
被㆓　仰付㆒候
一　同年八月廿五日養父大病ニ付看病
引仕度段達勝手次第与被㆓仰渡㆒
一　同年九月三日前条快方ニ付明日より
出勤之義達
一　同年十月十七日養父大病ニ付看病引
之義達勝手次第与被㆓仰渡㆒
一　同月廿一日養父敬斎病気之処
養生不㆓相叶㆒昨夜亥下刻病死
ニ付忌引之義達

（メモ）

三十七頁

一　同年十一月五日御用多ニ付忌引
御被二　仰付一

一　同月六日忌引　御免被二　仰付一処湿
疾ニ而難義致し候間引込之義達

一　同月十三日湿疾ニ而引込罷在町医
師坪井信道参服用仕引
込未日数者無二御坐一候得共月代仕
本郷竹町薬湯江立廻り罷越
申度願之通被二　仰付一

一　同月廿六日薬湯日数中ニ者候得共湿
疾快方ニ付明日より出勤之義達

一　同年十二月廿三日亥年之通御褒
美被二成下

三十七頁続き

一　天保十三壬寅年五月廿二日養父
方之伯母《うば》堂(藤堂?)　藤和泉守様御家来
村士幸助母今卯剋病死ニ付忌引
之義達ス
法名　　墓所　駒込富士前
右幸助義両三年後　堂藤(藤堂?)様御暇ニ
相成候事

一　同月廿五日勤場御用多ニ付忌引
御免被二　仰付一

三十八頁

一　同年八月十九日昨年来内吟者有之砌平日御用多之処取扱太義ニ思召候依而別段を以御内々御酒御吸物料金百匹被二成下一候

一　十二月廿三日例年之通御褒美被二成下一候

一　天保十四癸卯年壬九月十一日原近三郎病気引込ニ付御上屋敷勤被二　仰付一
　　但此日
　　殿様御老中被レ為レ蒙二　仰一候ニ付而也

一　同月十三日金壱両弐分被二成下一候

一　同月十六日此度御拝領御屋敷御引移御用懸被二　仰付一

一　同年十月廿九日右御用懸相勤候ニ付為二御褒美一金弐百匹被二成下一

三十八頁続き

一　同月同日御引移御用出精相勤候ニ付別段を以御酒御吸物可レ被二成下一処御取込之事故料ニ而金三両弐朱を一統江被二成下一候

一　同年十一月十九日原近三郎出勤ニ付前々之通丸山勤被二　仰付一

一　同年十二月廿一日御内達筋之義ニ付心附《ふ》不行届奉恐入《ふぎょうとどけほうきょうにゅう》■■（抹消）差扣■■（抹消）

［三十九頁］

伺差出可申哉　与　申達候處差出ニ
□(不?)及旨被二仰渡一

一　同月廿三日当壬九月　御役義
為レ蒙二　仰一候馬場保之助
差上之義問合御坐候處小児之
差上不レ及候処風与心得違ニ而差
上候様及二挨拶一候ニ付差扣伺候處差
扣不及已後入念候様被二仰渡一

一　同日繁々廻り出精ニ付例年之通
御褒美被レ下

一　同月廿七日一昨廿五日取納候御役神
文之義ニ付心附不行届奉レ伺二差扣一候
不レ及二差扣一旨

一　同月廿八日小川町元御屋敷御長屋
手前家作御買上直段積見分之節

［三十九頁続き］

心得違之義仕奉二恐入依レ之奉レ伺二
差扣一候處不レ及二差扣一旨被二仰渡一

一　天保十五甲辰年十月廿三日御上屋
敷勤被二　仰付一

一　十一月廿五日胸痛眩暈ニ付今日当
番より引込之義達

一　十二月十三日前条快方ニ付明日より
出勤之義達

四十頁

一　同月廿三日繁々并不寝相勤
ニ付御褒美例之通被二成下一
一　同月廿五日丸山勤被二　仰付一
一　同廿八義倉懸り年番相勤
候ニ付為二御褒美一金弐百匹被二成
下一
一　弘化二乙巳年三月五日御上屋敷
勤役中太田梯之助御帳之義ニ付
心附不行届奉レ伺二差扣一候処此度
者　不レ及二差扣一旨被二仰渡一
同年三月九日

以下紙面欠損

風間家系図由緒書

現代語訳、翻字、▼読み下し

（資料番号九〇〇—一—三）

「風間家系図由緒書」は１８００年（寛政十二年）頃から１８４５年（弘化二年）頃までの風間家の記録を記した文書である。

一．文書の姿は、横帳。頁数、四十二頁それ以降は破損している。大きさは、横幅二十㎝、縦は十三・八㎝。和紙に朱色と黒色の墨で毛筆で記載されている。資料番号は九〇〇—一—三

二、文書の分類、保存や写真撮影等は、東北大学災害科学国際研究所歴史資料保存研究分野　准教授・佐藤大介先生、ＮＰＯ法人宮城歴史資料保全ネットワークのご支援、ご指導を頂いた。

三、文書の「翻字」、「読み下し」、「現代語訳」は、専門家にお願いした。

四、作成の目的は、『広島県福山藩阿部藩主（江戸定府）』にお仕えした風間家の記録を、後世の風間家や歴史に興味を持つ方のために残すことを目的とした。

現代語訳は、原文と対としたが、「翻字」と「読み下し」は、原文なしで、「翻字」および「読み下し」ごとにまとめた。

風間家系図由緒書

読み下し

（資料番号九〇〇―一―三）

風間姓（氏）　本国信濃
紋、丸の内釼片喰　一頁

一　定友　六右衛門　天字門組
生國信夃
御当家住込其の外細不詳
風間仁右衛門方え承るべし
寛政十二庚甲年十月廿五日死
法智院釋恵了信士
年七十七
江戸駒込三ツ谷町
浄土真宗
墓所　西善寺

定友妻　名　房《フサ》
法授院釈妙恵信女　定保厄介故法事等都て當家より出す
天保元辛寅年十二月廿八日死
年八十四
墓所　同寺

定友妻里方　中村喜六娘　二頁
義山良雄信士　喜六
明和七（戊）庚寅年九月十一日死
墓石には明和八年卯と有リ
照屋栄心信女　右同人妻
明和元甲申年十一月十四日死
右墓所
駒込　大圓寺

右跡岩槻にありと雖ども大圓寺えの
附届等都て当家より出す
但し、御当家え住込み候由に候え共
委細の訳相分らず

年房
風間仁右衛門　初め甚兵衛
天明　年　月　日、定友番代となる
嘉永三庚戌年四月廿六日死
智則院釋了静信士
年八十四

［三頁］

墓所　西善寺

女子　名分らず

安永四乙未年十一月七日死

釋暁夢信女　年六歳

墓所　西善寺

石碑之れ無く相分らず

女子　紋《モン》

初め大塚甚助に嫁す、家断絶後藤堂和泉守公藩士村士幸七に嫁す

大塚家

女子　初《ハツ》　森崎紋蔵妻

［四頁］

御天守番下番

女子　金《キン》　裏番所町　平澤為右衛門妻

男子　大塚安次郎　行衛相知れず

村士家

男子　村士幸助藤堂公藩、後家断絶、行衛相知れず

同　村士道雲・村士道順養子となり、後家断絶、行衛相知れず

天保十三壬寅年五月廿二日死

年七十才

墓所

女子　直《ナヲ》

飯田卓蔵妻養子倉（宋）斎早世に付き

家断絶

五頁

天保四癸巳年正月十二日死
釋妙智信女
年五十九才
墓所　西善寺

定保　敬齋　初メ留次郎、後ち隹碩

正倫公御代

一　安永七戊戌年二月十二日、丸山御屋敷ニて出生

一　天（明）保五乙巳年八月十三日、表坊主子供御雇（召出）仰付けられ、隹碩と改名

一　同七丁未年八月廿日、表坊主子供（本役仰付けられ）召出され御宛介金三両壱人扶持成し下され候

一　寛政四壬子年　濕瘡にて引込み居り薬湯へ罷り越し度願書差出し、願の通り仰付けらる

一　同廿七日、右再願、願の通仰付けらる

六頁

一　同九月十一日、濕瘡快方に付き、出勤の義達す

一　同五癸丑年正月十七日、信州劦芋川村に罷り在り候郷士父方の叔母、去る二日病死の義告げ来り候に付き、残日数忌服請け候段達す

一　同年四月廿四日、母方の伯父田村磯右衛門病死に付き、御定式の通り忌服請け候段達す
右墓前　駒込竹町
寂照含空信士　禅宗 大圓寺
但し、家断絶に付き附届等当家より出す

一　同六甲寅年正月十七日、信劦日向村に罷り在り候父方の叔父風間治三郎去る病死の義告げ来り候に付き忌服請け候段達す

一　同三月四日、御年寄方物書当分加番仰付けらる

一　同四月朔日、右加番御免仰付けらる

一　六月十二日

世子正精公御附〔七頁〕（御奥）御坊（主）仰付けらる

一 同年七月十一日、拾五俵弐人扶持御直成し下さる

一 同七乙卯年十二月十一日閏、餘同道の節丸山御門に於て不行届の義之れ有り、押込仰付けられ、　同十八日　御免

一 同九丁巳年二月十七日、の伯父病死の旨告げ来る、　残日数忌服請け候段達す、同十七日御免

一 同年十月廿日、親六右衛門番代相願、隠居罷り在り候處、家内多に付き御長屋拝借仕度（内）願達す

一 同月廿七日、願の通り拝借仰付けらる

一 同日、御長屋御徒目付池田源吾より請取七棟也

一 同年十一月十一日、手前家作の義達す

一 同月十五日、拝借御長屋へ引越候段達す

一 同十一己未年十月十三日世子正精公御小納戸坊主仰付けられ候

一 同十二庚申年閏四月五日、敬斎と改名願書差出す　同十一日、

〔八頁〕右願の通り仰付けらる
但し、内実
正精公より敬斎え落し下され候由、
其れ謹慎なるを以て也

一 同年十月廿六日、親六右衛門病死に付き忌服請け候段達す

一 同年十一月十一日、忌引　御免仰付けらる

一 享和三癸亥年三月廿四日、類焼

一 同五月六日、仮御長屋拝借相願い、同七日御上屋敷に於て拝借仰付けられ候、詰切に付き名代小鉄を以て川村作兵衛より請取

一 同月廿二日、（丸）樹木山に於て拝借御長屋は井上庄三郎より名代飯田文吉を以て請取、御上屋敷仮御長屋は小鉄を以て
差上ぐる

一 同年同月廿三日、手前家作の義達す

一 同年六月十三日、妹風間甚兵衛妻病死忌服請け候段達す

八頁続き

一　同十八日、忌引御免仰付けらる

一　同年九月廿一日、五俵御加俵成下さる

正精公御代

一　同四甲子年二月三日、母引取厄介

仕り度旨願書差出す、同七日勝手次第と

九頁

仰付けらる

一　文化三丙寅年二月十一日、姉并に甥壱人

姪弐人引取厄介仕度、尤も甥常之丞

義當寅九才に罷り成り候に付き、拾五才迠

私方に差置き養育仕り遣わし度、願書

差出す、同十七日願の通り仰付けらる

同廿四日、右の者共今日引取り候段達す

一　同年三月九日

御帰城御供在番仰付けらる

一　同年五月十九日、今度

御加級仰せを蒙らせられ候に付き、御定府に

成らせられ候段仰出だされる

一　同四丁卯年三月廿六日、厄介の姉

并ニ姪壱人召連、藤堂和泉守様

御家来村士幸七と申す者方え妻再

縁談申合せ度願書差出、同晦日

願の通リ仰付けらる

一　同年七月廿八日、右今日差遣し婚姻

相整わせ候段達す

一　同年十二月廿六日、御通掛

御目見仰付けらる

一 同五戊辰年三月十五日、御通掛御目見の御禮を以て扇子箱申進す
一 同年六月十六日、妻引取り婚姻整い候段達す
一 同年十二月十八日、御帰城御供在番仰付けらる、同廿九日御道中御坊主頭の場相心得候様仰付けらる

十頁

一 同六己巳年正月十八日、御道中御坊主頭の場相心得に付き、神文相願い、即日御取納之れ有り
一 同年二月十八日、福山表に於て、御意ヲ蒙リ奉り候
一 同年二月九日、福山に於て武田半兵衛并に宗斎御咎仰付けられ候處、同部屋の事故恐入り奉り、差扣伺差出し候處、差扣に及ばず、已後心附候様仰渡さる
一 同年四月十日、鞆津一見、阿伏兎え参詣仕り度願書差出す、同十六日願の通り仰付けらる
一 同年六月朔日、福山表より御供にて帰着
一 同年九月廿二日、去月下旬より積気にて引込罷り在り、追々快方に付き月代仕り御門内外歩行仕り度願書差出す

即日願の通リ仰付けらる
一 同年十月朔日、尚又歩行再願差出し候處、即刻勝手次第と仰渡さる
同十日、歩行今日限りに付き、明日より出勤仕るべき處、未だ相揃申さず候に付き、引込候段達す
一 同、　積気快方に付き出勤仕り候段達す

十一頁

一 同八辛未年七月十二日、私拝借の御長屋・藤平銀助御長屋御家作も御座候に付き相對替仕り度相願い、同十八日勝手次第と仰付けられ候
　樹木角の御長屋也、裏の方ハ堀口助三郎屋敷
一 同年同月廿三日、右御長屋請取、即日引移り候段達す
一 同年八月十六日、拝借の御長屋へ手前家作仕り度、并ニ北之方横手通り空地長さ拾壱間の處、壱尺五寸通拝借仕り度、願差出す
一 同年同月廿七日、右願の通り仰付けられる
一 同九月三日、拝借地御徒目付八木

十一頁と十二頁　別紙

文化十一甲戌年十一月廿一日出生

一　八十三郎より請取り候段達す

一　同九壬申年二月十三日甥常之丞の義は先達て願上奉り引取り置き養育仕り候処当年拾五才に罷り成り候に付き、他参仕せ候段達す

十二頁

一　同十癸酉年二月廿三日、妻今未中刻出産、女子出生、之に依り、追々忌引の義達す

　女子名鉦《カフナ》　後釱《セイ》　又後粂と改む

一　同月　　血忌　御免仰付けらる

一　同年十月七日、去月中旬より瘧疾其上積気にて引込む、月代仕り薬湯え立廻り罷り越し申し度旨願書差出し、即日願の通り仰付けらる、同廿七日尚又弐廻り再願、願の通り仰付けらる

一　同年十一月十日薬湯今日限りに付き同　十一日より出勤の段達す

一　同年十二月十一日、厄介姪松崎久五郎忰久巴女房縁談申合せ度願書差出す、同十七日願の通り仰付けらる

十三頁

一 同月十八日、右姪久巴方へ今日差遣し、
婚姻相整わせ候段達す
　大塚甚助娘にて初《ハツ》の事也

一 同十一甲戌年十二月十九日、奥御坊
主頭見習仰付けられ、勤方の義は
是迄の通りと仰付けられ、同廿日右神
文御取納め相済む

一 同十二乙亥年九月廿四日、裏の方
并に横手庇手前家作相願い、同
廿八日勝手次第と仰渡さる

一 同年十二月十九日、三俵御加俵
成し下さる

一 文政三庚戌年九月廿七日、当七月
下旬より痛所其の上腹痛にて引込み、
月代仕り、湯薬相願い、願の通り仰付け
らる

一 同月十七日、尚又弐廻り再願、願の通り
仰付けらる

十三頁続き

一 同十一月朔日、薬湯再願今日限り
の処、未だ聢と仕らず候に付き、明日よ
り引込の義達す

一 同年十一月十七日尚又薬湯三廻り
相願、願の通り仰付けらる

十四頁

一 同月廿九日、薬湯日数中には御座候え共、快方に付き明朔日より出勤仕り候段達す

一 (文政三庚寅年) 同年十二月九日、本御目見奥御坊主頭仰付けらる、勤方是迄の通り差置かれ候旨仰渡さる、即日神文御取納め相済む

一 同四年巳年七月廿(七)八日、本御目見の御礼申上げ候

一 同五壬申年四月九日、手前家作の義達す

一 同八乙酉年二月五日、蔵石専助次男敬治郎義養子仕り、往々娘と妻合申し度願書差出し、同十一日願の通り仰付けられ、同十三日引取り

一 同年九月十七日、御長屋裏の方へ九尺四方塗屋物置手前家作仕り度旨相願、十月十五日勝手次第と仰渡さる

一 同九丙戌年五月廿五日、当分御側茶頭兼勤仰付けらる、即日神文御取納め相済む

正寧様御代

十五頁

一 同年七月六日
謙徳院様御葬送の節、法林院より御行列の外に御供仕り度内願の通り仰付けらる

一 同月八日
右御法事中御霊前え献備物仕り度相伺い候処、同九日勝手次第と仰渡される

一 同年八月廿五日、御側茶頭仰付けられ候、神文翌廿六日御取納之れ有り

一 同十丁亥年二月十九日養子敬之助義不熟に付き離縁仕り度願書差出し候処、即日願の通り仰付けられ、直に里方蔵石専助方へ差戻す

一 同年正月十一日、厄介の母当年八拾才に相成り候段達す

一 同年三月十五日、厄介実母格別長寿に付き御祝成され、御酒・御吸物下し置かれ、婦人の義に付き、宅にて頂戴仕るべく、之れに依り御酒・御吸物料金百疋成し下され候

十六頁

一 同年六月十一日
謙徳院様御一周忌御法事の節
御霊前へ献備物仕り度伺書差出
一 同十六日勝手次第と仰渡せらる
一 同十一戊子年六月十二日
謙徳院様御三回忌に付き右同断、
一 同十七日勝手次第と仰渡せらる
一 同年六月廿五日大塚常之丞
義は拾五才迠願上げ奉り引取り養育
仕り候處、拾五才に罷り成り候に付き他参
仕らせ、当時安次郎義兼々不所存に付き
公義御帳御載せ下し置かれ候様願書
差出す、年齢書も差出す、当子三拾一才
一 同廿六日願の通り仰付けられ、御書替御
渡し成られ仕舞置き候
一 同十三庚寅年十二月十九日拾石
御直し成し下され候
一 同年同月廿五日厄介実母義
此（庚）節大病に付き看病引き仕り度、勝
手次第と仰渡さる

十七頁

一 同年同月廿九日、厄介実母病気
の處養生相叶はず病死、之に依り御
定式の通り忌服請け候段達す
法名法授院
一 天保二辛卯年二月五日、忌
御免仰付けらる
一 同日、忌引御免仰付けれ候處、風邪
其の上積気にて引込み候旨達す
一 同年同月十五日、月代仕り御門
内外歩行仕り度願書差出す、願
の通り仰付けらる
一 同年同月廿四日、尚又十日再願、願
の通り仰付けらる
一 同年三月三日、歩行再願今日
限りの處、快方に付き明日より出勤仕り候旨達す
一 同年四月廿七日、去月中旬より腫痒
其の上痔疾にて引込み罷り在り、月代仕り
薬湯え三廻り罷り越し申し度願書差
出す、即日願の通り仰付けらる
一 同年五月十八日、薬湯尚又弐廻り
再願、願の通り仰付けらる
一 同年六月三日、薬湯再願今日限り

の処未だ䟡と仕らず、之に依り引込み候旨達す

〔十八頁〕

一　天保三壬申年六月十七日

謙徳院様七回御忌御法事の節

御霊前え献備物仕り度伺う、勝手次第と仰渡さる

一　同四癸巳年正月十三日、姉倉竹母親類

御臺様御用人野田下総守様

御支配名取勝三郎と申す者方へ逗留

罷り越し居り候処、病氣にて養生相叶わず病死仕り候、之に依り御定式の通り忌服請け候段達す

法名妙智信女　　墓所　西善寺

一　同月廿二日、忌引

御免仰付けらる

一　同年八月廿九日、甥村士（牢）雲義

押込み仰付けられ恐れ入り奉り候、之に依り差伺い奉り

候処、伺に依り遠慮仰付けられ候

一　同年九月十五日、伺に依り遠慮

仰付けられ置き候処御免仰付けらる

一　同年十月十一日、御作事奉行様御

〔十九頁〕

支配御畳小屋御門番田窪良

助と申す者、娘妻の姪に御望み候間、

此度私厄介に仕り、同御支配御作

事方小役岡田平之助と申す者内

縁御坐なられ候間、右同人妻縁談

申合せ度内伺い差出し候処、同十七日勝

手次第願書差出し候様

一　同年十一月七日、右願書差出す

同　　願の通り仰付けらる

一　同五甲午年正月十五日、五拾年

来相勤め候に付き金三百疋成し下され候

一　同年同月十七日、甥村士道雲

押込み仰付けられ恐れ入り奉り、差扣を伺

い奉り候

処、之に依り伺遠慮を仰付けらる

一　同年二月三日、右御免仰付けらる

一　同年四月四日、姪

御臺様御用人野田下総守様

御支配名取勝三郎と申す者妻病

死仕り候に付き御定式の通り忌服請け候

旨達す

二十頁

（別筆追加）
甚之丞養女となる妹雪の娘尚又飯田卓蔵養女となる

一 風間三木三娘にて俗名きの法名

一 同年十月廿八日、甥村士道雲身持不行届に付き、御意書を以て遠慮仰付けらる

一 同年十一月廿八日、右御免仰付けらる

一 同六乙未年四月廿六日、先達て願上げ奉り候田窪良助と申す者娘今日厄介引取、即日岡田平四郎と申す者方へ差遣し、婚姻相整わせ候段達す

（欄外上部追加）
平之助事平四郎と改名に付き御達引直しに相成候

二十頁続き

一 同年五月廿七日、養子仕り度伺い奉り候処、御家中内相應の者は御坐無く候に付き、松平阿波守様御家来若林六左衛門と申す者厄介鈴木敬助義内縁も御坐候間、養子仕り娘と妻合申し度伺書差出し候処、六月三日勝手次第願書差出し候様仰渡さる

二十一頁

一　同年六月五日、右養子願書
差出し候處、同九日願の通り
仰付けらる

一　同年同月十六日、先達て
願上げ奉り候養子敬助義、今日引
取り婚姻相整わせ候段達す

（欄外上部追加）
七月十一日御長屋
裏の方空地拝
借願の通り仰付けらる
同十三日地所受取り候

正弘公御代

一　同八丁酉年十二月十九日、弐石
御加米成し下され候

（欄外上部追加）
六月朔日
御参廟前後
御小納戸坊主
手傳奥改
仰付られ候

二十一頁続き

（行間追加）
同日私□付候御□□類倅六三へ□用
仕らせ度願同廿三日願の通り

一　同九戊戌年五月十三日、去月
中旬より溜飲其の上胸痛にて
引込み罷り在り、月代仕り御門内外
歩行仕り度願書差出す、即日
願の通り仰付けらる

一　同月廿二日、尚又再願、願の通り
仰付けらる

一　同年六月十七日

二十二頁

一　謙徳院様十三回御忌御法事
に付き、御霊前え献備物仕り
度伺書差出し候處、勝手次
第と仰渡さる

一　同十己亥年十月廿日、姪森
崎紋蔵妻病氣の處
養生相叶はず今卯上刻病
死仕り候、之に依り忌服請け候旨
達す　俗名　初《ハツ》　墓所丸山　興善寺

一　同年十二月廿九日、当月中
旬より打身にて引込み罷り在り、未だ
日数は御坐無く候え共、月代
仕り度願書差出す、即日願の通り
仰付けらる

二十三頁

一　同十一　庚　子　年四月由緒書差出す

一　法名　天保十二辛丑十月廿二日未刻
死去　年六十四才
法道院釋圓教信士
墓所駒込
西善寺

一 定保妻 二十四頁

政《マサ》 初め 後 久《ヒサ》 又 政《マサ》と改む
右寛政六甲寅年四月五日、安藤對馬守様大塚邸にて出生
文化五戊辰年六月十六日定保え嫁す
里方
安藤公對馬守藩
田窪仙三郎妹
後 小右衛門と改む
又 良助と改む

女子 二十五頁

雪《ユキ》
風間三木三義定友番代養子と成り、雪と妻合後 △三木三義△ 離縁に相成り、其の後仁右衛門義番代養子に相成り候に付き妻と成る
三木三娘
一 きの 仁右衛門養女と成り後ち飯田卓蔵養女となる
御本丸仕丁
名取勝三郎妻
天保五甲午年四月四日死
墓所
法名
享和三癸亥年六月十三日死
智光院釋妙慈信女
年二十三才
墓所 西善寺

二十六頁

女子　鉦《カフナ》　後　鈫《セイ》　又　粂《クメ》と改む
文化十癸酉年二月廿三日未中刻
丸山御屋敷にて出生
養子定常妻、天保六未年
六月十六日婚姻

二十七頁

定重　敬次郎　後敬之助

正精公御代

一　文政八乙酉年二月五日、定保
養子と成る　年十七才
実方
蔵石専助次男
一　同年同月十三日、引移る
一　同四年十一日
御通掛　御目見金五両
弐人扶持下し置かる、御使の者
召出さる
一　同年七月廿八日、御徒士当分加
番仰付けらる
十　同九戊戌年
一　同年十月九日、御次物書の場
仰付けらる
一　同九丙戌年四月十五日、
召出されの御禮申上ぐ

正寧公御代　二十七頁続き

一　同年八月廿五日、御徒士仰付けられ、御宛介六両並みの通り成し下さる

同年九月廿日、是迠敬次郎と申し候處、遂之助と改名仕り度願書差出し置き候處、願の通り仰付けらる　二十八頁

同年十二月五日、御廣間御帳附当分加番仰付けらる

同年同月廿三日、右加番御免仰付けらる

同十丁亥二月十九日、不熟に付き離縁の義願上げ、即日里方蔵石専助方へ戻る

定常　孝之助　孝蔵　敬助　六三

一　文化十一甲戌年十一月廿一日、本庄公松平伯耆守宗發鍛冶橋邸にて出生

実父　鈴木近兵衛則

法名　法性院　浅草誓願寺地中

［二十九頁］

文政八酉年十二月四日死　安養寺　年六十九

実母　加ふ

嘉永三戌年八月十五日死、年七十七

法名　法智院　墓所同断

兄　鈴木近兵衛則彬

嘉永四辛亥年八月六日死　年四十三

法名　欣浄院　墓所同断

姉　楽《ラク》

蜂須賀松平阿波公藩

若林六左衛門妻

本庄松平伯耆公藩

兄　笹尾信輔

妹　筆

［三十頁］

水野越前公藩

澁谷量平妻

嘉永二己酉年九月七日死、年三十三

法名　秋月院　増山寺御山内

（隋）瑞善院

自分養子の義故有りて

若林六左衛門厄介となる

正寧公御代

一　天保六乙未年六月九日、願の通り養
子仰付けらる

一　同月十六日吉辰に付き引移る（中――中）、
（下行追加）即日婚儀相整ふ
七月十九日学問所え入門いたし候

一　同年閏七月九日、御通掛
御目見金五両弐人扶持成し下さる
御使の者召出され候

一　同十一日、金弐両弐分拝借仰付けらる、
三十頁続き
弐
両下され弐分を切り落し
　申し候
一　同年九月廿三日、丸山御徒目付当
役仰付けらる、廿四日神文御取納之れ
有り
候間、見習廿七日御番成り
一　同七丙申年二月廿七日大御目付旧

記取調に付き、当年中丸山御徒目付
三十一頁
仮役仰付けらる
一　五月七日、丸山御宮へ出□相勤め候
一　同年五月廿九日、養母方の伯母
当時浪人梶田六太郎母、昨夜亥
下刻病死に付き忌引の義達す
一　六月朔日、勤場御用多に付き忌引
御免仰付けらる
一　同年七月廿五日、旧記取調に付き、当年
中丸山御徒目付仮役仰付られ置き候処、
其侭当分仮役仰付けられ、御上屋敷
勤仰付られ置く
(下部追加)
丸山相勤め候に付き、一日見習明後廿
七日より御番入り
一　同年十二月廿三日、不寝相心得候に付き、
金三百疋を七人え成し下され、暫々廻り
相勤め候に付き、金弐両弐分を上下石原
御徒目付え成し下され候

正弘公御代

三十一頁続き

一　正月朔日、明日初御供に罷り出で候旨届ける

一　同八丁酉年正月、十五日家別觸忌服の義に付き、御用番の者へ心附不行届伺差扣候處、御差扣致さざる旨仰付けらる

一　同月十七日、御徒目付定仮役仰付けらる

一　同同年二月七日大殿様御附当番書の義に付き、心附不行届差扣相伺候處、御聞置き一己相慎、御番御用相勤め仰付けらる、八日此の度は差扣に及ばず、已後入候様の儀仰渡さる

三十二頁

一　同年三月廿五日、旧冬格別御用多の處詰切出精相勤め候に付き、御内々御酒御吸物成し下さるべき処、御取込みに付き此節料にて金二百匹を三人え成し下さる

一　同年五月廿一日、六三と改名、願の通り仰付けらる

△一（欄外上追加）七月五日、河内采女正様御惣領に間、無様御遺骸西門前御通橋に付き辻固出行相勤むる也

一　同年九月十三日御留守中夜中廻り出精相勤め大義に思召され、之に依り御酒御吸者成し下され候

一　同年十月十五日、本御目見

仰付けらる、〔三十二頁続き〕弐拾石御直、御徒目付本役仰付けられ候段、御席に於て頼母公仰渡さる

一　同年十一月朔日、本御目見の御礼申上げ候

一　同年十二月廿三日、御褒美昨年の通り成し下さる

一　同九戊戌年四月六日、御内達筋の義丸山

一　同役共より相談も之れ有り候處、心附　不行届伺差扣候處御聞置き、翌七日此の度は其様に及ばず、以後入念候様仰付けらる

一　同月十三日、御帰城御供立帰り仰付けらる

一　同月廿三日、左の願書差出し候處、〔三十三頁〕内願の通り御免仰付けらる
此の度御帰城御供仰付られ有難き仕合せに存じ奉り候、然る處兼て持病の積氣、其の上脚氣御座候處、近来別して出来・不出来御座候て難義仕り候に付き、長途の御供覚束無く存じ奉り候、
之れに依り御機嫌の程恐入り奉り候え共、御帰城御供御免成し下だされ候様

一　同日、丸山勤仰付けらる

一　同年五月三日、養母方の従弟女当時浪人梶田六太郎姉病死に付き、忌引の義達す

一　同五日、忌引今日限りに付き、明日より出勤

一　同年六月十五日、丸山勤仰付けられ置き候処、已然の通り御上屋敷勤仰付けられ候

三十三頁続き

一　同年七月廿九日、御畳表
御朱印纒差添仰付けられ候
一　同年八月四日、右に付き拝借金并に
請取物の義達す、翌日願の通
仰付けらる、同六日御勘定所に於
て金子
請取る、金五両壱分弐朱也
一　同六日、諸色定直に付き、別段
金弐
両拝借相願い候處、願の通り
仰付けらる、
来る亥年より八ケ年賦上納、無利
息の旨

（「談・」の行より「御朱印・・」の十行は「上テ可書」の注。
原本は一字下り）

三十四頁

談之れ有り
一　同月八日より右に付き休引き
一　同十三日六時出立
一　同廿六日夕八半時大坂御蔵屋
え着いたし候
一　九月十一日、大坂表を出立
一　十月三日品川駅五時出立、御上屋
敷え四半時過着
御朱印に付ての義別帳之れ有り、爰に
略す
一　同年十二月廿三日、御褒美例年
の通り下さる
一　同月廿六日、天字門大目付役
御免仰付けられ候儀は、御役名触廻状并に諸替
事等談落に相成り、心得方不行届差扣伺
差出し候處、一統の事故一己慎み仰付けらる

三十四頁続き

一　同月廿九日、年始にも相成り候に
付き右慎み
御免仰付けらる

一　同十己亥年四月十八日、養母方の
伯父目黒瀧泉寺役人田窪良助
と申す者、今卯上刻病死、忌引の義
達す、内実十七日病死也、随善院
と云う墓所大塚本傳寺

一　同十九日、勤場御用多、其の上御
人少に付き
忌引御免仰付けらる

一　同年九月朔日、大手勤番候面々名
面吟書差切り候節、伊澤松三・長
沼銀治
名面吟落に相成り候に付き、伺
差扣候處、同

三十五頁

二日沾慎み仰付らる

一　同五日、右御免仰付けらる

一　同年十月十三日、今日取納候御役神文の
義に付き、不出の義仕り候に付き差扣相伺候處、
此の度は差扣に及ばず、以後念を入れ候様仰渡
さる

一　同月廿日、養父方の従弟女森崎紋蔵妻、
今卯之刻病死に付き忌引の義達す
俗名初　内実十九日病死也
墓所　丸山興善寺

一　同月廿一日、勤場御用多に付き、忌引御免

一　同年十一月朔日、丸山勤仰付けらる

一　同年十二月廿三日、繁々ニ廻り出精に付き金
弐両弐分を上下石原御徒目付へ成し
下され候

一　十一庚子年二月十七日、旧記取調皆

出来の処、骨折候に付き御内々金弐両を

三十五頁続き

七人成し下さる

一　同年十一月廿五日、御上屋敷勤仰付けらる

一　同年十二月十九日、拾石御直し成し下さる

一　同月廿三日、一昨年の通り弐ケ条御褒美成し下さる

一　同十二辛丑年正月十八日、手塚磯右衛門御年頭并に御具足御祝義御帳え附かせ候段、心得違にて不念の義仕り、差扣を伺い奉り候処、此の度は

三十六頁

差扣に及ばず、已後入念候様

一　同年三月廿五日、去年中柔術出精に付き御意を蒙り奉る

一　同年四月十八日、秋月鉄蔵病気引込に付き、丸山本役明き候に付き、当分

の内原近三郎申合せ、壱人づつ丸山勤の場相勤め候様仰付けらる

一　同年五月朔日、前条の処出勤に付き相勤むるに及ばず候

一　同月七日、丸山御屋敷勤仰付られ候

一　同年七月九日、右に付き一役場取〆り懸り

仰付られ候

三十六頁続き

一　同年八月廿五日、養父大病に付き看病引き仕り度段達す、勝手次第と仰渡らる

一　同年九月三日、前条快方に付き、明日より出勤の義達す

一　同年十月十七日、養父大病に付き看病引きの義達勝手次第と仰渡さる

一　同月廿一日、養父敬斎病気の處養生相叶わず昨夜亥下刻病死に付き、忌引の義達す

三十七頁

一　同年十一月五日、御用多に付忌引御免仰付らる

一　同月六日、忌引御免仰付らる処、湿疾にて難義致し候間引込みの義達す

一　同月十三日、湿疾にて引込み罷り在り、町医師坪井信道へ参り服用仕り、引込み未だ日数は御坐無く候え共、月代仕り本郷竹町薬湯え立廻り罷り越し申し度、願の通り仰付けらる

一　同月廿六日、薬湯日数中には候え共、湿疾快方に付き、明日より出勤の義達す

一　同年十二月廿三日、亥年の通り御褒美成し下さる

三十七頁続き

一　天保十三壬寅年五月廿二日、養父方の伯母藤堂和泉守様御家来村士幸助母、今卯剋病死に付き忌引の義達す
　法名　　墓所　駒込富士前

一　右幸助義、両三年後藤堂様御暇に相成り候事

一　同月廿五日、勤場御用多に付き、忌引
御免仰付けらる

一　同年八月十九日、昨年来内吟者之れ有る砌、平日御用多の處取扱太義に
三十八頁
　思召し候、依りて別段を以て御内々御酒・御吸物

料金百匹成し下され候

一　十二月廿三日、例年の通り御褒美成し下され候

一　天保十四癸卯年閏九月十一日、原近三郎病気引込みに付き、御上屋敷勤仰付けらる
但し、此の日殿様御老中に仰せを蒙らせ候に付て也

一　同月十三日、金壱両弐分成し下され候

一　同月十六日、此の度御拝領御屋敷御引移御用懸仰付けらる

三十八頁続き

一　同年十月廿九日、右御用懸相勤め候
に付き御褒美として金弐百匹成し下さる

一　同月同日、御引移御用出精相勤め候に付き、
別段を以て御酒・御吸物成し下さるべ
き處、
御取込みの事故、料にて金三両弐
朱を一統え成し下され候

一　同年十一月十九日、原近三郎出勤に付き
前々の通り丸山勤仰付けらる

一　同年十二月廿一日、御内達筋の義に付
き、心
附不行届恐入り奉り■■(抹消)差扣■■(抹消)
伺差出し申すべき哉と申達し候處、差出
三十九頁
に
□(不?)及ばざる旨仰渡さる

一　同月廿三日、当閏九月御役義
仰せを蒙らせ候馬場保之助
差上の義問合御坐候處小児の
差上に及ばず候処、風と心得違にて差
止げ候様挨拶に及び候に付き、差扣伺
い候處差
扣に及ばず、已後念を入れ候様仰渡さる

一　同日繁々廻り出精に付き、例年の通り
御褒美下さる

一　同月廿七日、廿五日取納め候御役神
文の義に付き、心附不行届差扣伺い奉
り候、
差扣に及ばざる旨

三十九頁続き

一　同月廿八日、小川町元御屋敷御長屋手前家作御買上直段積見分の節、心得違の義仕り恐入り奉り、之に依り差扣伺い奉り候處、差扣に及ばざる旨仰渡さる

一　天保十五甲辰年十月廿三日、御上屋敷勤仰付らる

一　十一月廿五日、胸痛・眩暈に付き、今日当番より引込の義達

一　十二月十三日、前条快方に付き明日より出勤の義達す

四十頁

一　同月廿三日、繁々并に不寝相勤めに付き、御褒美例の通成し下さる

一　同月廿五日、丸山勤仰付けらる

一　同廿八日、義倉懸り年番相勤め候に付き、御褒美として金弐百匹成し下さる

一　弘化二乙巳年三月五日御上屋敷勤役中太田梯之助御帳の義に付き、心附不行届差扣伺い奉り候處、此の度は差扣に及ばざる旨仰渡さる
同年三月九日

メモ

風間家文書

資料番号　九〇〇番　系統

風間家文書の目次（資料番号　九〇〇番系）

凡　例　等

一、江戸時代の文書とし作成あるいは使用されたと思われる年順に記載した。
一、西暦の下に「頃」の付いている文書は、筆者が使用されたと思われる年を推定した。
一、原則、原文と現代語訳、翻字訳、読み下し訳を後世の人に学んでもらいたいために付けたが、現代語訳しかない文書もある。

文書を見ての感想

一、作成の年月日、場所、作成者の記載がないので分類わけに戸惑った。
一、「崩し字」の文書は、時代背景をご存じの専門の先生や、公立の図書館の方々にご指導を頂いた更に、確認も含めて殆どの文書は、専門家にお願いした。

（1800年）　風間家系図由緒書（横帳）

（九〇〇—一—三）

別途作成

（1820年頃）禁秘御鍬階梯《きんぴみしょうかいてい》（九〇〇—一—十二）

1820年頃この資料を風間家の人が参照したと思われる。1820年は作成年ではない。

「禁秘御鍬階梯」概説

『禁秘抄』（きんぴしょう）は、第84代順徳天皇自身の手による有職故実の解説書である。現存するのは、上下二巻の体裁をとっているが、本来三部構成であることから三巻であったとされる。成立は1221年（承久3年）である。**『禁中抄』**（きんちゅうしょう）・**『建暦御記』**（けんりゃくぎょき）などの別称もある。（出典：ウィキペディアより）

資料の部分は、南向きの部屋の「額間《がくま》の格子の上げ下げ、部屋毎の屏風の置き方など儀式のときの部屋のしつらえが細かく示されている。

額間とは、宮殿の正面の中央の柱と柱との間の称。大極殿・紫宸殿・清涼殿などにあり、この間の上長押（うわなげし）に、殿名を書いた額が掛けてある。

有職故実（ゆうそくこじつ）とは、古来の先例に基づいた、朝廷や公家、武家の行事や法令・制度・風俗・習慣・官職・儀式・装束などのこと。また、それらを研究すること。

為肩六八為足所沿書之殺也

御帳外南面母屋廂与格物南格子常下上額間但之略上常良

也此子細不審事也推之只夜下昼上御拝之時上額間与

東第一間也

雲図鈔 祈年穀 祈年穀奉幣 御拝座南殿南廂東

第一間立御屏風三帖其中供小忌供其帖於行事

蔵人先令下南殿御格子 東一間并額間 不下或下額間 揚當時

南殿間敷額間中央之東自東二間 祈東一間 自額間次

三間當 自其二三下新也 額次間 祈東廂 自額間西准東 昔不然

額間之次間東 祈東一間 当時東一間 額之東廂 西准之可知也

御後扉當日下時万人不着沓往反扉當日人不着沓往反

禁腋秘抄 …殿出御アラル時ハ此下ニ准シテ沓ハ

キテ御後ノ中ニアラトラ…

御後節會日下只時万人冠着沓往反節會白人不着沓往反ス

禁腋秘鈔　某宸殿出御アラケル時ハ北下ニ雁シテ沓ハ
キテ御後ヲ平ラトシルナリ

一　主上渡御南殿之時北廂之侍臣候時北留西妻戸下不入
御後也

遺第抄　東時北系向南殿假露臺辺北廂雲
客不入戸内也

常御所殿御時不定但清涼殿本也或飛香舍為御所后
皆御飛香舍弘徽殿已下皆有例東宮弘徽殿（后又有同殿例）凝華
舍昭陽舍ナド也梅柳昭陽舍又或飛香舍有例

草木

梅柳　桜梅柳直廬昭陽舍或飛香舍皆有例也

（現代文解釈）

関根正直先生「禁秘抄釈義」　国文学者　学習院教授　文学博士　帝国学士院　解題（＊）的に

御帳以外に南母屋廂の間とも特別な物を設けず南廂の様子はいつもは額の間だけ上げておく。「額の間」とは廂間《ひあわい》の中央で額をかけられた下である。それで額の間というふつう格子は全部上げることが常だが、大半下げたままとはどういうことか。その理由は、夜は下し昼は上げおくべきものではないかと。九月十月の例幣御拝の時は額の間と東第一の間とを上げることが例だという。

※「御後」オンウシロとは賢聖障子《げんじょうのしょうじ》の背後である。拾芥禁中所々異名のところに「御後とは北庇をいう」とある。節会の時はこの北庇の格子を下す。また禁腋秘抄に「出後の時御後へは職事の外入らず出御あらざる時は地下に准じて沓《くつ》はきて御後の中をとおるなり」とあるのをこの項に合わせて理解して下さい。「非職」は蔵人ではないものをいう。「脂燭」は紙燭であるこよりに油を浸して火をつけるものである。

○**天皇**の日常的住いは紫宸殿であるべきだが、時代によって定まらない。但し近世清涼殿に御座があるのを本来とする。あるいは飛香舎といって清涼殿より北西隣にあたる一舎をも一緒に御所としたこともある。皇后女御などは弘徽殿（清涼殿の北隣）飛香舎以下の殿舎にいることは例がある。また皇太子は弘徽殿またはその後ろの凝華舎、または東側の昭陽舎に御座がある。執務の大臣も昭陽舎飛香舎などを宿直所にあてることも例がある。

（＊）解題とは、書物や作品の著者・内容・意義・出版年月・体裁等に関する説明。

南殿桜

編年集成 村上 天徳四年九月廿三日今度焼亡焼失畢
造内裏之時所被移李部王 重明親王 家樹也件木本
吉野山桜云々　禁腋秘抄 紫宸殿のたちのまへ
いふなく桜は　後撰草 吉野山のさくら桜皆みちのく
にてありける

在紫宸殿巽角見大略自草創樹之貞観此樹枯自根
幾萌坊上瀧守奉勅守之枝葉再盛云々
瀧守 氏勝男 貞観西年二月廿九日左近少将兼大宰少弐
河守為大弐少将 元慶四年十一月 日卒 年五十七歳
其後延喜御記群列桜樹東頭有之天徳焼失為灰燼後
康保元年十一月移栽則枯

其後延喜御記群引桜樹東頭有之天徳焼失更改植（為中書大弐時 元慶四年十月 日本紀略七）

康保元年十一月補栽則枯

按天徳四年九月廿三日焼亡夜焼失康保元年十一月 日補栽

此樹重明親王家樹也

二年正月又補栽

外記大江昌時記 康保二 正月廿七 堀東都桜樹植南殿巽角

同三月有花宴

同記 同年三月五 今日有花宴事

両度之間一ハ重明親王家樹

重明 醍醐天皇第四皇子三品式部卿（延喜八四五為親王 天暦八九十四薨四十九才）

古事談 天徳四年内裏焼亡焼失畢仍造内裏之時所

移植重明親王式部卿宮家樹也 件木本吉野山桜木也

「南殿の桜」

「南殿の桜」はご殿前階段の東にある。左近衛の武官この木のもとから東南に陣を立てるので左近の桜という。花は一重だと徒然草に「吉野の花左近の桜ひとへにこそあれ」という一文がある。

この木は桓武天皇の平安遷都からあったが清和天皇の貞観年中に枯れてしまったが根よりにわかに萌え出たのを坂上田村麻呂の孫、瀧守が天皇の命により、この木の世話をしたところ、再び盛り返した。

その後、後醍醐天皇の延喜年中の記録では群臣が樹の東側に集合したとの事。これはこの樹を守るためとのこと。

○「天徳」村上天皇、内裏火事のとき、この桜も焼け失せた。

同天皇の康保元年十一月うろたえた物は枯れ、翌正月には植えられたのは東都より移したものだったようだが、白砂根を埋め、朱欄朶を迎えて日を追って鮮明だったので三月になりついに花の宴が開かれ、日中から夜半に及ぶまで上達部古詩をうたい新しい歌を覚えて愛唱した。

○前に記した二回の植え替えは始め醍醐天皇の皇子重明親王の庭にあったものを移した。それが枯れて西京から移したらしい。

そうであるのに大江昌時記や河海抄では東都と書いている。度々焼失した後、堀河天皇嘉保元年内裏新造の時、さらに植えられた樹が順徳天皇頃まであったようだ。この桜樹は桓武天皇の遷都の時は梅だったのを仁明天皇代に桜に替えられたらしい

○この橘も紫宸殿前、階段の右側、左近桜に対をなして立っている右近府は、この樹のまわりを上と見て、西側に陣を立てる。

これによって右近の橘という。この樹はもともと桓武天皇の平安京遷都の前、橘大夫某の後園に立っていたまだというそうであるが、村上天皇天徳三年の頃枯れたので更に移植。これも焼けたので康保二年右近府に命じて枝ぶりのいいのを植えたそうである。

（翻字）禁秘御鈔階梯
〈1ページ〉
為ニ肩ト六八当尺即治書之類也
帳外南面母屋廂無指物南格子常ニ下ス上ノ額間ヲ但
シ又皆ナ上ル常ノ事
此ノ子細不審ノ事也推スニ之ヲ只夜ハ下シ昼ハ上ル
歟御拝ノ之時上ハ額間ト与
第一間ヲ也
雲図斜〈祈事穀／奉幣〉祈年報奉幣御拝座南殿南廂東
第一間立御屏風三帖其中供小筵供半帖●行事
●文字　←方へんに票
蔵人先令下南殿御格子〈東一間并額間／不下或下額間
〉按常時
南殿間取諧間〈中／央〉之東自東一間ヲ祢東一間〈自諧
間次
三間／ニ当ル〉自其二三ト計也〈諧ノ次間／祢東壱間〉
自諧間西准東昔不然
諧間之次間東祢東一間〈常時東一間／角之東三間〉西
准之了知也
御後節会ノ日下ス只時万ノ人乍着沓往反ス節会日人
不着沓ヲ往反ス

（翻字）禁秘御鈔階梯
〈2ページ〉
禁腋秘鈔紫宸殿出御アラサル時ハ地下ニ准シテ沓ハ
キテ御渡ノ中ヲトヲルナリ
是主上渡御南殿之時非職之侍臣候ヲ脂燭留テ西ノ妻戸
ノ下ニ不ル入　御渡ニ也
遅集科□義服触条向南殿候露台辺非職雲
客不入戸内矣
常御所殿随時不定但清涼殿本也或兼飛香舎ヲ為御所ト
后
女御飛香舎弘徽殿已下皆有例東宮弘徽殿后又有同殿例
凝華
舎昭陽舎ナド也執柄昭陽ノ舎又或飛香舎有例
執柄按執柄直声●湯舎或飛香舎無有例也　草木
〈3ページ〉
南殿桜
編年集成村上天徳四年九月廿三日今度焼亡焼失畢
造内裏之時所被史移李了王〈重明／親王〉家樹也件木本
吉野山桜云々禁腋秘鈔紫宸殿左近のさくら
ハひとへ桜也徒然草吉野国左近の桜皆ひとへ
にてこうあれ

（翻字） 禁秘御鈔階梯

在紫宸殿ノ巽角ニ見シ大略自草創樹歟貞観此
樹枯ル自根纔萌坂上ノ瀧守奉□勅守之枝葉再
盛云々瀧守氏勝男貞観十四年二月廿九日左近
少将兼太宰少弐瀧守為大弐〈少将/如元〉元慶
四年十一月日卒〈五十七/歳〉其後延喜ノ御記
ニ群列ス桜ノ樹ノ東頭ニナンド有之天徳焼失
ノ為ル灰燼ト後
〈4ページ〉
康保元年十一月ニ被栽則チ枯
按天徳四年九月廿三日焼亡夜焼失索保元年
十一月日被栽　此樹重明親王王家ノ樹也
二年正月エ又被栽
少外記大江昌時記康保二正廿七堀東都桜樹
植南殿巽角　同三月有花ノ宴
同記同年三五今日有花宴事
両ノ度ノ之間一ツハ重明親王ノ家樹

（翻字） 禁秘御鈔階梯

重明酉酉（醍醐）天皇第四皇子三品式部卿〈延喜八四五
高親王/天暦八九十四薨四十九才〉
古事読天徳四年内裏焼亡焼失畢仍造内裏之時所
移柏重明親王式部卿家樹也〈件木本吉野/山桜太也〉
〈5ページ〉
一ツハ自西ノ京移栽之
按昌時記東都ノ桜樹云々
其後度々焼失毎度栽之ヲ近コロノ樹ハ者□堀川院御ノ
宇ヨリ巳コノ来ルタノ木也
玉葉〈建久二/三十四〉窃向南殿桜図之粧実動思驚目者
也此樹天暦御時被植之旧木焼失故也其後□堀河
院御時又移被植之〈時範奉行/植之〉当時之樹即是也
按南殿桜者本桜ノ樹也桓武天皇云々都之時所被植也
仁明天皇御宇以桜被改植云々寛弘仁三年二月有沙汰
南殿前被植桜樹之由載編年集成若然者既山山
御宇被改桜ニ歟可考□仁明御宇樹到天徳四年焼失し
造内裏之後康保元年十一月被植〈重明親王/家樹〉即植
畢仍

（1826年）

「風間」名入和歌（風間政作成）（九〇〇―一―十三）

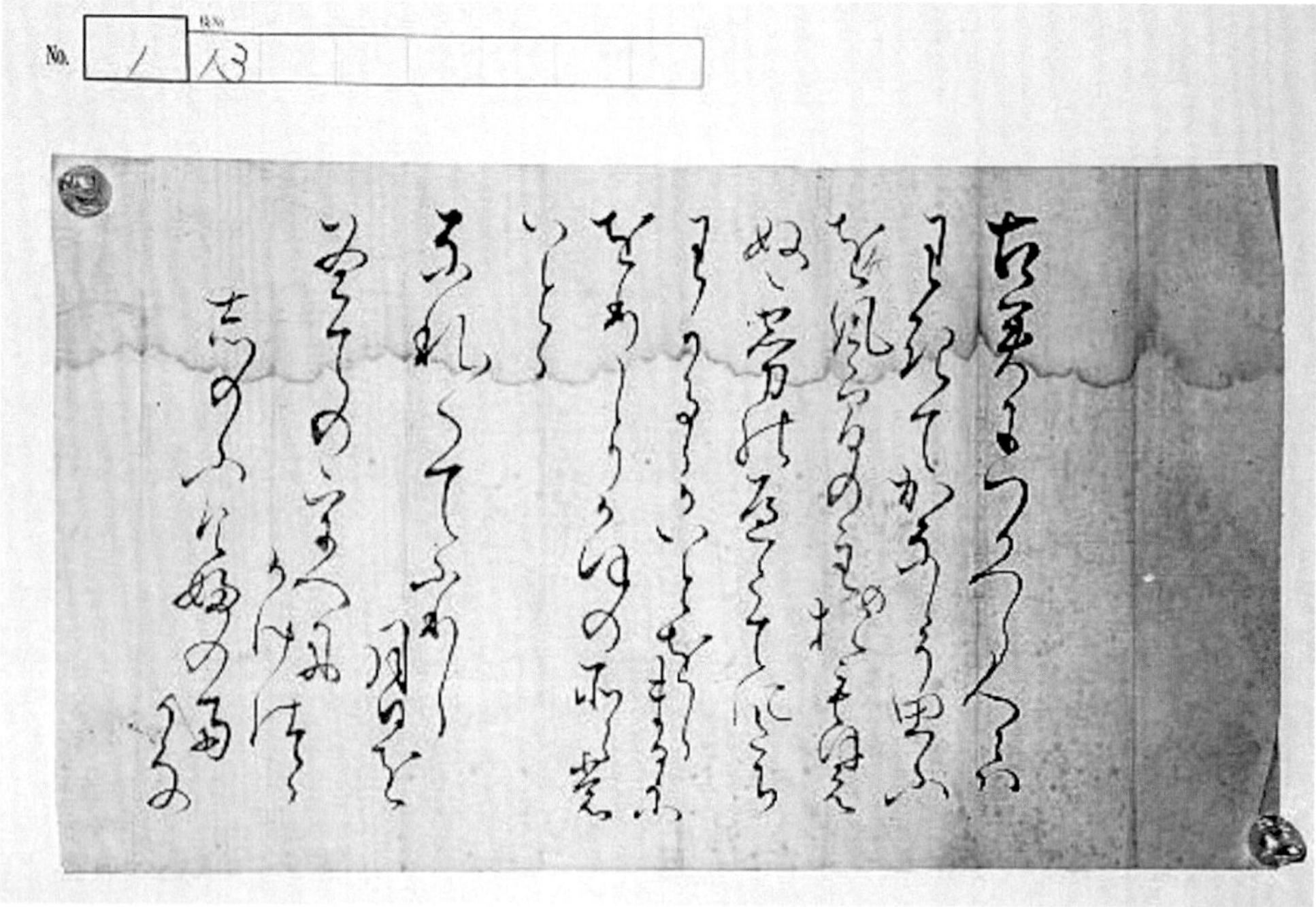

一―十三　和歌〈翻字〉

古君につか《(仕)》へし人々は
わきてかなしう思《(おも)》ふ
を風間《(かざま)》の主のおもほえ
ぬ霧のへた《(だ)》てにたち
わかるゝか《(が)》いとをしまるゝに
をりしりか《(が)》ほのそらも
いと《(ど)》ゝ

(以下和歌)

なれ〳〵《(なれ)》てふりし　月日を
そて《(で)》のうへに　かけつゝ
しのふ《(ぶ)》けふの雨　かな

９００―一一十三　和歌　〈現代語訳〉

先の主君に仕えていた人々は、特に悲しく思っているところを、風間の主（風間家の当主）までが思いも掛けず霧を隔てたところ（遙か遠く）へ行ってしまうのはとても惜しまれることです、いかにもその心のうちを知っているかのような空模様で、たいそう（雨がひどく降ってきましたので、歌を詠みました）。

（和歌）

慣れ親しんで過ごしてきた月日（への思いで溢れる涙）を
袖の上にかけながら（先の主君や風間のあるじを）思い慕う、
（そんな私の心を知っているのか、たいそうひどく降ってきた）
今日の雨であるよ

（1830年）　風間定保由緒書（一枚もの）

（九〇〇―一―二―①）

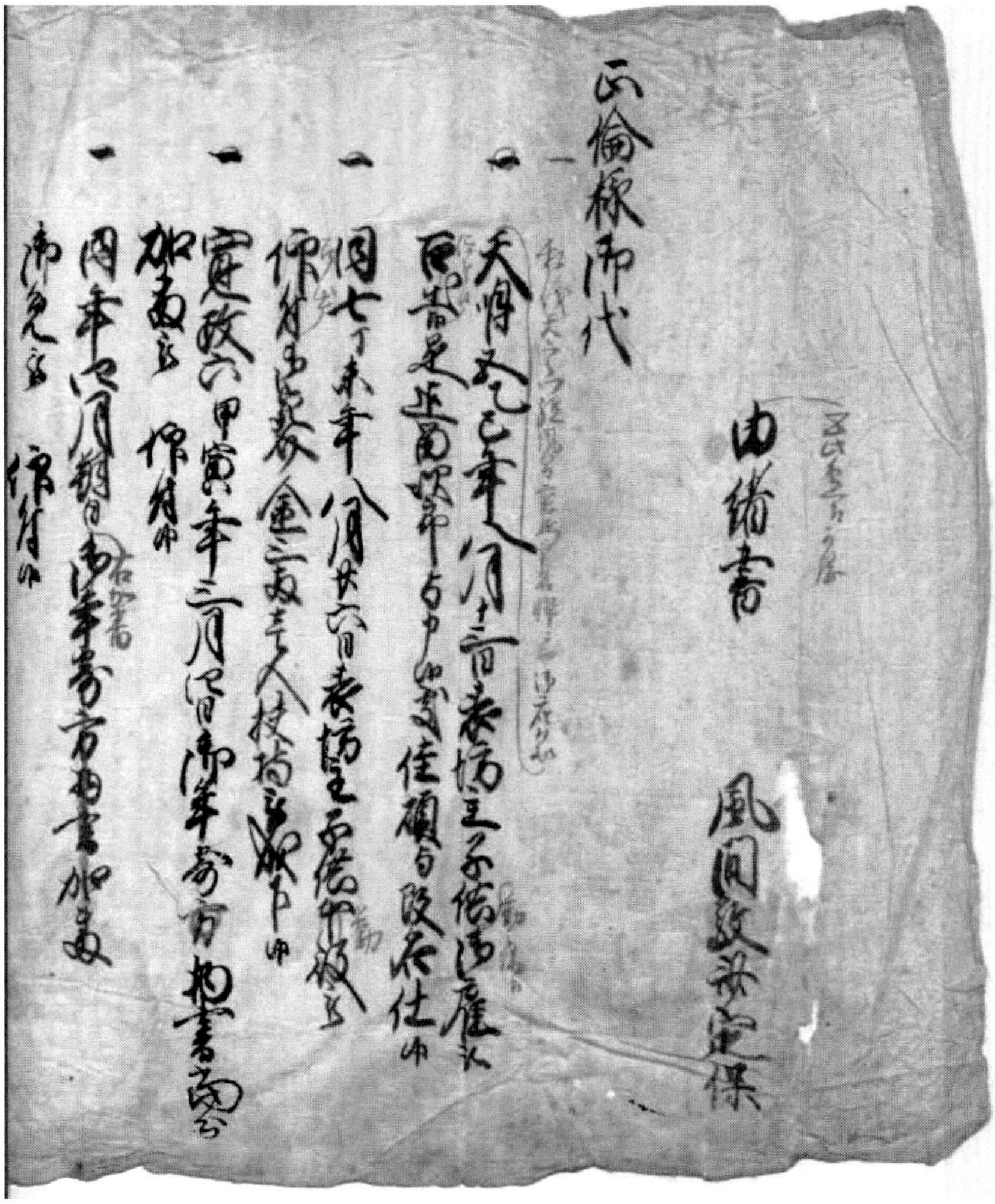
由緒書
正倫様御代
一 天明五乙巳年八月十三日表坊主
一 同七丁未年八月廿六日表坊主
一 寛政六甲寅年三月十日御年寄方
一 同年七月朔日御年寄方

〈現代語訳〉

☒この辺りから書き始める

由緒書　風間敬斎定保

正倫様の御代

一　私は、天宇門組風間六右衛門の実の倅《せがれ》でしたが、天明五乙《きのと》巳年《みどし》八月十三日、表坊主子供勤《つとめ》の場《ば》へ御雇《おやとい》を仰せ付けられました召し出されました。これまで留次郎と申しておりましたが、佳碩と改名しました。

一　同七年丁未年《ひのとひつじどし》八月二十六日、表坊主子供勤めに本役《ほんやく》を召し出され仰せ付けられ、御宛介金《おんあてがいきん》三両壱人扶持《ぶち》を成し下されました。

一　寛政六甲寅年《きのえとらどし》三月四日、御年寄方物書当分加番《くわえばん》を仰せ付けられました。
同年四月朔日《ついたち》、右加番御年寄方物書加番の退任を仰せ付けられました。

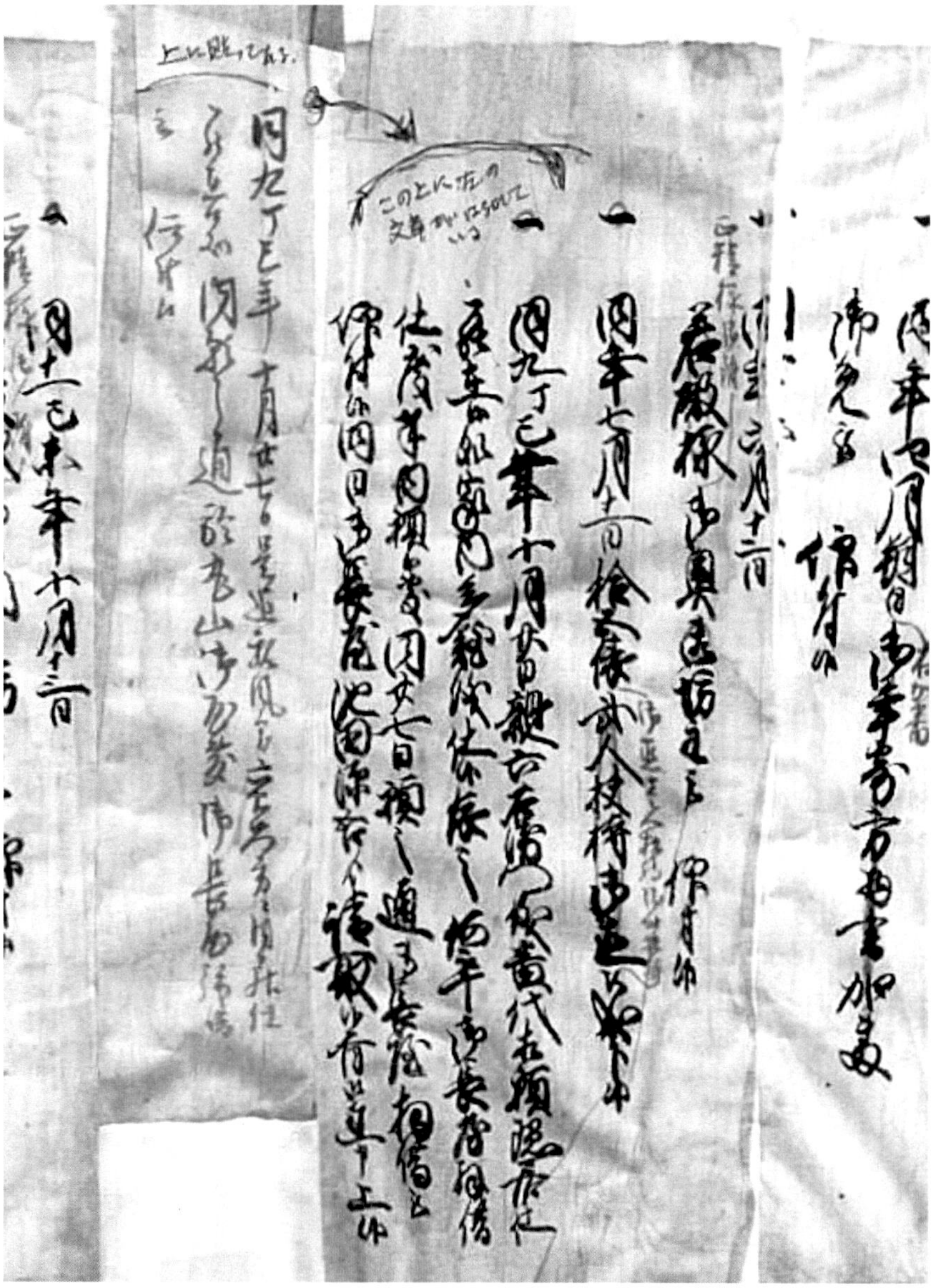

同年六月十二日、若殿様正精様御附きの御奥御坊主を仰せ付けられました。

十　同年七月十一日、拾五俵御直し壱人扶持に御加え扶持弐人扶持に御直し成し下されました。

（以下5行は後掲の附箋により消去）

十　同九丁巳年《ひのとみどし》十月二十日、親の六右衛門は番代をお願いし、隠居しておりましたところ、家内の人数も多く、難儀しておりました。これにより、何とぞ御長屋を拝借したいと内願申し上げたところ、同二十七日、願いの通り御長屋の拝借を仰せ付けられました。同日御長屋の池田源吾より請け取りました旨を、御達し申し上げました。

（附箋。この附箋により右の5行を消去）

一　同九丁巳年《ひのとみどし》十月二十七日、これまで親の風間六右衛門方に同居しておりましたが、内願の通り丸山御屋敷において御長屋の拝借を仰せ付けられました。

十　同十一己未年《つちのとひつじどし》十月十三日、

正精様御附きの若殿様御東納戸坊主を仰せ付けられました。

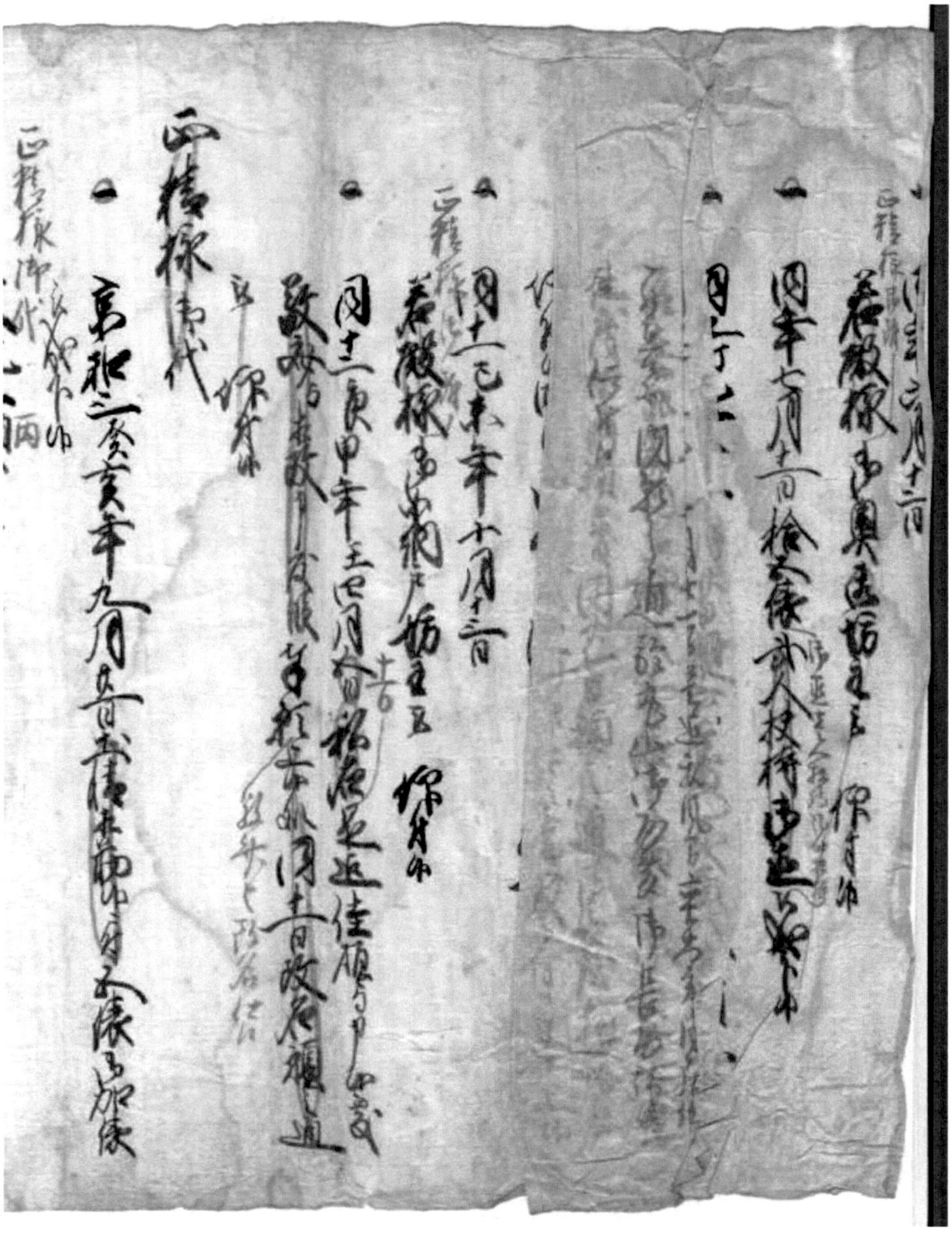

同年六月十二日、若殿様正精様御附きの御奥御坊主を仰せ付けられました。

十　同年七月十一日、拾五俵御直し壱人扶持に御加え扶持弐人扶持に御直し成し下されました。

十　同十一己未《つちのとひつじどし》年十月十三日、正精様御附きの若殿様御東納戸坊主を仰せ付けられました。

十　同十二庚申《かのえさるどし》年閏《うるう》四月五日私名十一日、これまで佳碩と申しておりましたが、敬斉と改め申したい段お願い申し上げ、敬斉と改名しました。ましたところ、同十一日に改名願の通り仰せ付けられました。

正精様御代

十　享和三癸亥《みずのとい》年《どし》九月二十一日出精に相勤めてきているとして、五俵御加俵成し下されました。

正精様の御代

十　文化三丙《ひのえ》酉《とり》寅《とらどし》年三月九日

文化三□寅年三月□□

御帰城多以依□書上　作り□

四ッ丁卯年十二月戌日　作り□□□□□□□

□文化戊辰年十二月十日　□□□□□□

御□□□□□□　　　　　　　　　御通城

御帰城多□□□□書上　　　作り□□□□□□

□辛十二月八日　　　　作り□□□□

御帰城多□□□□書上　　作り□

□十甲戌年十二月十□春四□□□□□□□

作り□□□□□□□□□□□□□□□□

□十乙亥年十二月十春三□□□□□□

作り□

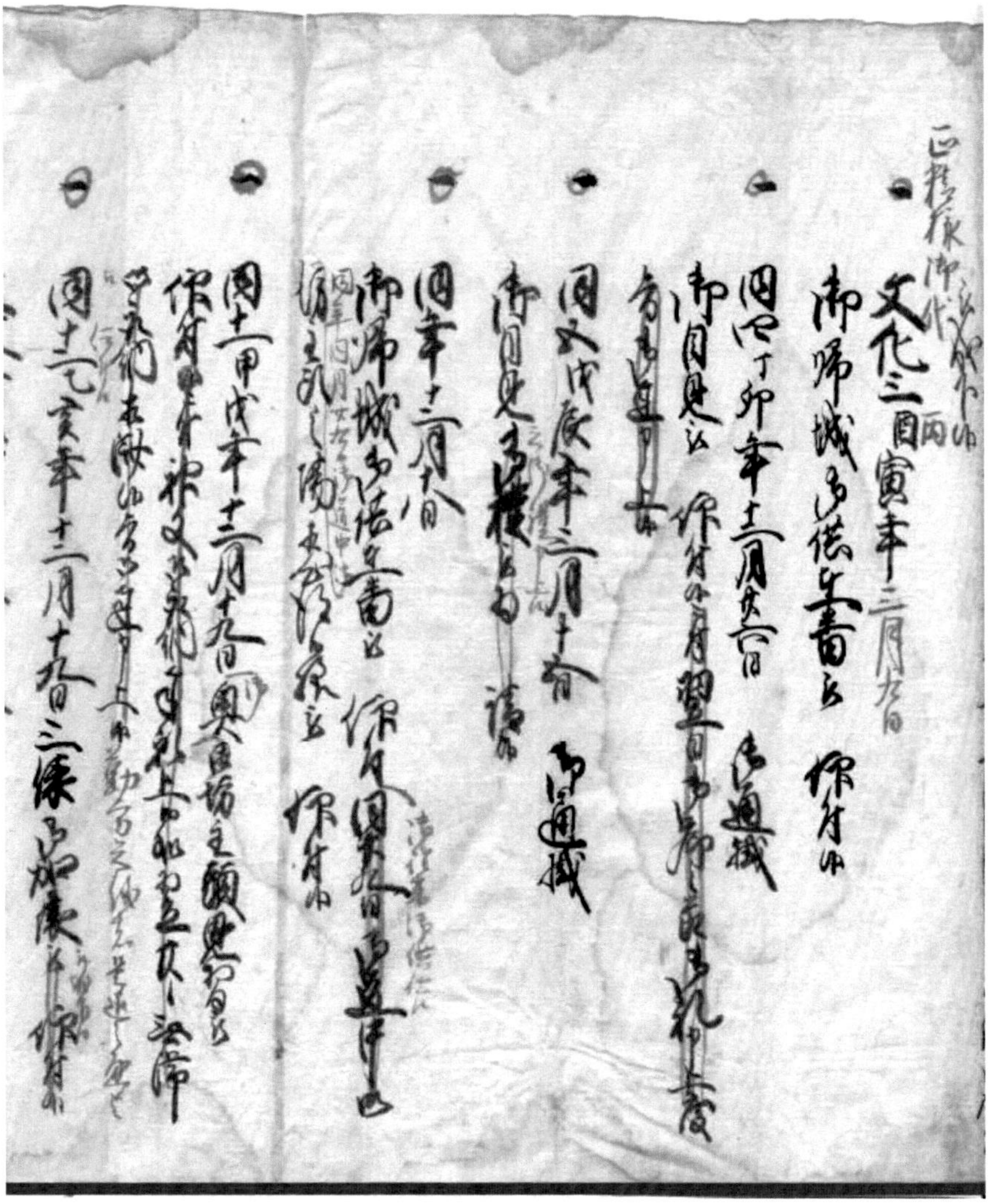

正精様の御代

十　文化三丙《ひのえ》酉《とり》寅《とら》年《どし》三月九日、御帰城御供在番を仰せ付けられました。

十　同四丁《ひのと》卯《う》年《どし》十二月二十六日、御通掛御目見を仰せ付けられました。ので、翌日御帰りの節の御礼申し上げたい旨を御達し申し上げました。

十　同五戊《つちのえ》辰《たつ》年《どし》三月十五日、御通掛御目見の御礼を申し上げました。御礼請けさせられました。

十　同年十二月十八日、御帰城御供在番を仰せ付けられ、御往来御供を仕りました。同二十九日御道中御同年同月二十九日、御道中御坊主頭の場を相心得るよう仰せ付けられました。

十　同十一甲《きのえ》戊《(戌)》年《どし》十二月十九日、御奥御坊主頭見習を仰せ付けられ、ましたので、神文を御取り納めいただくよう願い上げましたところ、翌二十日に滞りなく御取り納めが相済みました旨、御達し申し上げました。勤方の儀はこれまでの通りと仰せ付けられました。

十　同十二乙《きのと》亥《い》年《どし》十二月十九日、三俵御加俵を成し下されました。

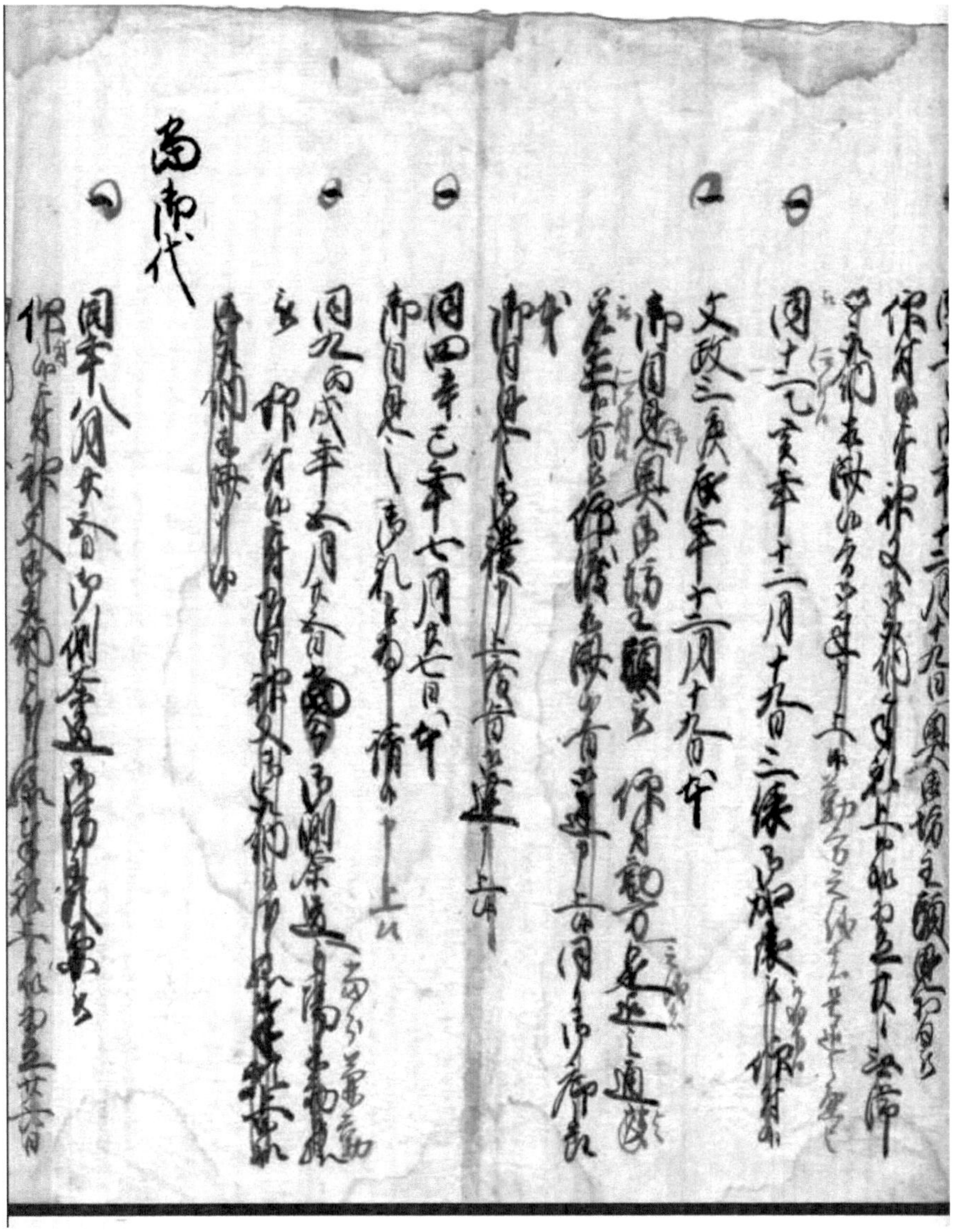

付けられました。

十　文政三庚辰《かのえたつどし》年十二月九日、本御目見御奥御坊主頭を仰せ付けられ、勤方の儀はこれまでの通りと仰せ付けられました。差し置かれる旨仰せ渡され、相済み候旨を御達申し上げました。同日御帰りの節に、本御目見の御礼を申し上げたい旨を御達し申し上げました。

十　同四辛《かのと》巳《み》年《どし》七月二十七日、本御目見の御礼を請けさせられました申し上げました。

十　同九丙戌《ひのえいぬどし》年五月二十五日、当分御側茶道当分兼勤をの場を相勤めるよう仰せ付けられましたので、即日神文を御取り納め下さるようお願い申し上げたところ、御取り納めが相済みました。

当御代

十　同年八月二十五日、御側茶道を御坊主頭を兼て仰せ付けられましたので、神文を御取り納め下さるよう、願い上げましたところ、翌二十六日に御取り納めが相済みました。

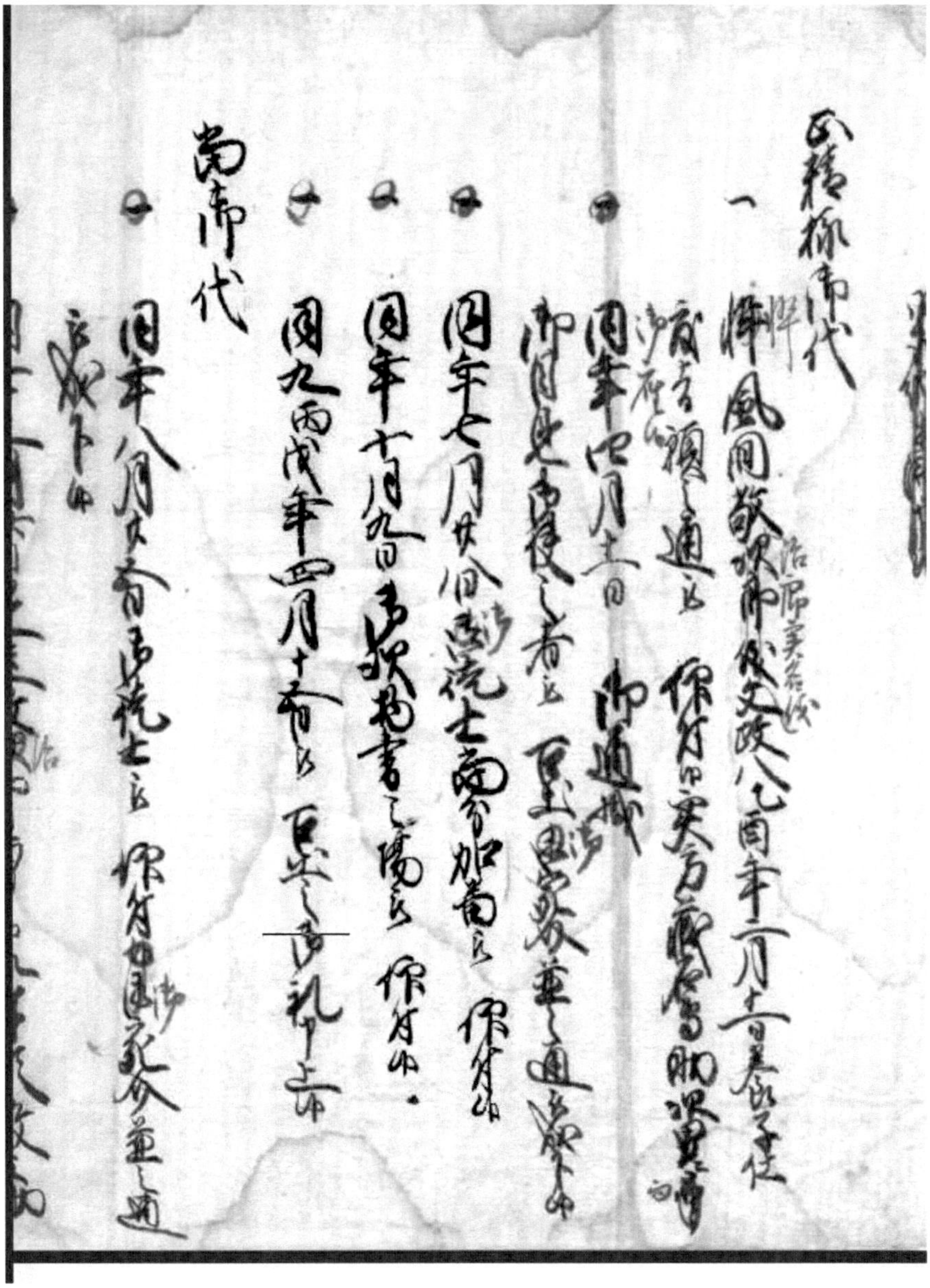

正精様の御代

一　忰の風間敬治郎実名は次郎は、文政八乙酉年《きのととりどし》二月十一日に養子にしたい旨を願いの通り仰せ付けられました。実方《じっかた》は蔵石専助の次男でございます。

一　同年四月十一日、御通掛御目見御使いの者召し出され、御御宛介並の通り成し下されました。

一　同年七月二十八日、御御徒士当分加番を仰せ付けられました。

一　同年十月九日、御次物書の場を仰せ付けられました。

一　同九丙戌年《ひのえいぬどし》四月十五日、召し出されの御礼を申し上げました。

当御代

一　同年八月二十五日、御徒士を仰せ付けられまして、御宛介並の通り成し下されました。

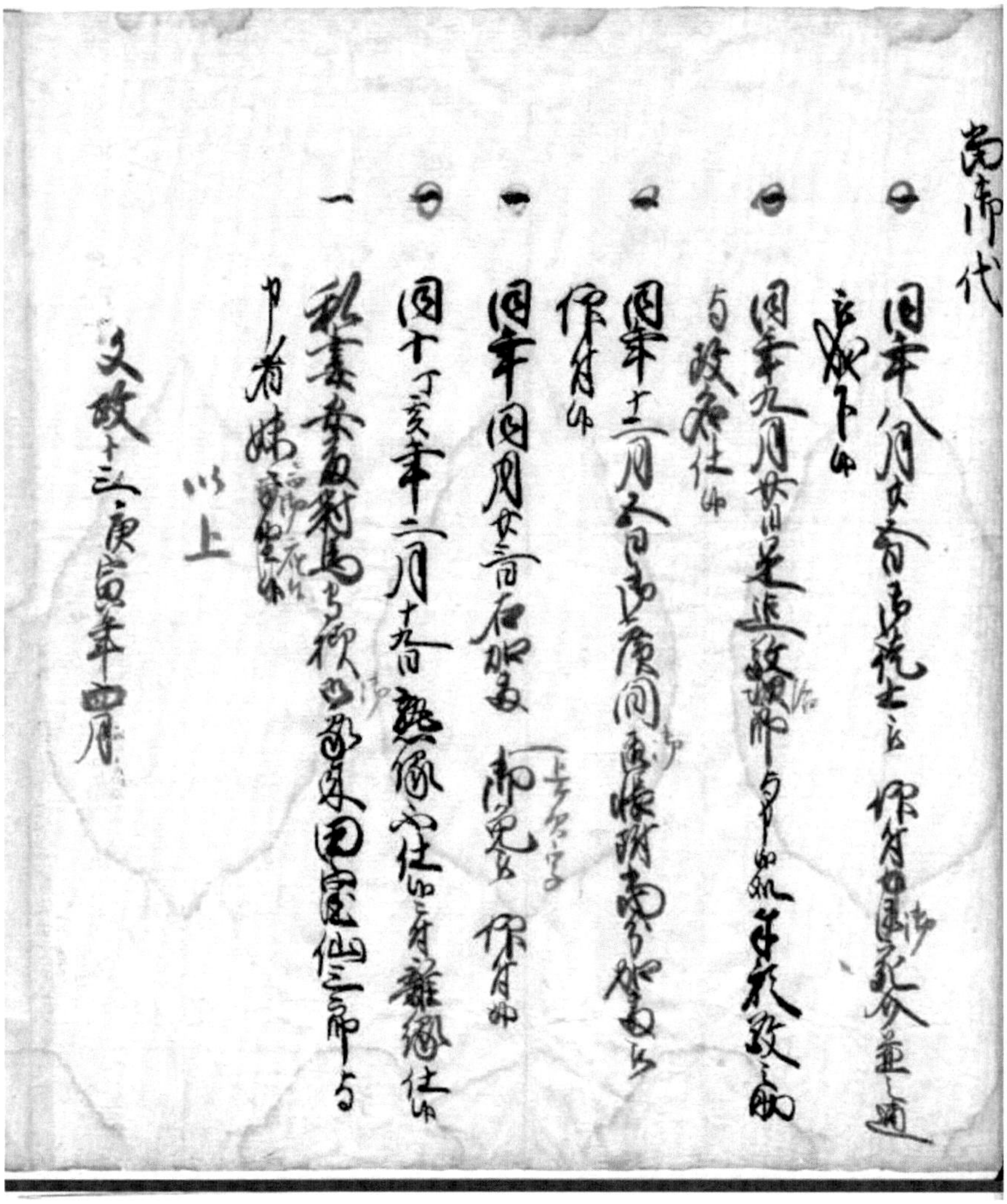
当御代
以上
文政十三庚寅年四月

当御代

十　同年八月二十五日、御徒士を仰せ付けられまして、御宛介並の通り成し下されました。

十　同年九月三十日、これまで敬次治郎と申しておりましたが、お願い申し上げて敬之助と改名しました。

十　同年十二月五日、御広間御御帳附当分加番を仰せ付けられました。

十　同年同月二十三日、右加番の退任を仰せ付けられました。

十　同十丁《ひのと》亥《い》年《どし》二月十九日、縁が熟するに至らなかったので離縁しました。

一　私の妻は安藤対馬守様の御家来の田窪仙三郎と申す者の妹に御座候でございます。

以上

文政十三庚寅《かのえとら》四年《どし》木月

〈読み下し〉

此辺江可認

由緒書□□□□□□□□風間敬斎定保

正倫様御代

一 私儀、天宇門組風間六右衛門実名㤼ニ而御座候処、

十 天明五乙巳年八月十三日、表坊主子供勤之場江御雇被ニ仰付ー候召出ー候、是迄留次郎与申候処、佳碩与改名仕候

一 同七年丁未年八月二十六日、表坊主子供勤本役被ニ召出ー仰付、御宛介金三両壱人扶持被ニ成下ー候

一 寛政六甲寅年三月四日、御年寄方物書当分加番被ニ仰付ー候

同年四月朔日、右加番御年寄方物書加番御免被ニ仰付ー候

同年六月十二日

若殿様正精様御附御奥御坊主被ニ仰付ー候

十 同年七月十一日、拾五俵御直壱人扶持御加扶持弐人扶持御直被ニ成下ー候

(以下4行を附箋により消去)

十 同九丁巳年十一月二十一日、親六右衛門儀番代相願隠居仕罷在候処、家内多難儀仕候 依之何卒御長屋拝借仕度奉内願候処、同十一月二十七日願之通御長屋拝借被ニ仰付ー候 同日御長屋池田源吾より請取候旨御達申上候

(附箋)

一 同九丁巳年十月二十七日、是迄親風間六右衛門方ニ同居仕罷在候処、内願之通於丸山御屋敷御長屋拝借被ニ仰付ー候

十 同十一己未年十月十三日

正精様御附若殿様御東納戸坊主被ニ仰付ー候

十 同十二庚申年閏四月五日私名十一日、是迄佳碩与申候処、

敬斉与相改申度段奉願敬斉与改名仕候上候処、

同十一日改名願之通被ニ仰付ー候

正精様御代
十　享和三癸亥年九月二十一日、出精相勤候ニ付、
五俵御加俵
被二成下一候
正精様御代
十　文化三丙寅年三月九日
御帰城御供在番被二　仰付一候
十　同四丁卯年十二月二十六日、御通掛
御目見被二　仰付一候ニ付、翌日御帰之節御礼申
上度
旨御達申上候
十　同五戊辰年三月十五日、御通掛
御目見之御礼申上候御礼被二為　請一候
十　同年十二月十八日
御帰城御供在番被二　仰付一、御往来御供仕候所
十二十九日御道中御
同年同月二十九日、御道中御坊主頭之場相心得
候様被二　仰付一候

十　同十一甲戌年十二月十九日、御奥御坊主頭見習被二
仰付一候ニ付、神文御取納奉二願上一候処、翌二十日
無滞
御取納相済候旨御達申上候勤方之儀者是迄之通与
被二　仰付一候
十　同十二乙亥年十二月十九日、三俵御加俵被二　被二成
下一候仰付一候
十　文政三庚辰年十二月十九日、本
御目見御奥御坊主頭被二　仰付一勤方之儀者是迄之通
被与
被二　仰付一候差置候旨被二仰渡一、相済候旨御達申上
候、同日御帰之節
本
御目見之御礼申上度旨御達申上候
十　同四辛巳年七月二十七日、本
御目見之御礼被二為　請一候申上候
十　同九丙戌年五月二十五日、当分御側茶道当分兼勤
之場相勤候様
被二　仰付一候ニ付、即日神文御取納被下候様奉願上
候処
御取納相済候

当御代
十　同年八月二十五日、御側茶道御坊主頭兼被二
仰付一候ニ付、神文御取納被下候様、奉願上候処、
翌二十六日
御取納相済申候
正精様御代
一　悴風間敬治郎実名義次郎儀、文政八乙酉年二月十
一日養子仕
度旨、願之通被二　仰付一候、実方蔵石専助次男ニ
而御座候
御座候
十　同年四月十一日、御通掛
御目見御使之者被二　召出一、御御宛介並之通被二
成下一候
十　同年七月二十八日、御御徒士当分加番被二　仰付一
候
十　同年十月九日、御次物書之場被二　仰付一候
十　同九丙戌年四月十五日、被二　召出一之御礼申上候

当御代
十　同年八月二十五日、御徒士被二　仰付一候御御宛介
並之通
被二成下一候
十　同年九月三十日、是迄敬次治郎与申候処、奉願敬
之助
与改名仕候
十　同年十二月五日、御広間御御帳附当分加番被二
□仰付一候□□□□□□□□□□□上ケ欠字也
十□同年同月二十三日、右加番□御免被ニ□仰付一候ヘ
十　同十丁亥年二月十九日、熟縁不仕候ニ付、離縁仕
候
一　私妻安藤対馬守様御御家来田窪仙三郎与
申者妹ニ而御座候ニ御座候
以上
文政十三庚寅年四木月

母・風間　政から娘・久米への最後の手紙
文末に甲州金の説明
(九〇〇―一一―十二)

風間　政は、風間定保の妻で、その子供が風間久米(久米子ともいう)である。風間久米は、風間定常と結婚している。祖父・風間卯熊は養子となり家督を継いでいる。

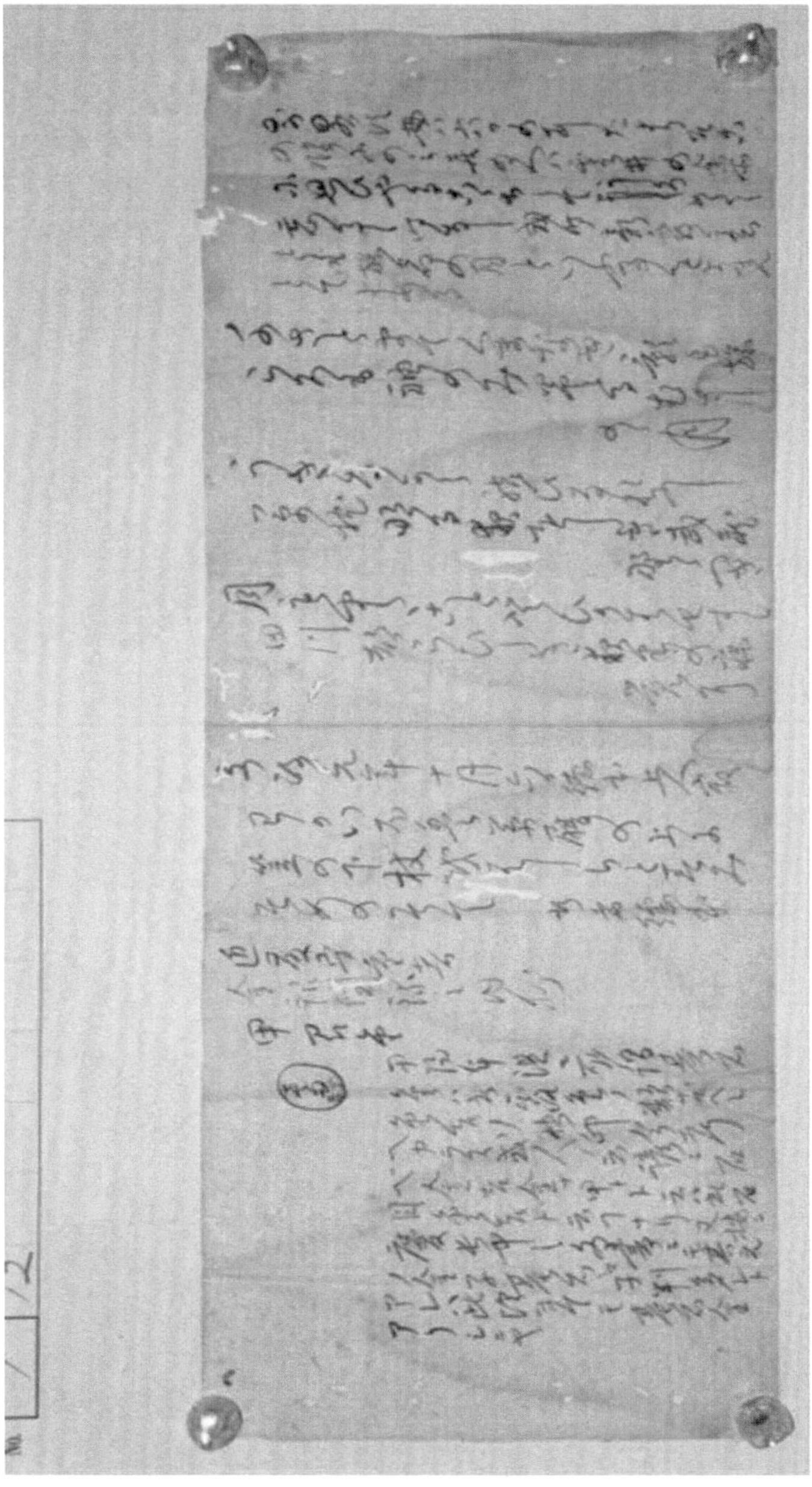

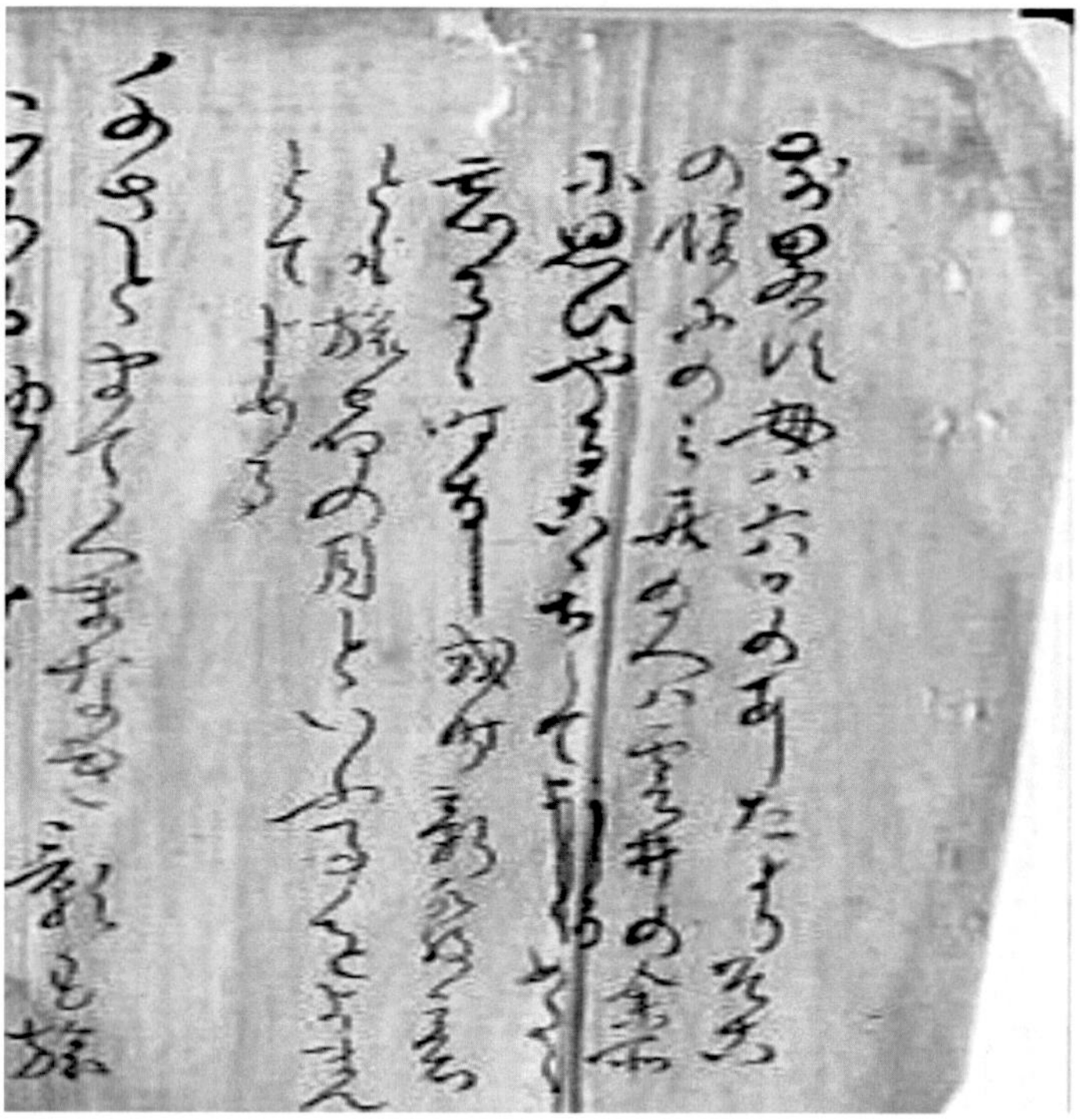

【現代訳】

前略　しばらく母は六日の朝から、そこの館だけに居られるので、はるか遠くに離れた地に思いを馳せる気がして、気がかりで忘れる時がありません。ある時、ふと思いついて旅宿の月という題で歌を詠もうと思って詠んでみました。

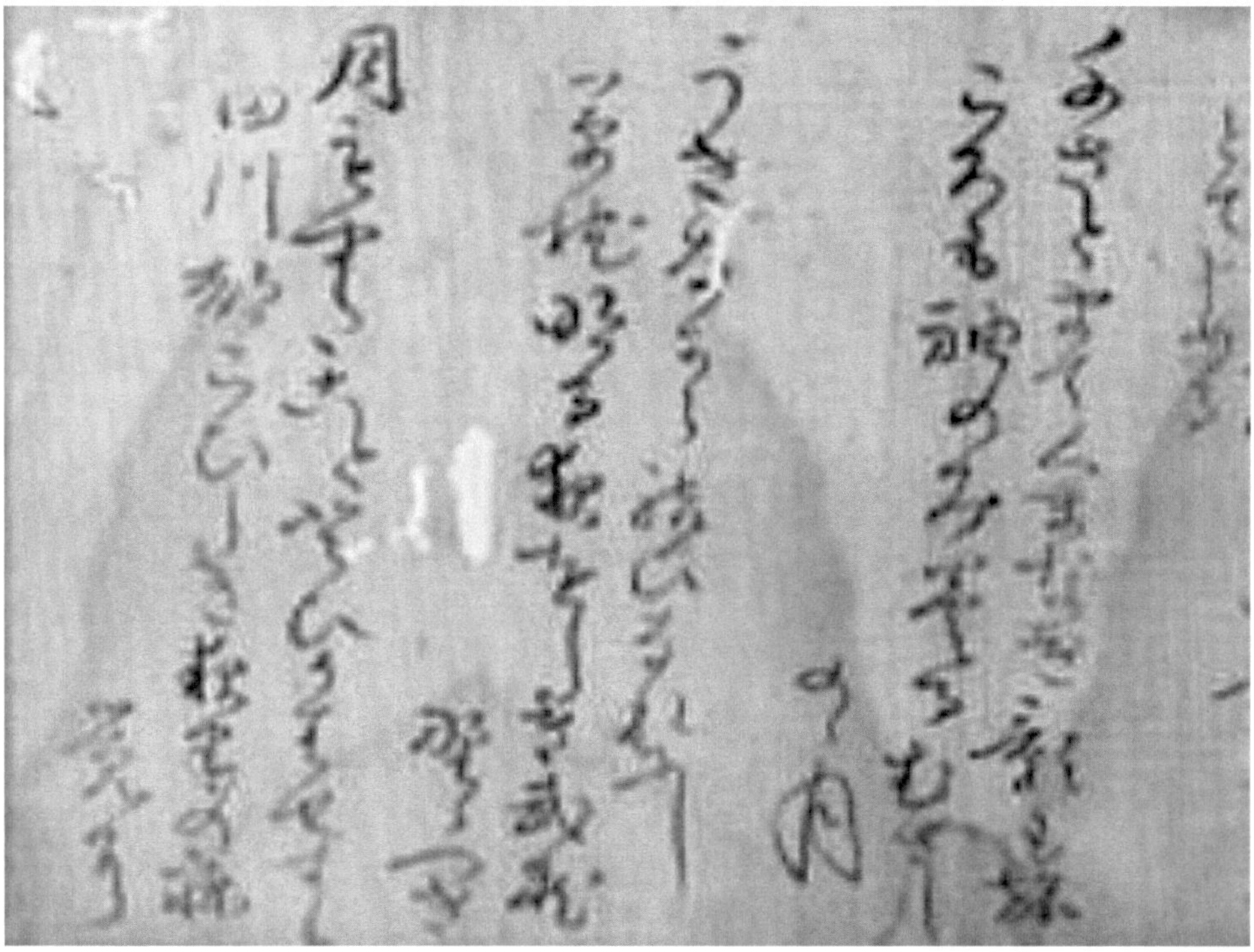

武蔵野の空に浮かぶ月の光は、遠く離れた地までくまなく照らしはしても、旅の衣の袖だけは気がかりで曇ることであるよ。

つらいことではあるものの慣れてしまった旅寝に武蔵野の月は美しく、夜が明けるのが惜しいことだよ。

江戸の隅田川に映る月もまたものを言ってほしい。夜中に目を覚まして都が恋しいときには。

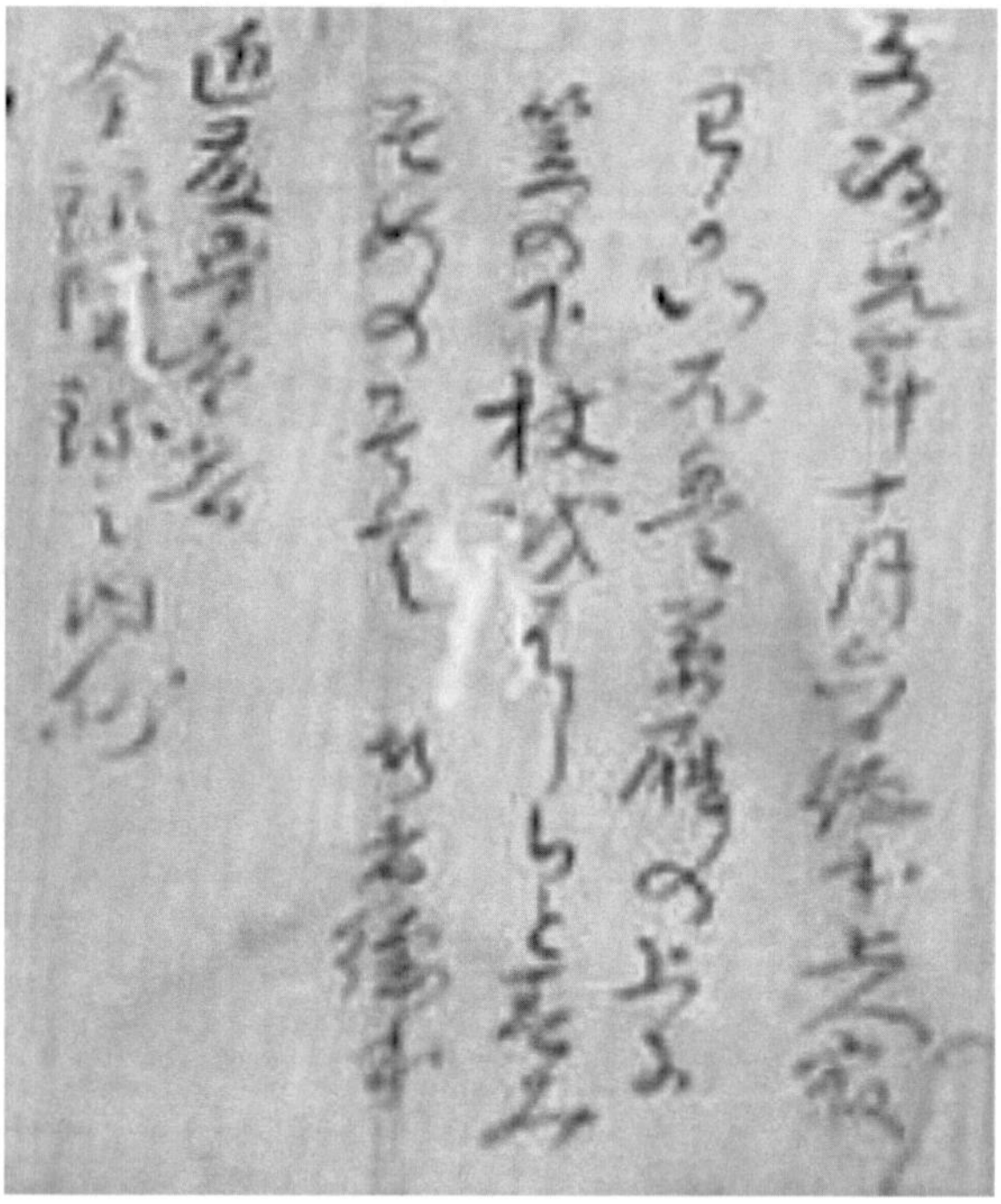

文政元年十月六日　徳本上人寂

私は僧侶として、草履の上に笠の下、杖を柱とした庵に住んでいるようなもの(行脚こそわが庵)であることよ。　徳本行者

近藤守重著

『金銀図録』より抜粋

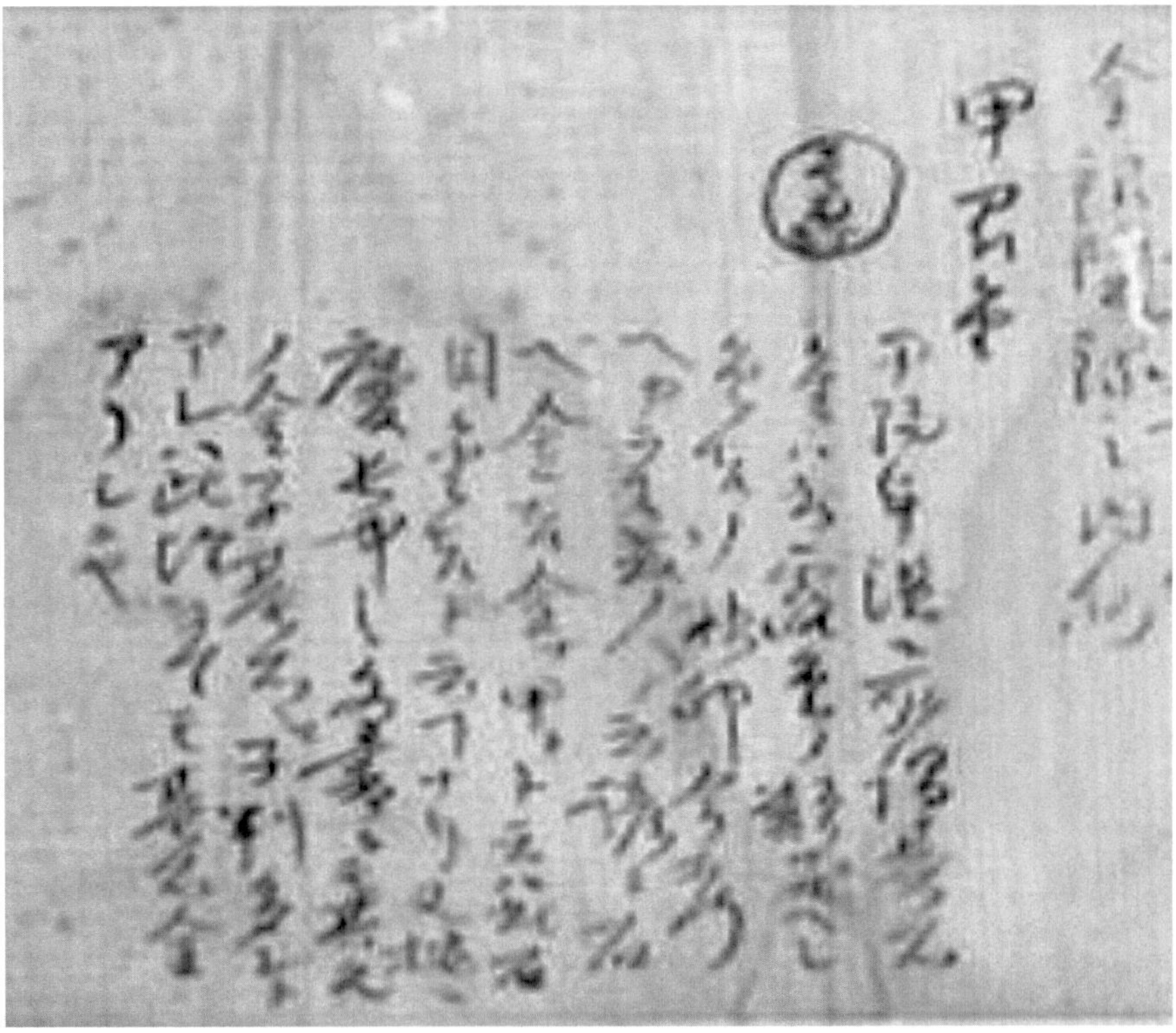

『金銀図録』より抜粋

甲州金

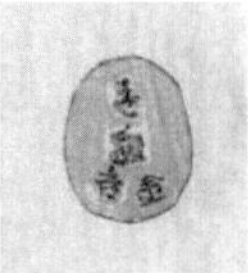

『甲陽軍鑑』に碁石金といわれるものは露金と同じ部類のものであろう。「金吉」と刻印がある理由は今ではよくわからない。ある人が諺にいう「石部金吉金兜」は、この石目金吉のことを言っているのである。また思うに、慶長の時代の文書にも「あなたのお金は碁石にまねたものが多い」とあるので、このころまで碁石金もあったのではなかろうか。

【補注】
『金銀図録』六巻付一巻は、国立国会図書館デジタルコレクションでネット上に公開されており、甲州金については三巻に掲載されている。

【翻刻】

前略頃母ハ六日のあしたよりそこ
の館にのミ居給へハ雲井の余所
に思ひやるこゝちしてうしろめたく
忘るゝ時なし或時新發意
とも旅宿の月といふ事をよまん
とてよめる

千さとまてくまなき影も旅
　ころも袖のみ曇るむさし
　　　　のゝ月

うきなから結ひなれにし
　草枕明る夜をしき武蔵
　　　野ゝつき

月もまたことゝひかはせすミ
　田川都こひしき夜半の寝
覚に

文政元年十月六日徳本上人寂
わかいほは草履の上に
笠の下杖をはしらとすみ
そめのそて　　行者徳本

近藤守重著
金銀図録之内抄
甲州金
【図】
　甲陽軍鑑ニ所謂碁石
　金ハ此露金ノ類ナルヘシ
　金吉ノ極印今考
　ヘカラス或人ノ云諺ニ石
　ベ金吉金ナ甲ト※1ト云ハ此石
　目金吉ト云ヿナリ又按ニ
　慶長中之文書ニモ其元
　ノ金子碁石ニマ子判多シト

アレハ此頃までモ碁石金
アリシニヤ

【註】

※1　ㇷ　「コト」と読む。主に片仮名文で用いられるもの。

【読み下し】

前略　頃《しばらく》※1母は六日の朝《あした》よりそこの館にのみ居給へば、雲井の余所《よそ》※2に思ひやる心地して、うしろめたく※3忘るる時なし。或《ある》時、新発意《はつい》※4とも旅宿《りょしゅく》※5の月といふ事をよまんとてよめる。

千里《ちさと》※6まで隈《くま》※7なき影《かげ》※8も旅衣袖のみ曇る武蔵野《むさしの》※9の月

憂《う》※10きながら結びなれにし草枕※11明くる夜惜《お》しき武蔵野の月

月もまたこと問ひかはせ隅田川《すみだがわ》都こひしき夜半《よは》※12の寝覚《ねざめ》に

文政元年十月六日徳本上人《とくほんしょうにん》※13寂《じゃく》

わが庵《いほ》は草履の上に笠の下杖を柱とすみぞめの袖

行者徳本

近藤守重《こんどうもりしげ》著

『金銀図録《きんぎんずろく》※14』之内抄

甲州金《こうしゅうきん》

『甲陽軍鑑《こうようぐんかん》※15』に所謂碁石金《いわゆるごいしきん》※16はこの露金《つゆきん》※17の類なるべし。金の極印《こくいん》今考うべからず。ある人の云《い》う諺《ことわざ》に「石部金吉金甲《いしべきんきちかなかぶと》※18」と云うはこの石目金吉と云うことなり。また按《あん》ずるに慶長中の文書にも其元《そこもと》の金子碁石にまね判※19多しとあれば、この頃までも碁石金ありしにや。

【註】

※1　頃　「須」かも。どちらとも考えられるが、読みは同じ。

※2　雲井　遠くはるかに離れていること。

※3　うしろめたく　気がかりだ。不安であるの意味。

※4　発意　思いつくこと。考え出すこと。

※5　旅宿　旅先の宿。

※6　千里　長い道のり。

※7　隈　影のこと。

※8　影　光のこと。

※9　武蔵野　今の東京都と埼玉県にわたる荒川と多摩川の間の平野。紫・すすきとともに和歌によく詠まれた。

※10　憂き　つらいこと。

※11　草枕　旅寝、旅枕。

※12　夜半　夜中。

※13　徳本上人　一七五八―一八一八。浄土宗の僧。田伏氏。紀伊国日高郡の出身。徳本行者とも呼ばれた。文化十一年（一八一四）より江戸小石川の一行院に住した。諸国を行脚し、民衆をはじめ諸大名や大奥女中からも崇敬を受けた。

※14 『金銀図録』 古来の金銀貨幣の形状，製作，刻鏨などの図示解説書。本編六巻，付言一巻。江戸時代中期，幕府書物奉行で北地探検家の近藤重蔵(守重) 著。文化七年刊。古判金，甲州品，各国品，私鋳品などに分類し，一般に秘密主義をとった幕府の鋳貨内容を知るのに役立つ。続編が天保十三年にできた。

※15 『甲陽軍艦』 江戸初期の軍学書。二〇巻。武田信玄・勝頼二代の事績・軍法・刑法を記したもの。高坂昌信の遺稿に仮託して、小幡景憲が編。

※16 碁石金 碁石の形にした金貨。甲斐国で元禄期以前に流通した金貨の一種。

※17 露金 露一両のこと。甲州で鋳造された金貨の種類の一つ。

※18 石部金吉金甲 石部金吉に金《かね》の兜《かぶと》をかぶせたような人。極端に融通のきかない人のたとえ。

※19 まね判 意味不明。『金銀図録』原文では「碁石ニテマ子判」とある。

※20 【図】 『金銀図録』の原文より。

筆者コメント

母・風間 政が子供・久米(筆者の曾祖母)に当てた最後になった手紙。

下総の阿部藩主の妻(御台様)の関係で訪問しているが、当時は江戸からでも遠方なため、娘に手紙を書いたものと思われる。最後の手紙となったので子供・久米が残したと思われる。

当時は情報が少ないため手紙の末尾部に、子供に教えるために「甲州金」をしたためたのではないか。

江戸時代の風間家の菩提寺は現在の文京区にある西善寺で、現在も風間家の過去帳が残されている。また、西善寺は、近藤守重即ち、近藤重蔵も埋葬されている。

従って、子供・久米(筆者の曾祖母)は、藩元・福山に帰っても風間の菩提寺は、文京区の西善寺であることを知っていたはずである。

しかし、久米は、福山で死去したため、東京は遠方なので福山藩第二代藩主水野勝俊公の墓所・備後 長久山・妙政寺に墓石を残している。

（1835）風間六三定常「異事日誌」（横帳）

▼現代語訳

読み下し

（900—一—四）

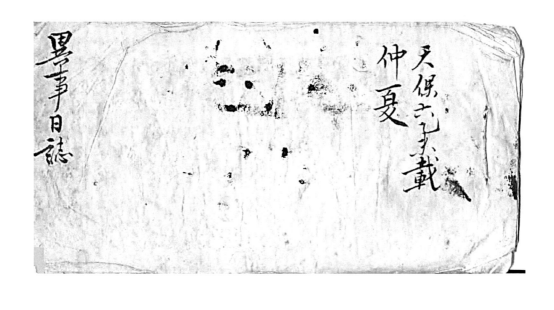

（現代語訳）　九〇〇一―四　**異事日誌**

風間六三定常記述

天保六乙未歳戴（１８３５）

仲夏（陰暦五月の異名）

異事日誌

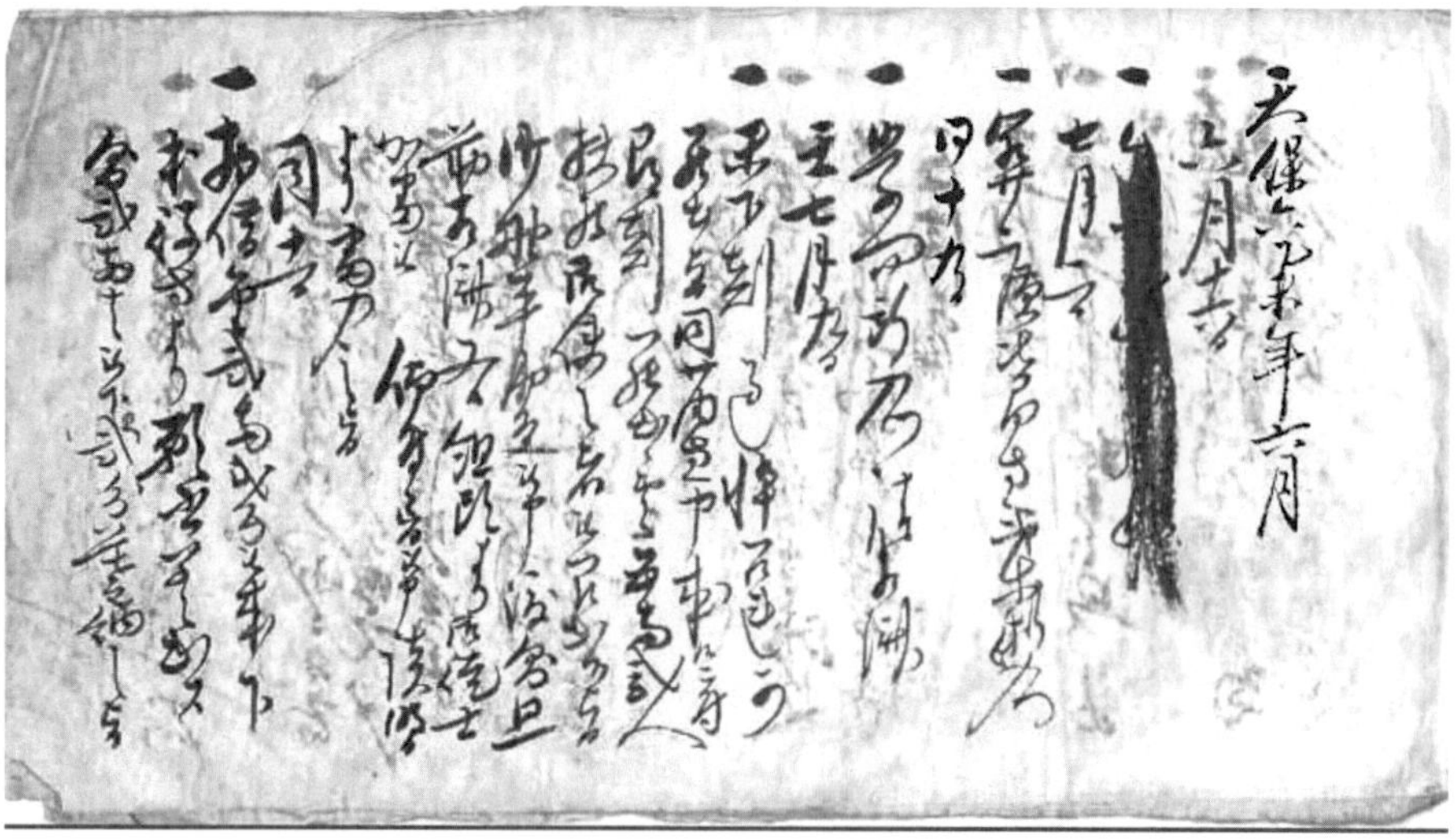

現代語訳

天保　六乙未年（1835）　六月
天保　六乙未　年（1835）六月十六日
（二行抹消）
天保六年七月二日
一、関廣次郎方に柔術入門した
天保六年七月十九日
一　学問新入門手続き完了
壬七月九日
一、午後二時三時頃せがれを連れ出頭することを
同苗字の家へ申し伝えたころ
即刻出頭せよとのことで五両二人扶持で
お使いとして役につけますよとの話。
竹野半助殿から申し渡され
即半日勤務済ませる。　同日組頭から徒士
加番をお殿様筋から命令として仰付られ、
組頭と打合せ　明日から番入とのこと。
天保六乙未年七月十一日
一、藩からの借入金二両二分下付され
徒士本役より願書を提出した。
二両は自分で遣い、二分は上役に贈呈が
願書の内容

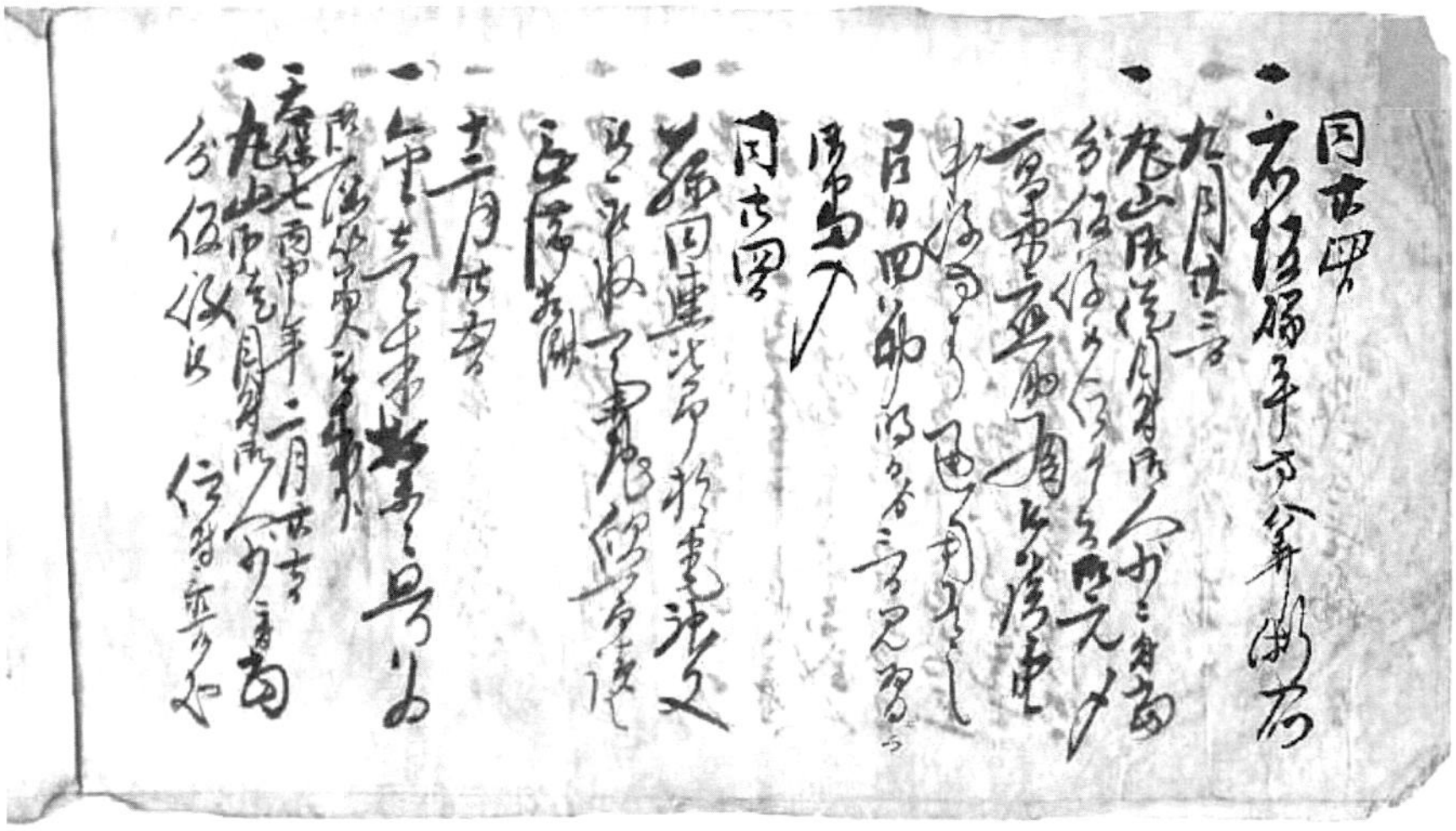

天保六年七月二十四日
一、石坂孫平氏に算術を入門
天保六年九月二十三日
一、丸山徒士目付の人数が少なく
当分徒士目付仮役のような任務を仰せ付けられる
御元締役の高束応助氏が調べ打ち合せをされ
たそうだ
徒士目付本役から連絡があった。
即日四助が明日から三日間見習で御番入である。

天保六年九月二十四日
一、藤田連次郎宅で家宅証文
取納められ通路や土地割を視察すべて完了
天保六年十二月二十五日
一御褒美として下された一朱を持参にまわる
(御褒美として下された)
天保七丙 甲 年二 月 廿七日
一、丸山徒士目付の人員が少なく
当分仮役を仰え付けられていたが

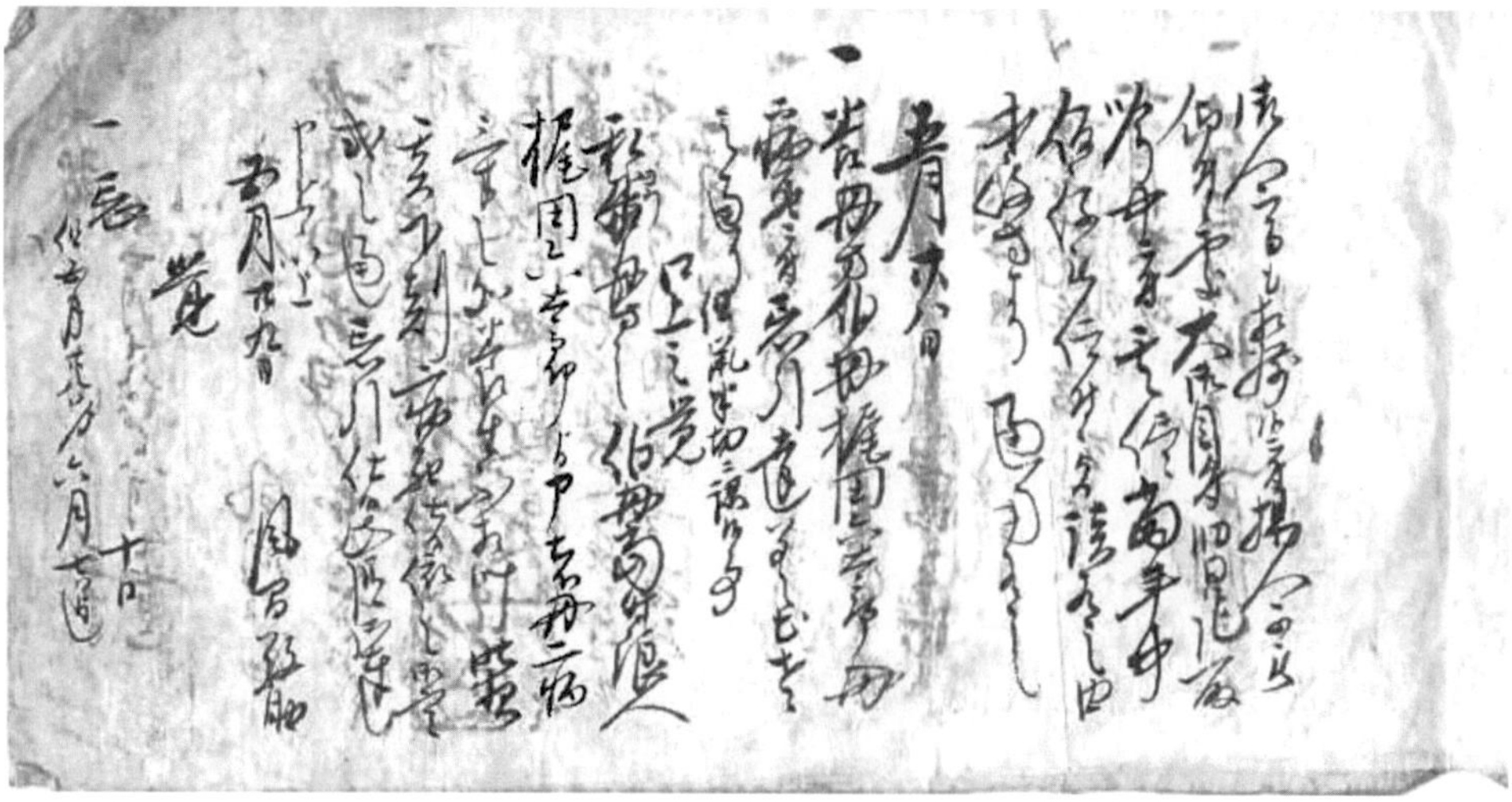

取納められ通路や土地割を視察すべて完了
天保六年十二月二十五日
一、　御褒美として下された一朱を持参にまわる
（御褒美として下された）
天保七丙 甲 年二 月 廿七日
一、丸山徒士目付の人員が少なく
当分仮役を仰え付けられていたが
現在人数で処理可能で加番解除を
仰せ付けられた。しかし大目付が旧日記を取り調
べ中でありそのまま天保七年中は
仮住いを仰せ付けられた。これを打合せたとの事、
徒士目付本役からその連絡があった。
天保七年五月二十八日
一、**養母方伯母である梶田六太郎母** が
病死につき忌引届けを提出した。
次の文章の通り但ねずみ色の半紙に書いた。
上之覚
私養母方の伯母で当時浪人の
梶田六太郎という者の母親が病気
で治療の効果なく昨夜十一時頃なくなりました。
決まりの通り忌引きを取ります。忌引きの届けを
右の通りお届けいたします。
天保七丙申年五月二十九日　風間敬助　（六三定常の旧姓）
覚え
一　忌引き日数　十日
但し五月二十八日から六月七日迄

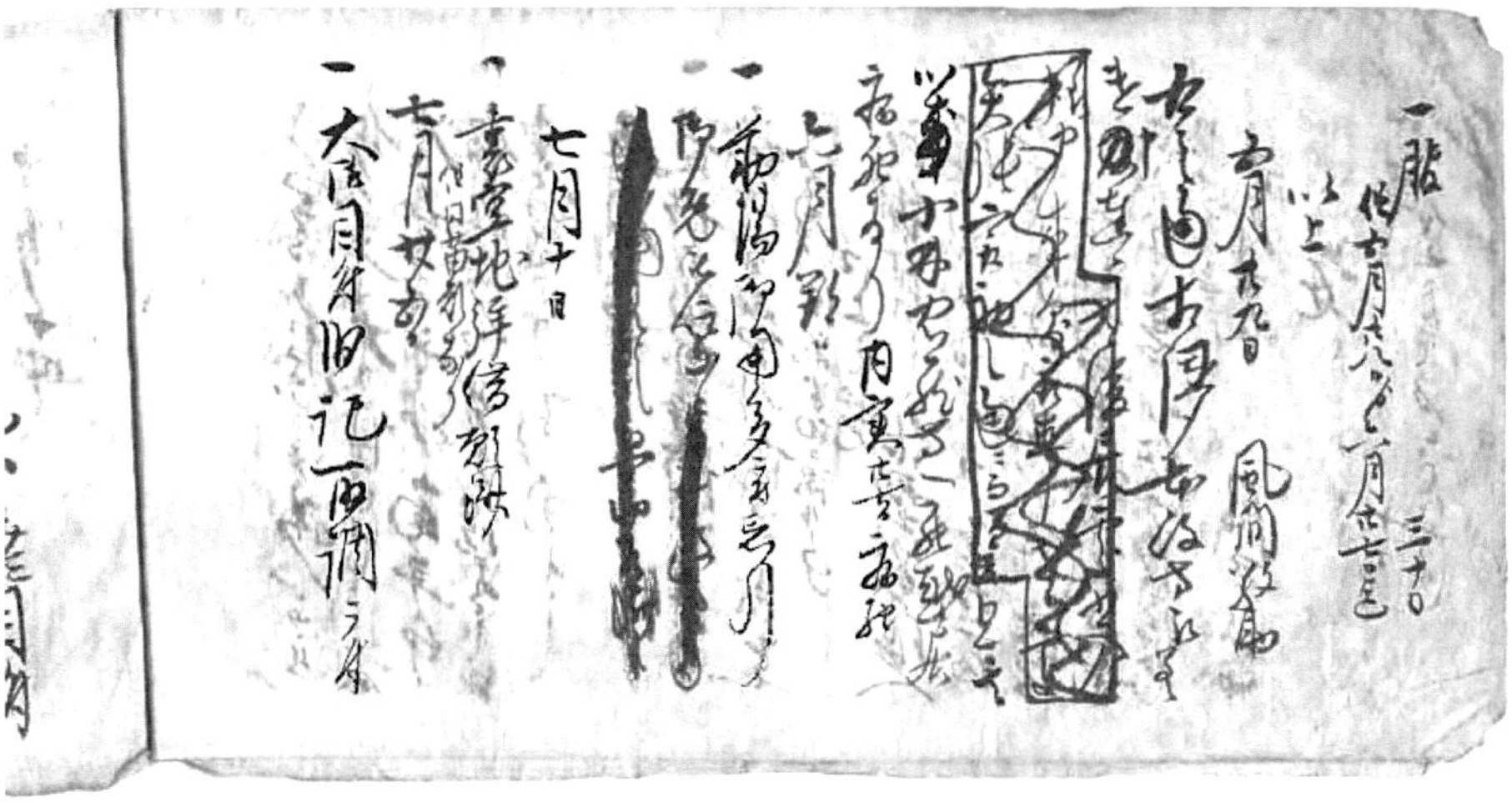

一　服喪期間　三十日

　但し、五月二十八日より六月二十七日迄

　以上

天保七年五月五月二十九日　風間敬助（風間定常六三のこと）

右の通り認識の上、徒士本役方へ提出いたしました。

（削除）

（二行削除）

（二行削除）

小林忠蔵方へ居住する内、病死となり

（養母方伯母・梶田）寅（とら）二十七日病死

天保七年（１８３６）六月一日

一職場の仕事多忙に付、忌引中止を言われた。

（二行抹消）

天保七年（１８３６）七月十日

一　裏堂地（墓地？）　拝借願済　但し同じ苗願である

天保七年七月二十五日

一、大御目付が旧資料取調べにつき

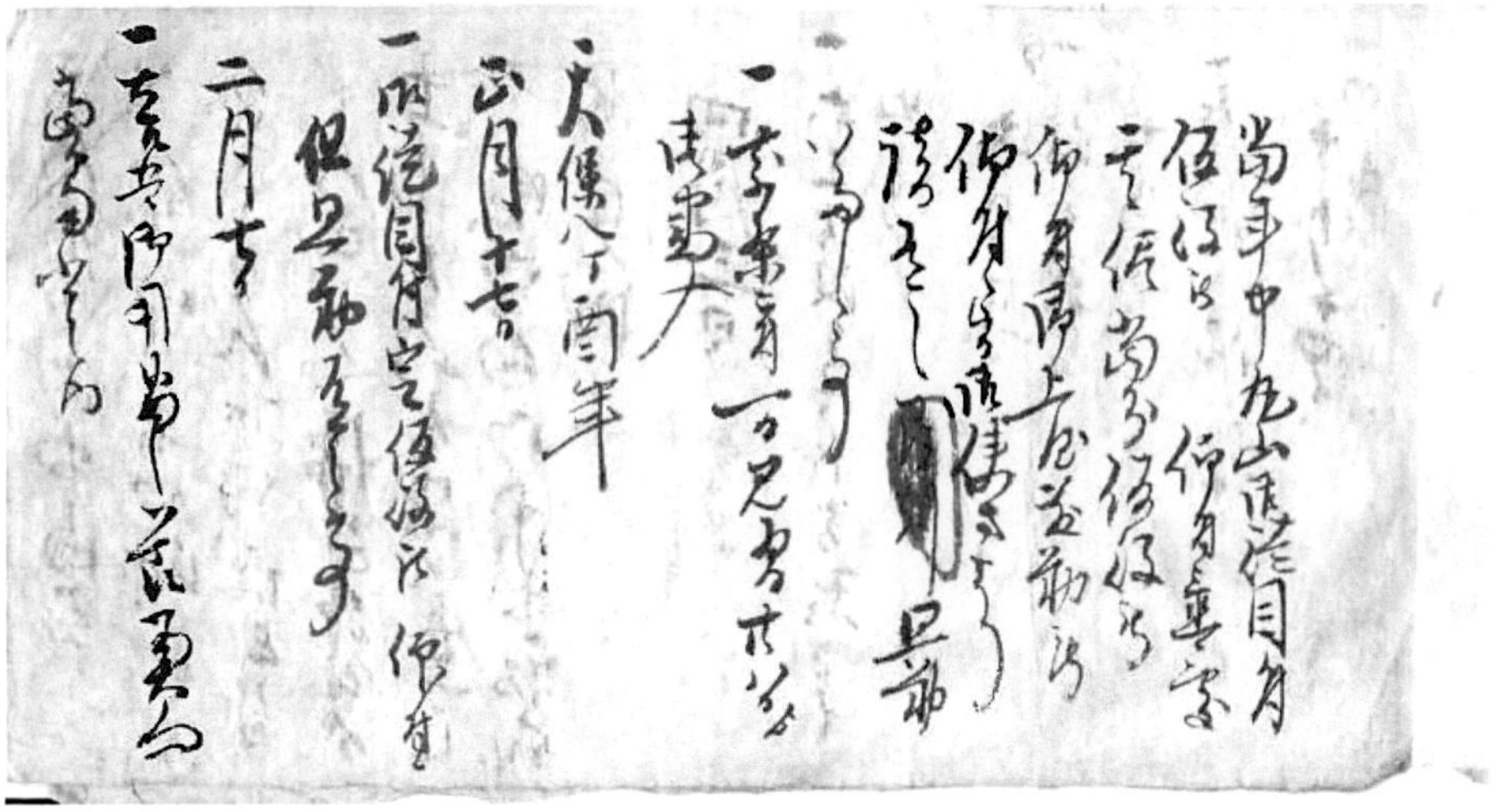

当年中、丸山お屋敷の徒士目付は
仮役継続を 殿様筋より仰せ付けられた。
風間定常六三は、そのまま当分の間、一時的
仮の役を仰せ付けられた。
上屋敷勤務をおおせつかった。
上屋敷勤務のことを知らせに来た方と打合
せを行った。
　午前中だけの勤務になるということである。
一、今の話は、二十八日より見習い勤めのために
番入りする。
天保八丁酉年（１８３７）
正月十七日
一、徒士目付の定仮役を殿様筋より仰せ付けられる。
但し午前だけの短縮勤務である。
天保八丁酉年（１８３７）二 月 七日
一、去る五日、勤務中御殿奥関係の当番であると
のことで

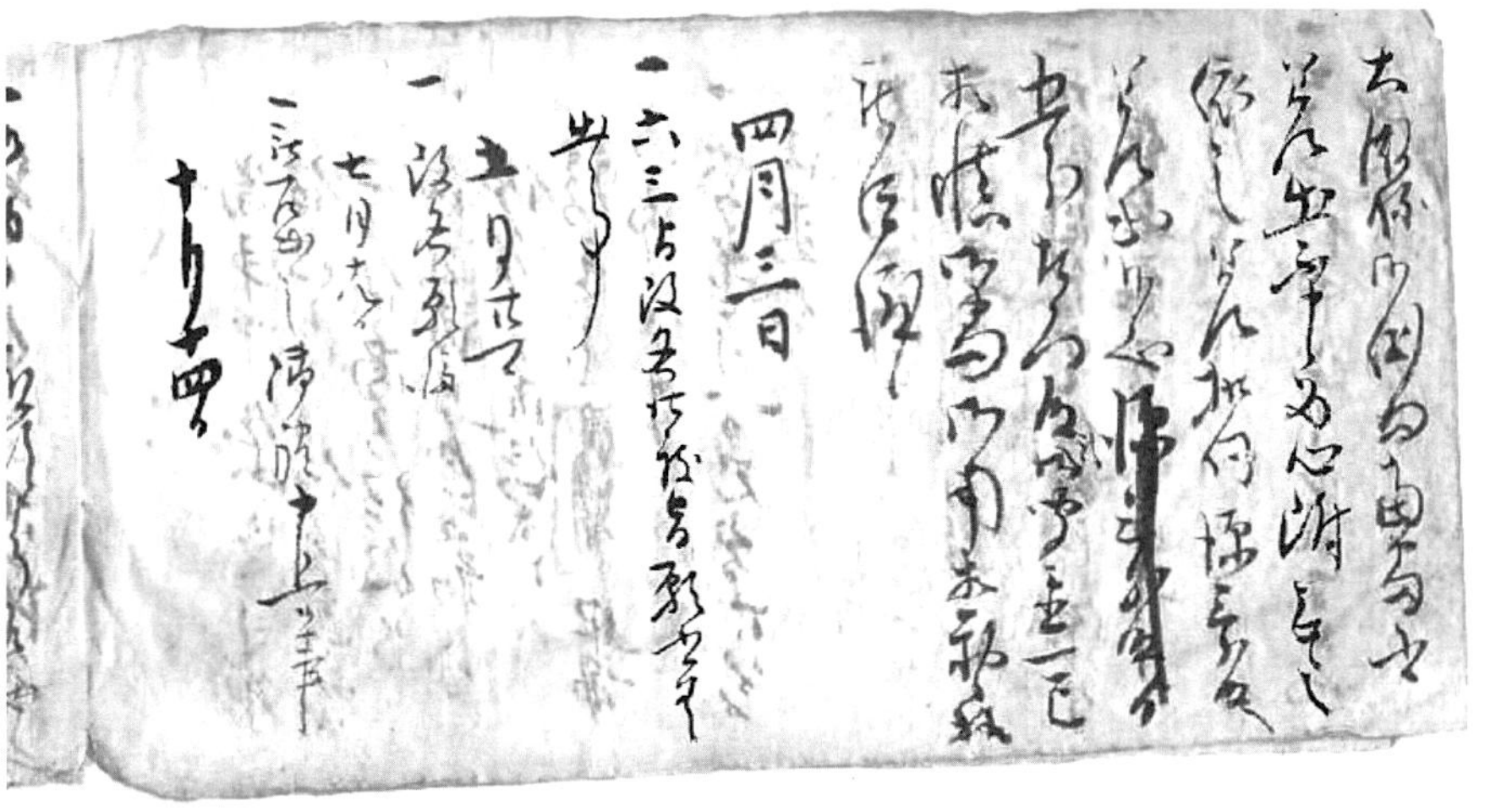

大殿様の側まわり当番書を提出し
なかったためか心付けによってか差し控えと
なった。向源三郎殿は提出したので 五郎左衛門殿
が聞いてくれて、（私は）謹慎、（？）
（源三郎殿は）当番勤務を申し渡された。

天保八丁酉年（１８３７）**四月三日**
一、（風間敬助から）「六三」に　改名願書提出
天保八丁酉年（１８３７）五月二十一日
一　「六三」への改名願いが済んだ。
天保八丁酉年（１８３７）七月十八日
一、再びお呼び出しをいただき御礼を申し上げた。
天保八丁酉年（１８３７）**十月十四日**

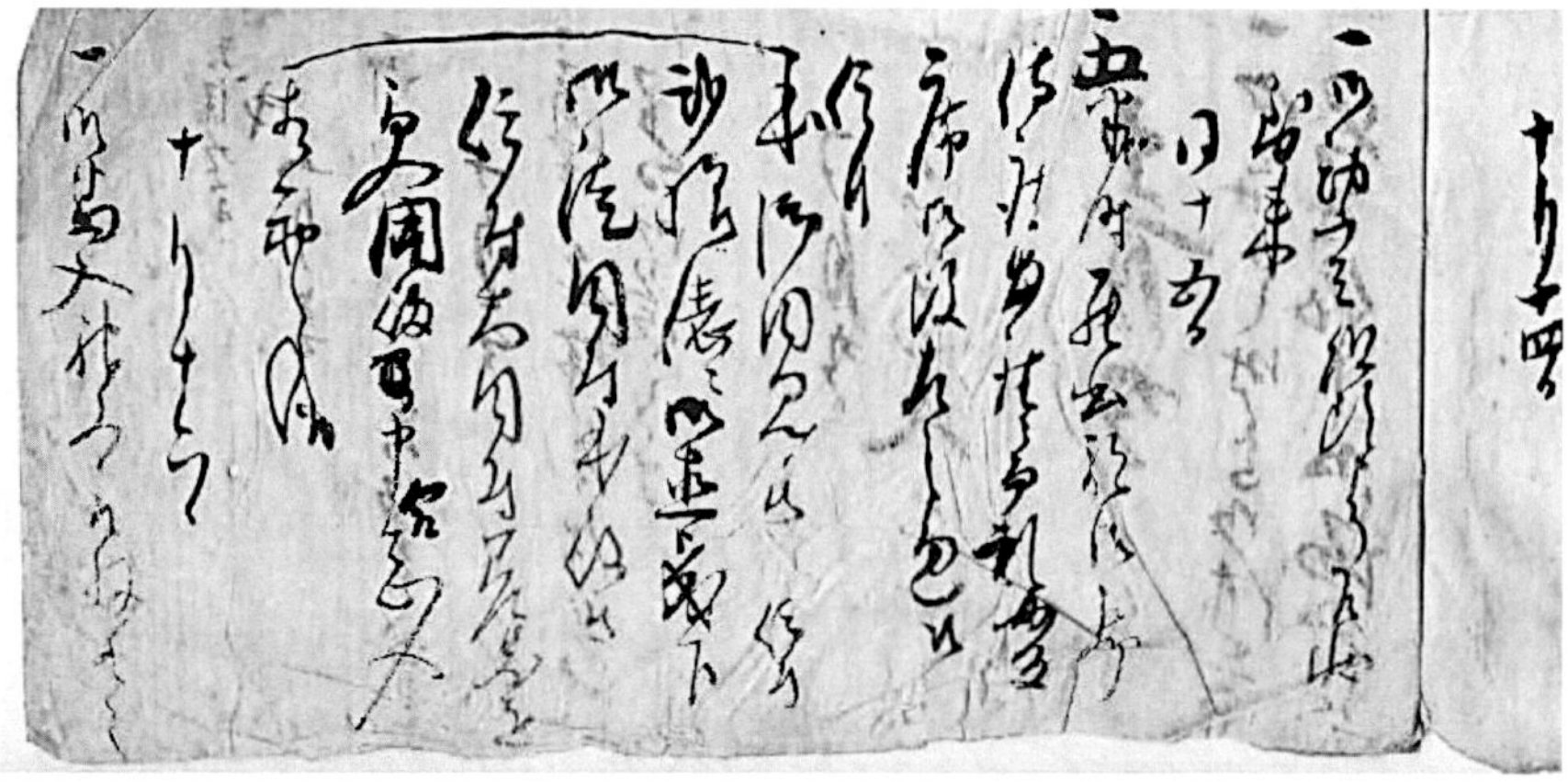

一、御勘定組頭から来てくださいという通知がきた。

天保八丁酉年（１８３７）十月十五日

定刻午前九時に御勘定組頭部屋（今で言う総務課）に行きに待っていたところ、頼助殿が席を改めて次の辞令交付があった。

「本御目見役（待遇）」をおおせつかった。

家禄二十俵を成し下された（五両二人扶持から）

「御徒士目付本役」を言い渡された。

大目付への提出書類

準備を至急まとめたうえで新しい職につく

天保八丁酉年（１８３７）十月十六日

一、番入関連の提出物があった。

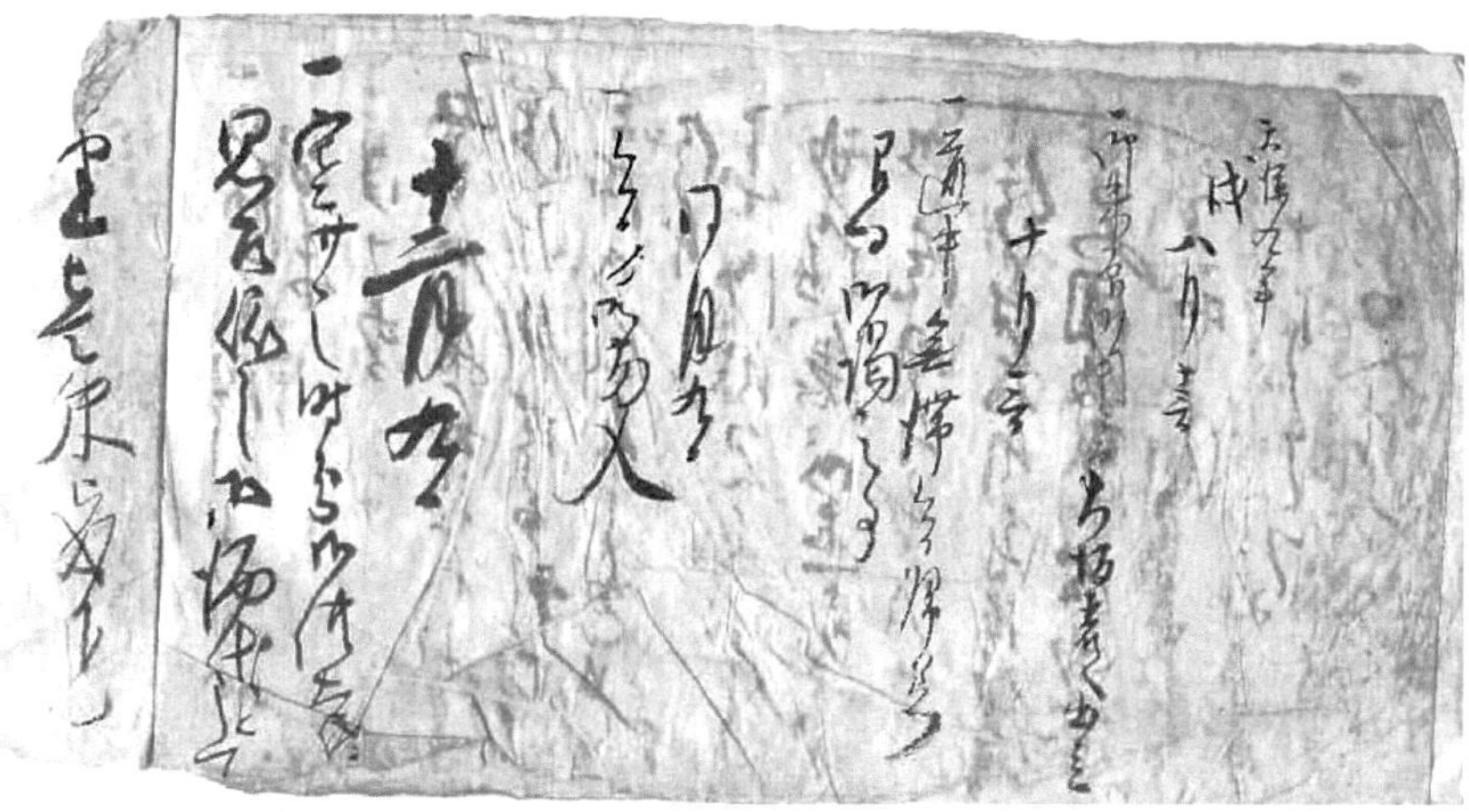

天保九年　（１８３８年）戊（つちのえ）八月十三日
一、藩としての許認可業務で大阪へ出張する。
天保九年　（１８３８年》十月三日
一、（大阪出張への）道中問題なく帰宅。
　早々にお酒
（コメント　江戸から大阪出張は、八月十三日～十月三日
　五十日強かかっている）
天保九年　（１８３８年》十月九日
十月四日～十月八日までの五日間長距離出張休暇
一、今日から（休暇明け）勤務開始
天保九年　（１８３８年》**十二月九日**
一、寒中の行列お供へ慰労として殿様のご指示で
　御酒代として金一朱を行列お供全員に頂く。
（コメント　江戸から大阪出張は藩としても大変な
　行事《出張》だったことがうかがえる》

この「異事日誌」は、続きがあるが、このページで欠損している。

（翻字）　九〇〇一—四　異事日誌

風間六三定常記述

天保六乙未歳戴（1835）

仲夏（陰暦五月の異名）

異事日誌

天保六乙未年六月十六日
（一行抹消）
天保六乙未年七月二日
一　関　廣次郎方に柔術入門
天保六年七月十九日
一　学問所入門緒相済
(閏) 壬七月九日
一　未下刻過伜召連可
罷出旨同苗方へ申来ルニ
即刻罷出候處五両弐人
扶持御使之旨被召出候旨
竹野半助殿被申渡則旦
勤相済又日組頭より御徒士
加番被□仰付候旨被申　談明日
より番入こと旨
天保六乙未年七月十一日
一　拝借金弐両弐分被来下
本役方より願書差出ス
則弐両者被下弐分差納之旨

一、天保六年七月二十四日
石坂孫平氏に算術を入門

一　天保六年九月二十三日
丸山御徒目付御人数少ニ付当
分仮役如仰付候旨御元メ
高東応助調被談由
本役方より通用有之
即日四助明日より三日見習而（候）
御番入

一　天保六年九月二十四日
藤田連次郎於宅（■）証文
被取収通地組一見談之
無滞相済

一　天保六年十二月二十五日
金壱朱持参ニ廻リ為
御褒美被出被成下候

一　天保七丙甲年二月廿七日
丸山御徒目付御人少ニ而当
■当
分仮役（碍）被□仰付置候処
御人ニ而も相揃候ニ付揚人可被
仰付候處大御徒目付旧日記取
吟リ中ニ付其偬当年中
仮住被仰付候旨談有之由
本役方より通用有之

一　天保七年五月二十八日
養母方伯母梶田六太郎母
病死ニ付忌引達差出左之
之通り但鼠半切ニ認候之事

口上之覚
私ヨリ母方之伯母当時浪人
梶田六太郎より申者母病
氣之処、養生不相叶昨夜
亥下刻病死仕候依之御定
式之通忌引仕候此段御達
申上候以上
天保七丙申年五月二十九日　風間敬助

覚
一　忌十日
但五月廿八日から六月七日迠

一　服　　三十日
但　五月二十八日より　六月二十七日迄
　以上
五月二十九日　風間敬助
右之通相認メ本役方江差
遣申達候　（●後居処無入）

様申来則取置了を●●
矢張最初之通ニ而差出（朱色）旦其
ツ■小林忠蔵方へ罷越居
病死為り内寅廿七日病死
　六月朔日
一　勤場御用多ニ付忌引御免被仰出
　（一行抹消）
七月十日
一　裏堂地拝借願済
但同苗願なり
七月廿五日
一　大御目付旧記取調ニ付

当年中　丸山御徒目付
仮役被□□　仰付候置處
其侭当分仮役被
仰付御上屋敷勤被
仰付候旨御使方より

談有之（即刻）旦勤

いたし候事
一　前条二付一日見習廿八日より
御番人
天保八丁酉年正月十七日
一　御徒目付定仮役被□仰付候
但旦勤有之候事
二月七日
一　去ル五日御用番之節奥向
当番有之付

五日？
大殿様御側向当番書
差出不申候為心附卜も■之
依之差相（扣同）向源三郎殿
差出候■（處）（源三郎殿より）
五郎左衛門殿哉御聞置一巳
相慎御番御用相勤候様
被仰（伝）渡候

四月三日

一　六三より改名仕度旨願書差
出候事

五月廿一日

一　改名願済

七月十八日

一　被召出之御禮申上候事

十月十四日

一　御勘定組頭より召状到来
同（十月）十五日

一　五半時罷出願左之通
侍■出候座ニ而頼助殿
席御改左之通被仰付
本御目見被□仰付
弐拾俵ニ御直被成下
御徒目付本役被
仰付大目付差図を
受用備(及)**申含急〆**
相勤候哉

十月十六日

一　御番入被取収有之

天保九年戊（つちのえ）
八月十三日
一　御朱印御用ニ而大坂表へ出之
十月三日
一　道中無滞今日帰着ノ
早早御酒之事　？　（即日御謁事）
同（十）月九日
今日より御番入
十二月九日
一　寒サ之時分御供大儀ニ
思召依之御酒代として
金壱朱被成下候

この異事日誌は次のページ以降があるが破られていて無い。

（1838）風間定保由緒書（一枚もの）
（九〇―一―一）

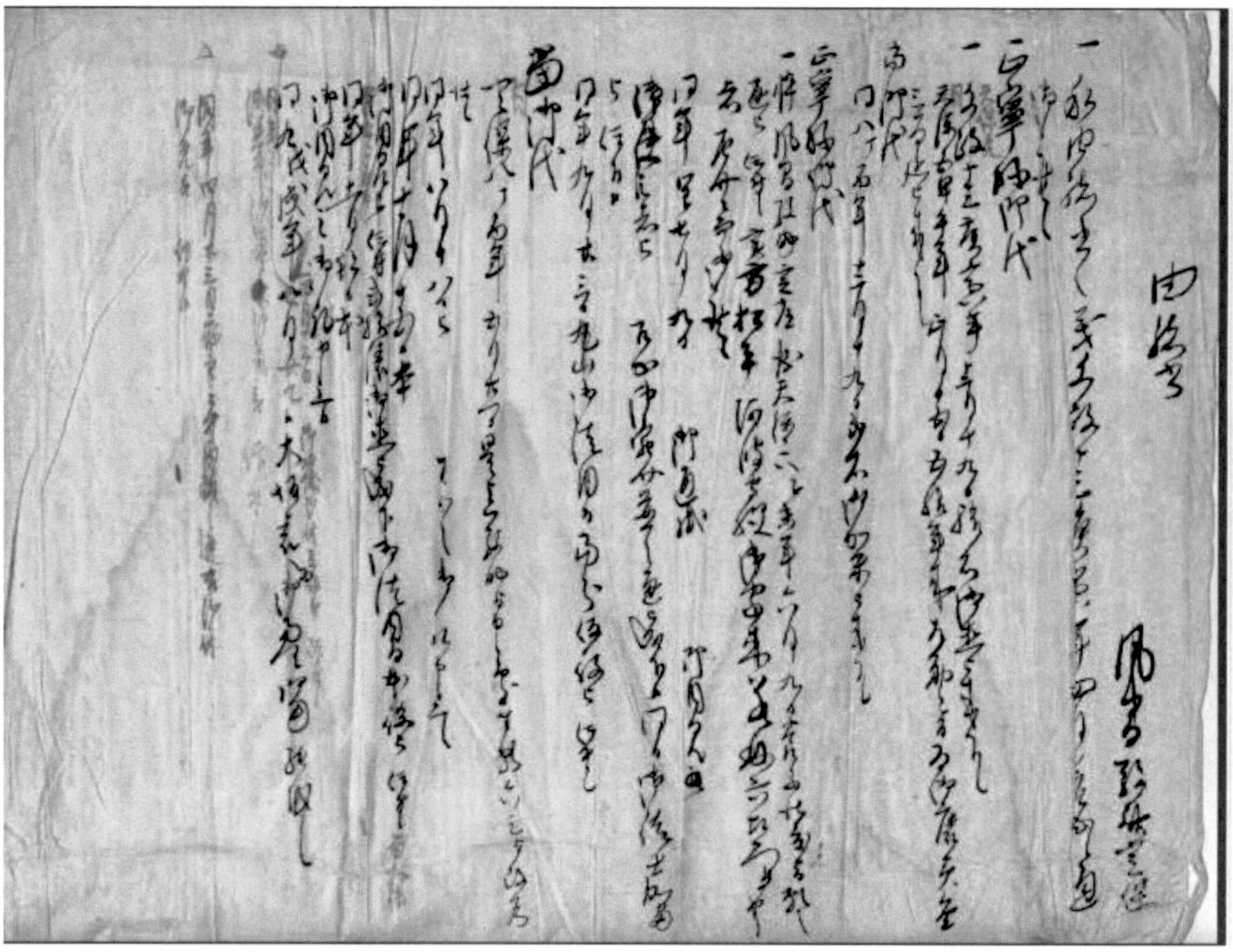

九〇〇一―一　由緒書〈現代語訳〉

由緒書

風間敬斎定保

一　私の由緒書の義は、文政十三庚寅年（一八三〇）四月に差し出しましたとおりでございます

正寧様御代

(朱書)天保元

一　文政十三庚寅年（一八三〇）十二月十九日、十石御直し（十石に改める）が成し下されました

(朱書)同

天保五甲午年（一八三四）正月十五日、五十年来勤めてまいりましたので、御褒美金として三百疋が成し下されました

当御代

同八丁酉年（一八三七）十二月十九日二石御加米が成し下されました

正寧様御代

一　悴風間敬助定常のことは、天保六乙未年（一八三五）六月九日に養子にいたしたい旨は、願の通り仰せ付けられ、実□松平阿波守様御家来若林六左衛門と申す者の厄介（扶養）にございます

同年閏七月九日　御通掛　御目見

同年九月廿三日、丸山御徒目付当分仮役に仰せ付けられました

御使の者が召し出され、御宛介並の通り成し下されました、同日御徒士加番
に仰せ付けられました
同年九月廿三日、丸山御徒目付当分仮役に仰せ付けられました

当御代

（朱書）同
末保八丁酉年（一八三七）五月廿一日、是まで敬助と申しました処、願い奉りて六三　と改名いたしました
同年八月十八日　召出しの御礼を申上げました
同年十月十五日本
　御目見を仰せ付けられ、二拾俵御直を成し下され、
　御徒目付本役を仰せ付けられました
朱書）弐拾俵
□□直を成し下しました
同年十一月朔日（一日）、本御目見の御礼を申上げました
（朱書）四月十三日　御帰城御供立帰を仰せ付けられました
同九戊戌年八（一八三八）△（七）月（廿九）日、大坂表へ御畳御用としてまいりました（

朱書）同年
御来□御畳□御用を仰せ付けられました
（朱書）△同年四月廿三日、病気であるので、内願の通り右御供御免を仰せ付けられました

九〇〇―一―一　由緒書　〈翻字〉

由緒書　　風間敬斎定保

一　私由緒書之義、文政十三庚寅年四月差出候通
　御座候
正寧様御代
（朱書）天保元
一　文政十三庚寅年十二月十九日拾石御直被二成下一候
（朱書）同
天保五甲午年正月十五日五拾年来相勤候間、為二御
褒美金三百疋被二成下一候
当御代
同八丁酉年十二月十九日弐石御加米被二成下一候
正寧様御代
一　悴風間敬助定常儀天保六乙未年六月九日養子仕度旨願
之
通被二仰付一、実□松平阿波守様御家来若林六左
衛門与申
者厄介ニ而御座候
同年閏七月九日　　御通掛　　御目見江
御使之者　被　召出、御宛介並之通被成下候同日御徒士加
番
被二　仰付一候
同年九月廿三日丸山御徒目付当分仮役被二　仰付一候
当御代
（朱書）同
天保八丁酉年五月廿一日、是迄敬助与申候處、奉願六
三与改名
仕候
同年八月十八日被　　召出之御礼申上候
同年十月十五日本
御目見被　仰付、弐拾俵御直被成下御徒目付本役被　仰
付候（朱書）弐拾俵直被二成下一候
同年十一月朔日本
御目見之御礼申上候
（朱書）四月十三日　　御帰城御供立帰被　仰付候
同九戊戌年八△（七）月（廿九）日木坂表へ為御暈
御用罷越候
（朱書）同年
御来□御畳□御用被二　仰付一候
（朱書）△同年四月廿三日病気ニ付内願之通右御供御
免被二　仰付一候

九〇〇―一―一　由緒書　〈読み下し〉

由緒書　　風間敬斎定保

一　私由緒書の義、文政十三庚寅年四月差《さ》し出し候通《とお》りに／御座《ござ》候

正寧様御代

(朱書) 天保元

一　文政十三庚寅年十二月十九日拾石御直《おなおし》成し下《くだ》され候

(朱書) 同

天保五甲午年正月十五日五拾年来相《あい》勤め候間《あいだ》、御褒美金として／三百疋成し下され候

当御代

同八丁酉年十二月十九日弐石御加米成し下され候

正寧様御代

一　忰風間敬助定常儀、天保六乙未年六月九日養子仕り度旨《たきむね》願の／通り仰せ付けられ、実□松平阿波守様御家来若林六左衛門と申す／者厄介《やっかい》にて御座《ござ》候

同年閏七月九日　　御通掛　　御目見《めみえ》江

御使之者召し出され、御宛介並《あてがいなみ》の通り成し下され候、同日御徒士《かち》加番／仰せ付けられ候

／同年九月廿三日丸山御徒目付《かちめつけ》当分仮役仰せ付けられ候

当御代

(朱書) 同

天保八丁酉年五月廿一日、是迄《これまで》敬助と申し候処《ところ》、願い奉り六三と改名／仕り候

同年八月十八日召出されの御礼申し上げ候

同年十月十五日本御目見仰せ付けられ、弐拾俵御直成し下され、御徒目付本役被　仰せ付けられ候

(朱書) 弐拾俵直し成し下され候

同年十一月朔日本／御目見《おめみえ》の御礼申上げ候

(朱書) 四月十三日　　御帰城御供立帰仰付けられ候

同九戊戌年八△(七)月(廿九)日大坂表へ御畳御用の為罷り越し候

(朱書) 同年

御来□御畳□御用仰付けられ候

(朱書) △同年四月廿三日病気ニ付き内願の通り、右御供御免仰付けられ候

（1840年頃）　和歌「梅」／万葉考別記

九〇〇―一―十四

現代語訳

翻字

読み下し

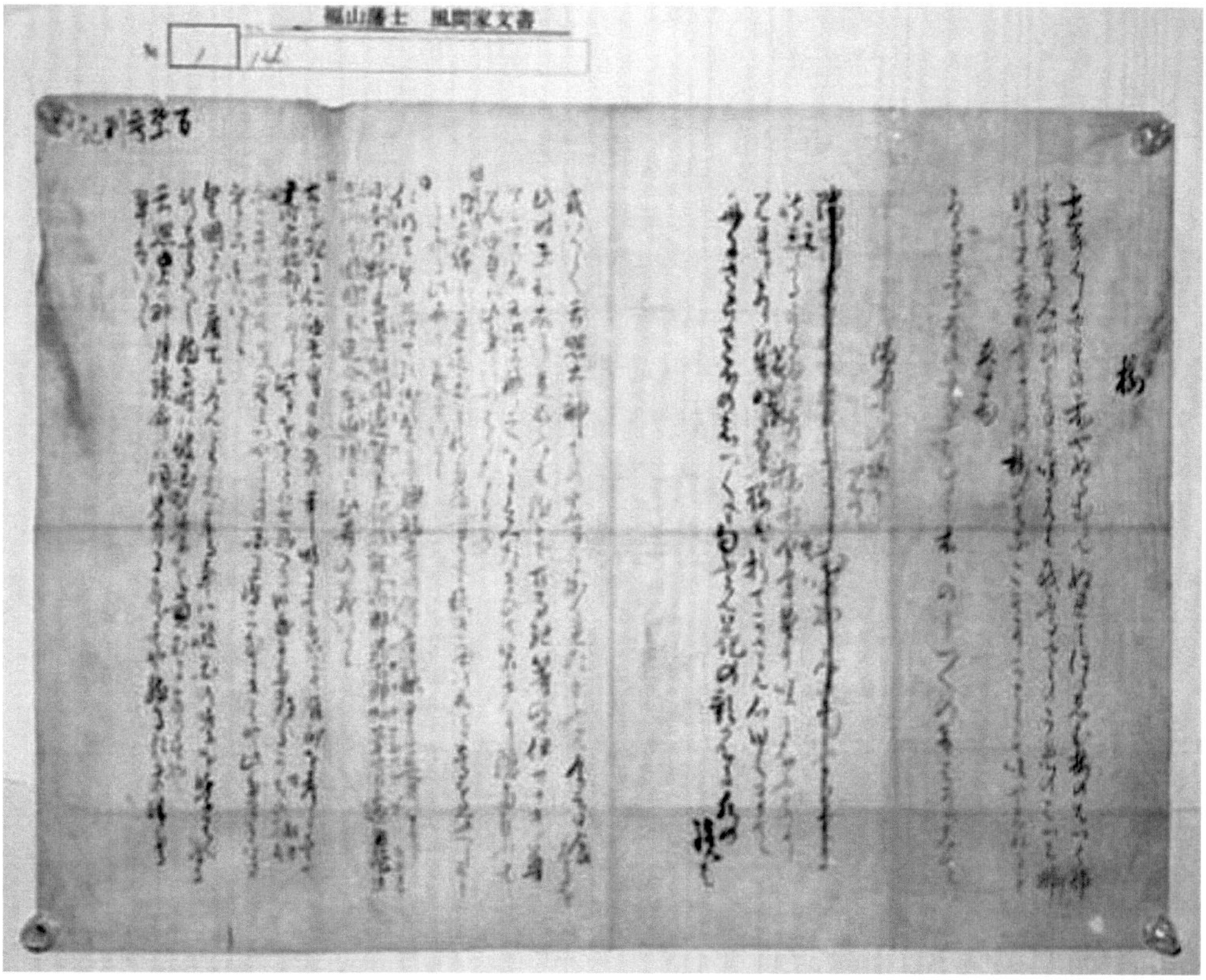
福山藩士　風間家文書

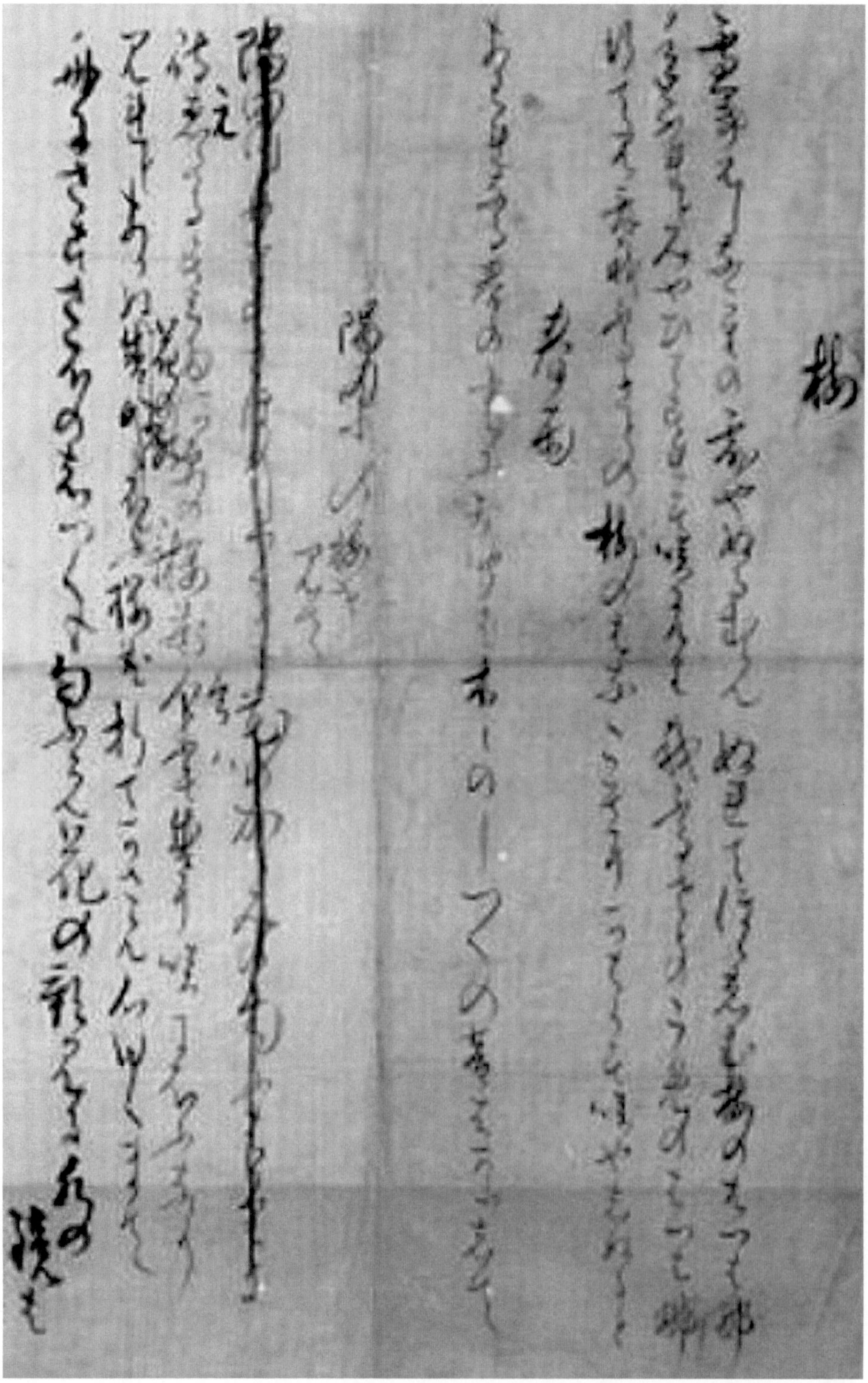

（歌のみの現代語訳）

梅

雪が消え冬の名残の露もぬるんで、今年初めて咲く梅の花もほほえんでいるかのようだ。

私の故郷の梅は年を重ねて老いてきたけれども、雅を忘れずに今年も咲いていることであるよ。行って見てみよう。

私の故郷の梅の花がいつもと変わらず咲いているかを。

春雨

春の小雨の降る音を聞いていると、木々に降り注いで溜まった雨の雫の音だけ聞こえてきて何とも趣のあることだなあ。

隅田川の桜を見て

待ち望んでいた隅田川べりの桜が今は満開で咲きにおっている。どれだけ眺めていても飽きることのない満開の八重桜、その一枝を折って飾ることで心ゆくまで楽しもう。

満開の桜が隅田川の川面に映って、その中に浮かんだ舟は棹の雫でさえ匂うのではなかろうか。

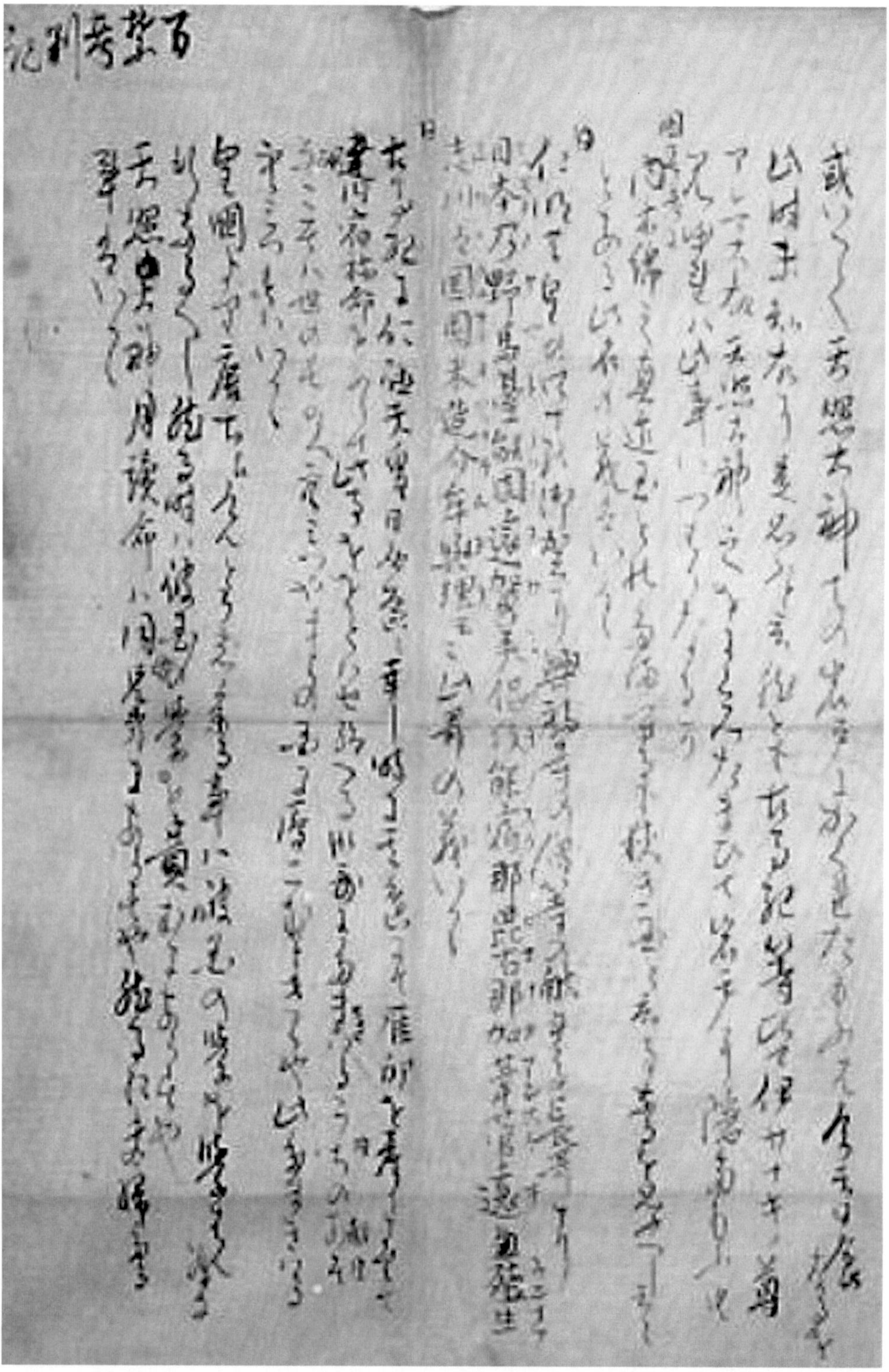

ある人が言うには、天照大神が天の岩戸に隠れられたのは、今でいう日食であるが、このころは未知のことであったので、このように思ったのであるという。しかし、古事記などすべて伊弉諾尊が荒れたために天照大神がこれを憎まれて岩戸に隠されたとあるので、このことは偽りであろうか。

『国号考』に　「内木綿之真迮国《うつゆうのまさきのくに》と言われるのも、狭い国という事を意味すると思うべきである…」とあるが、
　この名の意味はどのようなものであるか。

同じく『国号考』に　「仁明《にんみょう》天皇の四十の御賀に興福寺の僧等の献《たてまつ》れる長歌に、
　日本《ひのもと》の　やまとの国を　神漏岐《かみろぎ》の　少彦名《すくなひこな》が　葦菅《あしすげ》を　殖《う》え生ふしつつ　国固め　造りけむより
　…」※1。この歌の意味はどのようなものであるか。

同じく『国号考』に　古事記に「仁徳《にんとく》天皇は日女島《ひめしま》に行ったとき、その島の雁が卵を産んだ。それで建内宿禰命を呼び寄せて雁が卵を産んだ様子を問うた歌に、たまきはる　内の朝臣《あそ》　汝《な》こそは　世の長人《ながひと》　空《そら》みつ　やまとの国に　雁産《かりこ》むと聞くや」※2この「たまきはる空みつ」とはどういう意味か
我が国から中国へ遣唐使が行ったのは、中国の学問を学ぼうとするためであろう。そのような時代は中国の学問を尊んでいたからではないであろうか。

　天照大神と月読命《つくよみのみこと》※3は同じ兄弟ではないか。それなのに夫婦であるとはどういうことか。
（欄外）万葉考別記

【補注】

※1　（歌の訳）日本《ひのもと》の倭《やまと》の国は少彦名神《すくなひこなのかみ》が葦・菅を植えて建国して以来…。〈訳は『続日本後紀』下・講談社学術文庫より引用〉

※2　（歌の訳）朝廷内の大臣よ。汝こそは長生きの人である。大和の国で雁が卵を産むなんて話を聞いたことがありますか。

※3　『万葉考別記』　江戸中期、賀茂真淵《かものまぶち》が著した万葉集の注釈書『万葉考』に続くもの。『賀茂真淵全集』第八巻に収録。ネット上で公開されている。欄外になぜこの書の名が記されているのかは不明。

【翻刻】

梅

雪きえしなこりの露やぬるむらんぬれてほゝゑむ梅のはつはな　年ふれとみやひわすれす咲にけり我ふるさとのうめのはつはな　行て見む我ふるさとの梅のはなとはにかはらす咲やしぬると

春雨

あはれなる春の小雨に打聞は木々のしつくの音はかりして

隅田川の桜を見て

待えたるすみた河原の桜花今は盛に咲にほふなり
見れとあかぬ花の盛の八重桜折てかさらん心ゆくまて
舟にさすさほのしつくも匂ふらん花の影見る水の鏡は

或いへく天照大神天の岩戸にかくれたもふは今云日食なるも　此時未知故に是思ふと言然とも古事記等皆伊サナキノ尊　アレマス故天照大神之をにくみたまひて岩戸に隠たもふと　見ゆれハ此事いつはりなるか

国号考に
内木綿之真迮国とのたまふるも狭き国と言事なるを思ふへし云々
とある此名の義はいかゝ

同
仁明天皇の四十の御賀に興福寺の僧等の献れる長哥に
日本乃野馬臺能国遠賀美侶伎能宿那毘古那加葦菅《ヒノモトノヤマトノクニオカミロギノスクナヒコナカアシスケ》
遠殖生《ヲウエオフ》
志川々国固米造 介牟與理《シツヽクニカタメツクリケムヨリ》云々此哥の義いかゝ

同
古事記に仁徳天皇日女島ニ幸し時に其島にて雁卵を産りよりて
建内宿祢命をめして此事をとハせ給へる御哥にたまきハるうちのあそ《朝臣》
な《汝》こそハ世の長の人空みつやまとの国に雁こむときくや此たまきハる空ミつとハいかゝ
皇国より唐土江けんとうし参る事ハ彼国の學を學はん為に
行なるへし然る時ハ彼国の學を貴むにあらすや
天照大神月讀命ハ同兄弟にあらすや然るに夫婦たる事はいかゝ
（欄外）万葉考別記

【読み下し】

梅

雪消えし名残の露やぬるむらんぬれてほほゑむ梅の初花

年ふれどみやび忘れず咲きにけり我が故郷の梅の初花

行きて見む我が故郷の梅の花とはにかはらず咲くやしぬると

春雨

あはれなる春の小雨に打聞かば木々のしづくの音ばかりして

隅田川の桜を見て

待ちえたるすみだ河原の桜花今は盛りに咲きにほふなり

見れどあかぬ花の盛りの八重桜折りてかざらん心ゆくまで

舟にさす棹のしづくも匂ふらん花の影見る水の鏡は

或《ある》※1（人）いへく、※2天照大神《あまてらすおおみかみ》天の岩戸にかくれ給ふは今云う日食なるも、この時未知故に是《これ》思ふと言う。然れども古事記等皆伊弉諾尊《いざなぎのみこと》荒れます故、天照大神之《これ》を憎み給ひて岩戸に隠し給ふと見ゆれば、この事いつはりなるか。

『国号考《こくごうこう》』※3に

内木綿之真迮国《うつゆうのまさきのくに》と宣《のたま》ふるも、狭き国と言う事なるを思ふべし云々とあるこの名の義はいかが。

同

仁明《にんみょう》天皇の四十の御賀に興福寺の僧等の献《たてまつ》れる長歌《ちょうか》に、日本《ひのもと》の　やまとの国を　神漏岐《かみろぎ》の　宿那毘古那《すくなひこな》が　葦菅《あしすげ》を　殖《う》え生ふしつつ　国固め　造りけむより云々※4。この歌の義いかが。

同

古事記に仁徳《にんとく》天皇日女島《ひめしま》※5に幸《みゆき》し時に、その島にて雁卵※6を産《う》めり。よりて建内宿祢命《たけのうちのすくねのみこと》※7を召して、この事を（を）問はせ給へる御歌に　たまきはる　内の朝臣《あそ》　汝《な》こそは　世の長《なが》（の）※8人《ひと》　空みつ※9　やまとの国に　雁《かりこ》産むと聞く※10や　この「たまきはる空みつ」とはいかが。

皇国より唐土《もろこし》へ遣唐使参る事は彼の国の学を学ばん為ずや。

天照大神月読命《つくよみのみこと》は同兄弟にあらずや。然るに夫婦たる事はいかが。

（欄外）万葉考別記

に行くなるべし。然る時は彼の国の学を貴むにあらずや天照大神月読命《つくよみのみこと》は同兄弟にあらずや。然るに夫婦たる事はいかが。

（欄外）万葉考別記

【註】

※1　（人）　文字の抜けか。

※2　いへく　「いはく」の誤りか。

※3　『国号考』　本居宣長が著した本。筑摩書房の『本居宣長全集』第8巻に所収。

※4　云々　『続日本後紀』（日本後紀の後を受け、仁明天皇一代十八年間の編年体の史書。八六九年に成る。）巻第十九・三月二十六日の項に出てくる長歌。仁明天皇〈八一〇―八五〇〉は、日本の第五十四代天皇。諱は正良《まさら》。嵯峨天皇の第二皇子。

※5　日女島　現在の大阪市西淀川区姫島町。現在は内陸だが当時は島だった。

※6　を　文字重複。誤りか。

※7　たまきはる　「内」の枕詞。

※8　の　原文では「の」はない。

※9　空みつ　「大和」の枕詞。

※10　古事記の原文は次の通り。

天皇、豊樂せんと爲て日女嶋に幸行す時に、其の嶋に、雁、卵を生みき。

爾くして建内宿禰の命を召して歌を以ちて、雁の卵を生みし状を問いき。其の歌に曰く、

多麻岐波流　宇知能阿曾　那許曾波　余能那賀比登　蘇良美都　夜麻登能久邇爾　加理古牟登岐久夜

筆者コメント

恐らく、風間定保妻・政（まさ）が読んだ歌とおもわれ、子供久米が保管していたのではないか。江戸時代は花は、まず梅であるので初めに読んだと思われるが、故郷は出身と思われる安藤対馬守の陸奥国かもしれない。春雨は、阿部藩邸に住んでいるときのことかもしれない。「隅田川桜を見て」の隅田川は、阿部下屋敷のある現在の長命寺付近の桜橋当たりの場所で、桜を見ての歌だろう。

後の「万葉別記」は、政の手紙などを見ると、情報が少なかった中で知り得たことを、伝えることであるのではないか。江戸時代の手紙などの最後には、ひと事、読む人のためになるような文書の記載がある。政だけかもしれないが。

（1841年）　風間六三「起倒流免許皆伝・『本體』（巻物）

九〇〇―一一―二十

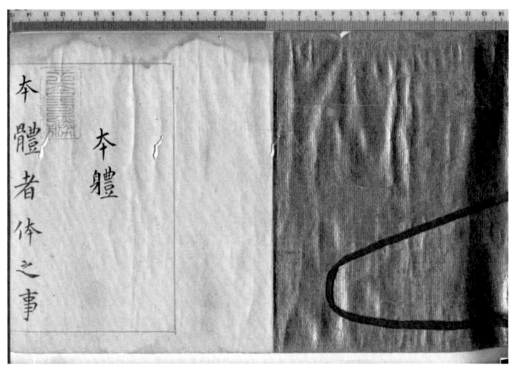

本體

本體者体之事

本體者体之事
理也專離形扱
氣不得正理已不
知扱氣静貌至
所得静氣歛之
强弱能徹强弱
通達則千變萬

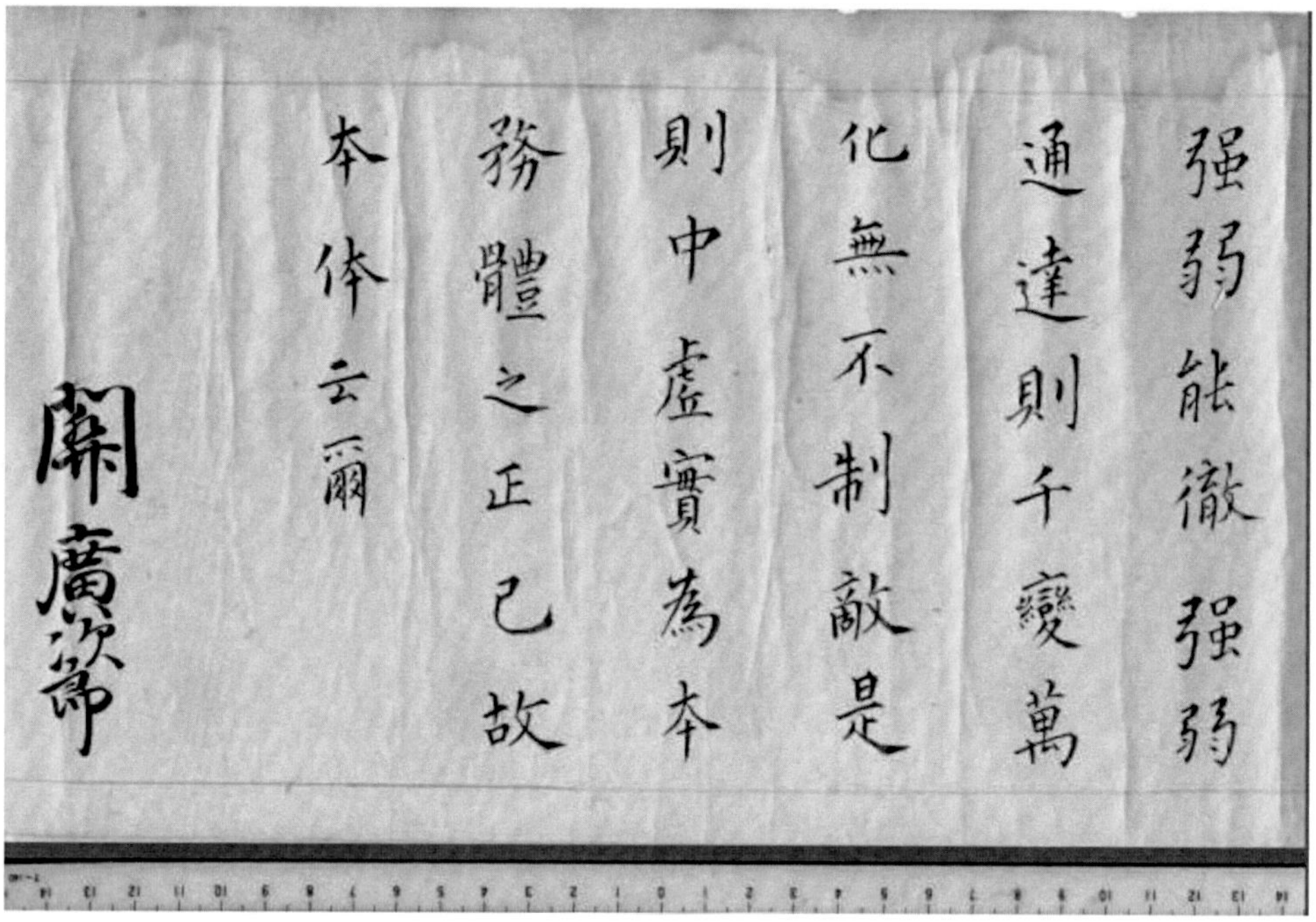
強弱能徹　強弱
通達則千變萬
化無不制敵是
則中虚實爲本
務體之正己故
本体云爾
關廣次郎

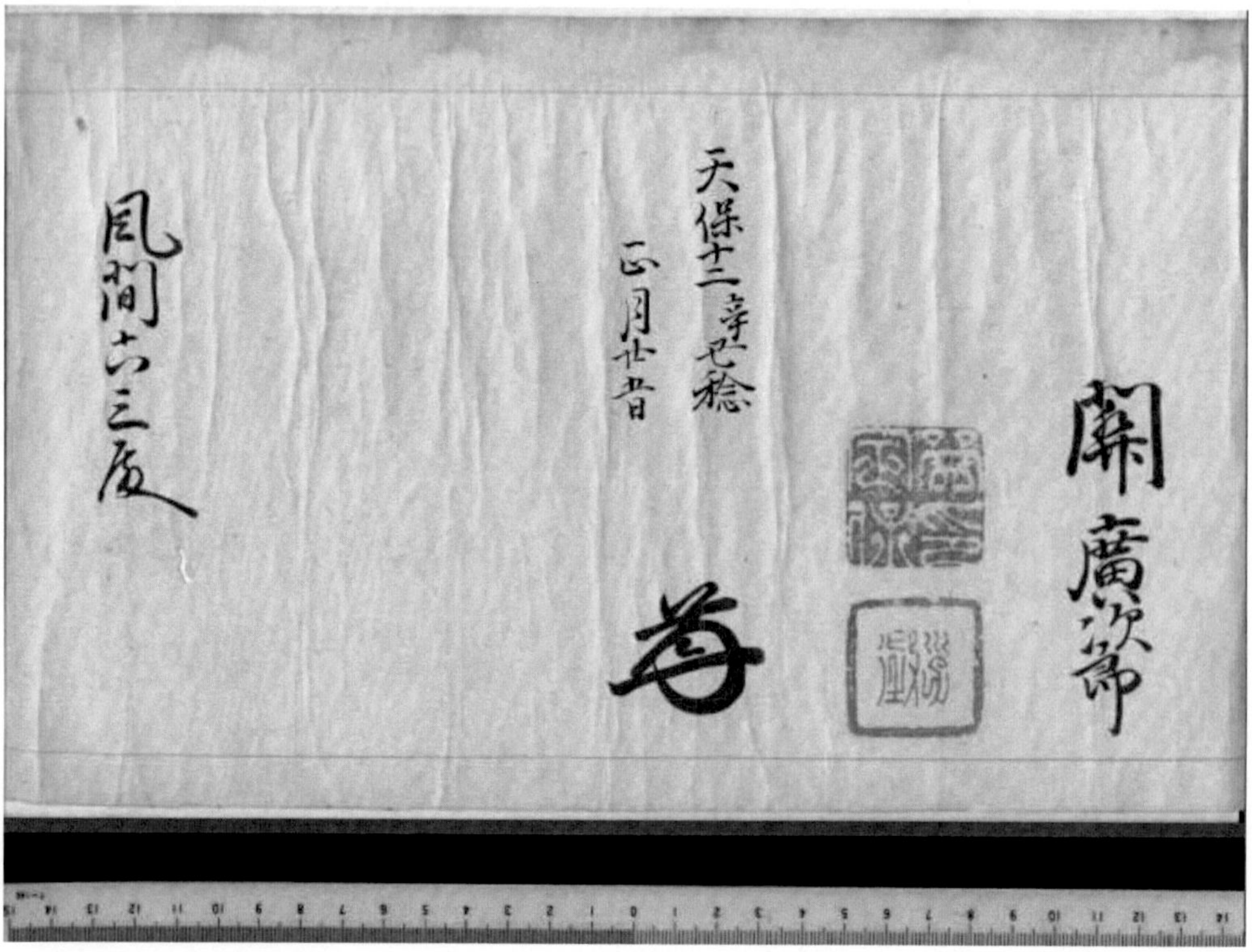
關廣次郎
天保十二辛丑稔
正月廿晋
風間六三殿

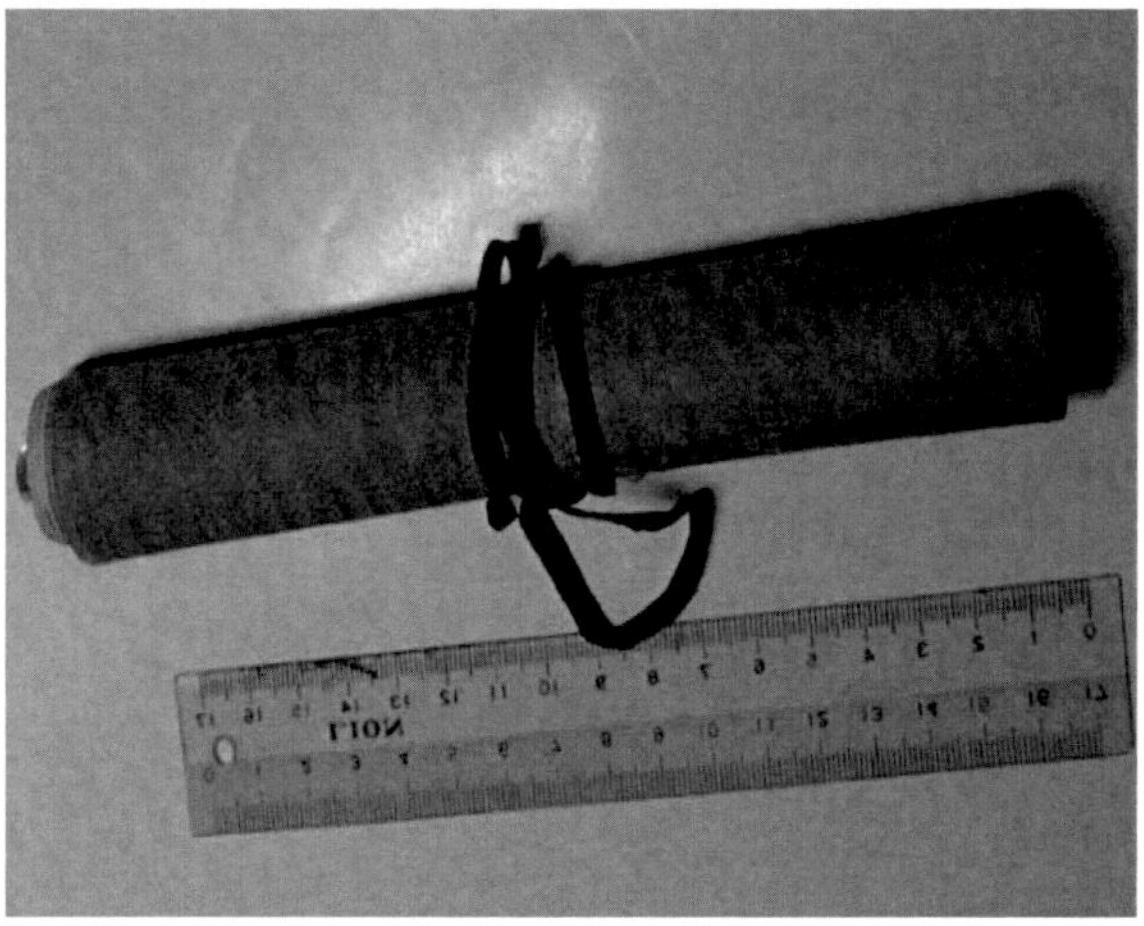

本資料は柔術の一派、起倒流の伝書で、師範の関広次郎が弟子の風間六三に与えたものである。「本体」は起倒流の流祖の一人、茨木専斎が表わしたものといわれている。

・本体は、沢庵禅師の示した「不動智」の教へにあたり、茨木専斎の弟子、吉村扶寿は「本体ト八何ソナレハ、心裏虚霊ニシテ神気不動智ノ貌ヲサシテ本体と云」（「天の巻」）と記す。

（参考文献）

一、嘉納治五郎が起倒流を飯久保恒年に学び，その投げ技の卓抜さに感銘し，講道館柔道の投げ技の基礎とした。現在も起倒流の技を，講道館〈古式の形〉として残している。

出典　株式会社平凡社世界大百科事典　第2版について

一、「文武学校開校150年に寄せて　松代藩の柔術」　松心館　滝沢義人　Ｐ２７～３１　「松代」第１７号（２００３）

編集　真田秘宝館　発行　長野県教育委員会　平成１６年３月３１日発行

一、「松代藩の起倒流柔道と甲乙流組合：松平定信から真田幸貫に伝承されたもの」

瀧沢義人　Ｐ８６～１０６　「松代」第２１号（２００７）　発行　長野県教育委員会文化財課松代文化施設等管理　事務所　平成20年３月発行

一、「柔道の歴史と技法―起倒流柔術の影響について」

藤堂良明、保科　素、毛利　修、村田直樹、桐生智作

講道館柔道科学研究会紀要　第１６輯　Ｐ⑲から３０　２０１７

一、老松信一「起倒流柔術について」（「順天堂大学体育学部紀要第６号」）

備考：風間家が長野県上水内郡出身で、その当時の藩が、松代藩であったので、松代藩での起倒流に関して調べた。

【現代語訳】風間六三「起倒流免許皆伝・『本體』」

本体は体の道理である。この道理は、もっぱら形態をはなれて気を扱う。正しい道理を得なければ、もはや気を扱うことをわきまえられない。静かな貌には至るところに静気を得ていて、敵の強弱を能く見抜けるようになる。強弱に通達すれば、すなわち千変万化して、敵を制することが無いことはない。是はすなわち虚実（静貌静気が敵を制することになること）に当る。本の務は体を正であるようにすることである。故に本体という。

関広次郎

（印記）「関定保印」「子徴」

天保十二辛巳年

正月廿五日　「花押」

風間六三殿

【翻刻】

本躰

本體者体之事理也專離形扱氣不得正理已不知扱氣静貌至所得静氣敵之強弱能徹強弱通達則千變萬化無不制敵是則中虚實為本務體之正已故本体云爾

關廣次郎

（印記）「関印　「子定保」　徵」

天保十二辛巳稔　「花押」

正月廿五日

風間六三殿

〔注〕

離：字は禹＋隹

【読み下し】
本躰
本體は体の事理なり。専ら形を離れ、氣を扱う。正理を得ざれば、已に氣を扱うことを知らず。静貌至る所に静氣を得て、敵の強弱に能く徹す。強弱に通達すれば、則ち千變萬化敵を制せざる無し。是れ則ち虚實に中る。本たる務めは體の正なる已み。故に本体しかいう。

關廣次郎
（印記）
「関定保印」「子徵」
天保十二辛巳稔
正月廿五日　「花押」
風間六三殿

〔用語〕
云爾：しかいう、と読み、そのとおりであるということ。

〔注〕
事理：道理。
已に：もはや。
徹す：明らかになる。
虚實：虚実。あることとないこと。
中：あたる。
関広次郎：不詳。「武芸流派大事典」起倒流の系図に見当たらず。
稔：年。

■福山藩古文書調査記録二十九集「誠之館一件帳三番」より

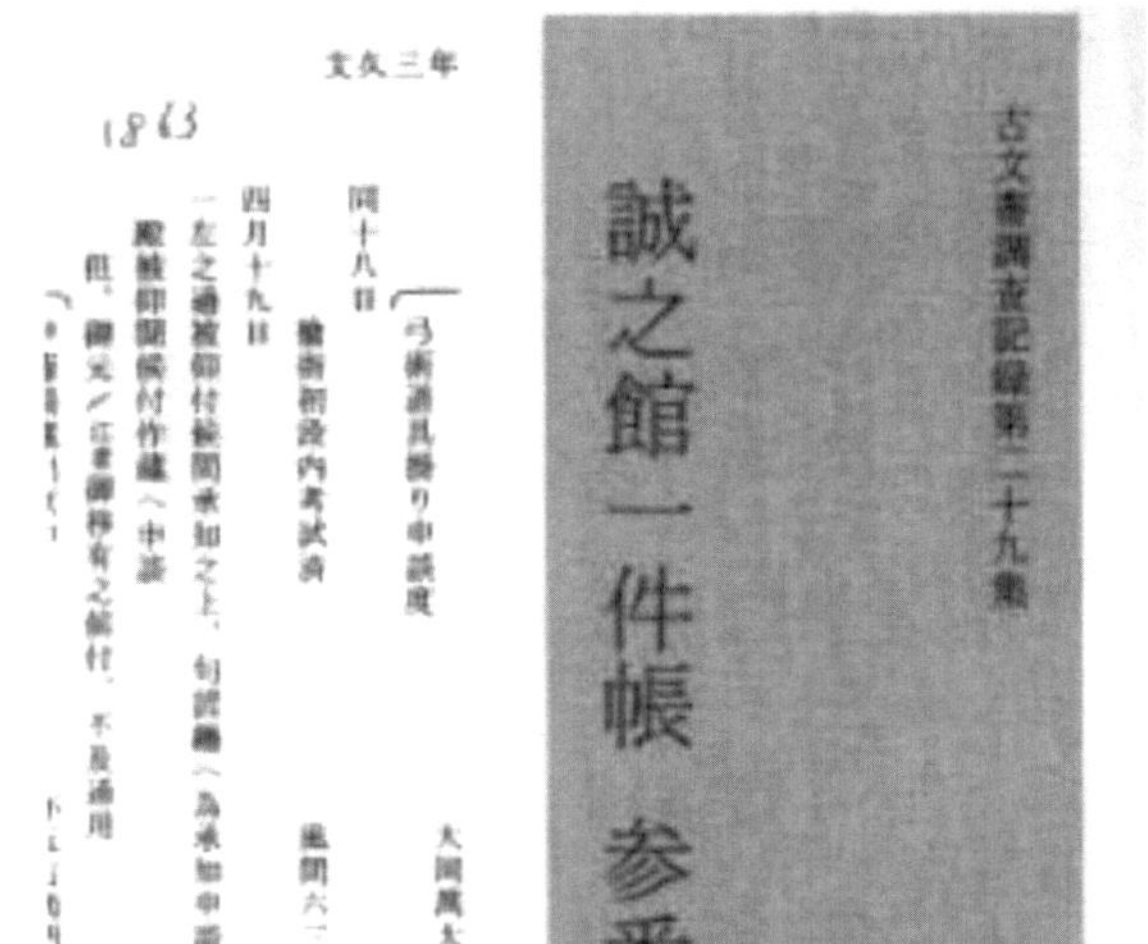

図表4　初段内考試済　風間六三一件帳三番　資料番号 882-7
風間六三定常の軌跡「誠之館一件帳三番」P.60：古文書調査記録　第29集、平成23年10月1日発行、福山城博物館友の会編集

出典；書籍「藩士・風間家の研究」（福山藩（江戸定府）藩主譜代大名・阿部公御代仕え江戸時代から明治時代への変遷）P29から写す

（1850年）　風間六三定常由緒書（一枚もの）

九〇〇―一一・二①

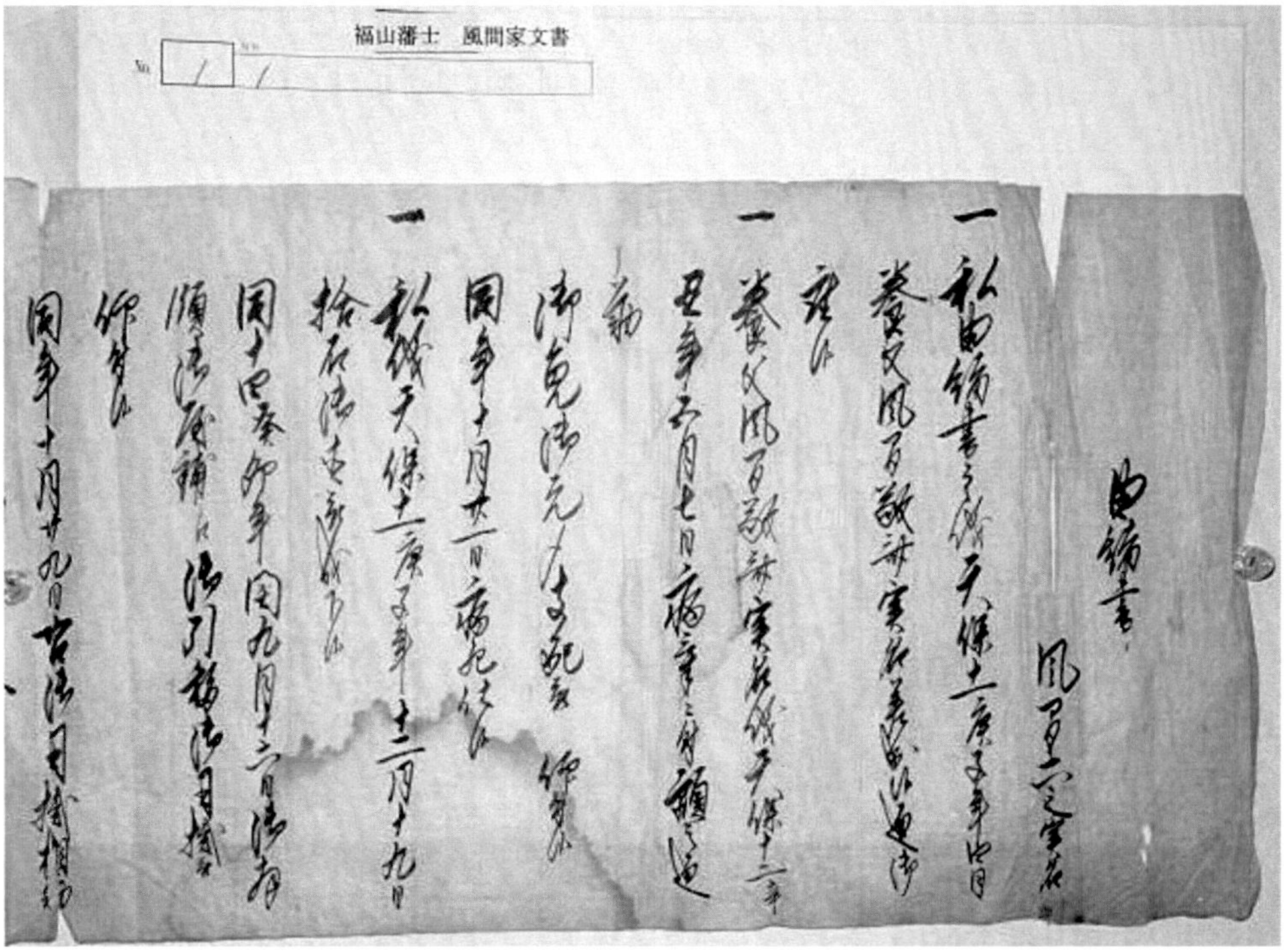
福山藩士　風間家文書
No.

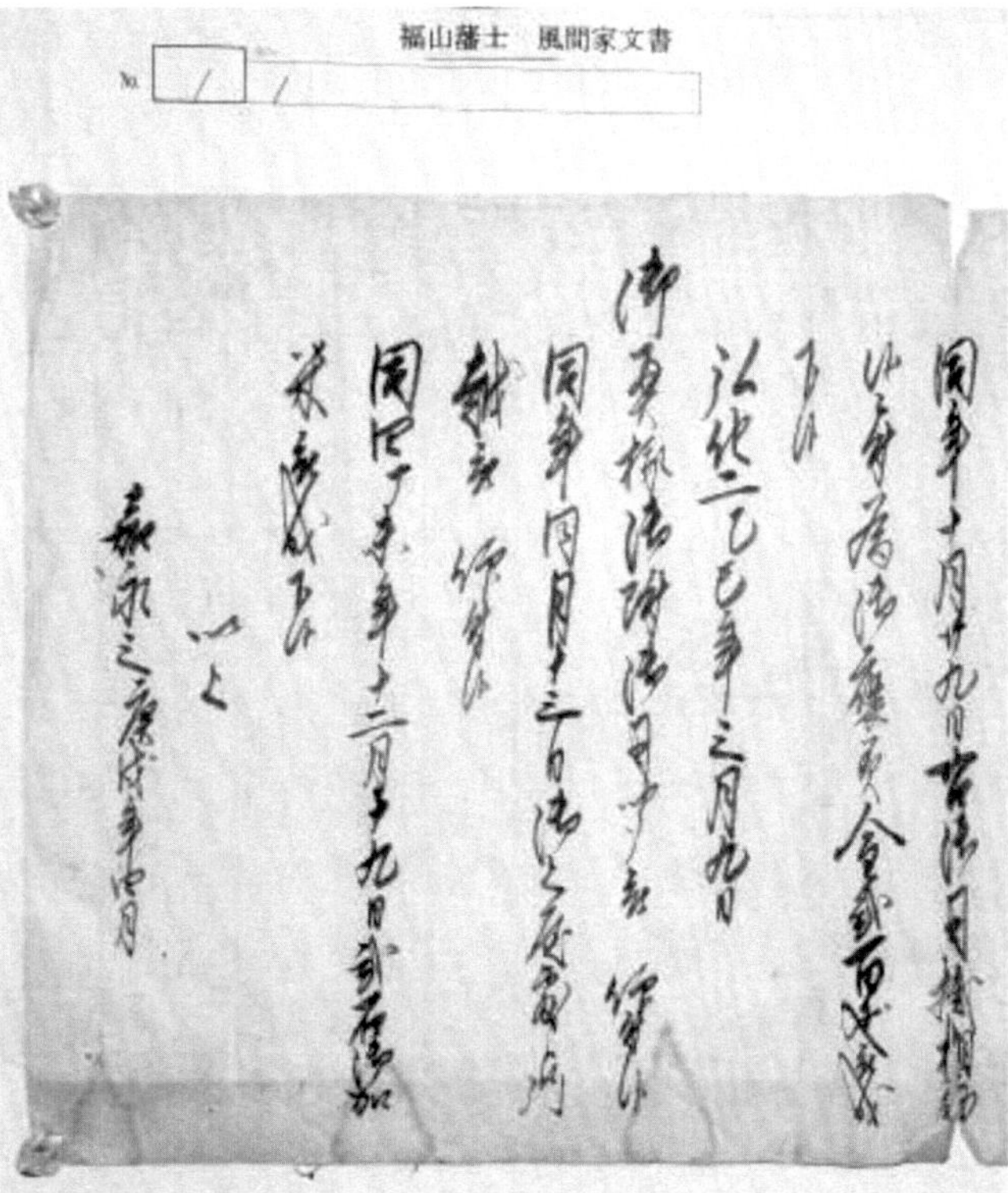
福山藩士　風間家文書
No.

由緒書　風間六三実名　読下し

一、ひとつ、わたくし　ゆいしょがきのぎ、天保十一かのえのねのとし　四月養父　風間敬齊定保　さしいだし　そうろうとおりにござさふらふ（候）

一、ひとつ　養父　風間間敬齊定保儀、天保十二　かのとのうしのとし、、五月七日病気に付き願のとおり　つとめおん　もとじめ　しはいを　ごめん　おおせつけられそうろう

同年（天保十二年（一八四一）十月廿一日　病死つかまつりそうろう

一、ひとつ　わたくしぎ　天保十一庚子ねん十二月十九日十石　おんなおし（みなおし）くださてそうろう

同年（(天保) 十四　みずのとのうどし　うる　九月十六日、ご拝りょうお屋敷へ、　おひき　うつり　ごようがかり　おおせつけられそうろう。

同年(天保) 十四年) 十月廿九日、右　ごようがかり　あいつとめそうろうに付き、ごほうびとして金二百疋なしくだされそうろう

弘化二年きのとのみのとし　三月九日

おんおくさま　おつき　ごようきき　おおせつけられそうろう

弘化二年（一八四五）三月）十三日、御上《かみ》屋敷へ　引越しおおせつけられそうろう

同四年ひのとのひつじのとし　十二月十九日、　弐石ごかまいなしくだされそうろう　いじょう

かえい　三　かのえのいぬのとし　四月

由緒書　風間六三実名　翻字

一、私由緒書之儀天保十一庚子年四月養父風間敬斎実名差出候通御座候

一、養父風間敬斎実名儀天保十二辛丑年五月七日病気ニ月願之通勤

御免御元〆支配被仰付候

同年（天保十二年（一八四一）（十月廿一日病死仕候

一、私儀天保十一庚子年十二月十九日拾石御直被成下候

同年(天保) 十四癸卯年閏九月十六日御拝領御屋舗江御引移御用掛被仰付候

同年(天保十四年) 十月廿九日右御用掛相勤候ニ付為御褒美金貳百疋被成下候

弘化二乙巳年三月九日

御奥様御附御用聞被　仰付候

同年同月（弘化二年（一八四五）三月）十三日、御かみ屋敷へ　引越し越被仰付候

同四年丁羊年十二月十九日、貳石御加米被成下候

以上

嘉永三庚戌年四月

日米修好通商条約締結の
（1858年）

八十八郷列参事件処罰リスト（一枚もの）
（九〇〇―一―五）

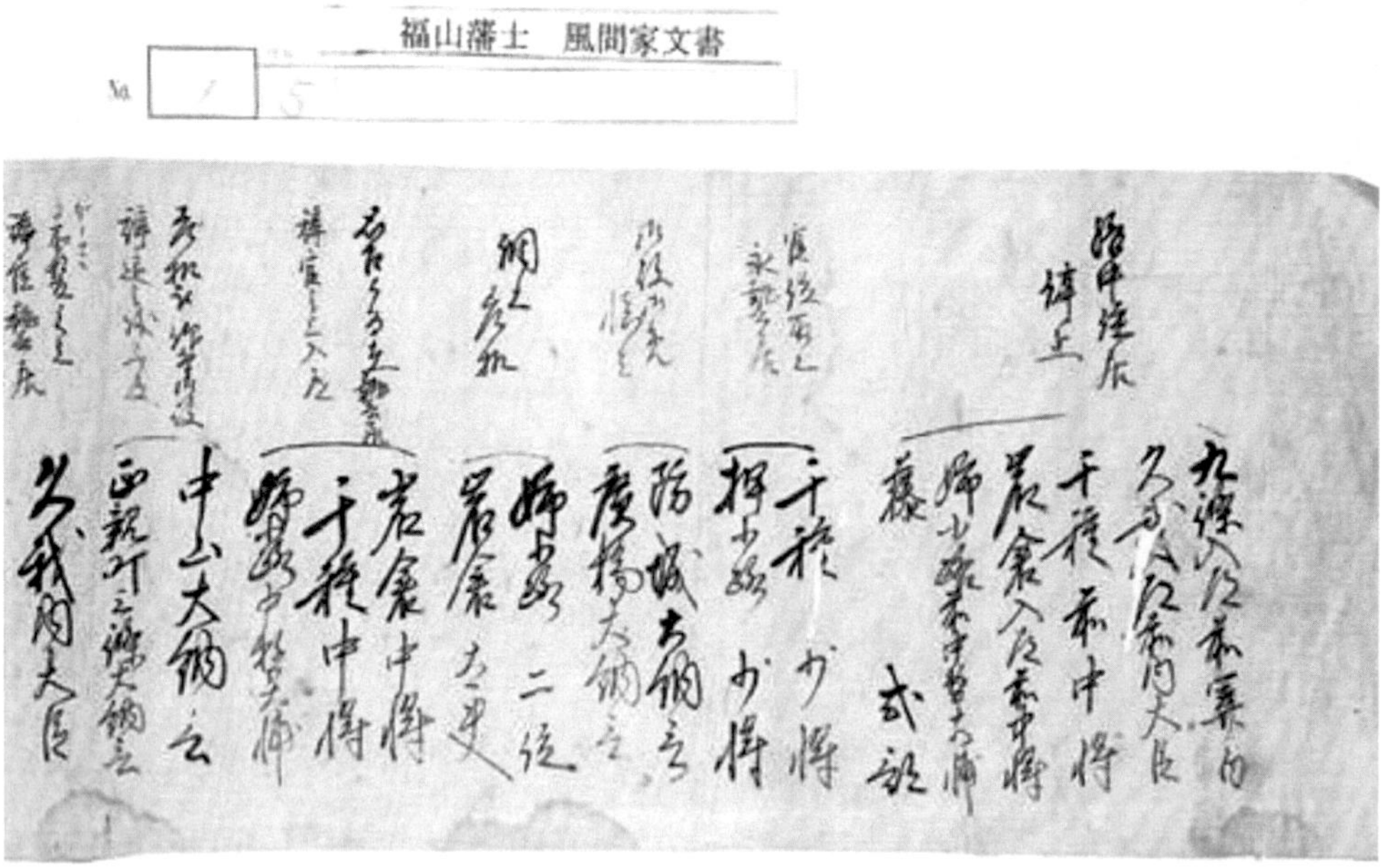
福山藩士　風間家文書
No. 1 5

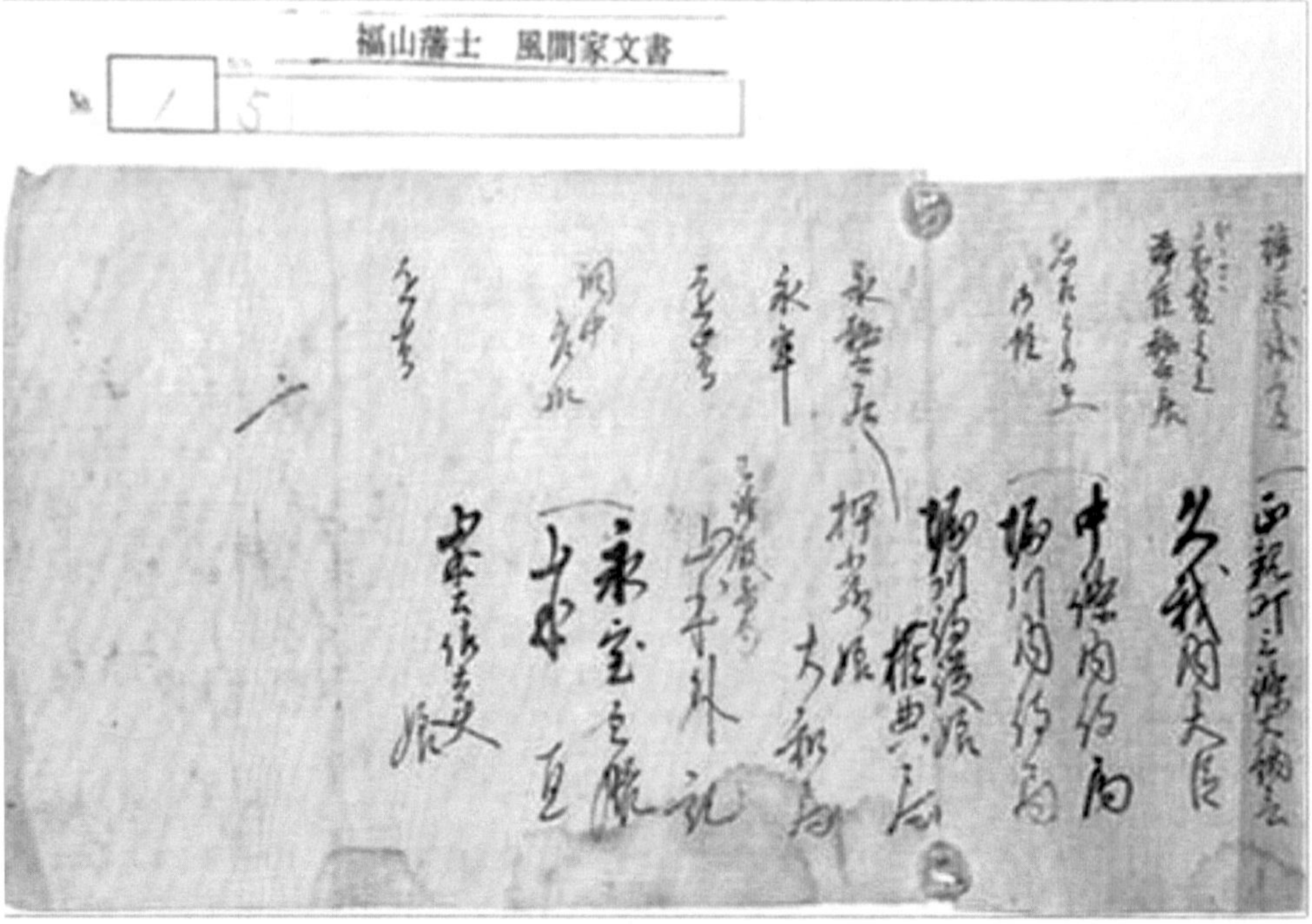
福山藩士　風間家文書
No. 1 5

【翻刻】

洛中住居
　停止
官位取上
　永蟄居
御役御免
　　慎ミ
調上
　差控
思召被レ為レ在蟄居 ※1
辞官之上入道
差控被ニ仰付一御役 ※2
辞退之儀不レ及

九條入道前関白
久我入道前内大臣
千種前中将
岩倉入道前中将
姉小路前中将大輔
藤　式部
千種　少将
押小路　少将
防城大納言
廣橋大納言
姉小路　二位
岩倉　太夫
　岩倉中将
千種中将
姉小路中務大輔
中山大納言
正親町三條大納言

剃髪《ほってへ》之上
辞官蟄居
思召被レ為レ在
　御控
永蟄居
永牢
遠嶌
調中
　差控
遠嶌
〆

久我内大臣
中條内侍局
堀川内侍局
堀川侍従娘
　権典局
押小路娘
　大和局
九條殿家老
　山本外記
永宝主膳
山本　亘
山本土佐太夫
　娘

【註】
※1　被レ為レ在　「在らせられ」と読む。
※2　被ニ仰付一　「仰せ付けられ」と読む

【読み下し】

洛中《らくちゅう》住居停止《ちょうじ》

九條入道前関白《くじょうにゅうどうさきのかんぱく》

久我入道前内大臣《こがにゅうどうさきのないだいじん》

千種前中将《ちぐささきのちゅうじょう》

岩倉入道前中将

姉小路前中将大輔《あねこうじさきのちゅうじょうたいふ》

藤 式部《しきぶ》

官位取上げ永蟄居《ちっきょ》※1

千種 少将《しょうしょう》

押小路《おしのこうじ》 少将

御役御免慎み《おやくごめんつつしみ》※2

防城大納言《ぼうじょうだいなごん》

廣橋大納言

調上げ差控え※3

姉小路 二位

岩倉 太夫

思召し在《あ》らせられ蟄居、辞官の上入道※4

岩倉中将

千種中将

姉小路中務大輔

差控え仰せ付けられ御役は辞退の儀に及ばず

中山大納言

正親町《おうぎまち》三條大納言

法体

剃髪《ていはつ》の上、辞官蟄居

久我内大臣

思召し在らせられ御控え
　中條内侍局
　堀川内侍局
　堀川侍従《じじゅう》娘　権典局《ごんのすけのつぼね》
永蟄居　押小路娘　大和局《やまとのつぼね》
※5
永牢　九條殿家老
遠島※6　山本外記《げき》
調中差控え
　永宝主膳《ながとみしゅぜん》
　山本　亘
遠島　山本土佐太夫娘

【註】
※1　蟄居　屋敷の門を閉じ、一室に閉じこもる。
　原則無期限。本人以外の家族の外出は自由。
※2　慎み　夜中目立たないように外出が許される。
　期間は三十日間。
※3　差控え　職務上の過失からしばらくの間、自宅で謹慎する。
※4　入道　仏門に入る。
※5　永牢　終身牢に監禁。
※6　遠島　島流し。奄美大島や伊豆七島、京、大坂など西国では薩摩五島や天草、隠岐に流された。

【解説】

安政五年（一八五八）に日米修好通商条約締結の勅許打診を巡って発生した、公家による抗議行動事件（廷臣《ていしん》八十八卿列参《れっさん》事件）に関連する処罰内容の一部かと思われる。なお、資料の筆頭に記されている九條入道前関白は九条尚忠《ひさただ》を指す。

九条尚忠は慶応三年（一八六七年）、謹慎・入洛禁止を免除され、その後還俗を許されている。
参考までにその内容をウィキペディアから抜粋する。

日米修好通商条約締結にあたり、幕府は水戸藩を中心とした攘夷論を抑えるために孝明天皇の勅許を得ることにし、老中・堀田正睦が参内することとなった。しかし安政五年三月十二日に関白・九条尚忠《ひさただ》が朝廷に条約の議案を提出したところ、岩倉具視や中山忠能ら合計八十八名の堂上公家が条約案の撤回を求めて抗議の座り込みを行った。これに続いて、官務・壬生輔世と出納・平田職修より地下官人九十七名による条約案撤回を求める意見書が提出された。その結果孝明天皇は条約締結反対の立場を明確にし、二十日には参内した堀田に対して勅許の不可を下し、以後条約の勅許を頑強に拒否することとなった。勅許を得られなかった責任を取る形で堀田正睦は老中辞職に追い込まれた他、九条尚忠も内覧職権を一時停止された。幕府は井伊直弼主導のもとに八十八人の当事者の処罰に動き、公家側から多くの処罰者が出ることとなる。〈中略〉
彼等の動きによって勅許阻止が実現したことは江戸幕府の権威失墜を招く結果となり、これ以降、朝廷が幕末において重要な役割を果たす契機になったといえる。

【筆者コメント】

訂正します。

２０１７年５月１５日発行の書籍「藩士・風間家の研究」３４頁「第五節「建久七年変」罪状リスト(１１９６年)は前述の【解説】の通り「廷臣八十八卿列参事件」と思われますので訂正します。

大名の会議出席簿（1860年頃）

（九〇〇―一―十七）

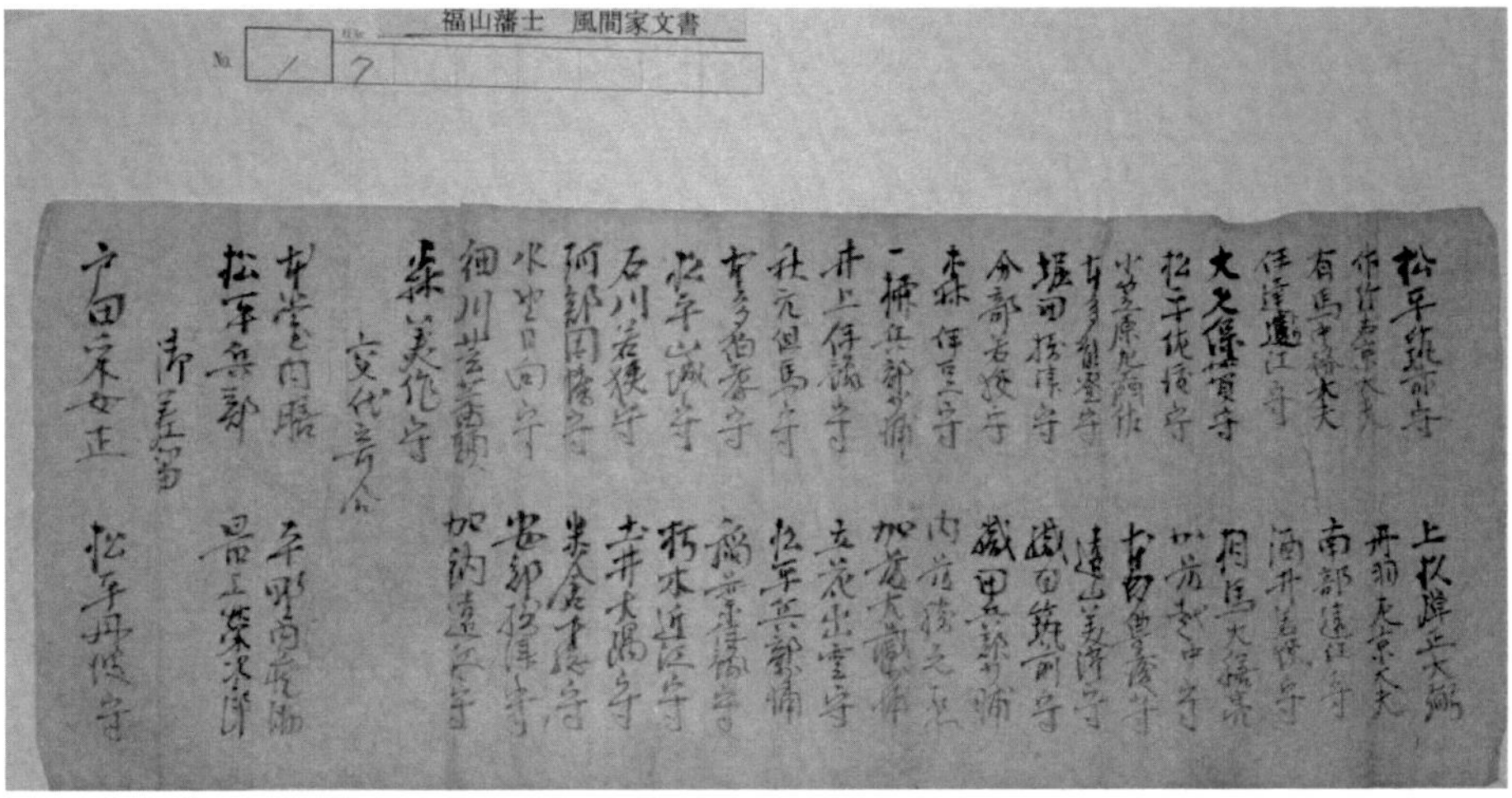

	年号をまたぐ時ははじめと終わりに○をした	松平越前守	作竹右京太夫	有馬中務太夫	伊達遠江守	大久保加賀守	松平佐渡守	小笠原左ェ門佐	本多能登守	堀田摂津守	分部若狭守	森伊豆守
1600		○	○	○	○	○	○	○	○			○
1650		○				○		○				
1700		○				○						○
1750		○								○		
1800		○		○						○		○
1850		○					○				○	

一柳兵部少輔	井上伊予守	秋元但馬守	本多伯耆守	松平山城守	石川若狭守	阿部因幡守	水野日向守	細川芸藩頭	森美作守	上杉弾正大弼	丹波遠江守
							○		○		
		○		○							
									○		
○			○			○		○		○	
○	○	○	○		○		○	○		○	○
				○	○		○	○			○
○				○				○			

大名の会議出席者名から役職の年代を集計し、１８００年頃とした。その後、時の政治情勢などから外国人惨殺事件が横行していたので、その警戒等の申し合わせ会議と考えた。従って生麦事件の１８６０年頃とした。

風間六三定常の仕事柄残したものと思われる。

【表の右上順】

松平越前守　作竹右京太夫　有馬中務太夫　伊達遠江守
大久保加賀守　松平佐渡守　小笠原左ヱ門佐　本多能登守
堀田摂津守　分部若狭守　森伊豆守　一柳兵部少輔
井上伊予守　秋元但馬守　本多伯耆守　松平山城守
石川若狭守　阿部因幡守　水野日向守　細川芸藩頭
森美作守　上杉弾正大弼　丹波左京大夫　南部遠江守
酒井若狭守　相馬大膳亮　加藤越中守　本多豊後守（岡崎）
遠山美濃守　織田筑前守　織田兵部少輔　内藤　之丞
加藤大蔵輔　立花出雲守　稲葉伊■守　朽木近江守
土井大隅守　米倉下総（野）守　安部摂津守　加納遠江守

交代寄合

本堂内膳　松平兵部　平野内藤助　最上栄次郎

御差留

戸田采女正　松平丹波守

備考：各大名の詳細は調査したが割愛する。

（1868年）明治維新後の

福山藩士（江戸定府）・風間定常

（900-1-15〜、900-1-18）

風間定常は、江戸時代には江戸定府の福山藩藩士として現在の東京都文京区西片にあった広島県福山藩阿部藩主のお屋敷にいて阿部藩主にお仕えしていた。

処が、江戸幕府の征夷大将軍・徳川慶喜公の大政奉還を受けて、1867年(慶応3年)明治天皇より「王政復古の大号令」が発せられ、江戸幕府が廃止された。

その後、1868年(明治元年)明治維新となり、1869年《明治2年》藩主阿部正桓公は版籍奉還により、福山県知事にご就任。風間定常一家は1868年(明治元年)品川沖(*)からアメリカ船で福山市鞆経由にて福山市内に移住したと思われる。

(*)出典：移住方法は、誠之館出身者記録「高島平三郎先生」の資料より

風間家に残る史料から、広島県福山市に移住した後は、

一、1874年(明治　7年)品治郡服部小学校教員　(900-1-18)
一、1880年(明治13年)助元学校採用通知　(900-1-16)
一、1880年(明治13年)品治郡服部永谷村衛生委員　(900-1-15)

を行っていた。これらの資料を次に示す。

品治郡服部小学校教員
風間定常
今十八日伝習済
出校の事
（1874年（明治七年））七月
伝習所

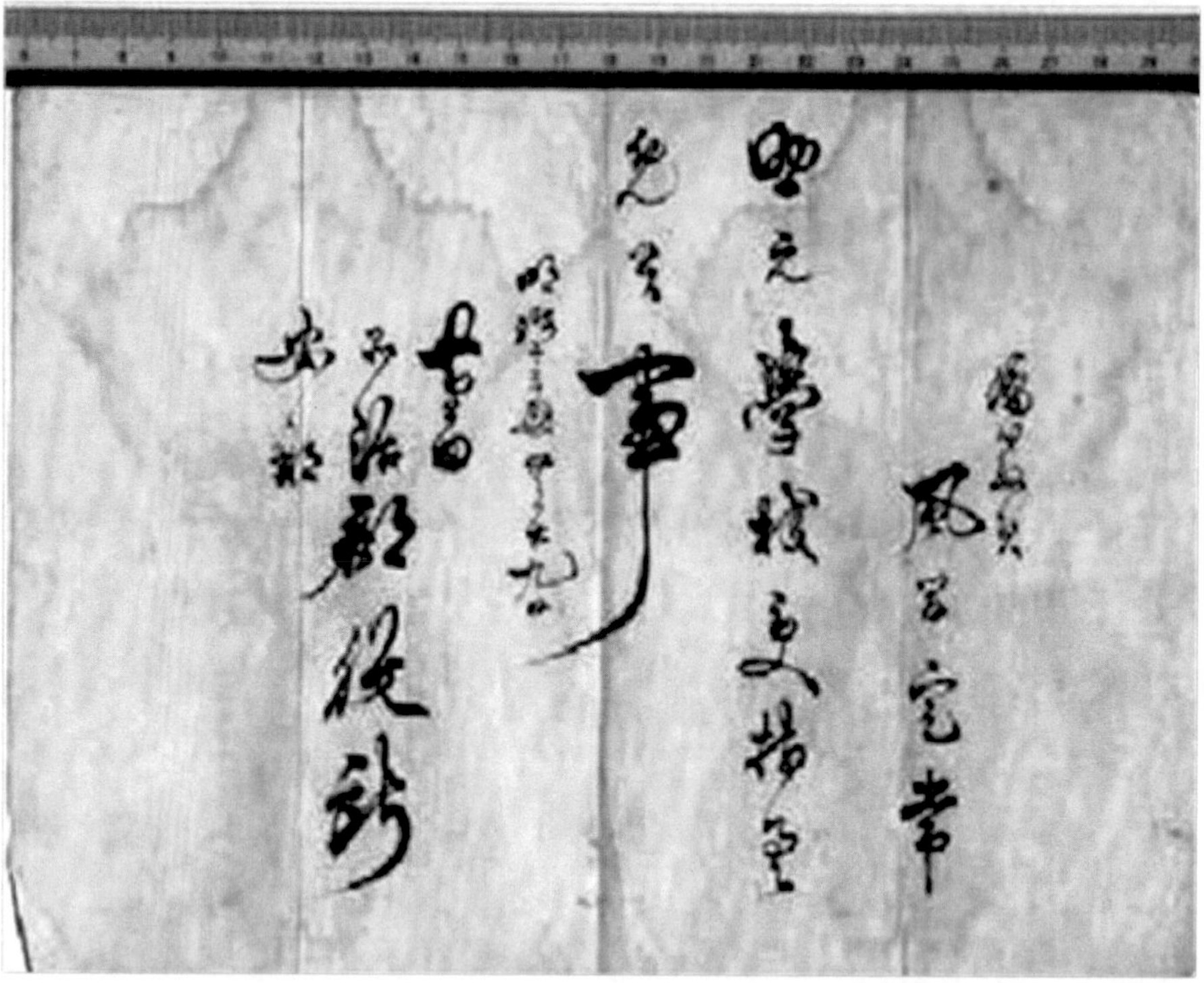

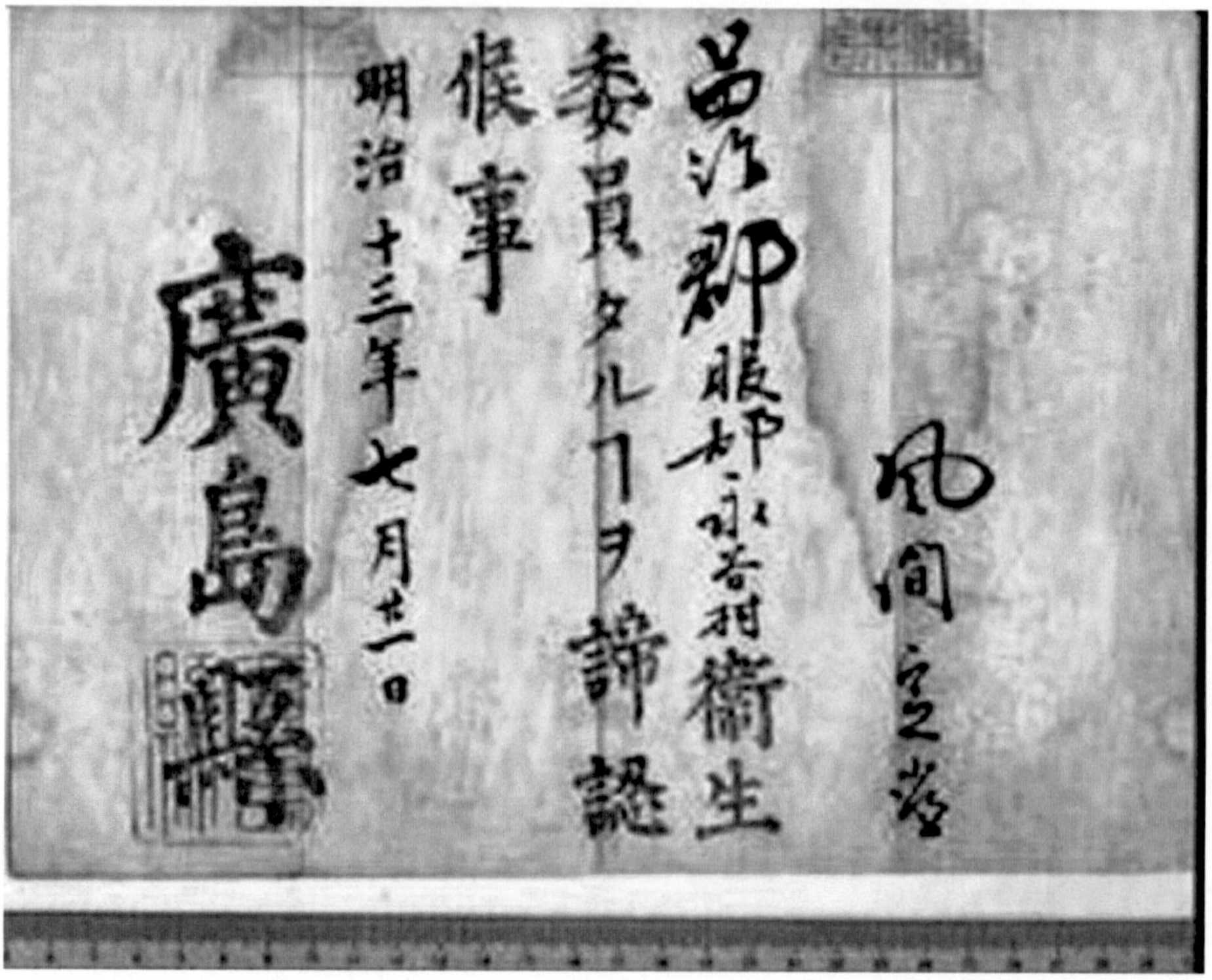
風間定蔵
安芸郡服部村永谷村衛生
委員タルヿヲ諦認
候事
明治十三年七月廿一日
廣島縣

風間家文書目次（続き）（資料番号　九〇〇番系）

(1862年)　老中・松平信義公「東海道警護(黒船)」

(九〇〇―一―六)

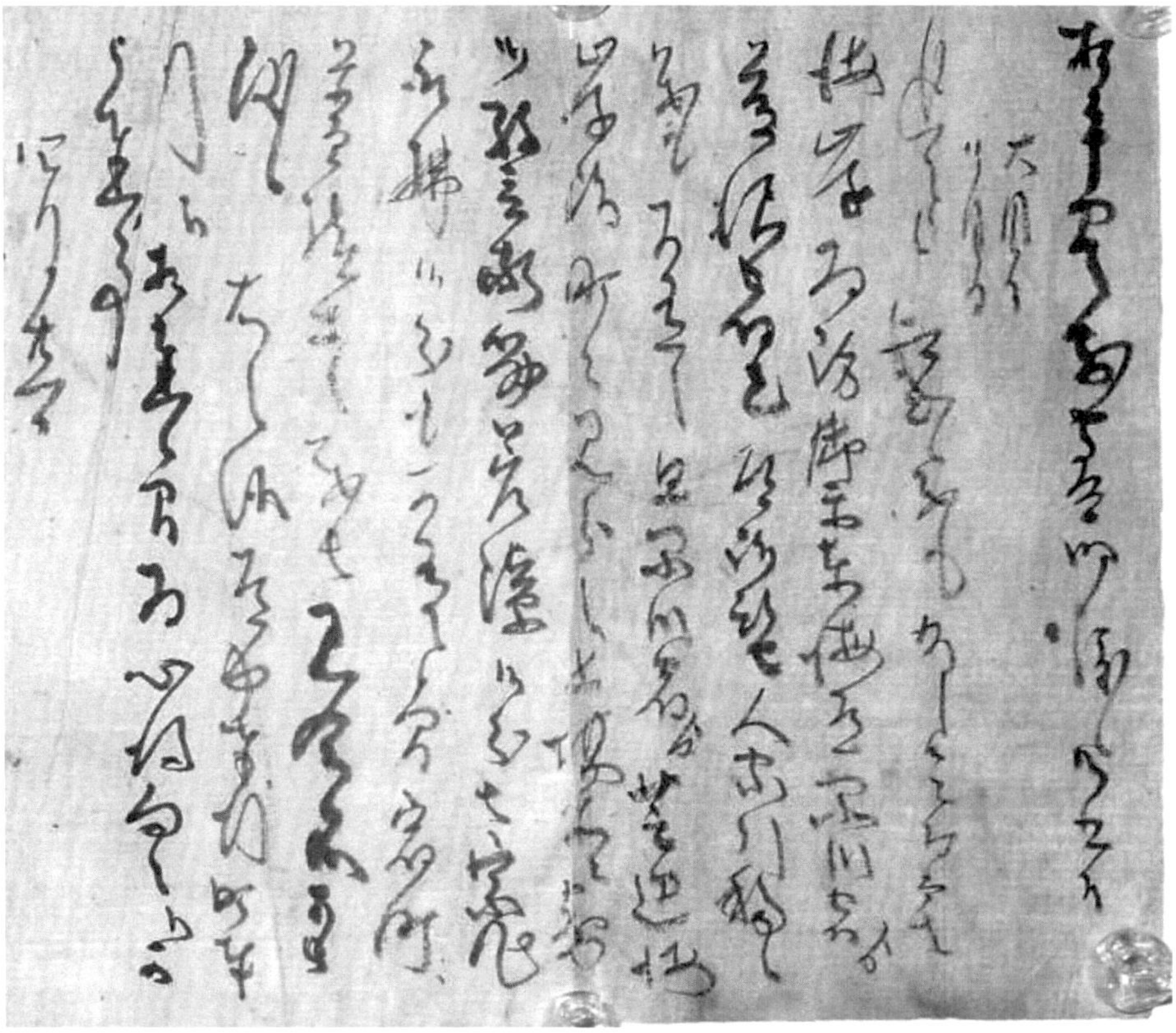

九〇〇—一一六

〈翻字〉

松平豊前守殿御渡候廿五日
　右同人
　同月日
追々被㆓仰出㆒候義も有之候ニ付而者
海岸為㆓防禦㆒東海道品川宿より
藤沢宿迄道路替人家引移候
義も可㆑有㆑之且品川宿より芝辺海
岸路町々見分之場所ニ寄
御警衛筋差障候分者家作
取払候分も可㆑有㆑之候間、宿町
普請等之義者見合候様可㆑被㆑
致候、右之趣道中奉行町奉
行江相達候間為㆓心得㆒向々江可㆑
被㆑達事

福山藩士　風間家文書
No. 1 6

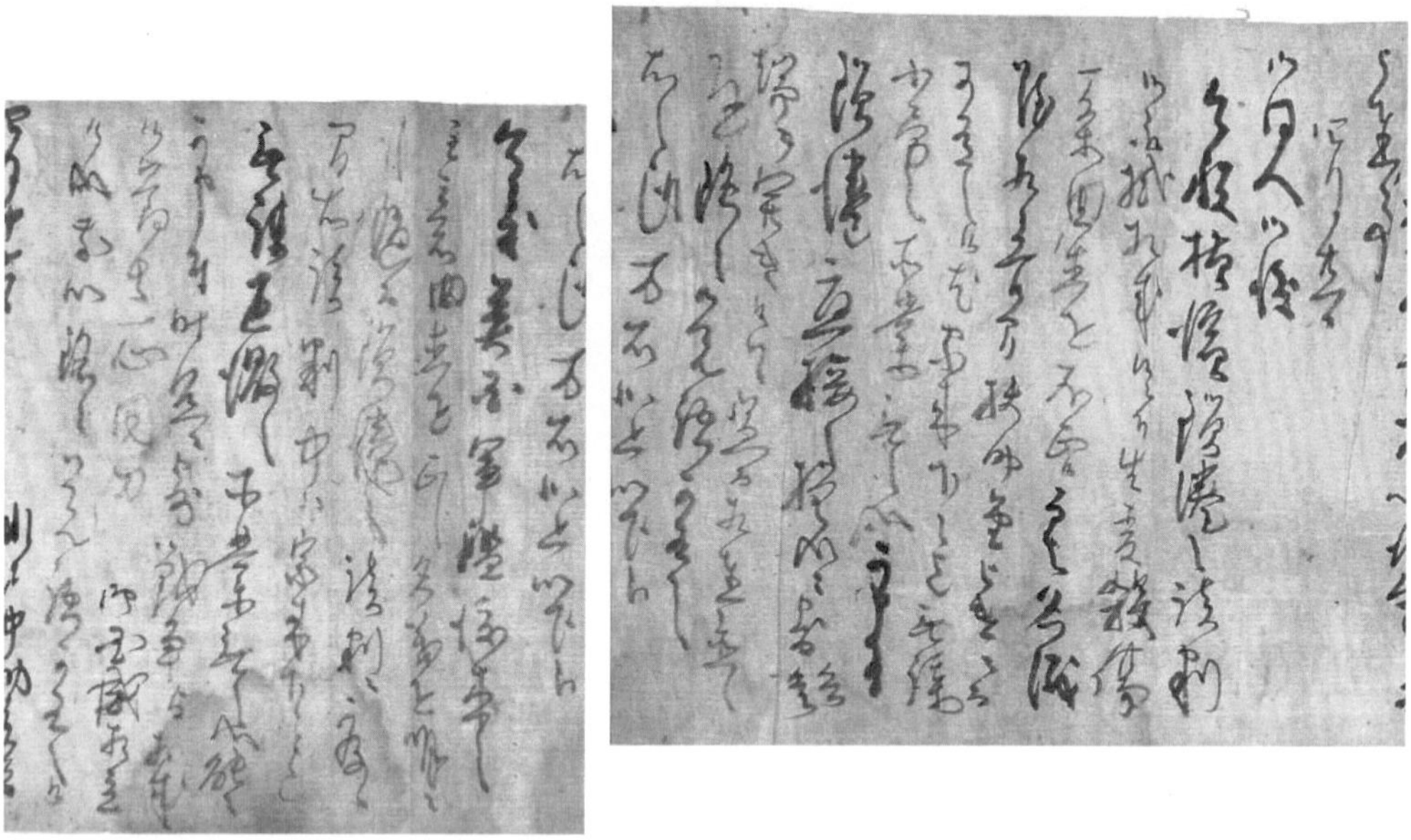

九〇〇—一—六〈翻字〉

四月廿一日

御同人御渡

今般横濱鎖湊之談判
御取掛相成候ニ付、生麦殺傷
一条回生を不レ正候而者名儀
難ニ相立一候間、扶助金被レ遣ニ而
可レ有レ之候、尤家来下々迄無謀
小尽力之所業無レ之様可ニ申付一候、
鎖湊應接之模様ニ寄兵（釁）
端ヲ開き候ハヽ、監而相達置候
通銘々御覚悟可レ有レ之候、
右之趣万石以上以下江
今度異国軍艦渡来ノ
主意回生を正し、名義を明ニ
し随而鎖湊之談判ニ可レ及候
間右談判中ハ家来下々迠
無謀過激之所業無レ之様能々
可申付、時宜ニ寄戦争与相成
候様致者一心同力　御国威相立
候様前以銘々御覚悟可レ有レ之候

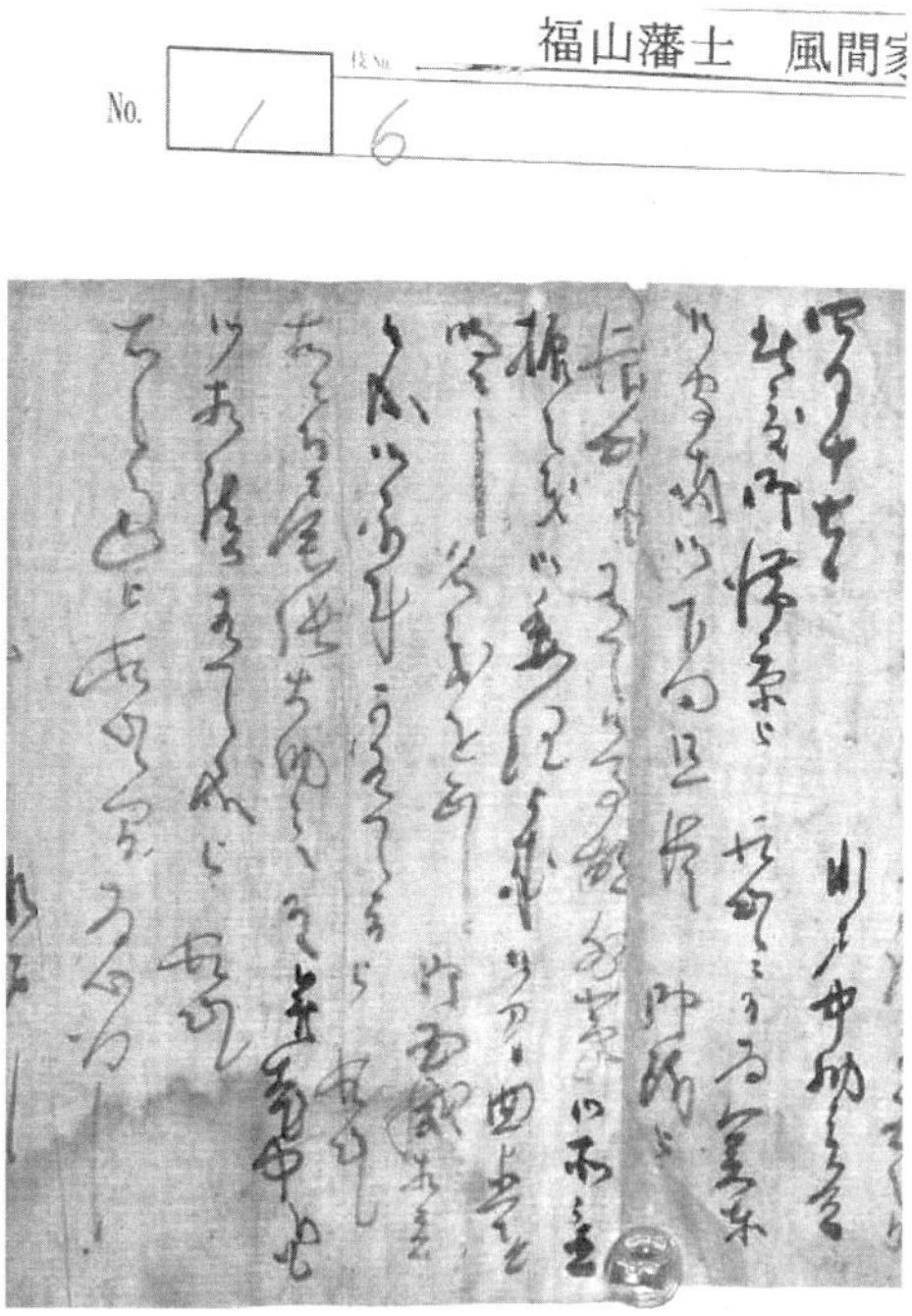

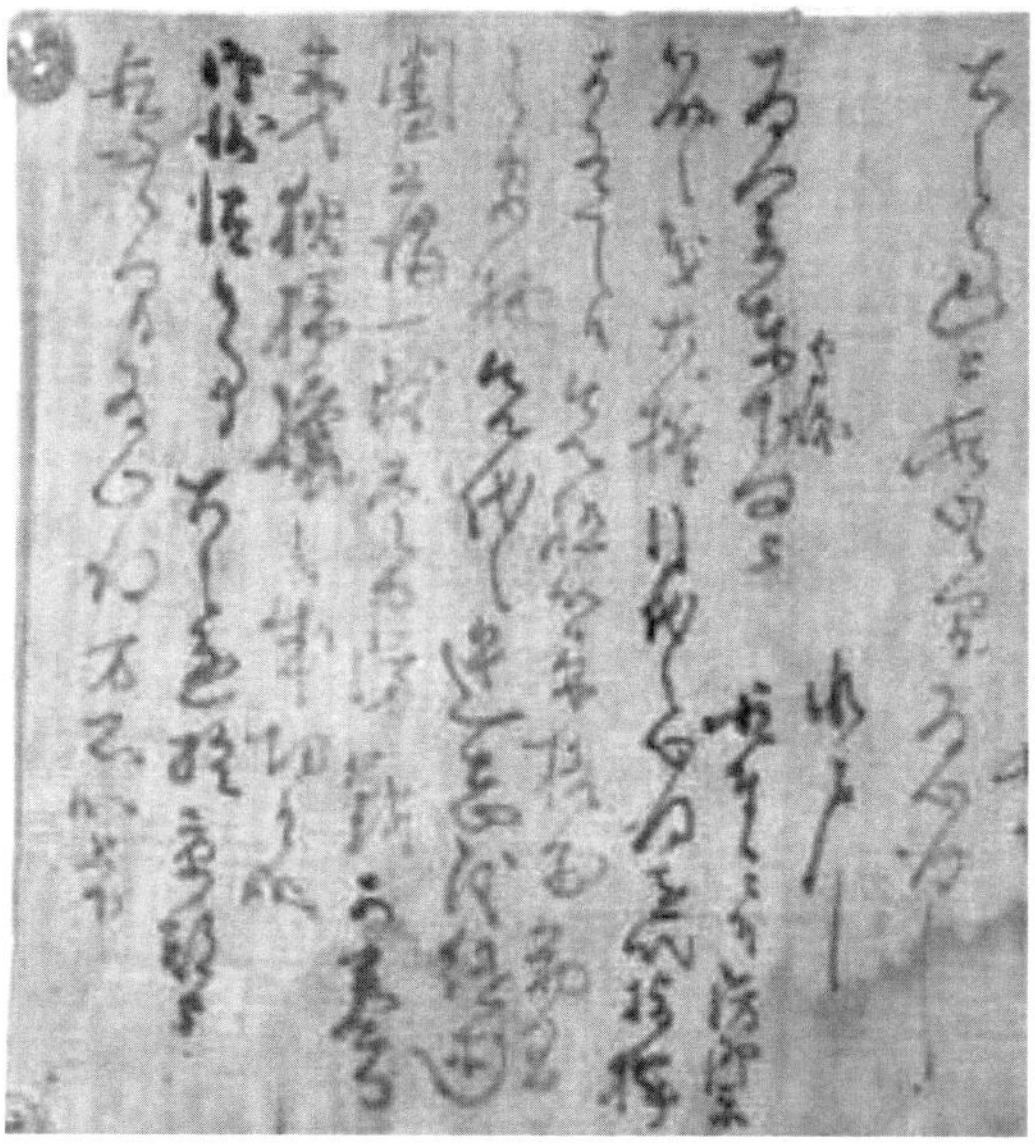

九〇〇―一―六〈翻字〉

水戸中納言殿

四月廿一日

此度御滞京被二　仰出一候ニ付為関東
御守衛御下向是非　御越被二
仰出一も有レ之候事故外夷御取置
振之義御委任被レ成候間回生を
明ニし名義を正し御国威相立
候様御取計可レ有レ之旨被二　仰付一候
右ニ付尾張大納言殿并老中江も
御相談有レ之様被二　仰出一候
右之通被二仰出一候間為二心得一――

水戸――

守衛

為二関東下向一被二　仰付一候ニ付防禦
筋之義大権同代之心得を以指揮
可レ有レ之候先祖以来格別勤王
之家柄先代之遺志致二継述一
闔藩一致尽力防戦可レ奏而
夷狄掃攘之成功候様
御沙汰候事右之趣於二京都一被二
仰出一候間為心得万石以上下

九〇〇―一―六　〈読み下し〉

松平豊前守殿御渡《わた》し候、廿五日
　右同人
　　同月日
追々《おいおい※》仰せ出《いだ》され候義《ぎ》も之《これ》あり候に付《つい※》ては／海岸防禦《ぼうぎょ》の為《ため》東海道品川宿より／藤沢宿迄《まで》道路替《がえ》、人家引《ひき》移り候／義も之《これ》あるべし、且《か》つ品川宿より芝《しば》辺海《かい》／岸《がん》・路《みち》・町々見分《けんぶん》の場所に寄《よ》せ、／御警衛《けいえい》筋差《さ》し障《さわ》り候分《ぶん》は、家作《かさく》／取り払い候分も之《※これ》あるべく候間、宿《しゅく》町／普請《ふしん》等ノ義は見合せ候様／致《いた》さるべく候、右の趣《おもむき》道中奉行・町奉／行え《※》相達《※あいたつ》し候間《あいだ》、心得の為《た》め向々《むきむき》へ／達《たっ》せらるべき事

注　／は改行位置
「被　仰出」は「仰せ出だされ」と読む。「被」は「られ」と読む。
「仰」の前の空白部分は「欠字」といい、指令者に対しての敬意を表し
一字分を空白としている。改行の場合もある。
「可有之」は「之（これ）有（ある）可（べし）」と読む。
「江」は助詞の「え」に読む。現代の口語では「へ」。
「相達」は「相(あい)達（たつ)」と読む。

九〇〇―一―六〈読み下し〉

四月廿一日

御同人御渡

今般《こんぱん》横浜《よこはま》鎖湊《さそう》の談判／御取掛《とりかか》り相成《あいな》り候に付《つ》き、生麦《なまむぎ》殺傷／一条の回生《かいせい》を正さず候ては名儀／相《あい》立ち難《がた》く候間、扶助金遣《つか》わさらるにて／之《こ》れ有《あ》るべく候、尤《もっと》も家来下々迄《しもじもまで》無謀／小尽力の所業《しょぎょう》の之れ無《な》キ様《よう》申し付くべく候、／湊鎖應接《おうせつ》の模様に寄《よ》せ兵《へい》（各）／端《たん》ヲ開き候はば、監て相い達《たっ》し置《お》き候／通り銘々《めいめい》御覚悟《かくご》之れ有るべく候、／右の趣万石以上以下え／

今度異国軍艦渡来の／主意《しゅい》回生を正し、名義を明《あきらか》に／し、随《したが》って鎖湊の談判《だんぱん》に及ぶべく候間、／右談判中は家来の下々《しもじも》まで、／無謀・過激の所業の之れ無き様、能《よ》くよく／申し付くべし、時宜《じぎ》に寄り戦争と相成り／候様致さば、一心同力《いっしんどうりょく》して御国威《こくい》を相立て／候様に前以《まえもっ》て銘々《めいめい》御覚悟《かくご》之れ有るべく候

注　「而」は助詞の「て」。「相立難」は「相(あ)い立ち難(がた)く」　「(各)」は「各」は末梢字。「兵」が訂正字。「可ㇾ及（及ぶべし「可」はべし）

九〇〇―一―六〈読み下し〉

水戸中納言殿

四月廿一日

此の度《たび》御滞京《ごたいきょう》仰《おお》せ出《だ》され候に付《つ》き、関東／御守衛の為《ため》御下向、是非御越《こし》／仰《おお》せ出《だ》さるも之れ有る事故《ゆえ》、外夷《がいい》御取置《とりおき》／振《ふり》の義御委任《いにん》成《な》られ候間、回生を／明《あきら》かにし、名義を正し、御国威を相《あい》立て／候様《よう》、御取計之れ有るべき旨仰せ付けられ候／右に付き尾張大納言殿并《ならび》に老中えも／御相談之れ有り候様《よう》仰せ出され候

右の通り仰せ出され候間《あいだ》心得の為《ため》――

水戸――

関東下向の為仰付《おおせつ》けられ候に付き防禦《ぼうぎょ》／筋の義大権《たいけん》同代の心得《こころえ》を以て指揮／之れ有るべく候、先祖以来格別勤王《きんのう》／の家柄、先代の遺志を継述《けいじゅつ》致し、／闔藩《ごうはん》一致して尽力防戦奏《そう》すべく、而して／夷狄《いてき》掃攘《そうじょう》の成功候様／、御沙汰候事、右の趣旨は京都において仰出《おおせだ》され(命ぜられ)ましたので、心得《こころえ》(心得ておくべき事柄)の為め、万石以以下

九〇〇—一一—六　〈現代語訳〉

松平豊前守殿（老中松平信義、丹波亀山藩主）が御渡しになりました。

右同人

同月日

追々（順序を追って）仰せ出される事があるについては海岸防禦のために、東海道の品川宿から藤沢宿までの間は、道路替えのために家の移動が必要となる場合もある。

加えて、品川宿から芝の辺りの海岸や道・町等は見分（検査）の場所である事から、御警衛（警戒し護衛がすること）筋に差しさわりがある事については、家の取払いをすることもあるので、宿町の普請等の事は見合せて下さい。

右の趣旨については、道中奉行と町奉行へ達（指令通知）しましたので、心得の為に、必ず関係の向き向きへも知らせてください。

注　松平豊前守信義は、文久二年（一八六二）当時は幕府の老中を勤め、生麦事件等に関係したイギリスとの交渉にあたった

九〇〇―一一―六 **〈現代語訳〉**

四月二十一日

御同人（松平豊前守）の御渡し

今般の横浜の鎖湊（湊は港、鎖湊は鎖港。外国船の入港・交易を禁ずること）の談判（交渉、掛け合い）に取り掛かりましたので、生麦殺傷（生麦事件）の一条（一部始終）回生（元の状態に復すること）を正さなくては名義（表向きの理由、名目）が立たないので、扶助金を遣わさないことになる。

尤も、家来下々の者まで、無謀なことや尽力少ない行動がないように申し付けるべきです。鎖港対応の様子によって、兵端（戦いのきっかけ）となった時は、前から達してある通りに銘々御覚悟しておいてください。右の趣旨について、万石以上以下全てに、この度の異国軍艦渡来の意味回生を正しく伝え、名義を明確にして、鎖港の交渉につくべきでありますので、右談判中（交渉中）は、下々の家来にいたるまで無謀・過激な所業（行動）がないように、よくよく申し付けるべきです。

時宜（その時の状態）により戦争になった場合は、一心同力（心を一つにして力を合わせ）して、御国威（国の威信）が立つように、前以て（前々から）覚悟をしておいてください。

九〇〇―一―六〈**現代語訳**〉

水戸中納言殿

此の度京都滞在が命じられていましたが、関東守衛（警固の為に是非との御下向下さいますように命ぜられましたので、外夷（外敵）をそのままに取置くように委任されましたので、回生(生き返ること)を明らかにし、名義(名分)を正しくし、国威(国の威光)を立てる様に御取計いするように命ぜられました。

これらについて尾張大納言(尾張藩主)と老中へも相談するように命ぜられました。右の通り命ぜられましたので、心得のため・・・・

四月廿一日

水戸――

関東下向の為命ぜられましたので防禦／関係の大権(権限)は同代(水戸中納言)の心得(計らい)を受けて／すべきであります、

水戸家は先祖以来格別に勤王の／家柄であり、先代の遺志を継述(受け継ぎ述べる)し、／闔藩(藩全体)が一致して尽力防戦奏すべきということで、夷狄(野蛮な異民族)掃攘(打ち払うこと)の成功しますよう沙汰(指令)してきた事、右の趣旨は京都において仰出され(命ぜられ)ましたので、心得(心得ておくべき事柄)の為め、万石以上以下

（1862年）　徳川斉昭公三回忌

「新見伊勢守お参り道中記」

（九〇〇―一―八）

九〇〇一―八　新見伊勢守烈公三回忌道の記

〈翻字〉

烈公此度三回忌ニ付□・・□
上使御側衆新見伊勢守殿
水府表へ御代香として
瑞龍山迄被二指遣一候時
道の記也

伊勢守正興

八月廿五日午下る比
水府公の御領内長岡駅
御旅館へしはし休候ひて
田面の稲のみのりしを
見て

此秋はゆたけき色の
顕れて
年歳にきはう
長岡の里

※「はし」　変体かな元字「**志者**し」
※「みのりし」　変体かな元字「みの**里**し」
※「秋はゆたけき」　変体かな元字「秋者ゆた今き」
※「顕れて」　変体かな元字「顕**連**て」
※「にきはう」　変体かな元字「**尓**きはう」

〈翻字〉

本ノマヽ

同廿六日朝御とつめて
瑞龍山にもう登りて
いわやの前に額まて
　　　よめる
夢の間にみとを過にし
此君のをしむ墓ふ
　　　袖そ露《ツユ》けき

※「をしむ」　変体かな元字「をし無」

従二位大納言御贈官
宣旨御内書之写
　八月五日朝　上使
　　　　　水野和泉守殿
　　　　　水戸中納言殿
源烈殿御事為国家
忠節尽力卓越候段
深く
叡感ニ付被三追贈二従二位
大納言一旨今般京都より
被二　仰進一候依之御使被レ遣候

九〇〇一―八　新見伊勢守烈公三回忌道の記〔読み下し〕

烈公《れっこう》此の度《たび》三回忌ニ付《つ》き、□・・□《（虫損）》／上使御側衆新見《じょうしおそばしゅうしんみ》伊勢守殿／水府表《すいふおもて》へ御代香《だいこう》として／瑞龍山《ずいりゅうさん》迄指《さ》し遣わされ候時の道《みち》の記《き》也

伊勢守正興《まさおき》

八月廿五日午《うま》下る比《ころ》／水府《すいふ》公の御領内長岡駅／御旅館へしばし《（暫し）》休み候ひて
田面《たづら》の稲のみのり《（実り）》しを／見て

此《この》秋は　ゆたけき《（豊け）》色の　顕《あらわ》れて　年歳にきはう《（賑わう）》　長岡の里

同廿六日朝御とつめて《本ノマヽ》／　瑞龍山にもう登りて／いわや《（岩屋）》の前に額《がく》まてよめる
夢の間《ま》に　みと《（水戸）》を過《すぎ》にし　此《この》君の　をしむ《（惜しむ）》慕《した》ふ　袖ぞ露《ツユ》けき

従二位大納言《じゅにいだいなごん》御贈官《ぞうかん》／宣旨《せんじ》御内書《ないしょ》の写

八月五日朝　上使《じょうし》

水野和泉守殿

水戸中納言殿

源《みなもと》烈殿御事、国家の為／忠節・尽力卓越《たくえつ》候段《だん》／深く／叡感《えいかん》に付き、従二位／大納言を追贈せらる旨、今般京都より／仰せ進《まい》らせられ候、之《これ》に依って御使遣わされ候

九〇〇一―八　新見伊勢守烈公三回忌道の記〈現代語訳〉

烈公（水戸藩第九代藩主徳川斉昭《なりあき》　万延元年 一八六〇 没）はこの度三回忌のため・・・・上使として御側衆新見伊勢守殿（正興　幕末の外国奉行　文久二年御側衆）が水戸表（水府は水戸の異称）へ御代香をするため瑞龍山（斉昭の墓所）まで指し遣わされました時の道の記です

伊勢守正興

八月廿五日午（午前十二時前後二時間）下るころ、水府公の御領内の長岡駅の御旅館へ寄り暫し休んでおりまして、田面の稲の実るのを見て一首

此の秋は　豊かな色が顕れて　年々賑わう　長岡の里である

同廿六日朝、御とつめて《本ノマ丶》（？読めないのでそのまま写したのが「本ノマ丶」である）
瑞龍山にもう登って、岩屋の前にて額まで歌に詠む

夢の間に　水戸を過ぎてしまって　此の君（烈公）を惜しんで慕う　袖が露に濡れて涙っぽい

従二位大納言御贈官の宣旨（天皇の命を伝える公文書）を知らせる御内書（将軍の書状））の写

八月五日朝　上使

水野和泉守殿（忠精《ただきよ》　文久二年老中、忠邦の長男）

水戸中納言殿（水戸藩十代　慶篤《よしあつ》　斉昭の長男）

源の烈殿（烈公斉昭）の御事は、天子は国家の為に深く叡感（天子が感嘆すること）されましたので、従二位大納言を追贈せられる旨が、今般京都より仰せ進いらせられました、之れに依って御使を遣わされました

（1863年）

井伊掃部守発・手紙
「逆賊足利と生麦事件警告文」
（九〇─一─十）

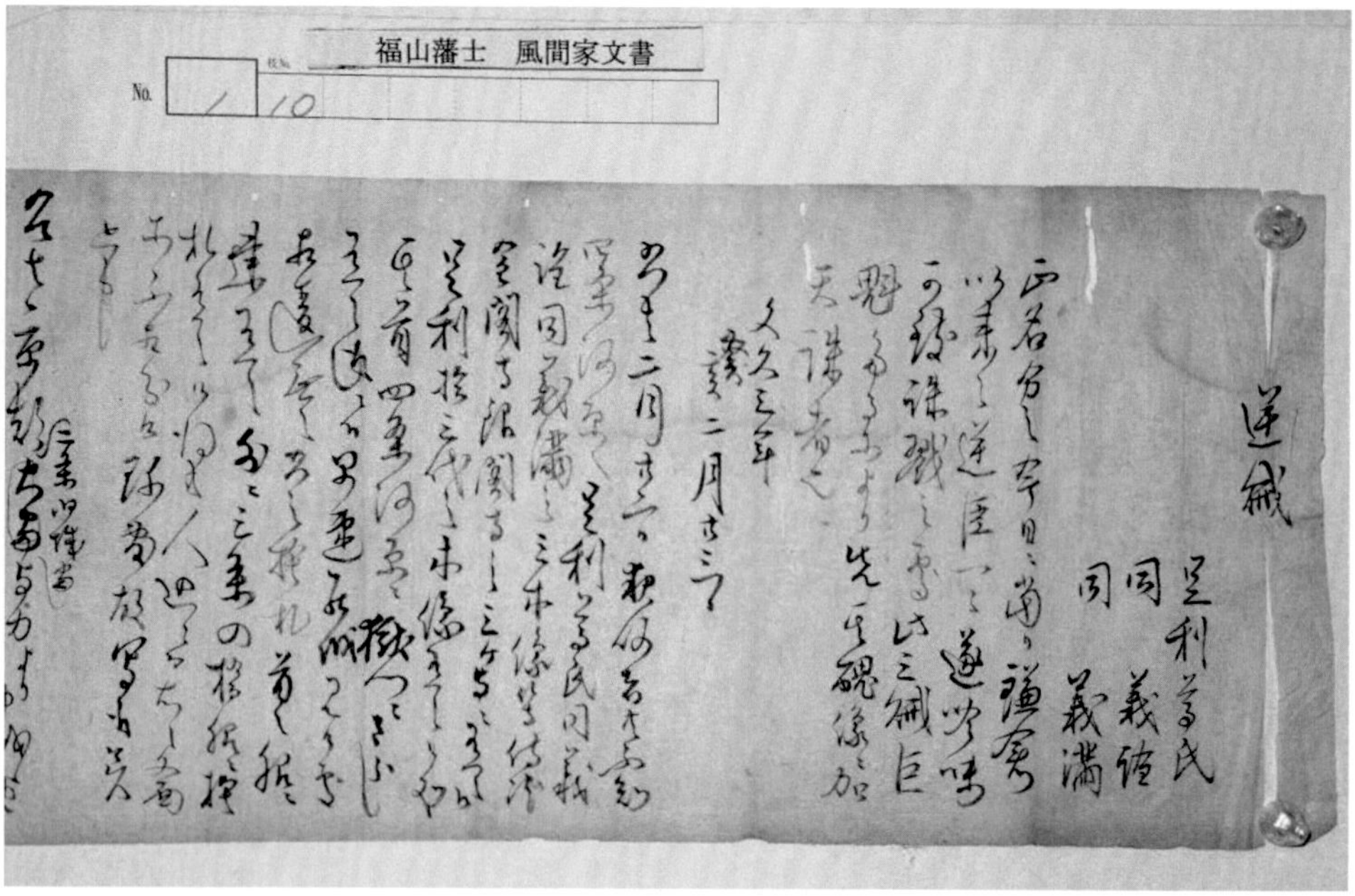
福山藩士　風間家文書
No. 1 10
逆賊
足利尊氏
同　義詮
同　義満

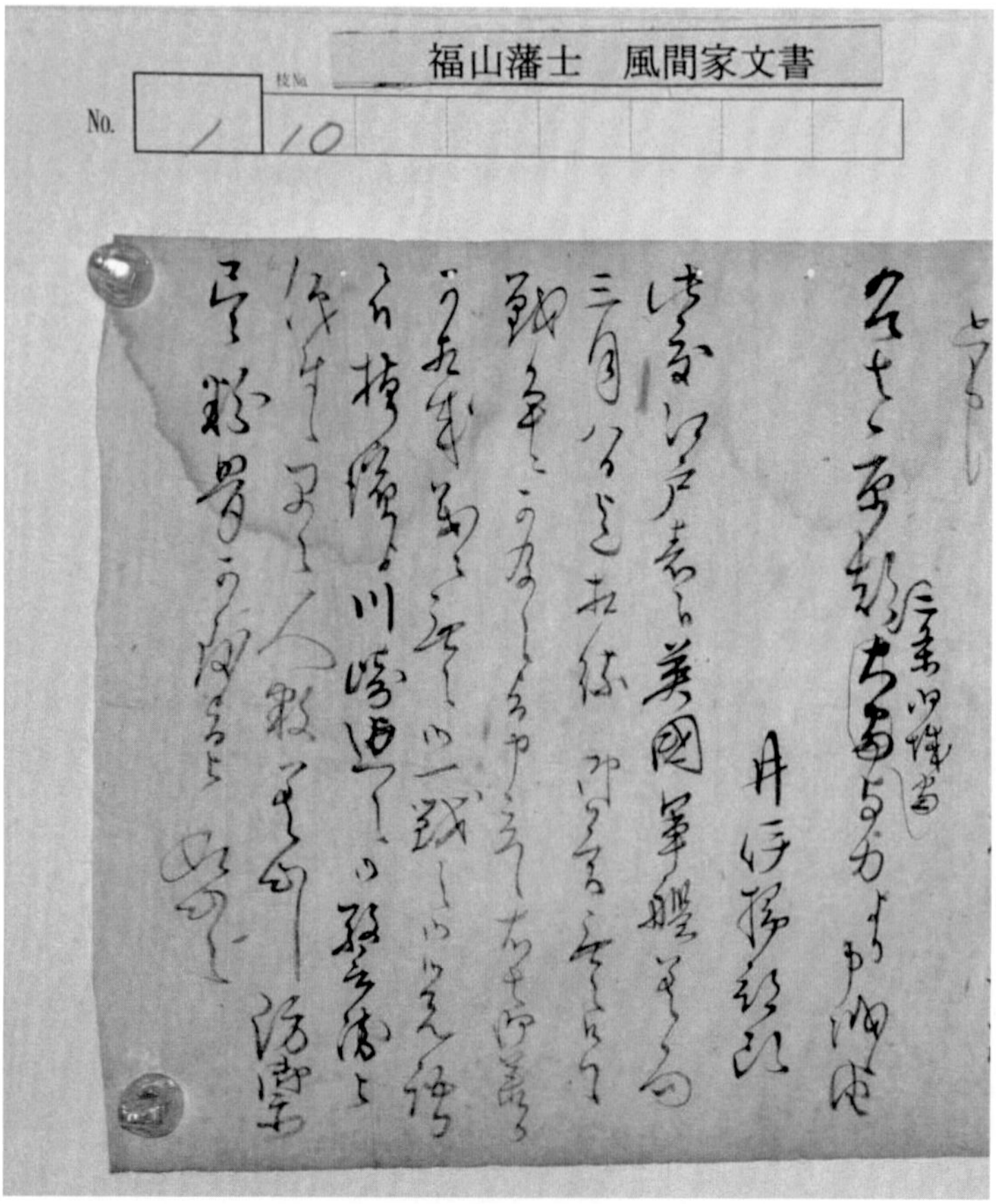
福山藩士　風間家文書
No. 1 10

九〇〇—一—十　井伊掃部守発・手紙　「逆賊足利と生麦事件警告文」〈翻字〉

逆賊　足利尊氏
同　義詮
同　義満
正名分之今日ニ当り鎌倉
以来之逆臣一々遂㆓吟味㆒
可㆑致㆓誅戮㆒之処此三賊巨
魁たるにより先其醜像ニ加
天誅者也
文久三年癸亥二月廿三日
右　者二月廿二日夜何者不㆑知
四条河原へ足利尊氏同義
詮同義満之三木像等侍院
金閣寺銀閣寺之三ケ寺ニ有㆑之候
足利拾三代之木像有㆑之候処
其首四条河原ニ獄門ニさらし
有㆑之趣ニ付早速罷越見候処
相違無㆑之右之捨札首之脇ニ

九〇〇—一—十　井伊掃部守発・手紙　「逆賊足利と生麦事件警告文」〈翻字〉（続き）

建有㆑之外ニ三条の橋脇ニ
捨札有㆑之候得共人込ニ而右之文面
等不㆓相分㆒候珍敷故写取差
上申候
右　者　京都大番（二条御城番）与力より申越候由
井伊掃部守
此度江戸表　江　英国軍艦差向
三月八日迄相待御答無㆑之候ハヽ
戦争ニ可㆑及之旨申立候右　者　御承り
可㆓相成㆒義ニ無㆑之候御一戦之御覚悟
ニ付横濱より川崎辺　へん　御警衛被㆓
仰付㆒候早々人数差出し防禦
尽㆓粉骨㆒可㆑致旨被㆓　仰出㆒候

九〇〇—一—十

井伊掃部守発・手紙　「逆賊足利と生麦事件警告文」〈読み下し〉

逆賊

足利尊氏
同　義詮
同　義満

正《まさ》に名分《めいぶん》の今日《こんにち》ニ当《あた》り鎌倉／以来の逆臣一々《いちいち》吟味を遂げ／誅戮《ちゅうりく》致すべきの処、此《こ》の三賊巨《きょ》／魁《かい》たるにより先《ま》づ其《そ》の醜像《しゅうぞう》に／天誅を加える者也

文久三年
癸亥二月廿三日

右は二月廿二日夜何者と知れず／四条河原へ足利尊氏《たかうじ》・同義《よしあきら》／詮・同義満《よしみつ》の三木像、等侍院・／金閣寺・銀閣寺の三ケ寺に之《こ》れ有り候、／足利十三代の木像之《こ》れ有り候処／其の首四条河原に獄門《ごくもん》にさらし／之れ有る趣《おもむき》に付《つ》き早速罷《さっそくまか》り越《こ》し見《み》候処／相違之れ無く、右の捨札《すてふだ》首の脇に／建《たて》之れ有るの外《ほか》に三条の橋脇《はしわき》に／捨札之《こ》れ有《あ》り候えども、人込《ひとごみ》にて右の文面／等相分《あいわか》らず候、珍敷故《めずらしきゆえ》写し取り差《さし》／上申《あげもう》し候／

右は　京都木番（二条御城番）　与力《よりき》より申し越し候由《よし》

井伊掃部守《いいかもんのかみ》

此《こ》の度《たび》江戸表え　英国軍艦差《さ》し向《むか》い／三月八日迄相《まであい》待ち御答之《こ》れ無く候はば／戦争に及ぶべきの旨申し立て候、右は御承《うけたまわりあい》り／相成るべき義に之《こ》れ無く候、御一戦《いっせん》の御覚悟／に付き横浜より川崎え　御警衛《けいえい》／仰せ付けられ候、早々《そうそう》人数差し出し防禦《ぼうぎょ》／粉骨《ふんこつ》を尽《つ》くし致すべき旨仰せ出され候／

注　／　は改行位置

逆賊

足利尊氏
同　義詮
同　義満

正に名分（君に対する分際）の今日に当たって、鎌倉以来の逆臣一人一人をよく調べてみると（吟味を遂げ）、罪をただして殺す（誅戮致す）べきの処、此の三巨魁（首領）であるにより、先ず其の醜像に天誅（天罰）を加える者である

文久三年（一八六三）
癸亥二月廿三日

右は二月廿二日夜何者かと分からないが、四条河原へ足利尊氏・同義詮・同義満の三木像、それぞれ等侍院・金閣寺・銀閣寺の三ケ寺にありました、足利十三代の木像がありました処、其の首が四条河原に獄門にさらされてある事情（趣）について、早速そこへ行ってみました処、間違い（相違）ありませんでした、

右の捨札は首の脇に建ててある以外に、三条の橋脇に捨札がありましたけれども、人込みで右の文面等は分りませんでした、珍しいものなので、写し取り差上げ申します

右は　京都二条御城番与力より申してよこしましたので

井伊掃部守（直憲）

此の度は江戸表へ　英国軍艦が差し向い、三月八日まで流れていき、御答が無いのであれば戦争に及ぶべきだとの旨を申し立てました、
右はその旨を受けて実行するべき事ではありません、
御一戦の御覚悟については、横浜より川崎へ　御警衛が仰せ付けられました、
早々人数を差し出して防御に粉骨を尽くしいたすべき旨が仰せ出されました

（1863年）

英国軍艦から生麦事件賠償内容書簡

（九〇―一―九）

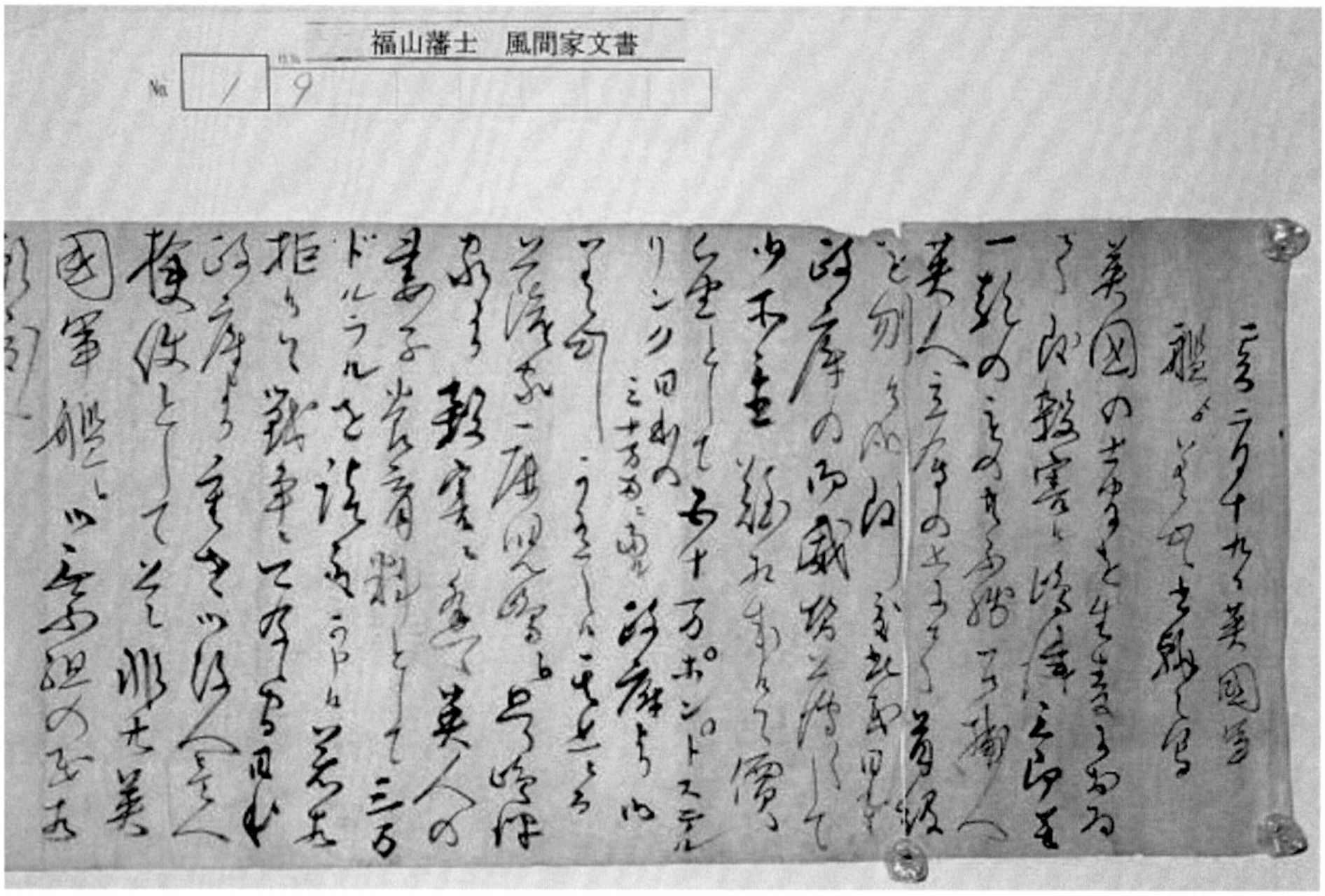
福山藩士　風間家文書
No. 1 9

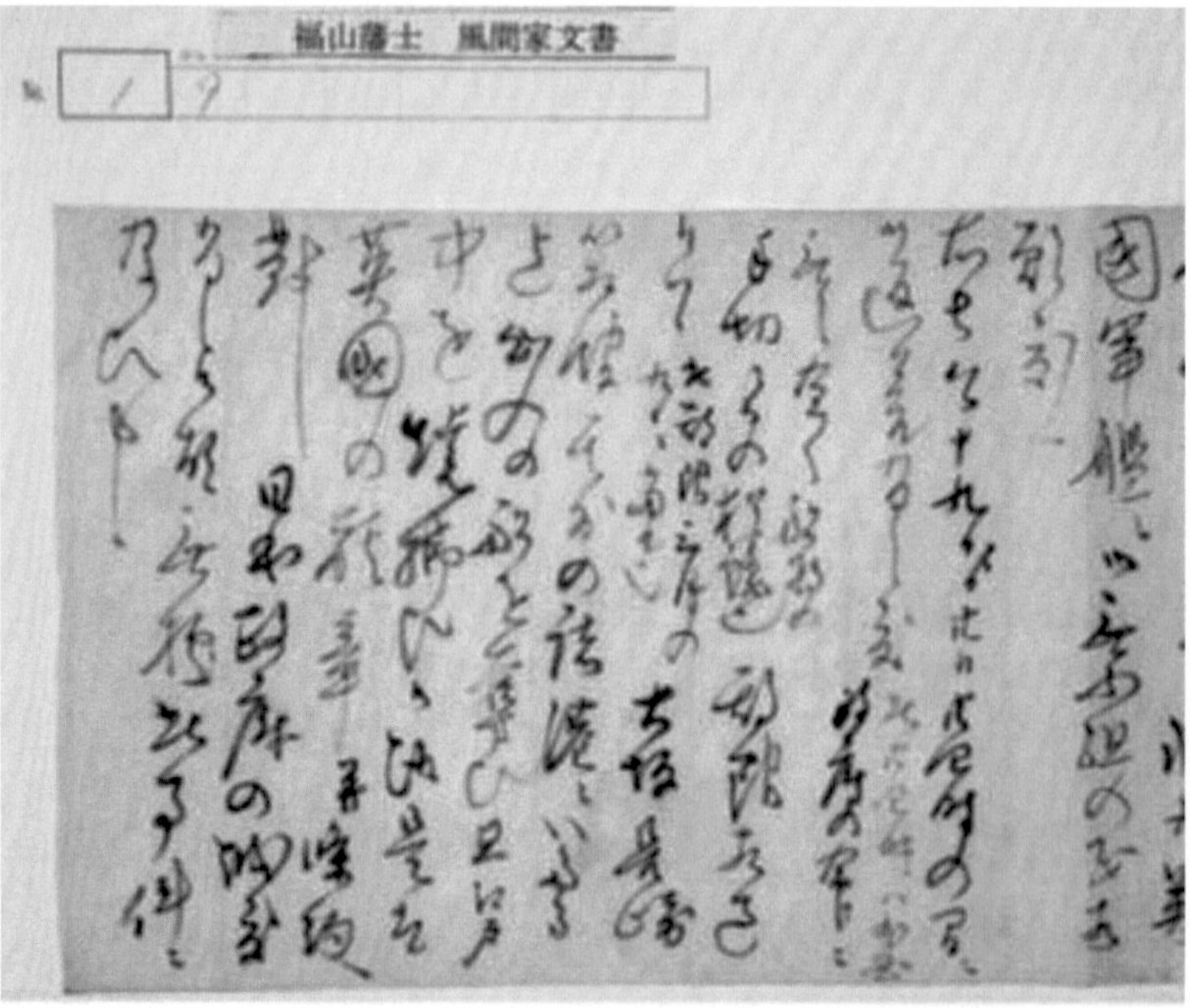
福山藩士　風間家文書
No. 1 9

九〇〇―一―九

英国軍艦から生麦事件賠償内容書簡（翻字）

亥二月十九日英国軍
艦より差出候書翰之写

英国の士官を生麦におゐ
て致二殺害一候嶋津三郎并
一類のもの共不レ残召捕へ
英人立合の上にて首級
刎候様致し度此義日本
政府の御威勢薄くして
御所置難二相成一候ハヽ償
金として五十万ポンドステル
リンク　日本の三十万三十両ニ当ル　政府より
御差出し可有レ之レ候其迄ニ而
薩家鹿児嶋江廻り嶋津
家より殺害ニ逢候英人の
妻子養育料として三万
ドルラルを請取可レ申候若相
拒候ハヽ戦事ニ可レ及候間日本
政府より重き御役人壱人
検使として是非共英
国軍艦ニ御乗組の義相
願度候
右者今十九日より廿日廿四時の間ニ
御返答有レ之度　此廿四時ハ本国政府の命ニ
無レ之全く船将の手切ニ而の猶豫也　期限相過
候ハヽ　此期限三月の九日ニ当ル也　大坂長崎
箱館其外の諸港ニいたる
迄出入の船を奪ひ且江戸
中を焼払ひ候趣是は
英国の旗章并條約へ
對し日本政府の越度
有レ之候故無據此事件ニ
及ひ申候

九〇〇―一―九　英国軍艦から生麦事件賠償内容書簡〈読み下し〉

亥二月十九日英国軍／艦より差出《さしだ》し候書翰《しょかん》の写／

英国の士官を生麦《なまむぎ》におゐ／て殺害致し候嶋津三郎并《なら》びに／一類のもの共《ども》残らず召捕《めしと》へ、／英人立合《たちあい》の上にて首級《しゅきゅう》／を刎《は》ね候様《よう》致し度《たく》、此《こ》の義《ぎ》日本／政府の御威勢《いせい》薄くして／御所置相《あい》成《な》り難《がた》く候はば價《か》／金《きん》として五十万ポンドステル／リンク　日本の三十万三十両ニ当《あた》ル　政府より御／差出《さしだ》し之《こ》れ有るべく候、其《そ》れ迄《まで》にて／薩家鹿児嶋え廻《まわ》り嶋津／家より殺害に逢《あ》い候英人の／妻子養育料として三万／ドルラルを請取《うけとり》申すべく候、若《も》し相／拒《こば》み候はば、戦事に及ぶべく候間、日本／政府より重き御役人壱人／検使《けんし》として是非共《ぜひとも》英／国軍艦に御乗組《のりくみ》の義相《ぎあい》／願度《ねがいたく》候／右は今十九日より二十日二十四時の間に／御返答之《こ》れ有《あ》り度《たく》　此《この》二十四時は本国政府の命に／之れ無く全《まった》く船将の手切にての猶豫《ゆうよ》也　期限相過《す》ぎ／候はば　此《こ》の期限三月の九日に当《あた》る也　大坂長崎／箱館其《そ》の外《ほか》の諸港にいたる／迄《まで》出入の船を奪《うば》ひ且《か》つ江戸／中を焼払《やきはら》ひ候趣《おもむき》、是《これ》は／英国の旗章《きしょう》并《なら》びに条約へ／対《たい》し日本政府の越度《おちど》／之《こ》れ有り候故《ゆえ》、據《よんどころ》なく此《こ》の事件に／及《およ》び申《もう》し候／

注　／　は改行位置

九〇〇―一―九　英国軍艦から生麦事件賠償内容書簡〈現代語訳〉

亥二月十九日英国軍艦より差し出しました書翰の写

英国の士官を生麦において殺害いたしました嶋津三郎並びに一味（一類）のもの共を残らず召捕え、英人立合の上で首級を刎ねますよう致したく、此の義は日本政府の御威勢が低い（薄い）ので、御所置をすることが難しかったならば、代価（価金）として五十万ポンドステルリンク 日本の三十万三十両にあたる を政府より差し出しことがあるべきです、それ迄に薩家鹿児嶋へ廻り、嶋津家より殺害に逢いました英人の妻子養育料として三万ドルラルを請取り申すべきでありますので、もし拒みましたならば、戦事に及ぶべきでありますので、日本政府より重き御役人を壱人、検使として是非とも英国軍艦に御乗組みの義をお願いしたいです、

右は今十九日より二十日二十四時の間に御返答がありますように 此の二十四時は本国政府の命令ではなく、全く船待ちの手切（談判の期限切れ）での猶予です 期限が過ぎましたならば 此の期限は三月の九日にあたります 大坂・長崎・箱館其の外の諸港にいたるまで、出入の船を奪い、且つ江戸中を焼払ひます事情（趣）は、是れは英国の旗章並びに条約へ対し、日本政府の失敗（越度）でありますので、

やむを得ないことで（據なく）此のもめごと（事件）に及びました

藩士・風間家の家宝（史料（抜粋））

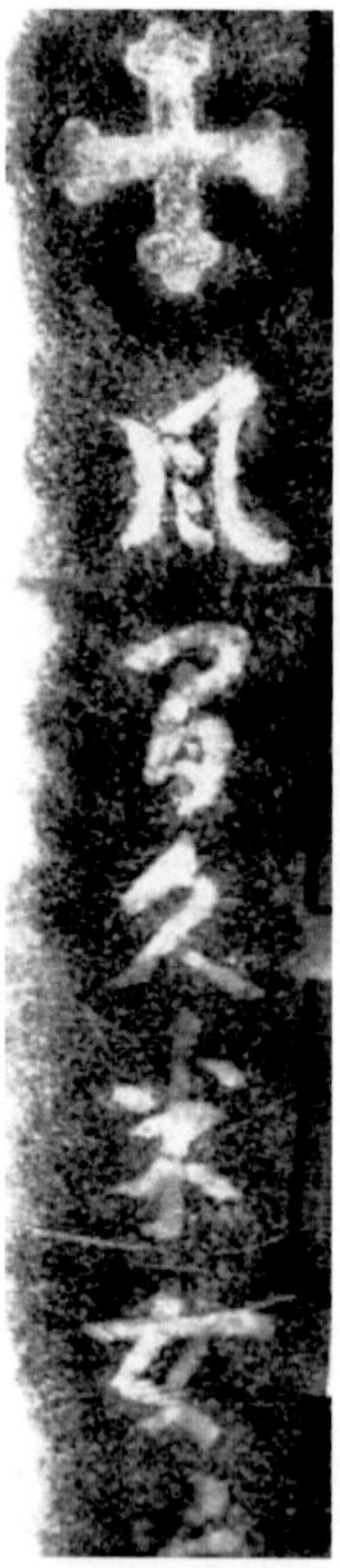

風間久米《くめ》の墓と久米の墓石拓　(2013 年石拓採取)

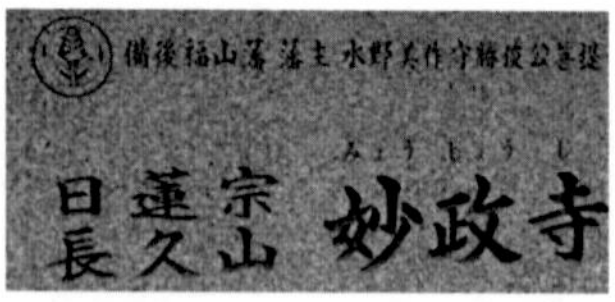

風間卯熊の養母、風間久米子(久米)の墓所　広島県福山市妙政寺
(備後福山藩二代藩主水野美作守勝俊公菩提寺) 1891 明治 24 年 4 月 9 日没享年 79 歳
江戸阿部藩丸山屋敷出生　1813 文化 10 年 2 月 23 日生
(900-1-3 風間家系由緒書より) 資料 882-6　但し、風間家は浄土真宗、本山は東京都文京区の西善寺であるが、東京は遠路で明治に時代が変わっているので、妙政寺にお世話になっている。

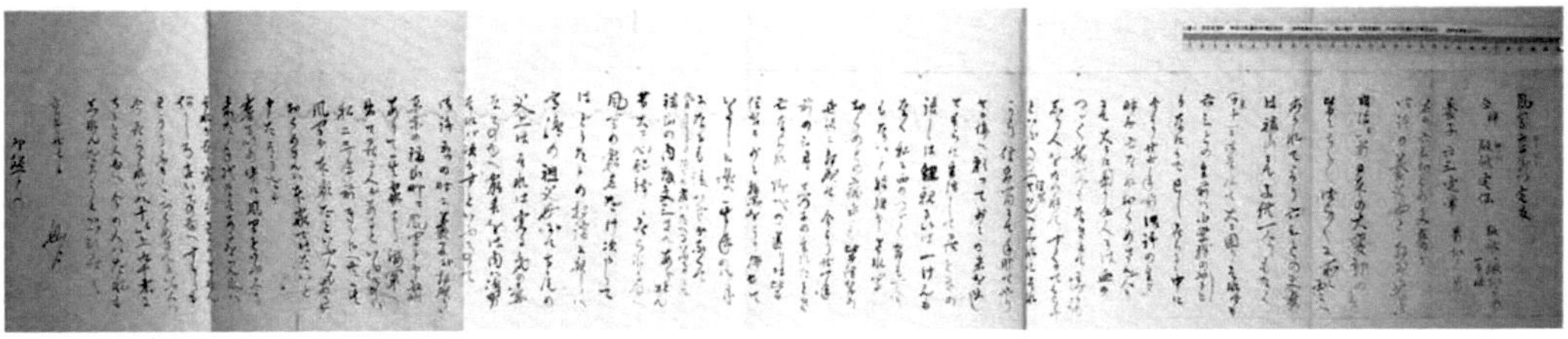

114.2-1　**母・鎰子（いつこ）（旧姓・高島）が子供・卯熊（うくま）へ送った手紙**
1912（明治45年）（継紙）、　分かりやすい要領を得た達筆書簡　資料2-17-3

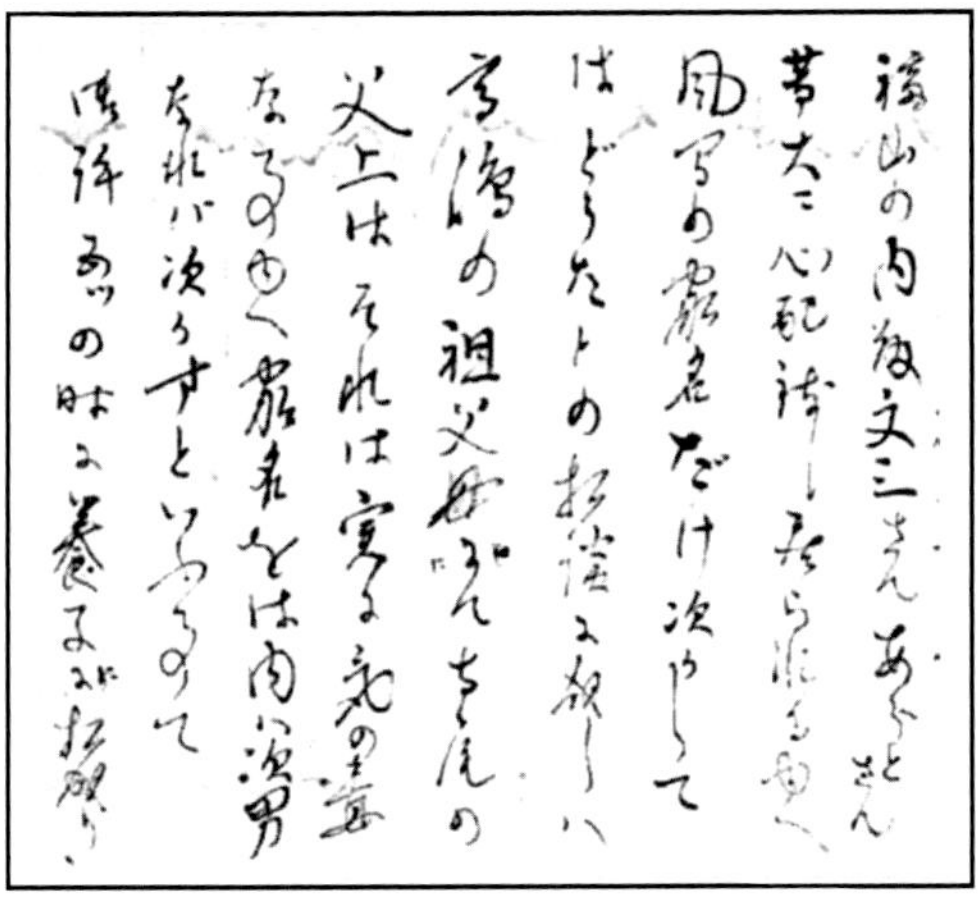

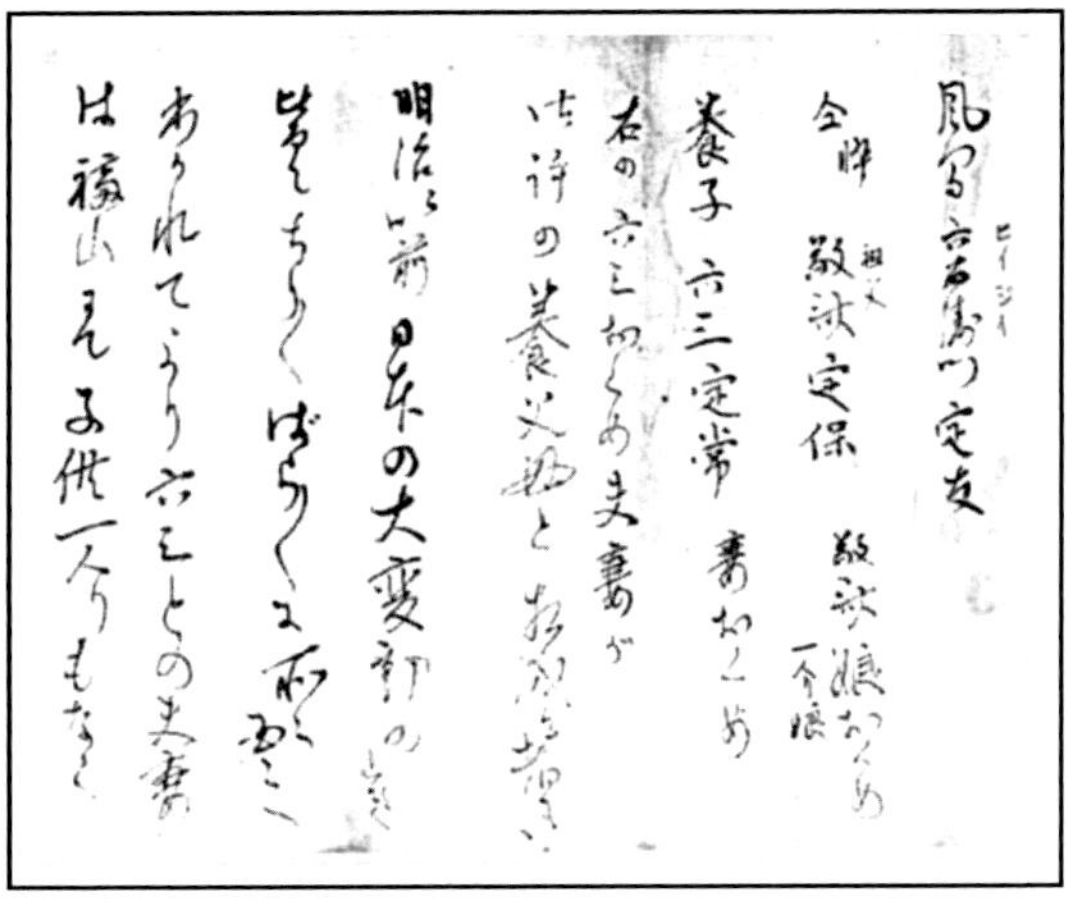

風間六右衛門《ヒイジイ》定友（ヒイジイ）
同・悴　祖父敬齋定保　敬齋の
一人娘　おくめ
養子　六三定常、妻おくめ
右の六三　おくめ夫妻が
御許（風間卯熊のこと）の養父母
と相なるものなり。
明治以前、日本の大変動の時、
皆々ちりぢりばらばらに地方に
出られてしまい六三くめ夫婦は、
福山に子供一人もなく（中略）

福山の内藤文三さん、新居さん
甚大に心配致し居られるゆえ
風間の家名だけ次可して（つがし
て）はどうだとの相談があって、
高島の祖父母にて寺尾の父上は、
それは実に気の毒なる事ゆえ、家
名をば、内は次男なれば継がすと
いうことで御許（卯熊さん）五才
の時に養子に相なります。
（中略）

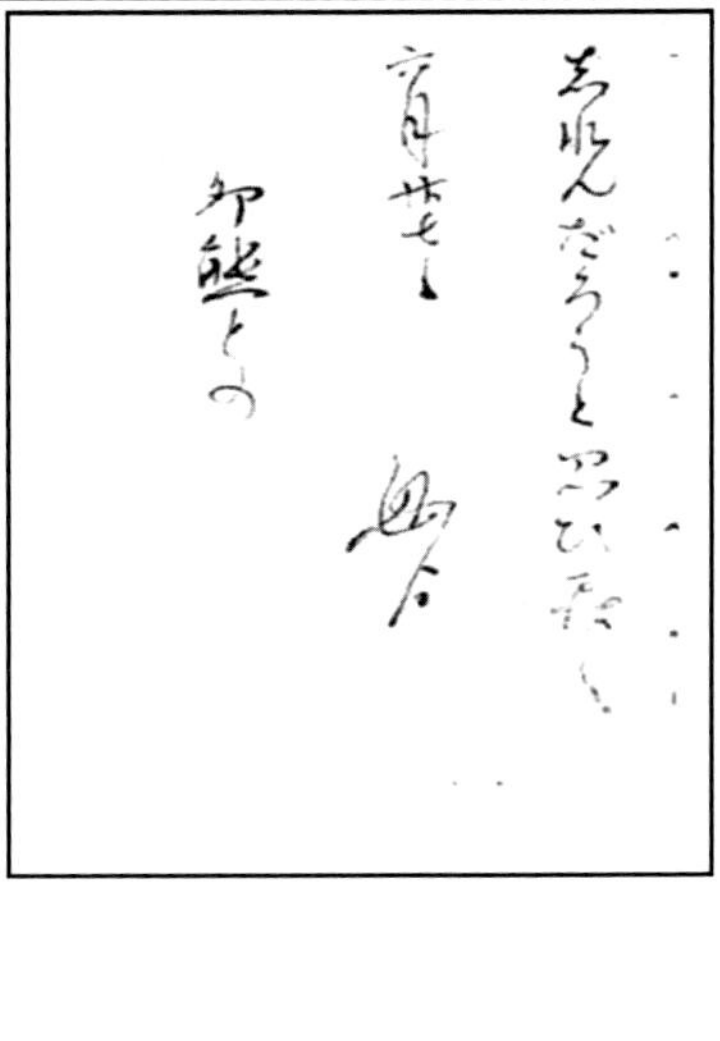

（今、居られれば八十歳以上
九十歳に近いゆえ、今の人
はだれも）
知っていないだろうと思います
六月二十七日
母より（鎰子《いっこ》）
卯熊《うくま》どの

1917（大正六年）鎰子さん還暦祝い
高島家ご長女・鎰子さんと三男・高島平三郎先生　ご兄弟
鎰子（旧姓高島）さんは、祖父・風間卯熊の実母

風間家保管 Film　#2412

高島平三郎先生　風間増子への和歌一首　　1935（昭和10年）8月4日高田にて（扇子）
「こがねにも　玉にも増して　嬉しきは、人の心の誠なりけり
10年8月4日　高田にて　増子のためにしるす。」風間家家宝　　　資料112-07

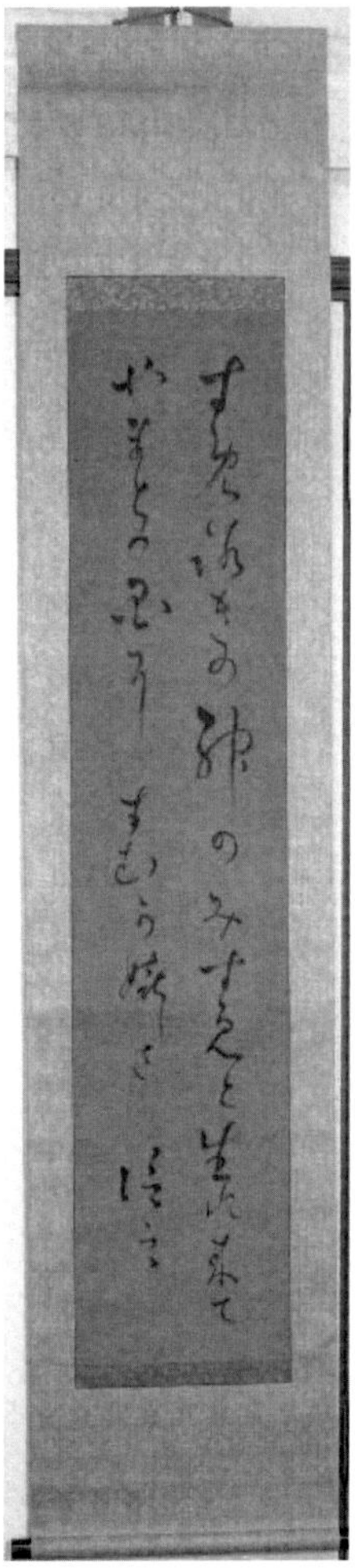

高島平三郎先生（祖父・風間卯熊の母とご兄弟）
和歌一首　蜻洲生　から頂く

『すめろき（ぎ）の　神のみすゐと生まれ
来て　やまとの国にすむがうれしき　士信』

（高島平三郎先生の自筆）
蜻州　（高島平三郎先生の号）

（直訳）（天皇の神のおれるところに生まれ、
日本に住むことがうれしい

高島平三郎先生から風間家へ　和歌一首
1912（明治45年）祖父母の結婚を祝して（掛軸）
（風間家家宝資料112-05③）

広島県福山誠之館同窓会の誠之館人物誌より高島平三郎先生（抜粋）

高島平三郎先生（教育者、心理学者、著述家）

経　歴		
生：慶応元年（1865 年）10 月 1 日、江戸・本郷西片福山藩邸に生れる 没：昭和 21 年（1946 年）2 月 15 日、享年 81 歳		
明治元年（1868 年）	3 歳	アメリカ船品川沖から鞆経由、福山西町に移住
明治 5 年（1872 年）	7 歳	藩校誠之館で学ぶ
明治 6 年（1873 年）	8 歳	西堀端の西町上小学校入学
明治 11 年（1878 年）	13 歳	広島県立広島師範学校福山分校入学 備後湊明館（館長：長谷川桜南）で漢文詩を学ぶ
明治 13 年（1880 年	15 歳	西町上小学校教員
明治 14 年（1881 年）4 月～ 明治 16 年（1883 年）3 月	15～ 17 歳	神村小学校須江分校教員
明治 15 年（1882 年）	17 歳	検定試験で広島県小学校初等科教員免許を取得 松永小学校教員、金江町金見小学校教員
明治 17 年（1884 年）9 月～ 明治 20 年（1887 年）3 月	18 ～ 21 歳	金江小学校校長
明治 17 年（1884 年）	19 歳	松永で開かれた伝習所で小学師範科の伝習終了
明治 20 年（1887 年）3 月	21 歳	広島県師範学校訓導・助教
明治 20 年（1887 年）10 月	22 歳	東京高等師範学校附属小学校教授掛補助
明治 21 年（1888 年）9 月～ 明治 29 年（1896 年）	22 ～ 30 歳	学習院教師
明治 24 年（1891 年）～明治 29 年（1896 年）	26 ～ 31 歳	元良勇次郎博士の指導で哲学・倫理学・心理学を学ぶ。独学で哲学、教育学、児童心理学などを研究
明治 29 年（1896 年）9 月～ 明治 31 年（1898 年）4 月	30 ～ 32 歳	長野県師範学校、成城学校

明治 34 年（1901 年）11 月	36 歳	日本体育会体操学校校長 弘文学院　哲学館大学（後の東洋大学）で教鞭をとる。　独乙協会。西方町・私立女子高等学園校長　　立正高等女学校校長
明治 36 年（1903 年）～ 明治 45 年（1912 年）3 月	38～ 46 歳	日本女子大学校（現日本女子大学）教授
明治 38 年（1905 年）	40 歳	日蓮宗大学（現立正大学）教育学教授
明治 39 年（1906 年）	41 歳	東洋大学心理学教授
明治 45 年（1912 年）2 月 1 日	46 歳	誠之舎舎長
大正 6 年（1917 年）	51 歳	内務大臣より民力涵養講師を嘱託される
昭和 2 年（1927 年）4 月	61 歳	東京立正中等高等学校校長（初代）
昭和 3 年（1928 年）11 月 3 日	63 歳	教育功労者表彰
昭和 3 年（1928 年）11 月 3 日	63 歳	勲五等瑞宝章
昭和 15 年（1940 年）	75 歳	高島先生教育報国六十年記念会
昭和 16 年（1941 年）	76 歳	福山学生会会長
昭和 19 年（1944 年）11 月～ 昭和 20 年（1945 年）7 月	79 歳	東洋大学学長（第 13 代）

生い立ちと学業、業績

福山藩士高島賢斎の三男として、慶応元年に江戸阿部侯邸内に生れた。
号は蜻州。字は士信。

明治元年（1868 年）福山に移住、誠之館、西町上小学校に学び、明治 11 年（1878 年）14 才で教員となり、熱心に生徒を教導すると共に自学独習、また自己の教養に努め、また何名かの識者に私淑し、漢学・数学・英語等を学び続ける。

その才能は郡当局に認められ、神村、松永各小学校教員を経て明治 17 年（1884 年）弱冠 20 才で金江小学校長に抜擢せられ、次で広島県師範学校. 訓導に転じ、更に 23 歳の時、東京高等師範学校教授掛補助に栄転、明治 21 年（1888 年）24 才で学習院に招聘せられ、他日、我国教育界に重要なる貢献の素地を築くに至った。

東京移住後も独学で哲学・教育学・児童心理学などを研究し、とくに児童心理学での彼の業績は日本の同学の基礎を築いたと評されている。

その後長野県師範学校・成城学校・日本体育会体操学校・弘文学院・哲学館大学（後の東洋大学）・独乙協会・私立女子高等学園、立正高等女学校などで教鞭をとり、教授又は学校長として青年子女の育成に貢献せられた。

氏は単なる学校教育者にとどまらず、社会教育者、心理学者、著述家としても、明治２６年以来毎年１冊以上の児童心理・家庭教育に関する貴重なる著書を公にせられたほか、新聞雑誌にもかずかず寄稿せられ、幅の広い教育家として稀に見る偉人であった

彼の学説はアメリカの児童心理学者スタンリー・ホール（G. S. Hall）の流れを汲むもので、子どもに対する限りない愛情を基軸とした理論と彼の教育者としての豊かな人格は当時の学生に深い感銘を与えた。

郷土に関係の深い東京誠之舎の舎監を２０余年も勤め、郷土学生の指導に当った。

昭和 11 年（1936 年）6 月 15 日、福山市金江町浜上（はまじょう）の丘の上に「高島平三郎詩碑」が建てられた。

これは高島氏が明治 17 年（1884 年）9 月 10 日にこの地で詠んだ詩を本人が揮毫したものである。　　昭和 15 年（1940 年）、皇紀二千六百年には教えを受けたものなど同志の数千名が「高島先生教育報国六十年記念会」を結成し、祝賀会と共に記念冊子を出版してその功績を讃えた。漢詩、和歌、書道もまた一家を為し、全生涯を教育に捧げ勲五等に叙せられる。　昭和 21 年（1946 年）歿、享年 81 歳。

（出典；広島県福山誠之館同窓会の誠之館人物誌より高島平三郎先生(抜粋)）

1964年東京オリンピック・聖火空輸派遣団長・高島文雄先生、

第18回　東京オリンピック大会
アテネからの聖火空輸後の記者会見と乾杯をする高島文雄先生
1964年9月8日 18:30　東京羽田空港国際線会見室で
（筆者・風間誠撮影）

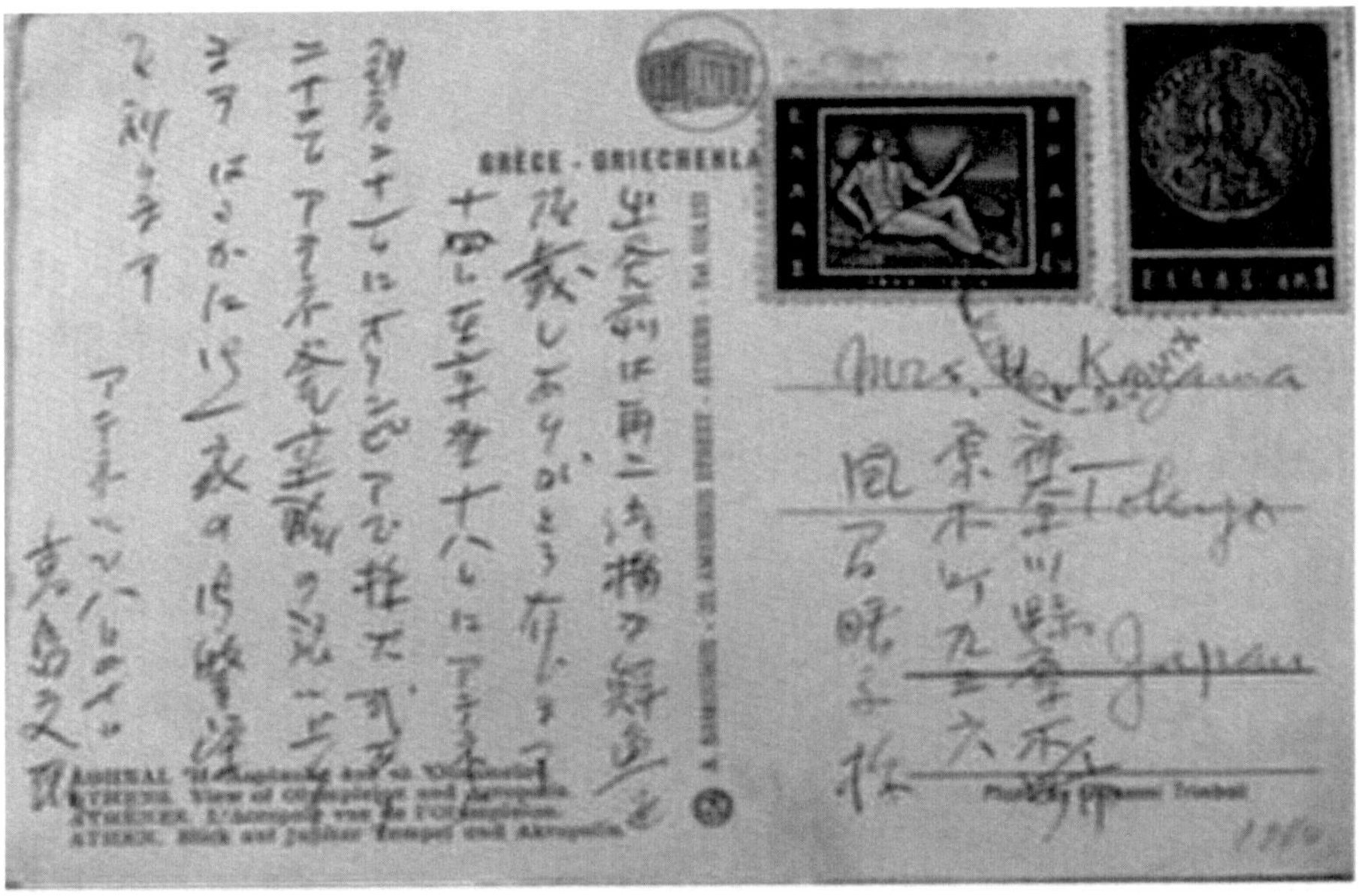

高島文雄先生から母・風間晴子への手紙
手紙の写真は１９６４年８月21日ギリシャのオリンピア・ヘラ神殿(採火式会場)

拝啓

陽春の候皆禄にはお元気にてお過ごしのこととお慶び申しし上げます。

さて本年は昭和二十一年二月十五日に逝去致しました祖父高島平三郎の没後五十年に当ります。仏教の年忌で申せば昨年が五十回忌でございましたが、私共の身辺の事情で特別の催しを行いませんでした。つきましては、没後五十年を記念し、故人ゆかりの皆様の御光臨を仰いで、本年改めて祖父を偲ぶ集りを催したく、左記により御案内申し上げます・御多用中の折から恐縮に存じますが、枉げて御出席賜わりますようお願い申し上げます。

敬具

平成八年四月

記

日時　　平成八年六月一日（土）　正午

場所　　芝パークホテル　別館

　　　　（地図を同封致します。）

芝パークホテル

東京都千代田区大手町二丁目二番〇一号

高島信之

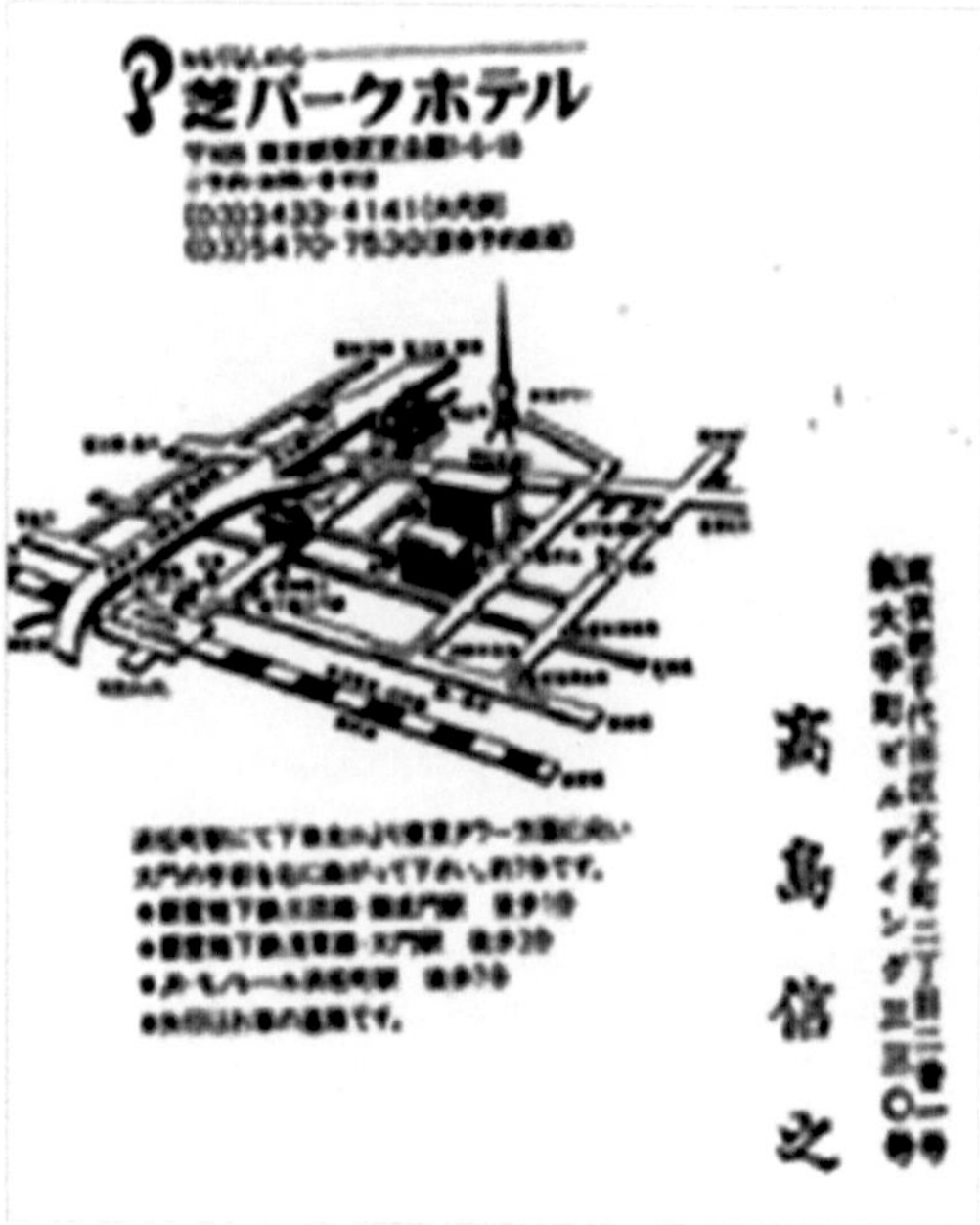

1982 年 6 月 27 日　高島邸で（筆者妻、寛子、信之先生）

綾子は下に示す

公益財団法人　日本動物愛護協会主催のチャリティ会場で
高島信之先生と風間惺、美奈子、雄亮、紀之　一家

2007 年　第 81 回国展・工芸部（織部門）入選
『雅（みやび）』（中央）　風間綾子

風間卯熊　　シベリア出兵

軍馬上で 1920(大正 9 年) 35 歳
ウラジオストック、オケヤンスカヤ、キバリツウ、資料 6-104　風間家保管 Film　#2407

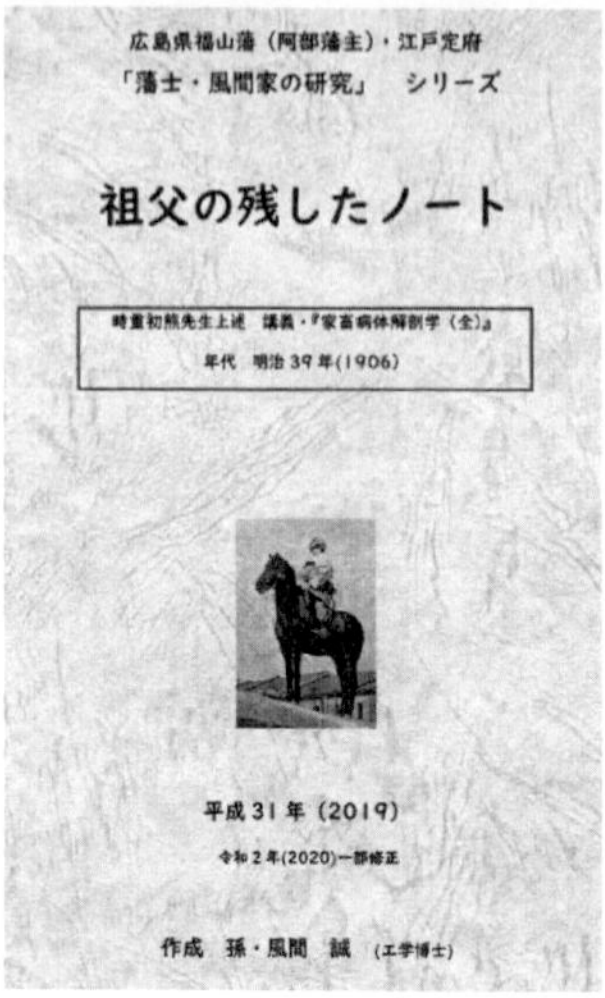

祖父の東京帝大時代の受講ノート「時重初熊先生上述『家畜病体解剖学」を筆者が令和 2 年に「祖父の残したノート」とし編集出版した書籍

東京帝国大学卒、日本帝国陸軍、二等獣医正、従 5 位、勲四等、1932(昭和 7 年)、　撮影推定 48 歳
資料 6-01

天佑ヲ保有シ萬世一系ノ帝祚ヲ踐ミタル
日本國皇帝ハ從六位勲六等風間卯熊
ヲ明治勲章ノ勲四等ニ叙シ瑞寶章ヲ
授與ス即チ此位ニ屬スル禮遇及ヒ特權
ヲ有セシム
神武天皇即位紀元二千五百八十六年
大正十五年十一月二十九日東京宮城ニ於テ
璽ヲ鈐セシム

大正十五年十一月二十九日
賞勲局總裁從三位勲一等宇佐美勝夫

此證ヲ勘査シ
號ヲ以テ勲等簿冊ニ記入ス
賞勲局書記官正五位勲四等郡山智
賞勲局書記官正六位

風間卯熊　勲章・賞状セット編集（全部）P2
勲四等　瑞宝章　大正 15 年（1926）11 月 29 日　6(陸軍日露）-07

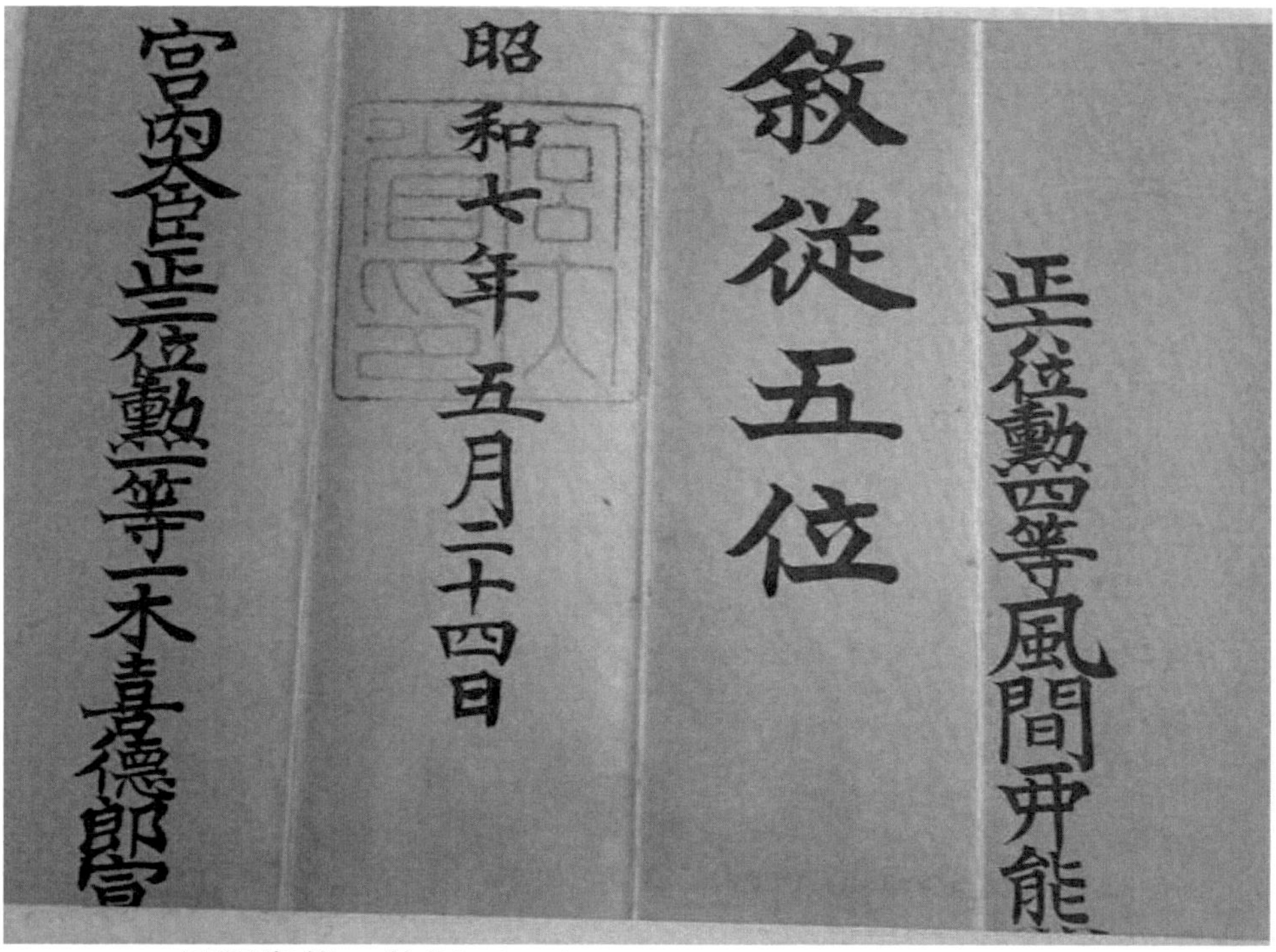

正六位勲四等風間卯熊
叙従五位
昭和七年五月二十四日
宮内大臣正三位勲一等一木喜徳郎

風間卯熊　位記（明治 42 年(1909)～昭和 7 年(1932)）
『叙従五位』　昭和 7 年（1932）5 月　資料；6-06・

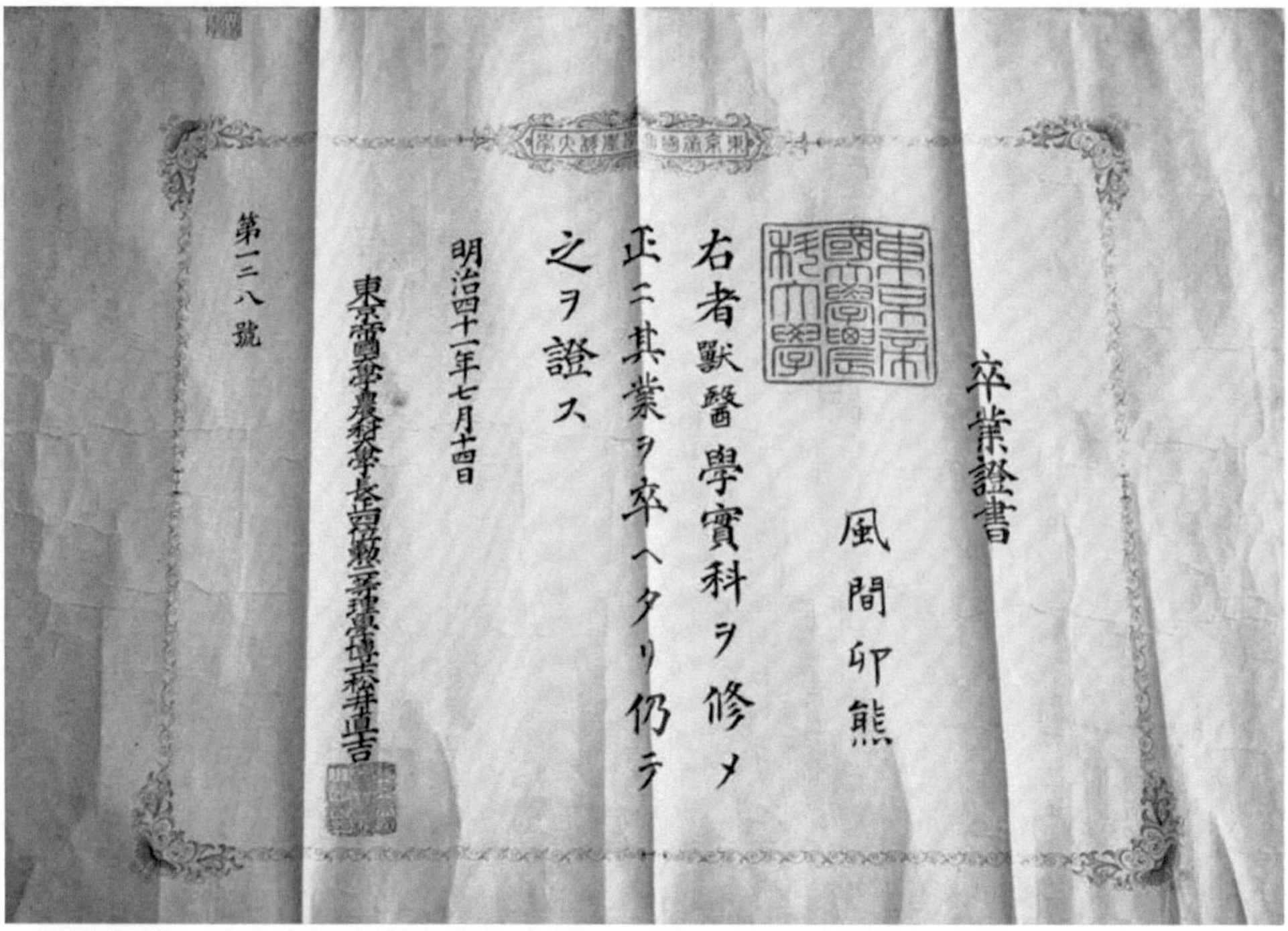
第一二八號
卒業證書
風間卯熊
右者獸醫學實科ヲ修メ正ニ其業ヲ卒ヘタリ仍テ之ヲ證ス
明治四十一年七月十四日
東京帝國大學農科大學長正四位勳二等理學博士松井直吉

風間卯熊・東京帝国大学卒業証書第 128 號　1908（明治 41 年）

卒業證書　（大学の公印）　風間　卯熊

右者獸醫學實科ヲ修メ正ニ其業ヲ卒ヘタリ仍テ之ヲ證ス　明治四十一年七月十四日

東京帝国大學農科大學長　正四位勲二等　理學博士　松井直吉　（公印）第一二八號

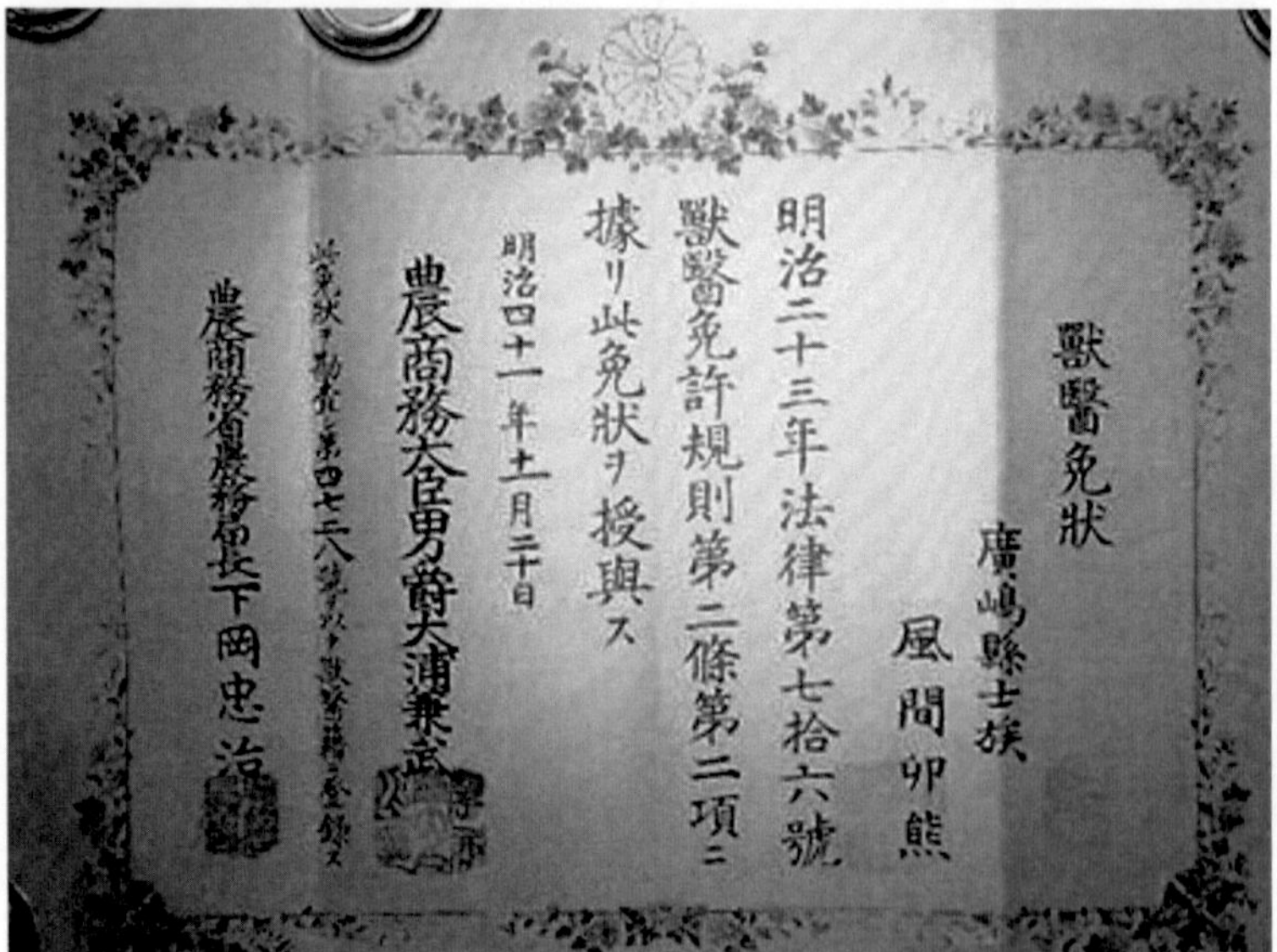
獸醫免狀
廣嶋縣士族
風間卯熊
明治二十三年法律第七拾六號獸醫免許規則第二條第二項ニ據リ此免狀ヲ授與ス
明治四十一年十一月二十日
農商務大臣男爵大浦兼武
農商務省農務局長下岡忠治

風間卯熊　獣医免状（農商務省）

明治 41 年 11 月(1908)　　　5(卯熊家族)-17　(61-03)

中井増子(⇒風間。祖母) 親族書　1908（明治４１年７月）3353-5　資料 111-001

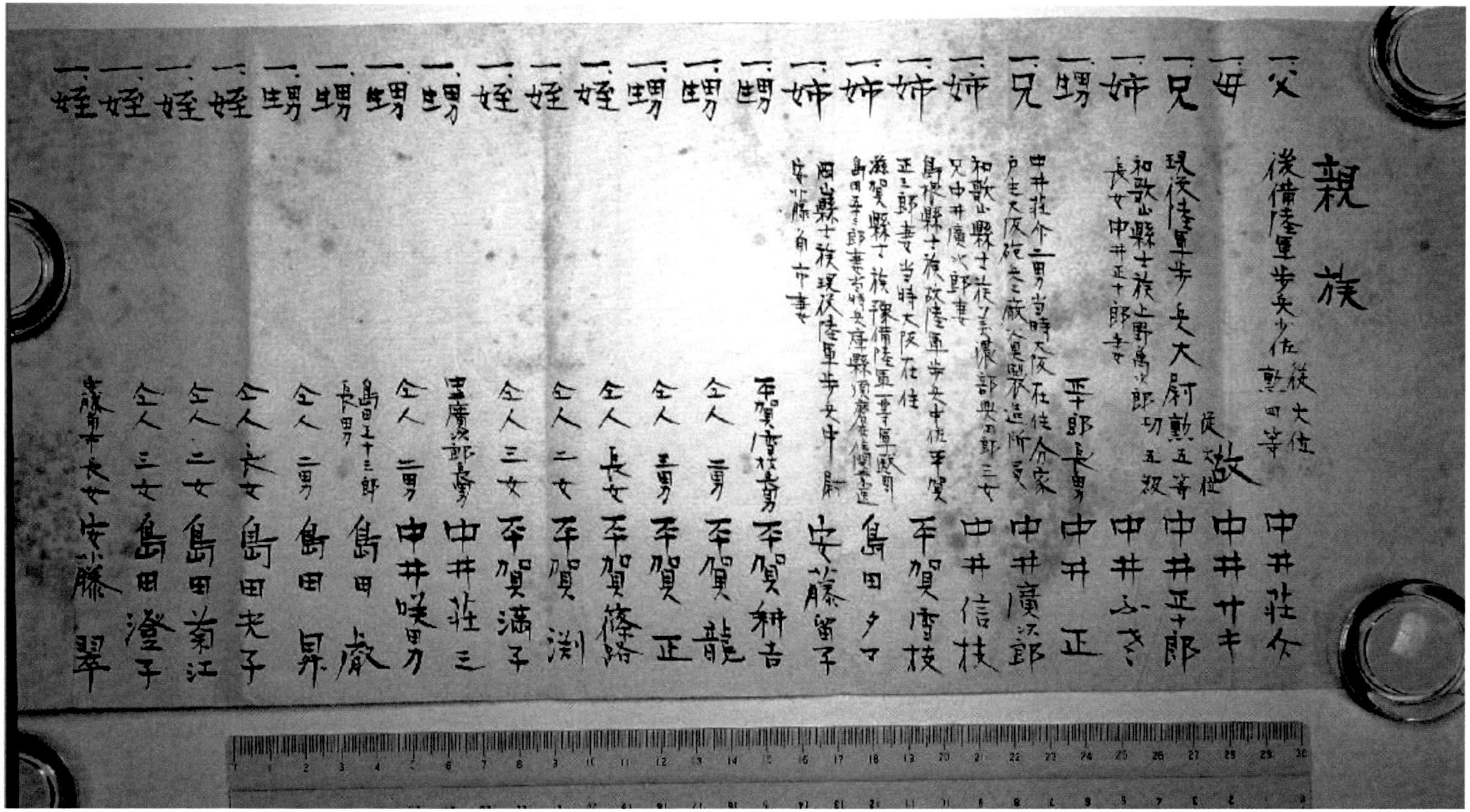

親族

一父　後備陸軍歩兵少佐 従六位 勲四等　中井荘介
一母　故　中井サキ
一兄　現役陸軍歩兵大尉 従六位 勲五等 功五級　中井正十郎
一姉　和歌山縣士族上野萬次郎長女 中井正十郎妻　中井ふさ
一甥　正十郎長男　中井正
一兄　中井荘介二男 当時大阪在住 分家戸主　中井廣次郎
一姉　和歌山縣士族 兄中井廣次郎妻　中井信枝
一姉　島根縣士族 故陸軍歩兵中佐平賀正三郎妻 当時大阪在住　平賀雪枝
一姉　滋賀縣士族 豫備陸軍一等軍醫 島田五十三郎妻　島田タマ
一姉　岡山縣士族 現役陸軍歩兵中尉 安藤市太妻　安藤留子
一甥　平賀雪枝長男　平賀耕吉
一甥　仝人二男　平賀龍
一甥　仝人三男　平賀正
一姪　仝人長女　平賀篠路
一姪　仝人二女　平賀渕
一姪　仝人三女　平賀満子
一甥　中井廣次郎長男　中井荘三
一甥　仝人二男　中井咲男
一甥　島田五十三郎長男　島田徹
一甥　仝人二男　島田昇
一姪　仝人長女　島田光子
一姪　仝人二女　島田菊江
一姪　仝人三女　島田澄子
一姪　安藤市太長女　安藤翠

中井家親族　（風間・旧姓中井・増子親族書に本人を筆者加筆）			
父		中井荘介	和歌山県士族　備後陸軍　歩兵少佐　従・大位　勲・四等
母		中井サキ	故
兄	長男	中井正十郎	和歌山県士族　現役陸軍　歩兵大尉　従大位　勲五等　功五級
姉	長男・妻	中井ふさ	中井正十郎妻　和歌山県士族　上野萬次郎　長女
甥	長男の子供	中井　正	中井正十郎　長男
兄	二男	中井廣次郎	中井荘介　二男　和歌山県士族　当時大阪在住分家　戸主大阪砲兵工廠製造所員
姉	二男・妻	中井信枝	兄・中井廣次郎妻　和歌山県士族　美濃部興田郎三女
姉	二女	平賀雪枝	平賀正三郎妻　島根県士族　故・陸軍歩兵中佐　平賀正三郎妻　当時大阪在住
姉	**三女**	**島田タマ**	**島田五十三郎妻、滋賀県士族、予備陸軍一等軍医正　兵庫県須磨在住開業医**
姉	四女	安藤留子	安藤角市妻　岡山県士族　現役・陸軍歩兵中尉
本人	**五女**	**風間増子**	**風間卯熊妻　広島県士族、陸軍2等獣医正、従5位勲4等**
甥	二女の子供	平賀耕吉	平賀雪枝　長男；関西学院大学（退職軍人大学進等学教習所）教授
甥	二女の子供	平賀　龍	平賀雪枝　ニ男
甥	二女の子供	平賀　正	平賀雪枝　三男
姪	二女の子供	平賀篠路	平賀雪枝　長女　（⇒　上野篠路）主人上野勘一郎は陸軍中将
姪	二女の子供	平賀　淵	平賀雪枝　ニ女　（⇒　池田　渕）
姪	二女の子供	平賀満子	平賀雪枝　三女　（⇒　小門満子）主人小門和之助　東京商船大学教授
甥	二男の子供	中井荘三	中井廣次郎　長男
甥	二男の子供	中井咲男	中井廣次郎　二男
甥	三女の子供	**島田　叡**	**島田五十三郎　長男　；官制最期の沖縄県知事**
甥	三女の子供	島田　昇	島田五十三郎　二男
姪	三女の子供	島田光子	島田五十三郎　長女（⇒　金城光子（沖縄））
姪	三女の子供	島田菊江	島田五十三郎　二女（⇒　　　　）
姪	三女の子供	島田澄子	島田五十三郎　三女（⇒　　　　）
姪	四女の子供	安藤　翠	安藤角市　長女　；公立高等学校校長　（安藤翠の子供；安藤顯治はクラレ専務）

著者の結婚時の集合写真

下の上表は、左半分
下表は右から半分を示す

(敬称略)	高島孝之	従兄弟　下島長明	高島忠雄	中村晋すすむ（中村一、長男）
	虎岩良明（久美子夫）	虎岩久美子(旧姓・高島)	高島美智子（孝之妻）	下島歌子（長明妻）
新郎　弟　惺	新郎　母　晴子	新郎　父　風間誠一	仲人　高島信之先生	新郎　風間誠

隈東馬（新婦父友人）（建築家　隈研吾先生父）	中村　一	中村完伸（さだのぶ）	吉田（新婦父の友人）		
	吉田静子　（新婦父友人）	新婦妹　小畑祐子（三女）	中村廸子（一妻）	中村典子（完伸妻）	
新婦　風間明子（白いドレス）	仲人　高島禎子	新婦父小畑達雄	新婦　母　昭子	新婦妹　小畑玲子（二女）	

（新婦から右側）

2020-6-16 改訂 6-24

福山藩の「**お仕え**」や**風間家関連の主たる事項のリスト**

備考；江戸時代後期の風間家の在り方を理解するための一助としてリスト化した。

リスト化にあたり、年代順を基本としたが、まとめる上で年代が前後したり、重複する項目がある。

内容の理解に不安がある場合は、原点に返って原文である「文書」に戻ってください。


太文字は特に筆者の理解の為めに行った。　○は、文字汚れなどで読めない箇所をしめす。

	実名／事柄	官職名・仮名（けみょう）等	仕事等	場所等	生誕日と没年齢他、	由来や説明
	本国	信濃	長野の風間神社		風間家系由緒書から風間の親戚が長野地方に多いことが分かった。 例；長野日向村；風間治三郎等	上水内郡は元、信濃**松代藩**藩領
	信濃松代藩藩領		**松代藩**（まつしろはん）は、江戸時代、信濃国埴科郡松代町（現在の長野県長野市松代町松代）にあった藩。**信濃国内の藩では最高の石高**を有した。長野県長野市の松代城を居城とし川中島四郡を領した。**藩主は、酒井家（左衛門尉）、越前松平家、真田家が就封**した。川中島四郡の内、城地は異なるが同じ領地を支配した**川中島藩**も含む。			
	川中島四郡		川中島四郡は、信濃国北部の**高井郡**（現上高井郡、下高井郡及び中野市、須坂市）、**水内郡**（みのち）（現上水内郡、下水内郡及び飯山市、長野市）、**更級郡・埴科郡**（千曲市を含む）の四郡を指し、**戦国時代の川中島の合戦で武田氏と上杉氏の係争地**となったところであり、現在の**北信地方**に該当する。			
	生国	信𠮷（しなの）	**信州**		風間家系由緒書から	
	家紋				丸に剣片喰（まるにけんかたばみ）	
		「丸に剣片喰」；『太平記』（1368～1375 年頃）に新田義貞の 軍中に、この紋を用いた者があったと記 録されているところから、南北朝時代の 頃から用いられるようになったものという。江戸時代には、公家冷泉家、大名は酒井一門が用いた。（日本家紋由来総覧、見聞諸家紋より）、酢漿草（かたばみ）と書くが、片喰も同じ。 1619 年松代藩主・酒井忠勝公は 10 万石で入封。1622 年出羽国庄内藩に転封。風間家文書からは、松代藩主・酒井公の時、何かのお祝いに出向いたことが記録されているので、**1619 年以前から信濃国に住んでいた**のではないかと推定する。				

	風間 定友	**風間六 右衛門**	**風間 甚兵衛**	**組織； 天宇門 組、**		1723 享保 8 年（没年からの推定誕生年） **1800 寛政 12 庚甲年 10 月 25 日病死** 享年 77 歳 「法智院釋恵了信士」 墓所　西善寺　駒込三ツ谷町	
	類焼					1803 享和 3 年 3 月 24 日に阿部藩主江戸屋敷も含めて、この地域に大きな火災があり類焼した。。	
		江戸時代の風間家の菩提寺、西善寺（文京区）大友住職のお話では、当時大きな火災が多発しこの辺一帯は野原化したので、当時の住職が地下に過去帳を保存し、焼失しないで現在まで残っているといっている。享和 3 年は、「甲府（下府中）の大火」の他地域によっては大風等の荒れ模様な気象だったようである。					
	阿部正精公					**1775 阿部正精公、 安永 3 年 12 月 24 日ご誕生**	
	風間定保				出生	**1778 安永 7 年 2 月 12 日　風間定保、丸山御屋敷（江戸屋敷）で出生。**	福山藩江戸屋敷
	定友の叔父・郷士	風間治三郎				1793 寛政 5 年 1 月 17 日病死 （郷士、信州芋川村更に信州日向村とも記載あり、　当時の地勢から見ると、信州芋川村日向であろう。）	寛政 6 年もあるが、寛政 5 年を正と判断した。
	阿部正精公					**1794 寛政 6 年 6 月 12 日　風間定保ご世継ぎ阿部正精公御付御奥御坊主でお仕え。** 阿部正精公 19 才 風間定保　16 才	

	阿部正精公	阿部正精公５代藩主・阿部正倫公の三男として江戸で安永 3 年 12 月 24 日（1775）生まれる。					
	定友の伯父					1797 寛政 9 年 2 月 17 日病死	
	定友妻 風間　房 ふさ		旧姓：中村 房			1746 延享 3 年（没年からの推定誕生年） 1827 文政 10 年正月 11 日 80 才となる。 1827 文政 10 年 3 月 15 日長寿祝なされる。 1830 天保元辛寅年 12 月 28 日死　享年 84 才 「法授院釈妙恵信女」 墓所　西善寺　「岩槻にも墓所あり」 と記載あり。	墓所が岩槻にある事から里方・中村家は、岩槻に住んでいて藩士ではなかろうか
	定友妻 風間　房	「岩槻にも墓所あり」の「岩槻」は、阿部藩主は縁が深い。 岩槻藩の初代藩主・青山公の次の藩主は、阿部正次公をはじめ、政澄公、重次公、定高公、正春公、1671 寛文 11 年には岩槻城主を阿部正邦公が継ぎ、宮津、宇都宮のあと 1710 宝永 7 年には、備後国福山に移っている。 従って、あえて「岩槻」と言ったのは、政の実家(里方)中村家と岩槻藩あるいは藩主阿部公との関係を残したかったのではないか。					

<table>
<tr><td></td><td>中村喜六</td><td></td><td></td><td>定友妻
風間
房（ふさ）
里方；実家</td><td></td><td>里方；中村喜六　娘
喜六；1770 明和 7 年 9 月没
戒名「義山良雄信士」
墓所；駒込・大円寺
喜六妻；1764 明和元年没
戒名「照屋栄心信女」
墓所；駒込・大円寺
岩槻にも墓所あり。
大圓寺；曹洞宗、駒込東片町六十六番地（現；文京区向丘 1-11-3　場所は同じ ）</td><td></td></tr>
<tr><td></td><td colspan="7">風間　房の里方；中村喜六と、墓所；風間房の言う『岩槻にもあり』からの想定
　中村家は江戸では曹洞宗である大圓寺を墓所としたので、岩槻では岩槻藩主・青山忠俊の開基の曹洞宗の寺、大龍寺に関係しているのではないかと考えた。中村家はおそらく岩槻藩士と考える。初代藩主・青山公の次は、阿部正次公をはじめ、1671 寛文 11 年に岩槻城主を阿部正邦公が継ぎ、宮津、宇都宮のあと 1710 宝永 7 年には、備後国福山に移っている。
　ということから、あえて『岩槻』と記載しているのは、風間が福山（江戸常府）で阿部公に仕えている何かを知らせたかったのかもしれない。</td></tr>
<tr><td></td><td colspan="7">大圓寺；駒込東片町に在り、館林茂林寺末、金龍山と號す。
曹洞宗通幻派、上州邑楽郡館林茂林寺の末派。仁徳天皇御陵と稱する塔あり、門前に炮烙（ほうろく）地蔵がある。八百屋お七でも有名。高島秋帆、村士（すぐり）淡斎（福山侯儒官）等の墓がある。（「本郷區史」より）住職は、鶴岡藩主（今；庄内藩）の系統という。信濃松代藩より譜代大名・酒井忠勝が一代目藩主。館林茂林寺は、「分福茶釜」で有名。</td></tr>
<tr><td></td><td>「房」の伯父・田村磯右衛門</td><td></td><td></td><td></td><td></td><td>「房」の伯父・田村磯右衛門
1793 寛政 5 年 4 月 24 日病死
戒名；寂照含空信士
墓所；禅宗・大円寺　駒込竹町
（今・文京区向丘）</td><td></td></tr>
</table>

	風間**仁右** **衛門**	初め甚兵衛	**年房**	定友の役(仕事）を引継ぐ	阿部殿内	1766　明和 3 年（没年からの推定誕生年） 1850 年嘉永 3 年 4 月 26 日（8 4 歳で没） 戒名「智則院釋了静」 墓所；西善寺　東京都文京区	
			父・風間定友も、風間甚兵衛である。　風間仁右衛門は、風間定友の仕事を受け継ぎ当初は、「甚兵衛」を使っていた。 **「年房」**は役職と思われるが、詳細は調べても分からない。				
	女子 21	名前わからず				1769 明和 6 年（没年からの推定誕生年） 1775 安永 4 年 11 月 7 日没　享年　6 歳 戒名　「釋暁夢信女」 墓所；西善寺	
	女子 2 2	**紋** **もん**				1772 安永元年（没年からの推定誕生年） 1842 天保 13 年 5 月 22 日没（享年　70 歳） 墓所　記載無 ①**大塚恵助に嫁ぐ**。家断絶後 ②**藤堂和泉守公藩　村士（すぐり）幸七** 1807 文化 4 年卯年 7 月 28 日に嫁ぐ	
		嫁先 22 1 大塚家	**旧姓；大塚** **紋**				
			女子 221-1	**大塚** **初** **（はつ）**		1813 文化 10 年 12 月 18 日結婚 姪・久巴方へ婚礼整ったことを届ける。 大塚甚助・娘 森崎紋藏の妻	

			女子 221-2	**大塚 金 （きん）**		御天守番下番　裏番所町　平澤為右衛門の妻	
			男子 221-3	**大塚安 次郎**		行方分からず	
		嫁先 22 2 村士家	村士　**紋**				
			男子 222-1	**村士（すぐり）幸助**		**藤堂公藩**、後ち家は断絶、行方分からない	
			男子 222-2	**村士（すぐり）道雲**		村士道順の養子となる。後ち、家は断絶、行方分からない	
	風間 定重					実方・藏石専助、次男 1825 文政 8 年 2 月 5 日(藏石)定重、風間定保の養子となる。 1827 文政 10 年 2 月 19 日　定重不熟故離縁。里方・藏石専助方に戻す。	
	女子 23	直（なお） 飯田卓藏の妻。養子「倉斎」早世で家断絶				1774 安永 3 年（没年からの推定誕生年） 1833 天保 4 年正月 12 日没（59 歳） 戒名「釋妙智信女」 墓所；西善寺	

	風間 定保	風間敬 斉	①留次郎 ②佳碩（これせき、これひろ、これみ・・）	阿部正 倫公御 代	阿部 殿内	1778年安永7戊戌年2月12日丸山御屋敷（江戸中屋敷）で誕生 **1841年天保12年10月21日没　享年64歳** 戒名「法道院釋圓教信士」 墓所　（駒込）西善寺　東京都文京区 佳；すい、コレ、碩；せき、ジャク、おお（きい）、ひろ、みちと読む 福山藩江戸中屋敷（文京区西片）で誕生	
	定保・妻 風間政 まさ	実家；安藤公對馬守藩・田窪仙三郎・姉 ①釜（かま） ②久（ひさ） ③政（まさ）に改める			安藤對馬守 大塚邸	1794年寛政6年4月5日 安藤對馬守大塚邸にて出生。 **1808年文化5年6月16日　風間定保に嫁ぐ** **1833年天保4癸己年正月13日死享年39才** **里方；安藤公對馬守藩　田窪仙三郎姉** 田窪仙三郎は後①小右衛門、②良助と改名	
	政の伯父・ 田村磯右衛門					1793 寛政5年4月24日病死	
	女子31	風間雪 （ゆき）	①風間三十三は定友の養子と成り雪と結婚後離婚 ②妹・風間甚兵衛（仁右右衛門）の妻			1780安永9年 1803享和3年6月13日病死　享年23歳 戒名「智光院釋妙慈信女」 墓所　西善寺	

		きの	風間三十三（風間雪）・娘		①風間仁右衛門養女　次に ②飯田卓蔵・養女 ③名取勝三郎・妻 1834 天保 5 年 4 月 4 日死 墓所　　無記載	
		名取勝三郎；御台様の御用人・野田下総守様御支配 御用人；藩主に近侍する役、御台様の御用人；大奥の役人、 大納戸役・野田下総守　（日本史年表（日本歴史大辞典編集委員会編 1990）河出書房新社）				
			風間　紋の嫁ぎ先 **大塚恵助**		1806 文化 3 丙寅年 2 月 11 日　風間家で養育 **甥・大塚常之丞（ときのじょう）** 義當 9 歳 1812 文化 9 年壬申年 2 月 13 日甥・大塚常之丞 15 才となる	
	女子 32	風間鉦（かふな）	①鉟（せい） ②久米（くめ）		1813 文化 10 年 2 月 22 日　阿部藩邸丸山御屋敷内で出生 1891 明治 24 年 4 月 9 日没　享年 75 歳（79 歳？） 父・風間定保、養子　定常の妻　1835 天保 6 年 6 月 16 日〇〇 母・風間　政（旧姓；田窪、安藤公對馬守藩　田窪仙三郎姉）	
	風間定保				1820 文政 3 年 12 月 9 日本御見奥御坊主頭	

	風間 定重	風間敬 次助	風間敬之郎	阿部正 精公御 代 阿部正 寧公御 代		1825 文政 8 年 2 月 5 日　実家；蔵石家から風間定保の養子になる。 年齢 17 歳　実家；蔵石専助の次男 1827 文政 10 年 2 月 19 日養子・敬之助（風間定重）離縁。里方・蔵石専助に戻す。	
	風間 定保					1826 文政 9 年 5 月 25 日御側茶頭兼務、拝命 1826 文政 9 年 8 月 15 日御側茶頭、拝命	
	阿部正精公（謙徳院様）				謙徳院様 御葬送	**1826 文政 9 年 7 月 6 日謙徳院様（阿部正精公の戒名）法林院より御葬送** 謙徳院・満誉清高良節」墓所；江戸浅草西福寺（法林院他 5 つの塔頭あり））	
	風間 定常	風間考 之助	①孝藏、②敬助、③六三	阿部正 寧公御 代 阿部正 弘公御 代		**1814 文化 11 月 21 日**　本庄公松平伯耆守宗発鍛冶橋邸にて出生。 **1835 天保 6 年 6 月 16 日　風間久米の養子となる。** 「自分（風間定常）は養子で故有り　**若林六左衛門**の厄介となる」とあり、明治初期に風間定常は鈴木楽（らく）の嫁先、若林六左衛門に厄介になっている。	上屋敷；上一ツ橋ノ外大手ヨリ五丁
	風間定常					1835 天保 6 年 7 月 19 日　学問所へ入門	
	風間定常					1835 天保 7 年閏 7 月 9 日　御通掛御目見 1835 天保 7 年閏 7 月 9 日　御徒士加番拝命 1835 天保 9 年閏 9 月 23 日丸山御徒目付当役拝命	

	風間定常	風間 考之助	①孝藏、②敬助、③六三		**実父**	鈴木近兵衛則 1756 宝暦 6 年生まれ 1825 文政 8 年 12 月 4 日没、享年 69 歳 法名「法性院」 浅草誓願寺　地中　安養寺	
	風間定常	風間 考之助	①孝藏、②敬助、③六三		**実母**	加ふ 1773 安永 2 年生まれ 1850 嘉永 3 年 8 月 15 日没、享年 77 歳 法名「法智院」 墓所；家断絶	
	風間定常	風間 考之助	①孝藏、②敬助、③六三		兄弟 姉妹	①兄；　鈴木近兵衛則彬（のりあき） 1808 文化 5 年生まれ 1851 嘉永 4 年 8 月 6 日没　享年 43 歳 法名「欣浄院」 墓所；家断絶 ②　**姉；　楽（らく）** 蜂須加松平阿波守公御家来　**若林六左衛門** 妻　：風間定常明治に入ってから厄介になる 風間卯熊の母(旧制高島)鎰子の手紙から見ると消息など把握していたと思われる。 ③　兄　笹尾信輔　本庄松平伯耆公藩 ④　**妹；筆（ふで）**	

	風間定常	風間 考之助	①孝藏、②敬助、③六三		兄弟 姉妹	水野越前公藩　塩谷量平妻 1816 文化 13 年生まれ 1849 嘉永 2 年 9 月 7 日没、享年 33 歳、 法名「秋月院」 墓所；増山寺御山内　隋善院　瑞	
	阿部正精公（謙徳院様）				**御一周忌御法事**	**1827 文政 10 年 6 月** **謙徳院様御 1 周忌御法事**	
	阿部正精公（謙徳院様）				**御 7 回御忌御法事**	**1832 天保 3 年 6 月 17 日** **謙徳院様（阿部正精公）御 7 回御忌御法事**	
	風間定保・妻					1833 天保 4 年正月 13 日風間　政死亡 （姉倉竹母の親類、御台様（正寧（まさやす）公奥方）のご用人野田下総守様御支配・名取勝三郎様方で病死）	
	名取勝三郎様・妻			御台様御用人 ・野田下総守様御支配 ・名取勝三郎様		1834 天保 5 年 4 月 4 日御台様御用人・野田下総守様御支配・名取勝三郎様の妻病死（1833 天保 4 年正月 13 日風間政病死した訪問先と同じ）	
	風間定保				勤続お祝い拝受	1834 天保 5 年正月 15 日　風間定保 50 年勤続お祝い拝受	
	風間定常					1835 天保 6 年 6 月 16 日養子・定常（旧姓・鈴木）風間久米（久米子）と結婚	前と重複
	梶田六太郎母				養母方の伯母	1836 天保 7 年 5 月 29 日　浪人・梶田六太郎母病死（養母方の伯母）	

						1837 天保 8 年 6 月 1 日風間定保、御小納戸坊主手伝奥改を拝命	
	阿部正精公（謙徳院様）				**御 13 回御忌御法事**	1838 天保 9 年 6 月 17 日 謙徳院様（阿部正精公）御 13 回御忌御法事	
	梶田六太郎姉				養母方従弟女	1838 天保 9 年 5 月 3 日浪人・梶田六太郎姉病死 （養母方の従弟女）	
	田窪良助				養母方の伯父	1839 天保 10 年 4 月 18 日田窪良助病死（養母方の伯父・**目黒瀧泉寺**（役人） 墓所；随善院・大塚にある本傳寺	瀧泉寺（通称：目黒不動尊）
	森崎紋蔵・妻		女子 221-1		大塚　初（はつ）	1839 天保 10 年 10 月 20 日病死 森崎紋蔵・妻（養父方の従弟女；風間定友の二女） 墓所；丸山・興善寺（水戸徳川家の祈願所	丸山は、文京区西片
	風間定保				最後の由緒書	1840 天保 11 年 4 月風間定保最後の由緒書差し出す。	
	風間定保				**風間定保・未刻死去**	**1841 天保 12 年 10 月 22 日風間定保・未刻死去** **享年 64 歳** **「法道院釋圓教信士」** **墓所；駒込　西善寺**	
	村士幸助・母				養父の伯母・藤堂和泉守様御家来	1842 天保 13 年 5 月 22 日村士幸助・母病死 （養父の伯母・藤堂和泉守様御家来） 法名　無記載 墓所　駒込富士前	

	藩主・阿部正弘公					**1843 天保 14 年閏 9 月 11 日藩主・阿部正弘公老中に任命される**	
	風間定常					1844 天保 15 年 12 月 28 日　義倉懸かり年番で務める	
	風間定常妻・風間久米くめ					風間久米（父・風間定保） 1891 明治 24 年 4 月 9 日没　享年 75 歳（79 歳？） 墓所　福山市　妙政寺	
	風間卯熊	風間卯熊 従五位勲四等　風間卯熊 陸軍　中佐 一等獣医		陸軍中佐、一等獣医、勲四等瑞宝章等拝受、		風間卯熊；風間定常妻風間久米（くめ）の養子、寺尾道助次男 住居；広島県福山市東霞町 2 番地 1886 明治 19 年 5 月 9 日生 1891 明治 24 年 6 月 16 日風間家相続、 1934 昭和 9 年没、享年 49 歳 法名「弘誓院釋義諦居士」、 墓所；多磨霊園	久米（くめ）は、久米子ともいう。
	（風間卯熊）				実父	寺尾道助　船手（海運業）広島県瀬戸田 1852 嘉永 5 年 5 月 07 日生 道助の父；平民・寺尾善右衛門　明治〇〇年 9 月広島県豊田郡（現・瀬戸田）御寺村千〇百五十壱番地から全戸「深安郡吉津村貮米田屋敷」へ入籍　寺尾道助　明治拾〇年 1 月〇拾六年九ヶ月	

<table>
<tr><td></td><td rowspan="3">（風間
卯熊）</td><td rowspan="2"></td><td rowspan="2">①イツ
②以津
③鎰子（いつこ）</td><td rowspan="2">実母</td><td>寺尾イツ（子）（旧姓高島）
1858 安政 5 年 5 月 3 日出生
（1856 安政 3 年？もあり）
1929 昭和 4 年 9 月 28 日、享年 73 歳</td><td rowspan="2"></td></tr>
<tr><td></td><td>福山藩士族　高島金次郎姉（父；錡之助（後に賢斎））　吉津村（当時の戸籍参照）
同じ　明治拾〇年 1 月〇拾六年九ヶ月</td></tr>
<tr><td></td><td></td><td>①錡之助
②賢斎
③泰三</td><td>高島錡之助
（後に賢斎）</td><td>寺尾イツの実父は、
高島賢齋（泰三）
1892 年（明治 25 年）3 月 23 日没（68 歳）
墓所；東京；池上本門寺　資料；1 戸籍？
墓誌には、高島賢齋と記載。
子供；
1）長女　高島鎰子（いつこ）
1929 昭和 4 年 9 月 28 日没　享年 73 歳
2）長男　高島銈太郎　1877 明治 10 年 7 月没
3）二男　高島金次郎、 1906 明治 39 年 7 月没
4）三男　高島平三郎　1946 昭和 21 年 2 月 15 日没　享年 81 歳
当初は、母方の「猪瀬」姓、
「高島」姓は 1870 明治 3 年から使用。</td><td></td></tr>
</table>

	（風間 卯熊）		①鋳之助 ②賢斎 ③泰三		高島鋳之助 （後に賢斎）	母　鎰子（いつこ）が卯熊宛の手紙；高島平三郎と寺尾三千助と相談し風間久米を卯熊の養母(久米の養子）とすることを決めた。 そのきっかけは、同手紙に『福山の「内藤文三」さん、「あらと」さんが非常に心配されて相談があった。』と記されている。 その後、風間卯熊は、和歌山県藩士の中井家の5女；中井増子と結婚。 高島平三郎の指導を受け、自筆の書や書籍等もいただいている。
	妻・風間 増子（旧 姓・中井）				和歌山市	1891 明治 24 年 3 月 7 日出生。 生誕地；和歌山県和歌山市東長町中ノ丁十番地、 1912 明治 45 年 3 月 14 日卯熊と結婚。 1980 昭和 55 年 6 月没　享年 90 歳、 法号「乗誓院釋貞純大姉」、 墓所；多磨霊園 和歌山県紀州徳川家士族　中井荘介五女。 1907 明治 40 年 3 月　大阪府清水谷高等女学校本科 4 カ年卒業 父・中井荘介は、陸軍歩兵少佐　従大位、勲四等 母・中井サキ 増子の親戚には、最後の沖縄県知事　島田　叡、陸軍上野勘一郎中将、他がいる。

	男子 61 長男	風間忠寛 （ただひろ）			姫路市　1913 大正 2 年 1 月 13 日出生。 1934 昭和 9 年没 法号「釋誠忠信士」 墓所；多磨霊園	
	女子 62 長女	風間美子 （よしこ）			1917 大正 6 年 3 月 24 日出生。 生誕地；岡山市広瀬町 55 番地、 1918 大正 7 年 12 月没、 法名「光美童女」 墓所；多磨霊園	
	女子 63 二女	風間晴子 （はれこ）			1920 大正 9 年 2 月 2 3 日出生 生誕地；新潟県高田市新土橋町 13 番地	
	男子 64 二男	風間高惺 （たかあき）			1923 大正 12 年 8 月 2 3 日出生 出生地；新潟県高田市新土橋町 13 番地 1942 昭和 17 年 7 月東大病院で没 法号**「智高院釋静惺居士」** 墓所；多磨霊園	

	風間誠一 （旧姓 會田）		埼玉大学（現）教員、 都立城南高校、 県立厚木高校教員 神奈川県感謝状、 米国スミソニアン天文台から感謝状		1913 大正 2 年 4 月 23 日厚木で出生、 1947 昭和 22 年 1 月 30 日風間増子が養母となり、風間晴子の養子となる。 1992 平成 4 年 5 月 4 日藤沢市で没　享年 80 歳、 法名「慈光院宗徳日誠居士」、 墓所；多磨霊園	
		福山藩大名領（*）として千石を加増の相模国愛甲郡厚木村(厚木市)の領主（責任者）溝呂木の親戚である祖父會田武兵衛から風間晴子と養子縁組した。旧制・東京高等師範学校（現・筑波大学）卒、既に他界した東北大学助教授　会田勝がいた。（*）『寛政重修諸家譜』、『寛文印知集』『厚木市長福寺過去帳』				
	妻・風間 晴子				1994 平成 6 年 1 月没　享年 75 歳 法号「慈照院妙雅日晴大姉」 墓所；多磨霊園	
	男子 71	風間　誠			1945 昭和 20 年 3 月 10 日 神奈川県厚木市(*)生まれ	
	男子 72	風間　惺 （さとる）			1947 昭和 22 年 8 月 15 日 神奈川県厚木市生まれ	
		(*)厚木市は、寛永 3 年（1626 年）に福山藩藩主・水野勝成公の従四位下昇進により福山藩領は相模国愛甲郡厚木村（現在の神奈川県厚木市）に飛び地 1000 石の加増を受けた。その厚木に、陸軍に務めた祖父の福山藩士である上司からの勧めで厚木が「終の棲家」となった。				

以下は、存命中なので概略とした							
	風間　誠					風間誠一長男	
	妻・風間 明子あき らこ（旧 姓；小畑）				父	小畑達雄 子供 1）長女　明子（⇒風間　誠と結婚） 2）次女　玲子（⇒鯨井　） 3）三女　祐子（⇒横山　）	
					母	小畑昭子　（旧姓中村）	
	風間　惺					風間誠一・二男	
8	妻・風間 美奈子 （旧姓； 高橋）				父	高橋治之 子供 1）美奈子 2）	
					母	高橋富子	

おわりに

終活の一つとして「生涯の小さな歴史」を後世に贈る

「家にある古い写真をみて、『いつ、どこでだれが写っているのか、どんな続柄なのか等・・を』、知りたいと思ったことはないだろうか。しかし、知るための手掛かりがないので価値ない写真と判断し断捨離しているのではないだろうか。

小さい事柄であるが、その時点でその写真から派生した歴史の情報はなくなってしまうのではないだろうか。という思いが今も有り、小生は、今から20年ほど前に、明治や大正時代の写真が多く残っていたので、今は亡き祖母に当時、その写真の持っている情報を細かく聞いて記録しておいた。数十年置いて、生きてきた人生を振り返ろうとまず、家系図を作る時、記録しておいた情報と写真を照合し、より親族の歴史的理解を深め作ることができた。

また、親戚が集まる会で、その場の雰囲気から、お名前などを伺わないまま、心残りを感じたことがありはしないだろうか。

このようなことが起きないように、当世では、いろいろな権利はあるものの不利益にならない程度に記録して、各々に付けておくことは、「時代の流れを継ぐ人」の使命ではないかと思うようになりました。

筆者として人生の終盤に入り、歴史を残すという観点から、この資料が、少なくとも後世の風間家と親族やその他の方々のお役に立てれば幸いと思います

この資料で、書き残している親族やモノ等を調べようとしても、周りには知る手掛かりもなく、教えてくれる人もいなくなりました

筆者誠記・喜寿に向かって、鵠沼の庵にて

令和2年十一月

最後になりましたが、出版までに、新形コロナウィルス感染症でのリモートワークのなか、また終日夜遅くまで献身的なご対応をいただいた、株式会社　三恵社
代表取締役社長　木全　俊輔　様ほか社員の皆様方に感謝申し上げます。　風間　誠

1986 年 11 月 3 日　電機メーカーから出向時の日本高速通信(株)(現在 KDDI)の東京—大阪間開通式典を前の筆者。
　日本のデジタル通信のはじまりに参加できたのは幸いでした。当時、豊田幸吉郎様にもお目にかかりお話頂きました。(メモ添付)

編・著者：風間　誠プロフィール

神奈川県厚木町（元・福山藩とび領地）で１９４５年生まれ、
【所属学会】電気学会、電気通信情報学会（共に、永久会員）
【所有資格】工学博士（東京大学）、第一種電気通信主任技術者、
　工業高校（数学）教員免許（東京都）
【出版書籍】文献などを除く「販路開拓活動の理論と実践」（エコハ）、
「藩士・風間家の研究」（蕃山房）、「祖父の残したノート（時重先生講義）」（社会システム研究所）他
【社会活動】青森県鰺ヶ沢町ふるさと応援団、東京広島県人会員、
鹿角市役所観光ＦＣ会員、ふるさと大使全国連絡協議会理事、サンフラワー２１会員、トランスペアレンシージャパン（ドイツ本部）監査役、ロードピアジャパン理事、トレジャーネット社員等
【仕事】電機メーカー入社、日本高速通信（株）、三菱マーケティング研究会、某商社、日本産業機械工業会、研究機関ドーシス等の他、中小企業基盤整備機構、東京都中小企業振興公社、浜銀総合研究所、横浜企業経営支援財団、産業立地研究所研究員、東京リーガルマインド大学教授、東京大学生産研究所研究員、日本技術者教育認定機構、経済産業省（サポイン）、静岡市役所、２１あおもり産業総合支援センター、兵庫産業活性化センター、科学技術振興機構等々。
（現在）社会システム研究センター代表（神奈川県藤沢市鵠沼）

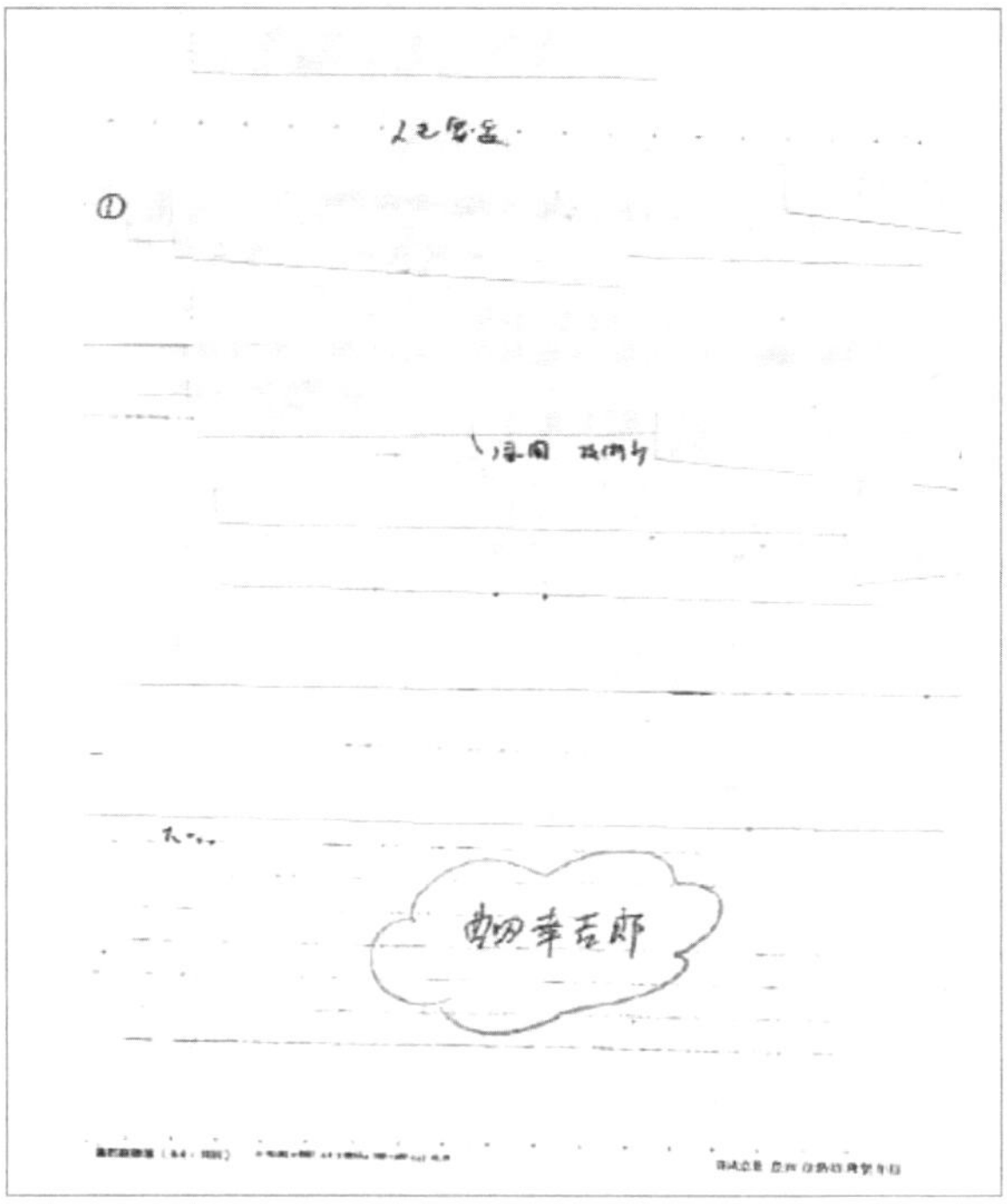

豊田幸吉郎様のご挨拶時のメモ（内容は消去）

雲印は筆者が追加。（1987 年頃）

豊田幸吉郎様は、2001 年 6 月 29 日享年 8 2 歳でご逝去。喪主は長男・豊田克之（かつゆき）様でした。

査読やデータ収集などで
協力を頂いた。
風間明子
風間惺
風間美奈子

史料編　藩士・風間家の研究

福山藩(江戸定府)藩主譜代大名・阿部公御仕え
江戸時代から明治時代への変遷え

発行日
二〇二〇年十一月十六日 第一版第一刷発行

編著者
風間　誠

発行者
風間　誠
〒251-0031　神奈川県藤沢市鵠沼藤が谷一丁目十の六

発売所
株式会社三恵社
〒462-0056　愛知県名古屋市北区中丸町二―二十四―一
電話 〇五二―九一五―五二一一
FAX 〇五二―九一五―五〇一九
URL https://www.sankeisha.com/

乱丁・落丁の場合はお取替えいたします

ISBN 978-4-86693-317-7 C3023 ¥2700E